21世纪经济与管理精编教材

会计学系列

企业财务会计与内控制度设计

（理论·实务·案例）

Corporate Financial Accounting and
Internal Control System Design:
Theory, Practice, Case

颉茂华 ◎ 编著

北京大学出版社
PEKING UNIVERSITY PRESS

图书在版编目(CIP)数据

企业财务会计与内控制度设计:理论·实务·案例/颉茂华编著.—北京:北京大学出版社,2018.7
(21世纪经济与管理精编教材·会计学系列)
ISBN 978-7-301-29698-1

Ⅰ.①企… Ⅱ.①颉… Ⅲ.①企业管理—财务会计—高等学校—教材 ②企业管理—财务制度—设计—高等学校—教材 Ⅳ.①F275

中国版本图书馆CIP数据核字(2018)第146634号

书 名	企业财务会计与内控制度设计(理论·实务·案例)
	QIYE CAIWU KUAIJI YU NEIKONG ZHIDU SHEJI (LILUN SHIWU ANLI)
著作责任者	颉茂华 编著
责任编辑	任京雪 李 娟
标准书号	ISBN 978-7-301-29698-1
出版发行	北京大学出版社
地 址	北京市海淀区成府路205号 100871
网 址	http://www.pup.cn
新浪微博	@北京大学出版社 @北京大学出版社经管图书
电子信箱	em@pup.cn QQ:552063295
电 话	邮购部 62752015 发行部 62750672 编辑部 62752926
印 刷 者	北京虎彩文化传播有限公司
经 销 者	新华书店
	787毫米×1092毫米 16开本 19.25印张 444千字
	2018年7月第1版 2022年11月第2次印刷
定 价	45.00元

未经许可,不得以任何方式复制或抄袭本书之部分或全部内容。
版权所有,侵权必究
举报电话:010-62752024 电子信箱:fd@pup.pku.edu.cn
图书如有印装质量问题,请与出版部联系,电话:010-62756370

前　言

习近平总书记在党的二十大报告中回顾了十八大以来新时代十年的伟大变革。新时代的十年是极不寻常、极不平凡的十年,世界正经历百年未有之大变局。当今世界是一个变化的世界,变化就意味着不确定,意味着风险。针对风险,必须实施有效的管理和控制。搞好企业财务会计与内部控制制度设计工作不仅有利于企业财务会计准则与内部控制制度的实施,更有利于企业加强财务会计管理,提高内部控制制度工作的质量。我们认为成功的企业是相似的,就是都有行之有效的管理制度。企业如何在遵守国家财会制度的基础上,结合企业自身的实际情况,制定出适合本企业的财务会计与内部控制制度? 这是目前摆在我们理论界与实务界面前重要的课题。

本书以新时代中国特色社会主义经济思想为指导,紧紧围绕《中华人民共和国会计法》《企业会计准则》《企业内部控制基本规范》与《企业内部控制应用指引》等国家有关财经法规,立足于企业的现实情况,在介绍了企业财务会计制度的含义及其所处的地位后,沿着企业财务会计工作的主线,就企业财务会计制度基础设计基本理论、基础制度设计、内部控制制度业务操作设计等内容进行了较系统的分析、说明与案例提示。本书的特点是:理论框架结构逻辑性强,内容体系清晰完整,且紧密联系企业实际情况,并配有大量的案例,简明扼要、通俗易懂,大大提高了本书的实用性、可读性以及可操作性。

本书既可以作为会计学与财务管理等相关专业的教学用书,同时也是企业财务会计与内部控制制度工作人员了解、学习与掌握财务会计与内部控制制度设计知识的必备读物。

由于编著者水平有限,本书肯定存在不足和疏忽之处,恳请读者给予斧正。

颉茂华

2018 年 1 月 6 日
修改于 2022 年 11 月 1 日

目 录

第 1 章 导 论 ··· 1
1.1 财务会计制度的简要发展历程 ··· 1
1.2 财务会计制度的含义与特点 ··· 2
1.3 财务会计制度法规体系的含义及其构成 ··· 5
1.4 财务会计制度设计的含义及其必要性 ··· 7
1.5 财务会计制度设计的内容与种类 ··· 8
1.6 财务会计制度设计的原则、方式与程序 ··· 11
案例示范 ·· 17
本章小结 ·· 17

第 2 章 企业财务会计工作组织制度设计 ··· 20
2.1 企业组织架构的意义及内容 ··· 20
2.2 企业组织架构设计及运行 ··· 22
2.3 企业财务会计工作组织制度的意义 ··· 24
2.4 企业财务会计工作组织制度的设计原则 ··· 26
2.5 我国会计法规制度对财务会计工作组织制度的要求 ································ 27
2.6 企业财务会计机构的设计 ··· 28
案例示范 ·· 33
本章小结 ·· 33

第 3 章 企业会计基础 ·· 37
3.1 企业会计科目设计 ·· 37
3.2 企业会计凭证设计 ·· 50
3.3 企业会计账簿设计 ·· 67
3.4 企业财务报告设计 ·· 80
3.5 对外报表的设计 ··· 90
案例示范 ·· 109
本章小结 ·· 109

第 4 章 企业内部会计控制制度设计 111
4.1 内部会计控制制度概论 111
4.2 内部控制系统设计的目标和原则 114
4.3 内部控制系统设计的内容 116
4.4 预算控制设计 118
4.5 实物资产控制设计 118
4.6 内部审计控制 118
4.7 电子信息控制 119
4.8 内部控制制度的建立与设计 119
4.9 内部控制制度的评价 121
案例示范 123
本章小结 123

第 5 章 资金内部控制与核算系统设计 126
5.1 加强资金管理与控制的意义与原则 126
5.2 资金活动内部控制的目标及要求 128
5.3 筹资活动管理控制 130
案例示范 141
5.4 投资活动管理控制 142
案例示范 151
5.5 资金营运活动的业务流程与关键控制点 152
案例示范 157
本章小结 157

第 6 章 资产管理内部控制与核算系统设计 159
6.1 资产管理的总体要求 159
6.2 存货内部控制与核算系统设计 160
6.3 固定资产内部控制与核算系统设计 167
6.4 无形资产内部控制与核算系统设计 174
案例示范 178
本章小结 178

第 7 章 合同管理内部控制制度设计 180
7.1 加强合同管理内部控制的意义 180
7.2 合同管理的总体要求 180
7.3 合同管理流程 182
7.4 合同各环节的主要风险及管控措施 183

7.5 合同管理的后评估 ··· 188
案例示范 ··· 189
本章小结 ··· 189

第 8 章 采购业务内部控制与核算系统设计 ································· 191
8.1 采购业务内部控制概述 ·· 191
8.2 采购内部控制 ··· 193
8.3 付款内部控制 ··· 199
8.4 采购业务后评估 ··· 200
案例示范 ··· 201
本章小结 ··· 201

第 9 章 销售与收款内部控制与核算系统设计 ····························· 204
9.1 销售业务的内部控制要求与内容 ··································· 204
9.2 销售业务流程 ··· 207
9.3 销售与收款业务核算系统的设计 ··································· 212
9.4 销售与收款业务核算程序的设计 ··································· 214
案例示范 ··· 217
本章小结 ··· 217

第 10 章 工程项目内部控制与核算系统设计 ······························ 220
10.1 工程项目内部控制概述 ··· 220
10.2 工程立项管理控制活动 ··· 223
10.3 工程设计管理控制活动 ··· 225
10.4 工程招标管理控制活动 ··· 227
10.5 工程建设管理控制活动 ··· 230
10.6 工程竣工验收管理控制活动 ······································ 234
案例示范 ··· 236
本章小结 ··· 236

第 11 章 研究与开发内部控制与核算系统设计 ···························· 238
11.1 研究与开发内部控制的意义与要求 ································ 238
11.2 研究与开发业务流程 ··· 238
11.3 研究与开发业务的核算 ··· 241
11.4 研究与开发的主要风险及管控措施 ································ 242
案例示范 ··· 245
本章小结 ··· 245

第 12 章　业务外包内部控制与核算系统设计 ············ 247
12.1　业务外包与业务外包的内部控制 ············ 247
12.2　业务外包各环节的主要风险及管控措施 ············ 248
12.3　业务外包核算系统的设计 ············ 254
案例示范 ············ 259
本章小结 ············ 259

第 13 章　担保业务内部控制与核算系统设计 ············ 261
13.1　担保业务内部控制与核算系统设计的意义 ············ 261
13.2　担保业务的一般流程 ············ 261
13.3　对外担保业务的总体要求 ············ 262
13.4　担保业务各环节的主要风险及管控措施 ············ 263
案例示范 ············ 274
本章小结 ············ 274

第 14 章　内部信息传递制度设计 ············ 277
14.1　内部信息传递的含义及意义 ············ 277
14.2　内部信息传递的总体要求 ············ 277
14.3　内部信息传递的流程 ············ 278
14.4　内部信息传递流程的风险及管控措施 ············ 279
14.5　反舞弊 ············ 283
案例示范 ············ 284
本章小结 ············ 284

第 15 章　全面预算制度设计 ············ 287
15.1　全面预算系统设计概述 ············ 287
15.2　全面预算管理组织系统设计 ············ 290
15.3　全面预算编制方法设计 ············ 293
案例示范 ············ 294
本章小结 ············ 294

参考文献 ············ 297

后　记 ············ 299

第 1 章　导　论

学习目标

1. 了解财务会计制度的简要发展历程。
2. 理解财务会计制度的含义与特点。
3. 了解财务会计法规体系的含义及其构成。
4. 理解财务会计制度设计的含义及其必要性。
5. 掌握财务会计制度设计的内容与种类及财务会计制度设计的原则、方式与程序。

1.1　财务会计制度的简要发展历程

最初的会计作为记录经济活动的一种方法，只是生产职能的一个附带部分。会计制度是会计实践经验的总结，是会计实践发展到一定阶段的产物。在我国西周时代，原始的记录、计量行为如"结绳记事""刻契计数"等已无法详细准确地反映生产活动的数量和质量。于是，对会计制度的设计从这时起就已经开始了。当时，叙述式的"流水账"开始出现。之后，对于"流水账"无法详细、准确记录的官府贡、赋、税等财富，又设计出"草流"（流水账）、"细流"（明细账）、"总清"（总账）三种账簿，并设计了"日成"（旬报）、"月成"（月报）、"岁会"（年报）三种文字性报告。这标志着我国会计制度设计工作进入了起步阶段。

随着生产的发展，经济业务的增多，我国的记账方法也日益完善。西汉时期"收""付"两个记账符号，"收入－付出＝结存"的平衡公式已经广泛应用于地租的收付记录过程中。这不但促进了账簿格式的改进，也为后来唐宋时期出现的"四柱清册""龙门账""四脚账"等会计方法奠定了基础。北洋政府时期，我国的会计制度经历了比较彻底的改造，建立了比较完善的会计科目、账簿体系，并同时确立了"会计凭证→账簿→会计报表"的记账程序。而且，在记录方式上也改传统的自右向左的直书式为自左向右的横式书写，在与国际惯例接轨的方向上迈出了重要一步。

中华人民共和国成立后很长一段时间里，我国采用的是苏联的计划经济体制模式，会计工作是由按行业、分所有制的会计核算制度来规范的。在会计体系上我国不仅照抄了苏联的会计平衡公式、会计报表体系和成本核算方法，而且设计出了一系列分部门、分所有制的行业会计制度。这些带有浓厚的计划经济体制色彩的会计制度在特定的经济社会背景下发挥了一定程度的作用。

20世纪70年代末开始的经济体制改革逐渐要求把过去那种单一的计划经济体制转变为社会主义市场经济体制。随着跨地区、跨部门、跨所有制、跨行业的企业集团的兴起,证券和股票市场的建立,股份制、中外合资企业的不断涌现,对外贸易和跨国投资的迅速发展,原来计划经济体制下高度集中、分部门、分所有制、相对封闭的管理体制已经不适应混合经济实体的要求,不利于搞活企业,不利于企业走向市场,不利于实施有效的宏观调控,不利于对外开放的进行。1992年,我国改革方向明确到建立有中国特色的社会主义市场经济体制后,为了使各项法规、制度适应与促进经济的发展,财政部门加紧了会计制度建设,颁布了《企业会计准则》和13个分行业的企业会计制度,并开始研究具体会计准则,逐步实现我国会计规范由计划经济向市场经济模式的转换。

随着我国改革开放向纵深发展,以及"入世"后国际贸易往来的需要,迫切要求我国的会计制度尽快与国际惯例接轨。由于企业所有权和经营权的分离,企业债权债务的增多,以及经济责任关系的深化,企业会计报表所反映的经营成果和财务状况不仅要满足企业经营者、投资者和债权人的需要,还要满足潜在的投资者和社会其他方面的需要,企业会计报表需要委托会计师事务所进行审查鉴证,以取信于社会。同时资本市场的成长要求会计的客观与及时,加强宏观经济调控和国有资本监管也要求堵塞利润操纵的漏洞。目前,我国会计制度管理体制实行统一领导、分级管理的原则。2017年财政部陆续发布了新增或修订的企业会计准则,此次共修订了五项会计准则,发布了两项新准则及一个补充规定,如此大规模的准则修订和增补尚属首次。由国务院财政部门根据《会计法》制定企业会计准则,统一会计制度,规范会计工作,逐步形成了具有中国特色的会计制度体系。

从以上会计制度的演变历史可以看出,会计制度的建立和完善是一个从简单到复杂,从随意到规范,从粗放到精细,从松散到严密的发展过程。

1.2 财务会计制度的含义与特点

1.2.1 财务会计制度的含义及作用

财务会计工作是经济管理的重要组成部分。其本质特征是通过对特定单位经济业务的确认、计量、记录和报告,为会计信息使用者提供反映企业财务状况、经营成果和现金流量的会计信息,并对企业的经营活动和财务收支进行监督。财务会计工作依法有序地进行是保证企业经营管理及国家宏观经济正常运行的重要条件。

财务会计制度是财务会计工作规范的总称。它是指在国家统一会计规范的指导下,由企业自行设计的旨在正确反映企业财务状况和经营成果的会计原则、会计程序和会计方法。财务会计制度本身是一个系统,它应体现三个层次:

第一个层次是会计工作基本条件方面的制度,包括会计科目及其使用说明;会计凭证的种类、格式、用途及填制要求;会计账簿的种类、格式、钩稽关系及登记要求;提供会计信息的报表种类、结构、指标内容及编报要求。

第二个层次是会计工作组织方面的制度,包括财会机构设置、岗位责任划分、人员配备的有关规定;会计核算的组织形式;处理会计事项的程序,会计数据在账表之间的转换方式;会计人员任免工作及档案管理的规定。

第三个层次是会计工作管理方面的制度,包括成本计算、成本管理的制度;企业内部控制制度;明确各部门经济责任、强化经济核算的制度;揭示问题及产生原因,寻求解决措施的会计分析制度;发挥会计预测、决策功能的会计预测、决策工作制度;鉴定会计人员工作业绩,以便实施奖励的会计考核制度。

财务会计制度的主要作用体现在以下几个方面:

第一,建立现代企业制度是企业会计工作规范化、程序化的基本形式。会计是会计理论和会计实践的统一。会计制度要在基本会计准则和具体会计准则指导下依照具体的规范化文件,组织会计的运作。所以会计制度是会计理论与准则指导会计工作必不可少的媒介,是整个会计的重要组成部分;如果没有会计制度,就不可能使会计理论与会计实践相结合,也就不可能实现会计的目的和任务。

第二,企业会计制度是企业内部控制的组成部分。一方面,会计制度作为对企业经营活动的一种控制,包括记录和识别所有合法合规的经营业务,计量经营业务的价值,对经营业务进行适当分类,确立经营业务记录时间,在会计报表中公允地反映经营业务状况和成果;另一方面,会计制度中规定的各种会计方法和程序,本身有着控制的功能。例如,不相容职务的分离、复式记账、平行登账等。这些控制功能的发挥能有效地保证会计信息的客观、真实、及时、准确。

第三,企业会计制度是建立企业管理信息系统的基础,企业管理信息系统利用电子计算机的高速处理能力、庞大的记忆能力以及快捷的通信系统,经过整体化的设计、广泛收集企业内外有关资料加以组合模拟,使之成为有用的经营管理信息,并迅速提供给管理人,或应企业管理当局的询问,立即予以解释答复。这种信息系统是以会计信息为中心建立起来的,在这种信息系统下,各种业务记录都和会计记录相联系,并通过这种联系成为一个有机的整体。所以,健全的会计制度是建立企业管理信息系统的基础。

第四,企业会计制度可以作为企业其他管理制度研究和改进的根据。企业是一个独立的经济组织,以营利为目的,必须不断地进行生产经营活动,而企业的业务活动大都与会计有关,会计记录中包含着一个企业经营活动的轨迹。企业的管理工作,如决策、计划、协调、控制、考核等,都必须利用会计资料;企业决策后,计划的实施也必须通过会计活动来加以分解、协调与控制;企业计划的完成情况也必须根据会计资料来加以考核。所以,企业会计制度是企业管理制度中最重要的一种,会计制度覆盖了其他各种管理制度的要点。会计既是一种管理活动,又是一种信息系统,以企业会计制度为基础,提供准确、及时、完整的会计资料,由此,哪些管理制度要改进及如何改进就比较容易分析。

第五,企业会计制度是实现现代企业发展战略的必要条件。从西方发达国家的经验来看,开展规模化、集约化经营,推行全方位、多角度发展战略,是现代企业发展的基本趋势。现代企业跨行业、跨地区经营,经营项目多种多样,企业必须根据系统论的观点,设计出一套既符合企业全局发展要求,又照顾到企业中不同部门特殊要求的会计制度。企业要实现规模化、多角度的发展,必须通过企业会计制度,使不同行业和企业会计制度,使不同行业和企业内部不同部门的经济资料相关、可比,便于分析、汇总,使企业管理当局从总体上把握企业脉搏,及时调整企业发展战略,保证战略的顺利实现。

1.2.2 财务会计制度的特点

根据会计制度的含义,作为会计工作实务的行为准则和规范,会计制度具有以下几个特点:

1. 目的性

首先,会计制度是开展各项会计工作所依据和遵循的准则,是企事业单位处理各项经济业务的规范,会计制度通过对特定主体会计工作的规范和约束,能够达到提高经济管理效益效果的目的;其次,会计制度能够达到为企业经营者、债权人、所有者、潜在投资者及其他利益相关者提供及时、准确的会计信息的目的。

2. 合法性

首先,广义的会计制度本身就包括法律、法规,是用法律法规形式表现出来的;其次,统一会计制度和单位内部会计制度也必须根据会计法和会计准则制定,而不能与之相违背;最后,会计核算监督的内容,会计事务处理的方法,必须符合各项财经法规的要求,实质上,会计制度本身就是对各项法律和法规的体现。

3. 实践性

会计制度本身就源于对会计实践的探索和总结,而反过来又指导会计实践。从会计制度的发展完善过程来看,每一次有重大影响力的经济事件的发生都会导致相关会计法律、法规、准则的改进和提高。故此,会计制度具有很强的实践性。

4. 系统性

会计是经济管理中的一个信息与控制系统,作为一个整体它又是经济管理体系的一个分支系统。它是由会计科目、会计凭证、会计报表、会计核算方式、账务处理程序及处理方法等系统组成的。会计制度是由各种具体制度组成的有机系统,并且是一个既能发挥各种制度个体作用,又能确保其整体功能的系统。所以,研究会计及会计制度应当运用系统论原理,对其整体进行研究。

5. 强制性

无论是作为行政法规的统一会计制度,还是作为企业会计规范的单位内部会计制度,都是在特定主体范围内执行的,且执行者都必须承担相应的责任,包括经济责任、行政责任和法律责任。所以,会计制度具有强制性。一般来讲,政府部门制定的统一会计制度作为行政法规,强制性较大;企业内部会计制度作为企业规章,其强制性相对较小。

现代公司制会计制度,作为一种全新的现代会计制度,较之于传统会计制度的区别,在于它是一种对企业法人财产的信托经营进行控制的具体性规范。与我国传统的企业会计制度相比,具有以下特点:

(1) 现代公司制会计制度具有规范化、统一化、国际化的特征。

(2) 它要求公司不仅可以为国家提供财会信息,而且可以为所有者、潜在投资者、债权人以及其他利害关系人提供必要的会计信息。

(3) 它采用以资产负债表为主体的会计报表体系,能够全面反映企业的长期经营状况,特别是企业的资产负债状况和经营业绩。

（4）它对公司特定业务的会计处理有特别的规定。如资本筹集、收益分配、股东权益、境内外上市、所得税计缴、对外投资、报表合并、公司清算等。

（5）它是一种打破所有制成分和行业界限的现代会计受托责任制度，本身就是现代企业制度的重要内容之一。

（6）它是一种明晰企业产权关系、明确资产权利结构关系、体现现代会计受托责任的现代会计制度。

1.3 财务会计制度法规体系的含义及其构成

1.3.1 财务会计制度法规体系的含义

财务会计制度法规体系又称为"会计规范"体系，是指用来指导和约束会计实践工作和会计工作人员行为的各种会计法律、行政法规、规章制度等按照一定的逻辑关系组成的有机整体。会计的本质是对特定单位的经济业务事项进行确认、计量、记录和报告，并通过所提供的会计资料做出预测，参与决策和实行监督。会计的管理职能首先表现在单位内部，即任何一个单位的经济活动都要与各有关方面发生直接或间接的联系，而不是孤立进行的。典型的生产企业，不仅要与供货单位和购货单位发生购销关系和债权债务关系，还要与银行等金融机构及投资人发生信贷关系和权益关系，同时还要与税务部门发生税收征纳关系，与政府管理部门发生管理与被管理关系。所以，对经济业务事项的会计处理会涉及各方面的利益，其影响面远远超过本单位的范围。如何处理这些关系，不仅会影响本单位的财务收支与分配，而且也会影响政府、投资人、债权人、供应商、客户及企业职工的利益。为了保证会计处理过程的合理性、合法性以及处理结果的客观性、正确性，保证国民经济正常、有序的进行，在制度方面必须要有一套严密、完整，指导性和约束力比较强的会计规范体系。

会计规范作为一种会计理论体系，具有如下基本特征：

1. **普遍性**

作为指导会计工作的行为标准，会计规范得到了全社会的普遍认可。无论这种"认可"是约定俗成的，还是强制实施的；也无论这种规范是成文的，还是惯例性的。会计规范作为一种行为准则在全社会范围内得到了普遍实行。

2. **约束性**

作为一种评价会计行为的明确标准，对于违反会计规范的行为，须施以相应的行政或法律制裁。

3. **地域性**

财务会计学作为一门管理科学，从属于社会科学领域。所以其自身不可避免地带有一定的民族特色和地域特征，这一点在会计规范中表现得尤为突出。然而，在强调会计规范地域性的同时，并不能排斥国际会计协调的问题；相反，随着全球经济一体化和国际贸易往来的增加，会计规范地域性的特点将出现淡化的趋势。

4. **发展性**

会计理论来源于会计实践，又能反过来指导会计实践。随着经济活动的不断发展，将会有更多形式的经济业务产生,会计规范理应也必须随着所处环境和时代特征的发展变化而做相应的调整。

1.3.2 财务会计制度法规体系的逻辑结构

会计规范是一系列会计法律、法规、规章、制度的概括和总结。这些法律、法规、规章、制度并不是简单的罗列加总关系,而是按照一定的逻辑顺序、层次分明地联系起来的有机整体。

根据我国具体的政治、经济情况,我国的会计规范体系按照强制力排列可分为四个层次(见图1.1):

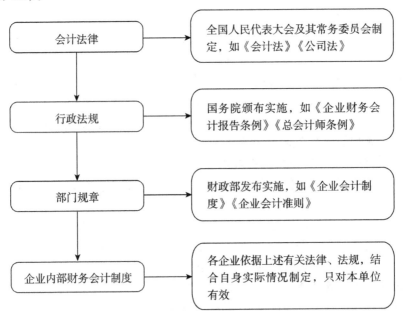

图 1.1 我国会计规范体系框架

第一层次,会计法律,是指对所有会计工作具有约束作用的法律。1985年5月1日起实施的《会计法》是调整我国经济生活中会计关系的总规范,它是会计规范体系的最高层次,是制定其他会计规范的依据,是指导会计工作的最高准则,它由全国人民代表大会及其常务委员会制定修改并保证施行。

第二层次,行政法规,是指调整经济生活中某些方面会计关系的法律规范。它包括综合性会计法规和会计人员方面的法规,综合性会计法规是指规范全国会计工作的制度,如《企业财务会计报告条例》《会计基础工作规范》《会计档案管理办法》等。这类会计法规充分考虑了各单位的现有条件,具有高度的概括性和普遍的适用性,各单位必须贯彻执行,如违背它们将受到一定的制裁,负一定的法律责任。会计人员方面的法规是指规范会计工作者行为和会计人才选拔、管理方面的制度,如《会计人员职权条例》《总会计师条例》《会计干部技术职称暂行规定》《高级会计师评审办法》《会计证管理办法》等。这些会计法规充分体现了我国对会计人员管理模式的要求。当前,我国推行的会计人员技术资格考试和聘任制度,在某些单位实行的会计人员委派制度是强化会计监督,保证会计工作有序进行的重要保障。

第三层次,部门规章制度,是指由财政部就会计工作中某些方面的内容所制定的规范性文件,主要目的是规范会计核算业务的处理方法和程序。如《企业会计制度》《股份有限公司会计制度》《事业单位会计制度》以及各项具体会计准则等。作为会计规范体系的最低层次,会计部门规章制度必须依据会计法律和会计行政法规制定,这些规定的适用面较窄,只适用于某些行业或者某一类业务,但操作性强,每项规定都比较具体和详细,所规范的对象正是会计对象的确认、计量、记录和报告。

第四层次,企业内部财务会计制度,是指各企业根据国家统一的会计制度,结合本企业实际情况而制定的适合本企业使用的规范。它是其他会计规范的具体化,主要内容包括:会计人员的权利、职责、职称、评聘、任免、待遇、素质要求等;会计工作的考核、达标、规划及档案管理;会计机构的设置与责任和任务。与其他会计规范相比,企业内部财务会计制度在整个会计规范体系中地位和作用较为独特,企业内部财务会计制度一般是针对其具体情况制定的,它对会计行为的界定最为细致,因而,它对会计行为的实际执行效果具有最终的影响力和极强的指导性。

1.4 财务会计制度设计的含义及其必要性

企业财务会计制度设计是企业以国家有关会计法律、法规为依据,用系统控制的技术和方法,采用文字或图表等形式,对企业的会计组织机构、会计核算报告和会计业务处理程序和方法及具体要求加以规范化、文件化,以此来指导会计工作的过程。

企业进行财务会计制度设计的必要性主要体现在以下几个方面:

1.4.1 企业财务会计制度设计是我国宏观经济改革的需要

首先,企业财务会计制度设计,是我国经济体制改革的必然结果。计划经济体制下,我国的财务会计制度都是由国家统一制定的,它们直接约束着所有企业的会计行为。企业不必也无须独立地进行会计制度设计。而社会主义市场经济条件下,企业成为自主经营、自负盈亏的法人实体,由企业自行设计、制定符合自身业务特点的会计制度就显得尤为必要。它既是搞好微观经济管理的需要,也是政府转变管理职能的必然要求。

其次,企业财务会计制度设计,是我国推行现代企业制度的客观需要。现代企业制度是企业真正面向市场,成为真正法人主体和市场竞争主体的理性选择。但是,现代企业制度的实行,只是为转换企业经营机制提供了前提条件,还必须改革与其不相适应的管理制度。建立健全企业财务会计制度是现代企业制度创新的重要内容。我国《公司法》明确规定,"公司应当依照法律、行政法规和国务院主管部门的规定建立本公司的财务会计制度"。

最后,企业财务会计制度设计,是我国会计管理模式改革的必然要求。会计准则的实施使我国会计管理模式由计划导向模式向市场导向模式转变。在市场导向模式条件下,国家只颁布会计准则,企业可以在不违背会计准则的前提下,制定具体的、符合企业管理要求的、体现自身利益关系的会计制度。因此,在会计准则规范模式下,企业会计制度设计将成为每一企业单位会计工作首要的、直接的、迫切的需要。

1.4.2 企业财务会计制度设计是加强微观企业管理的要求

首先,企业财务会计制度设计,是企业建立管理信息系统的客观要求。经济信息是企业调控生产经营过程的有效手段,而会计信息是企业经济信息的重要组成部分。企业必须根据自身的经营特点和管理要求,建立一套完整的、科学的会计信息反馈系统,通过设计出一个切合实际的、适应企业复杂多变生产经营过程的会计制度,是实现这一目的的必要手段。

其次,企业财务会计制度设计,是健全内部会计控制制度,提高会计信息质量的客观要求。向企业内外各有关方面及时、准确地提供高质量的会计信息,是现代会计的最基本功能。而会计信息质量则主要依赖于内部会计控制制度。内部会计控制制度包括诸如经济业务的审批制度,经济活动的会计核算制度,财产物资的保管制度,内部稽核制度,等等。这些制度属于企业会计制度的重要组成部分,是为保护财产的安全和完整以及提高会计信息的正确性和可靠性而建立的。因此,其完善与否,对于提高会计信息质量至关重要。国家统一的会计规范不可能对上述所有方面都做出具体、详细的规定,这就要求企业在遵守国家统一会计规范的前提下,结合自身特点设计出符合本单位实际的企业财务会计制度。

最后,企业财务会计制度设计,是企业强化经营管理,提高经济效益的客观要求。通过企业财务会计制度设计,企业可以利用会计管理的形式,加强经济核算,严格考核责任成果,协调责权利之间的关系,确保现代企业制度的贯彻落实。

1.5 财务会计制度设计的内容与种类

1.5.1 财务会计制度设计的内容

根据《会计法》《企业会计制度》《企业会计准则》和国家其他有关财经法规的要求,结合企业自身生产经营特点与管理需要,一般企业财务会计制度设计的内容大致包括:会计工作组织制度设计、会计核算制度设计、内部控制制度设计、会计规章制度设计等四个方面。

1. 会计工作组织制度设计

会计工作组织制度设计包括会计机构的设置,会计人员的配备、任免和岗位责任制设计,会计工作交接制度设计,会计档案管理和会计公共关系设计等方面的设计。合理地设置会计机构,配备高素质的会计人员,是提高会计工作效率,确保会计信息质量的组织保证;设计严密的工作交接制度和档案管理办法能够有效地防止会计工作中错弊现象的发生,有助于经济责任的合理划分。

(1) 在会计机构设置方面,需要注意以下几个问题:
① 为适应现代企业制度的要求,有必要将会计和财务机构分别设置;
② 要适应企业业务的类型和规模的大小;
③ 要有利于提高会计工作效率;

④ 内部分工要明确具体。

会计和财务机构分设制度一方面可以提高会计工作和财务管理工作的质量,另一方面可以在保证会计机构独立性的基础上进一步保证会计信息的真实性。

(2) 在会计人员配备方面,需要注意以下几个问题:

① 要根据工作需要设置相应的会计人员,防止人浮于事。

② 建立会计人员岗位责任制,明确会计人员的岗位责任和职责范围。

2. 会计核算制度设计

会计核算制度设计是企业财务会计制度设计的核心,具体包括以下内容的设计:

(1) 会计政策选择。会计政策选择是指企业在国家会计法规和会计准则允许的范围内,根据企业一定时期的经营方针和管理目标,自行选定会计处理方法以便恰当地反映企业财务状况和经营成果的行为。一般情况下,会计政策选择的内容主要包括:

① 会计核算形式的选择;

② 会计要素内容的选择,即会计科目的选择;

③ 会计信息载体的选择,如会计凭证、会计账簿、会计报表等;

④ 会计技术处理方法的选择,如成本核算方法、坏账损失计提方法、坏账确认标准、财产盘存制度、存货期末计价方法、各类投资的计价方法、固定资产折旧方法、无形资产和递延资产摊销方法、债券溢折价摊销方法、费用归集分配方法、收入确认方法等;

⑤ 综合性会计政策的选择,如记账本位币、汇兑损益的处理、全面的估价政策、企业合并政策、租赁、分期付款购买,以及有关利息、税务、长期合同等的选择。

在进行会计政策选择时,应以投资者利益为出发点,以资本保值增值为目的,选择能最恰当地反映企业经营成果和财务状况的会计政策。同时还要注意会计政策的相对稳定性,企业不能频繁地变更会计政策。

(2) 具体会计核算制度设计。会计核算制度设计是在会计政策选择的基础之上进行的,包括会计科目、会计核算形式、会计凭证、会计账簿、会计报表、经济业务的会计处理程序,以及成本核算制度的设计,具体过程如下:

① 对所选择的会计科目进行分类与排列,明确各科目核算的具体内容及使用方法,并对科目进行编号;

② 结合选用的会计核算形式,对会计凭证、会计账簿、会计报表的格式以及凭证传递程序、报表编制程序、财产清查程序进行设计;

③ 对主要经济业务如货币收支、存货收发、投资、固定资产增减、销售、发行债券、所有者权益变动等会计处理程序进行设计;

④ 根据选定的成本计算方法对成本核算程序进行设计等。

企业财务会计制度是各企业进行会计工作的准则,因此,它必须保持相对的稳定性,不能朝令夕改,变动过于频繁。否则,会有损于制度的严肃性和权威性,也会有损于会计信息的使用价值。这就要求企业在选定会计政策,设计核算政策时,既要立足当前,又要顾及长远,既要考虑企业目前的利益,又要满足企业长期发展的需要。当然,企业内部会计制度作为上层建筑,也必须随着社会经济的发展和会计实践经验的积累,不断地进行改革和完善。

3. 内部控制制度设计

内部控制制度是指企业内部为了保护资产、核算会计数据的准确可靠、提高经营效率而采用的组织方案,以及相互协调的全部方法与措施。分为内部会计控制和内部管理控制两部分。其中,内部会计控制制度的内容主要包括分权控制、授权审批控制、业务处理程序标准化控制、会计资料可靠性控制、实物控制等。

在进行会计制度设计时,要按照内部控制的要求,把进行控制的方法分别规定在会计制度和有关业务处理规程中。属于会计部门的工作内容都应纳入会计制度之内,属于其他部门但与会计工作有紧密联系的,要提出措施,作为企业各管理部门共同遵守的规章制度。

4. 会计规章制度设计

会计规章制度的设计包括会计管理办法、会计检查、监督和内部稽核办法的设计,以及内部经济责任制等制度的设计。

1.5.2 财务会计制度设计的种类

根据不同的划分标准,对会计制度可以进行多种分类。目前主要的分类方式有以下两种:

第一,根据会计制度的制定机构和适用范围,可以将会计制度划分为统一会计制度和单位内部会计制度。

(1) 统一会计制度。统一会计制度一般由主管全国会计工作的部门——财政部制定。其内容包括:会计凭证、会计科目、会计账簿的设置,会计业务的处理程序和处理方法,会计报表、预决算报告的编制、审批,会计稽核检查,会计档案管理,以及其他会计事务等。统一会计制度在全国范围或国民经济的某个部门内通用,具有普遍的指导意义。其目的是用来调整国民经济各部门经济活动各方面的会计关系。

(2) 单位内部会计制度。单位内部会计制度是由企事业单位财会机构自行制定的内部会计制度。内部会计制度只适用于其制定单位,具有特定的指导意义。其目的是满足加强经营管理、会计核算和监督,及时提供会计信息,管好用好资金,保护好企业资产,提高经济效益的要求。其协调的对象是主体内部经济活动中的会计关系。

第二,根据会计制度的具体内容和提供信息的目的不同,可以将会计制度划分为财务会计制度和管理会计制度。

(1) 财务会计制度。统一会计制度中对企业财务会计制度的内容做了说明和介绍。财务会计制度按照《公司法》《证券法》等法律、法规,对会计信息披露的要求和标准进行了规定,具有一定的外向性,因此可称其为外向型会计制度。

(2) 管理会计制度。是指企业为加强经济管理,提高经济效益而自行制定的会计制度,主要规定的是单位内部信息披露的要求和标准。管理会计是以现代管理提高经济效益为目的,以一系列特定的技术方法为手段,对企业生产经营活动进行规划、决策和控制的信息系统,它属于内向型会计制度,不属于会计行政法规。

1.6 财务会计制度设计的原则、方式与程序

1.6.1 财务会计制度设计的原则

财务会计制度设计是企业的一项基础制度建设,其设计质量的高低直接影响到企业的会计工作能否正常运行。为了保证会计制度设计的质量,充分发挥会计制度的作用,在进行会计制度设计时必须遵循一定的原则,这些原则包括:

1. 合法性原则

合法性是财务会计制度设计的最根本原则。它要求企业的财务会计制度设计必须符合国家的法律、法规和政策,把国家的法律、法规和政策体现到企业的财务会计制度当中去。企业在设计财务会计制度时必须以国家颁布的各项财经法规为依据,因为这些法规的目的是要保证社会主义市场经济健康有序地进行,既体现了社会主义市场经济的发展方向,又反映了宏观经济管理的要求。由于市场经济本身带有自发性和盲目性的特点,政府必须通过宏观调控的方式加以干预,但这种干预不应当是直接干预,而应当是间接干预,其依据就是各个企业报送的经过统一汇总的会计资料。这就要求进行会计制度设计时,必须使微观经济主体所采用的会计政策、会计方法符合经济、财务、税收等国家法规。如进行有关财务指标和财务报表设计时,必须遵守财务通则和行业财务制度的规定;进行有关货币资金的收支、保管、结算和核算规定设计时,必须遵守国家有关现金管理和结算制度方面的金融法规。

2. 效益性原则

企业财务会计制度设计的效益性原则包括两层含义:一是指在进行会计制度设计时,必须以提高经济效益为中心,在保证质量的前提下,尽量节约设计费用;二是要使设计出的财务会计制度以尽量小的实行成本取得尽量大的经济效益。

财务会计制度在设计过程中要把会计工作质量放在首位,但同时也要符合成本效益原则,使设计工作中的自身耗费最小,而使设计出的制度所产生的效益最大。财务会计制度各项规定的实施,应有利于加强经营管理,降低成本费用,增加企业盈利。如果财务会计制度过于烦琐,在实施时消耗的制度成本大于其运行所能得到的会计制度效应,则说明财务会计制度设计存在缺陷。因此,财务会计制度设计必须考虑制度成本与效益的关系,以尽量小的制度成本获得尽量大的制度效应,达到成本效益的最优组合。

3. 实用性原则

实用性也可以称为针对性,是指设计企业财务会计制度时,必须针对本单位的特点,充分考虑本单位的经营规模、经营范围、生产工艺过程和管理要求等方面的具体情况,设计出切合本单位实际情况的财务会计制度。市场经济中企业是独立的经济实体。一方面企业享有一定程度的自主权,各项法规、政策都不能阻碍企业自主权的发挥,不能束缚企业的手脚;另一方面各个主体在市场中的地位应是平等的,即企业作为一个主体,其享有的权利和承担的义务应当是均等的。这就要求企业财务会计制度的设计应从企业会计主体出发,本着明确产权关系的基本思想,为企业参与市场竞争、传递管理信息等提供

起码的会计环境,以满足企业内部经营管理的需要。

在实际工作中,各单位在性质、行业、所有制、规模、组织形式、内部管理体制等方面存在很大差别,具有各自不同的特点。设计会计制度时必须从实际出发,掌握被设计单位的具体情况,设计出切实可行的会计制度,充分发挥会计的职能作用。

4. 充分性原则

充分性原则要求企业设计的财务会计制度能够满足有关各方了解特定主体财务状况、理财过程和工作成果的需要。社会主义市场经济是市场经济,而市场实际上是一种关系,是各种商品生产者之间的资金、物资、劳务、技术等契约和交换关系。建立和处理这些关系的直接前提是各商品生产者之间的相互了解和信任,而相互了解和信任的主要依据和手段之一就是会计信息。供货方必须了解购货方的财务状况是否良好,财务活动是否有效率,从而确定赊销风险,并据以做出销售决策;金融部门在办理贷款业务时,必须掌握借款人的财务状况及其资信水平,以做出信贷决策;投资人在进行投资业务时,必须掌握受资人的财务状况和获利能力水平,以做出投资决策;等等。显然,描述特定主体财务状况、理财过程和工作成果的会计信息,其表达和传输已成为发展和完善社会主义市场经济体制的一个重要基础。基于这种原因,社会主义市场经济要求所设计的会计制度能够满足有关各方了解特定主体财务状况、理财过程和工作成果的需要。

5. 控制性原则

控制性是指设计企业财务会计制度时,必须应用内部控制制度以防止舞弊,保护单位财产的安全。内部控制是特定主体为加强岗位责任,保护财产安全,确保会计记录正确可靠,及时提供财务信息,避免、预防或查明错误和不正常现象,保证授权职责履行,在内部组织分工、业务处理、凭证手续和程序等方面所规定的既相互联系又相互制约的一系列管理制度。建立健全内部会计控制系统,是企业财务会计制度设计的一项重要目标。在财务会计制度设计中,必须对会计机构、会计工作程序设置必要的内部控制,应将控制性作为一项重要的内容应用于各个环节的每个岗位,体现在每个工作人员的职责权限当中,要使每个人及其所做的工作都处于他人的监督之下,从而防止错误舞弊和贪污等行为的发生。

6. 稳定性原则

稳定性是指企业财务会计制度设计必须以科学理论为指导,进行深入的调查研究,经过科学的分析论证,使其内容符合实际,保持一定的稳定性,以便于执行,同时还要考虑未来发展的需要。财务会计制度是用来指导会计工作的,一经建立,就应保持较长时期的稳定性,不应经常改变,否则,会使会计人员难以掌握,会计工作无所适从,会计信息缺乏一贯性,并造成人力、物力、财力的浪费。但是财务会计制度不是一成不变的,其应随着市场经济客观形势的发展变化不断改进,因而财务会计制度设计也不是一劳永逸的。所以,在进行财务会计制度设计时应注意保持财务会计制度的相对稳定性,除非有特殊情况,一般在一个会计年度内不宜做较大的变动。为此在设计过程中,对各项规定应当留有适当的余地,以适应未来发展的需要。如会计科目的分类编号,应当留些空号,这样当业务发展时可以增删,而不必改变整个编号系统。

1.6.2 财务会计制度设计的方式

1. 财务会计制度设计的方式

根据国际惯例,制定企业财务会计制度有两种方式。一是自行拟定,由企业内部组织有关人员制定本企业财务会计制度;二是委托制定,由企业委托会计师事务所为本企业制定财务会计制度。企业应根据其实际情况和现有会计人员的素质,确定会计制度是由企业的会计人员自行设计,还是委托会计师事务所设计。一般大中型企业会计人员的工作能力较强,可以组织力量自行设计;小型企业应该委托会计师事务所设计。

自行拟定的企业财务会计制度应由财会部门负责起草,各管理部门参与拟定与己有关的条款。委托制定的企业财务会计制度应由企业管理当局负责聘请会计师事务所,企业各有关部门应积极配合事务所的工作。修改完善后由企业法人审定发布,然后报送主管财政机关、主管税务机关备案。无上级主管单位的企业只报主管税务机关备案,施工企业还应报开户的银行备案。

2. 财务会计制度设计的方法体系

财务会计制度设计的方法体系,可以归纳为以下五项。

(1) 设计调查。调查是设计财务会计制度具体工作的第一步。调查的范围要视制度设计的性质和内容,以及企业规模的大小和业务的繁简而定。通过调查了解企业的基本情况和业务程序后,经过进一步分析研究,便可以确定哪些工作可以简化,哪些工作应当改进,并对企业会计事务的处理及会计科目、凭证、账表形成初步的构想。这里尤其值得注意的是:企业管理当局最关心的是新制度实施后的效益,所以,设计者在提出建议时,应特别强调实施新制度后对企业经营管理的效能有哪些改善。

(2) 由总体设计到具体设计。总体设计是开始设计财务会计制度时拟定的总体规划,它要解决的是企业财务会计制度的根本性问题。主要确定制定制度的基本目的、指导思想和任务,确定财务会计制度所应遵循的原则,包括的内容、范围等。

具体设计就是在总体设计的基础上,采取具体的办法和程序来完成总体设计的要求,并用文字或表格等形式做出具体的规定。其主要内容包括:

① 根据企业的实际情况和内部管理的需求以及其他方面的要求,确定企业会计报表的详细内容,规定各种会计报表,包括报表的种类、项目、指标、格式、份数、编报日期。

② 根据国家统一会计制度规定的会计科目,企业会计事项的经济内容和会计报表要求的指标,确定会计科目,起草会计科目表。

③ 根据企业发生的经济业务,对经济业务控制制度和财务处理程序,确定会计核算的记录方法,包括账簿、凭证和辅助记录。

④ 根据会计工作和会计人员自身条件、采用的记账方法及单位的经济与设备条件,确定满足核算要求的账簿体系,包括凭证、账簿和会计报表的格式。

⑤ 确定会计业务处理程序,制定会计核算形式。

⑥ 确定内部监督制度职权划分、控制流程、制约方式及关系等,包括机构设置,岗位分工及职责权限,不相容职务分离,授权批准控制的权限及责任,会计信息质量的控制要求,原始凭证的填制、取得、传递和审查,记账凭证的填制、审核,账务处理程序及核对,预

算编制及执行控制,财物安全监督控制,内部财务审计制度,对外投资、资产处置、分配制度、工资制度等。

(3) 编制财务会计制度说明文件。财务会计制度在具体设计时还应该注意以下两点:

① 为便于设计工作的顺利进行,先按构成会计制度的每一单元分别进行设计,然后使这些内容同步协调,形成一个有机的整体。

② 重点问题做详细说明,一般问题做原则性规定。即在进行制度设计时,对于比较复杂,又比较难以理解的会计制度或核算方法,做出详细的说明。而对于一些常规方法,则可以做出原则性规定。

(4) 根据试行效果,不断修改完善。对于初步设计完成的会计制度在运行之前,应对相关人员进行业务培训,让大家熟悉和掌握各项制度的内容及应达到的工作标准,明确各自的职责,统一思想认识。同时,在内部财务会计制度试行阶段,应由设计人员进行现场指导并跟踪访问,及时了解制度的运行情况,以及会计人员对制度的适应性,对发现的问题,要及时纠正或补充和完善,使各项内部财务会计制度能够切合实际,顺利运行,取得预期的效果。

(5) 颁布实施。对修订后试运行一段时间的各项内部财务会计制度,再组织有关专业人员进行评估,如达到设计要求,能够适应企业内部经营管理的要求,促进了企业的科学经营管理,则应以企业文件的形式颁布实施。

1.6.3　财务会计制度设计的程序

财务会计制度设计的程序是指财务会计制度设计工作从开始到结束全过程应遵循的顺序和步骤。科学地制定工作程序,合理地确定步骤是做好各项工作的前提。财务会计制度设计是一项艰巨而复杂的工作,需要投入大量的人力、物力、财力和时间,因而,在进行财务会计制度设计之前应制定一个全面的规划,确定一个科学的程序,以使财务会计制度设计能够按计划、按步骤有序地进行。科学的财务会计制度设计程序对保证财务会计制度设计工作顺利进行,避免重复劳动,节省工作时间,提高工作效率,保证财务会计制度质量具有重要作用。财务会计制度设计一般包括以下几个阶段:

1. 明确设计类型,制订设计计划

会计制度设计按其工作内容可分为全面性会计制度设计、局部性会计制度设计、修订性会计制度设计等三种类型。

(1) 全面性会计制度设计。全面性会计制度设计是指对会计工作所应遵循的一切规范进行的设计。通过设计,构成会计制度的基本框架,并产生一套完整的会计制度体系。具体包括:

① 设置会计机构;

② 配备会计人员;

③ 制定会计科目及其使用说明;

④ 设计会计凭证、账簿;

⑤ 设计会计报表的种类、格式、登记或编制方法;

⑥ 确定账务处理程序;

⑦ 制定内部控制制度及主要业务的会计处理程序。

（2）局部性会计制度设计。局部性会计制度设计是指对会计工作的部分规范，主要是对部分经济业务的会计处理程序和方法进行的设计。局部性会计制度设计的内容一般是对原会计制度的补充，其大多是由企业经营规模的扩大、经营范围的扩展和经营方式的转变和管理要求的提高所引起的。

（3）修订性会计制度设计。修订性会计制度设计是指对原有的会计制度予以修改而进行的设计。由于企业的业务发展，产品更新，组织机构变动等使原有的会计制度不再适用时，可以对部分制度进行修订，原有会计制度不健全的，可以加以补充，使之完善起来。

2. 进行调查研究

要使会计制度适合会计工作需要，满足管理要求，保证会计核算质量，便于企业实施，必须做好事先的调查研究工作，使设计者能够做到心中有数。需要调查研究的问题涉及企业的方方面面，现概括列举其主要内容：

（1）单位的基本情况，具体包括：
① 企业的经营方式和经营范围；
② 企业的性质、所属行业、所有制、规模、隶属关系；
③ 企业内部组织机构及职责权限规定；
④ 企业资金来源与利润分配形式；
⑤ 企业产品品种、规格、质量和生产能力；
⑥ 企业的材料采购方式和产品销售方式；
⑦ 企业内部经济核算的形式及要求；
⑧ 企业税金的种类、税率和计算方法。

（2）企业会计制度的现状，具体包括：
① 企业会计机构内部组织及岗位责任；
② 企业会计科目及其使用情况；
③ 凭证、账簿、报表的格式及其编制情况；
④ 账务处理程序的运行状况；
⑤ 会计电算化的施行状况；
⑥ 企业会计人员的技术职称构成和理论水平及实际工作能力。

（3）各类经济业务的会计处理现状，具体包括：
① 货币资金的收支管理；
② 材料采购过程中的订货、验收、入库和货款结算业务处理；
③ 存货的发出、计价、盘点业务处理；
④ 固定资产的采购、验收、安装、维修、折旧、出售和报废业务处理；
⑤ 销售过程中的开单、发货、运输、结算业务处理；
⑥ 成本计算方法；
⑦ 投融资业务处理；
⑧ 工资、福利业务处理。

以上列举的各种调查对象，并不能涵盖特定企业的所有相关事项，调查研究过程中应结合企业的具体情况,充分考虑各种可能对会计制度产生影响的因素。调查结束后,设计人员应根据所获取的资料进行分析研究,确定哪些工作可以简化,哪些过程可以改进,从而确定会计制度的基本框架。

3. 设计编写

企业会计制度只有符合国家政策、法规和制度的规定,才能满足国民经济宏观管理的要求,同时对企业来讲也是一项重要的管理制度,不仅是会计工作的规范,也是企业领导和其他职工进行工作的依据。应力求达到"通俗易懂,切实可行",为了达到以上要求,满足企业经营管理,规范会计行为和保证会计核算制度的需要,应在综合调查研究的基础上,针对设计的内容,按照会计制度设计的原则,编写会计制度。

(1) 确定编写方案。会计制度编写方案分为整体方案和具体方案,整体方案包括:

① 会计制度总则设计;
② 会计科目设计;
③ 会计核算形式设计;
④ 会计凭证设计;
⑤ 会计账簿设计;
⑥ 会计报表设计;
⑦ 会计监控与核算办法设计;
⑧ 责任会计制度设计。

会计制度设计小组成员应根据整体方案进行明确分工,合理规定完成时限,负责各项目的成员根据其负责编制的具体项目,提出具体编写方案,其中,包括具体方案的内容、组成情况、写作体例及表述方法等,还要根据整体方案的完成时限提出具体的编写时间和完成进度。

(2) 起草编写

会计制度的具体编写内容将在以后各章中进行系统介绍,这里只对编写过程中应注意的一些事项做一些说明。

① 处理好企业与国家之间的利益关系。现代企业制度下,企业是独立的经济实体,在进行会计制度设计时要充分满足其需要。但同时,还要考虑国民经济宏观管理与核算的要求。

② 处理好简明性与完整性之间的关系。会计制度设计必须符合科学性原则,必须坚持科学性、系统性,同时又要考虑其简易性和可操作性,防止片面。

③ 处理好统一性与灵活性之间的关系。在进行会计制度设计时,统一性要求会计报表、会计科目、会计核算组织形式要考虑统一核算和汇总会计报表的要求,灵活性要求会计制度必须满足企业具体工作的要求。因此,在坚持统一标准的前提下,要给予部分地区和企业一定的灵活性,以满足各方面的需要,充分发挥其积极性和主动性。

(3) 讨论定稿。会计制度设计方案经起草以后,应先在小组内部进行讨论,讨论通过后,指定专人进行文字总纂,定稿后由单位负责人审定批准,然后可召集一些讨论会,这样有利于企业各职能管理部门和广大干部职工尽快熟悉会计制度,以便自觉地遵守执行。

4. 试行修订

会计制度设计的要求比较高，尽管设计师的考虑比较充分，但定稿公布后仍可能有不符合实际需要之处。因此对设计出来的会计制度，应当经过一段时间的试行，以便在实践中检验其适用性和有效性，总结经验，发现问题，及时采取修订措施。只有这样才会使会计制度逐步趋于严密和完善，然后正式施行，有效地指导会计工作。

案例示范

×××股份有限公司财务管理基本制度设计（部分摘录）见二维码。

本章小结

会计制度设计是会计实践经验的总结，是会计实践发展到一定阶段的产物。从会计制度的演变历史可以看出，会计制度的建立和完善是一个从简单到复杂，从随意到规范，从粗放到精细，从松散到严密的发展过程。财务会计工作是经济管理的重要组成部分，财务会计工作依法有序地进行是保证企业经营管理及国家宏观经济正常运行的重要条件。建立现代企业制度是企业会计工作规范化、程序化的基本形式，要保证会计信息的客观、真实、及时、准确，同时开展规模化、集约化经营，推行全方位、多角度的发展战略。企业财务会计制度设计是企业以国家有关会计法律、法规为依据，用系统控制的技术和方法，采用文字或图表等形式，对企业的会计组织机构、会计核算报告、会计业务处理程序和方法及具体要求加以规范化、文件化，以此来指导会计工作的过程。一般企业财务会计制度设计的内容主要包括：会计工作组织制度设计、会计核算制度设计、内部控制制度设计、会计规章制度设计等四个方面。在进行会计制度设计时必须遵循合法性原则、效益性原则、实用性原则、充分性原则、控制性原则、稳定性原则。会计制度的具体编写要处理好企业与国家之间的利益关系，处理好简明性与完整性之间的关系，处理好统一性与灵活性之间的关系。

复习思考题

1. 简述财务会计制度的特点。
2. 简述企业财务会计制度设计的内容与原则。
3. 简述我国会计规范体系的四个层次。
4. 试论财务会计制度设计的含义及其必要性。
5. 试论企业内部会计制度与统一会计制度的关系。

案例分析

1. 20××年12月30日，新益股份有限公司召开年终决算会议。企业部分领导人到会并发言。现把部分发言摘录如下：

(1) 董事长张丰：我们设计企业财务会计制度主要是为了满足国家宏观经济改革的需要。会计准则的实施使我国会计管理模式由计划导向模式向市场导向模式转变。在市场导向模式条件下，国家颁布了会计准则，我们企业只要按照会计准则的要求，进行会计工作就可以了。因此，我们企业制定企业财务会计制度是为了满足国家宏观经济改革的需要，而不是企业的内在需求。

(2) 总经理赵源：财务制度法规体系又称为"会计规范"体系，是指用来指导和约束会计实践工作和会计工作人员行为的各种会计法律、行政法规、规章制度等按照一定的逻辑关系组成的有机整体。我国的会计法规体系由会计法律、会计准则两大部分组成。

(3) 财务总监郭全：财务会计制度在设计过程中要把会计工作质量放在首位，但同时也要符合成本效益原则，使设计工作中的自身耗费最小，而使设计出的制度所产生的效益最大，财务会计制度各项规定的实施，应有利于加强经营管理，降低成本费用，增加企业盈利。如果财务会计制度过于烦琐，在实施时消耗的制度成本大于其运行所能得到的会计制度效应，则说明财务会计制度设计存在缺陷。因此，会计制度设计必须考虑制度成本与效益的关系，以尽量小的制度成本获得尽量大的制度效应，达到成本效益的最优组合。

(4) 财务科员柯云：我们企业虽然会计人员的素质不高，但工作较认真，企业规模较小，原来本身业务就少，加上现在受金融危机的影响，会计人员每天无所事事。因此，我认为，我们企业的会计制度可以组织力量自行设计。

(5) 财务分析员王英：会计制度设计程序是指会计制度设计工作从开始到结束全过程应遵循的顺序和步骤。科学地制定工作程序，合理地确定步骤是做好各项工作的前提。因而，在会计制度设计之前应制定一个全面的规划，确定一个科学的程序，以使会计制度设计能够按计划、按步骤有序地进行。我认为第一步首先要做好事先的调查研究工作，使设计者能够做到心中有数。

要求：请你根据会计制度设计的知识，判断以上管理人员的发言是否正确，并说明理由。

2. 万兴公司是一家国有大型企业。2012年12月，公司总经理针对公司效益下滑、面临亏损的情况，电话请示正在外地出差的董事长。董事长批示把财务会计报告做得漂亮一些，总经理把这项工作交给了公司总会计师，要求按照董事长的意见办。总会计师授意会计科科长按照董事长的要求把财务会计报告做得漂亮一些，会计科科长对当年的财务会计报告进行了技术处理，虚拟了若干笔交易的销售收入，从而使公司报表由亏变盈。经诚信会计师事务所审计后，公司财务会计报告对外报出。

2013年4月，在《会计法》执行情况检查中，当地财政部门发现，公司存在重大会计做假行为，根据《会计法》以及相关法律拟对该公司董事长、总经理、总会计师、会计科科长等相关人员进行行政处罚，并分别下达了行政处罚告知书。万兴公司相关人员接到行政处罚告知书后，均要求举行听证会。

在听证会上，有关当事人做了如下陈述：

公司董事长称："我前一段时间出差在外，对公司情况不太了解，虽然在财务会计报告上签字并盖章，但只是履行会计手续，我不应该承担任何责任。具体情况可由总经理予以说明。"

公司总经理称:"我是搞技术出身的,主要抓公司的生产经营,对会计我是'门外汉',我虽在会计报告上签字并盖章,那也是履行手续,以前也是这样做的,我不应该承担责任。有关财务会计报告情况应由总会计师解释。"

公司总会计师称:"公司对外报出的财务会计报告是经过诚信会计师事务所审计的,他们出具了无保留意见的审计报告。诚信会计师事务所应对公司财务报告的真实性、完整性负责,承担由此带来的一切责任。"

会计科科长称:"我是按照领导的要求做的,领导让做什么,我就做什么。即使有责任,也是领导承担责任,与我无关。"

在该单位实习的大学生张某、李某听完他们各自的陈述后,觉得他们的理由没有法律依据,每个人都要承担相应的法律责任。该单位的会计工作没有做好的原因是他们根本不了解《会计法》。

要求: 根据我国相关法律、制度,分析公司董事长、总经理、总会计师、会计科科长在听证会上的陈述以及实习生张某和李某的观点是否正确。

第2章 企业财务会计工作组织制度设计

学习目标

1. 了解企业组织架构的意义、内容及设计运行。
2. 了解设计企业财务会计工作组织制度的意义。
3. 掌握企业财务会计工作组织制度的内容。
4. 理解企业财务会计工作组织制度的设计原则以及我国会计法规、制度对财务会计工作组织制度的要求。
5. 掌握各种类型企业财务会计机构的设计原则。

2.1 企业组织架构的意义及内容

企业内部控制关于组织架构的应用指引指出,组织架构是指企业按照国家有关法律、法规、股东(大)会决议、企业章程,结合本企业实际,明确董事会、监事会、经理层和企业内部各层级机构设置、职责权限、人员编制、工作程序和相关要求的制度安排。其中,核心是完善公司治理结构、管理体制和运行机制问题。

2.1.1 企业组织架构的意义

一个现代企业,无论是处于新建、重组改制还是存续状态,要实现发展战略,就必须把建立和完善组织架构放在首位或重中之重。否则,其他方面都无从谈起。

第一,建立和完善组织架构可以促进企业建立现代企业制度。它是以完善的企业法人制度为基础,以有限责任制度为保证,以公司制企业为主要形式,以产权清晰、权责明确、政企分开、管理科学为条件的现代企业制度。可见,现代企业制度的核心是组织架构问题;或者,一个实施现代企业制度的企业,应当具备科学完善的组织架构;也可以说,建立现代企业制度必须从组织架构开始。发达市场经济国家企业和我国现代企业的实践证明,公司治理、管理体制和运行机制是永恒的主题。

第二,建立和完善组织架构可以有效地防范和化解各种舞弊风险。串谋舞弊是企业经营发展过程中难以避免的一颗"毒瘤",也是内部控制建设的难点之一。2004年11月发生的震惊中外的中航油(新加坡)股份有限公司期权交易巨亏案就是一个典型。

第三,建立和完善组织架构可以为强化企业内部控制建设提供重要支撑。组织架构是企业内部环境的有机组成部分,也是企业开展风险评估、实施控制活动、促进信息沟通、强化内部监督的基础设施和平台载体。一个科学高效、分工制衡的组织架构,可以使企业自上而下地对风险进行识别和分析,进而采取控制措施予以应对,可以促进信息在企业内部各层级之间、企业与外部利益相关者之间及时、准确、顺畅地传递,可以提升日常监督和专项监督的力度和效能。

2.1.2 企业组织架构的内容

组织架构指引着力解决企业应如何进行组织架构的设计和运行,核心是如何加强组织架构方面的风险管控。组织架构指引的主要内容包括:制定指引的必要性和依据,组织架构的本质,设计和运行过程中应关注的主要风险,以及如何设计和运行组织架构等。

关于组织架构的本质,可以从治理结构和内部机构两个层面理解。

治理结构即企业治理层面的组织架构。它是企业成为可以与外部主体发生各项经济关系的法人所必备的组织基础,具体是指企业根据相关的法律、法规,设置不同层次、不同功能的法律实体及相关的法人治理结构,从而使得企业能够在法律许可的框架下拥有特定权利、履行相应义务,以保障各利益相关方的基本权益。

内部机构则是企业内部机构层面的组织架构。它是指企业根据业务发展需要,分别设置不同层次的管理人员及由各专业人员组成的管理团队,针对各项业务功能行使决策、计划、执行、监督、评价的权利并承担相应的义务,从而为业务顺利开展进而实现企业发展战略提供组织机构的支撑平台。企业应当根据发展战略、业务需要和控制要求,选择适合本企业的内部机构类型。

组织架构设计和运行的主要风险,同样从治理结构和内部机构两个层面理解。

从治理结构层面看,主要风险在于:治理结构形同虚设,缺乏科学决策、良性运行机制和执行力,可能导致企业经营失败,难以实现发展战略。具体表现为:一是,股东大会是否规范而有效地召开,股东是否可以通过股东大会行使自己的权利;二是,企业与控股股东是否在资产、财务、人员方面实现相互独立,企业与控股股东的关联交易是否贯彻平等、公开、自愿的原则;三是,对与控股股东相关的信息是否根据规定及时完整地披露;四是,企业是否对中小股东权益采取了必要的保护措施,使中小股东能够和大股东同等条件地参加股东大会,获得与大股东一致的信息,并行使相应的权利;五是,董事会是否独立于经理层和大股东,董事会及其审计委员会中是否有适当数量的独立董事存在且能有效发挥作用;六是,董事对自身的权利和责任是否有明确的认知,并且有足够的知识、经验和时间来勤勉、诚信、尽责地履行职责;七是,董事会是否能够保证企业建立并实施有效的内部控制,审批企业发展战略和重大决策并定期检查、评价其执行情况,明确设立企业可接受的风险承受度,并督促经理层对内部控制有效性进行监督和评价;八是,监事会的构成是否能够保证其独立性,监事能力是否与相关领域相匹配;九是,监事会是否能够规范而有效地运行,监督董事会、经理层正确地履行职责并纠正损害企业利益的行为;十是,对经理层的权利是否存在必要的监督和约束机制。

从内部机构层面看,主要风险在于:内部机构设计不科学,权责分配不合理,可能导致机构重叠、职能交叉或缺失、推诿扯皮、运行效率低下。具体表现为:一是,企业内部机构是否考虑经营业务的性质,按照适当集中或分散的管理方式设置;二是,企业是否对内部机构的设置、各职能部门的职责权限、组织的运行流程等有明确的书面说明和规定,是否存在关键职能缺位或职能交叉的现象;三是,企业内部机构是否支持发展战略的实施,并根据环境变化及时做出调整;四是,企业内部机构的设计与运行是否适应信息沟通的要求,有利于信息的上传、下达和在各层级、各业务活动间的传递,是否有利于为员工提供履行职权所需的信息;五是,关键岗位员工是否对自身权责有明确的认识,有足够的胜任能力去履行权责,是否建立了关键岗位员工轮换制度和强制休假制度;六是,企业是否对董事、监事、高级管理人员及全体员工的权限有明确的制度规定,对授权情况是否有正式的记录;七是,企业是否对岗位职责进行了恰当的描述和说明,是否存在不相容职务未分离的情况;八是,企业是否对权限的设置和履行情况进行了审核和监督,对于越权或权限缺位的行为是否及时予以纠正和处理。

2.2 企业组织架构设计及运行

企业在设计组织架构时,必须考虑内部控制的要求,合理确定治理层及内部各部门之间的权利和责任并建立恰当的报告关系。既要能够保证企业高效运营,又要能够适应内部控制环境的需要进行相应的调整和变革。具体而言,至少应当遵循以下原则:一要依据法律、法规;二要有助于实现发展战略;三要符合管理控制要求;四要能够适应内外环境变化。

2.2.1 企业组织架构的设计

组织架构的设计主要是针对按《公司法》新设立的企业,以及《公司法》颁布前存在的企事业单位转为公司制企业而言的。已按《公司法》运作的企业,重点应放在如何健全机制确保组织架构有效运行方面。

企业组织架构的设计,分为治理结构设计,内部机构设计,以及对特殊事项的考虑。

1. 治理结构设计

公司治理结构设计的一般要求主要涉及股东(大)会、董事会、监事会和经理层。企业应当根据国家有关法律、法规的规定,按照决策机构、执行机构和监督机构相互独立、权责明确、相互制衡的原则,明确董事会、监事会和经理层的职责权限、任职条件、议事规则和工作程序等。

从内部控制建设角度看,新设企业或转制企业如果一开始就在治理结构设计方面存在缺陷,那么必然会对以后企业的长远发展造成严重损害。比如,在组织架构指引起草调研过程中,我们发现,部分上市公司在董事会下没有设立"真正意义上"的审计委员会,其成员只是"形式上"符合有关法律、法规的要求,难以胜任工作,甚至也"不愿"去履行职能。比如,部分上市公司监事会成员,或多或少地与上市公司董事长之间存在某种关系,在后续工作中难以秉公办事,直接或间接地损害了股东尤其是小股东的合法权益。凡此种种,都值得引起企业关注,应当在组织架构设计时尽力避免。也正因为如此,组织架构指引明确提出,董事会、监事会和经理层的产生程序应当合法合规,其人员构成、知识结构、能力素质应当满足履行职责的要求。

对上市公司和国有独资企业一般都有特殊要求。比如,上市公司治理结构的设计,应当充分反映其"公众性"。其特殊之处主要表现在:一是建立独立董事制度;二是董事会专门委员会的特殊要求;三是设立董事会秘书。国有独资企业是我国比较独特的企业群体,其治理结构设计应充分反映其特色。主要表现在:一是,国有资产监督管理机构代行股东(大)会职权。国有独资企业不设股东(大)会,由国有资产监督管理机构代行股东(大)会职权。二是,国有独资企业董事会成员中应当包括公司职工代表。三是,国有独资企业监事会成员由国有资产监督管理机构委派,但是监事会成员中的职工代表由公司职工代表大会选举产生。四是,外部董事由国有资产监督管理机构提名推荐,由任职公司以外的人员担任。

2. 内部机构设计

内部机构设计是组织架构设计的关键环节。只有切合企业经营业务特点和内部控制要求的内部机构,才能为实现企业发展目标发挥积极促进作用。具体而言:一是,企业应当按照科学、精简、高效、透明、制衡的原则,综合考虑企业性质、发展战略、文化理念和管理要求等因素,合理设置内部职能机构,明确各机构的职责权限,避免职能交叉、缺失或权责过于集中,形成各司其职、各负其责、相互制约、相互协调的工作机制。二是,企业应当对各机构的职能进行科学合理的分解,确定具体岗位的名称、职责和工作要求等,明确各个岗位的权限和相互关系。三是,企业应当制定组织结构图、业务流程图、岗(职)位说明书和权限指引等内部管理制度或相关文件,使员工了解和掌握组织架构设计及权责分配情况,正确履行职责。

3. 对"三重一大"的特殊考虑

在实务中,无论是上市公司还是其他企业发生的重大经济案件中,不少都牵涉"三重一大"问题,即"重大决策、重大事项、重要人事任免及大额资金使用"问题。

为此,组织架构指引明确要求,企业的重大决策、重大事项、重要人事任免及大额资金使用等,应当按照规定的权限和程序实行集体决策审批或者联签制度。任何个人不得单独进行决策或者擅自改变集体决策意见。

2.2.2 企业组织架构的运行

组织机构运行涉及新企业治理结构和内部机构的运行,也涉及对存续企业组织架构的全面梳理。

为此,组织架构指引明确提出,企业应当根据组织架构的设计规范,对现有治理结构和内部机构设置进行全面梳理,确保本企业治理结构、内部机构设置和运行机制等符合现代企业制度要求。

(1) 从治理结构层面看,应着力从两个方面入手。

一是,关注董事、监事、经理及其他高级管理人员的任职资格和履职情况。就任职资格而言,重点关注行为能力、道德诚信、经营管理素质、任职程序等方面。就履职情况而言,着重关注合规、业绩以及履行忠实、勤勉义务等方面。

二是,关注董事会、监事会和经理层的运行效果。这方面要着重关注:董事会是否按时定期或不定期地召集股东大会并向股东大会报告;是否严格认真地执行股东大会的所有决议;是否合理地聘任或解聘经理及其他高级人员等。监事会是否按照规定对董事、高级管理人员行为进行监督;在发现违反相关法律法规或损害公司利益时,是否能够对其提出罢免建议或制止纠正其行为等。经理层是否认真有效地组织实施董事会决议;是否认真有效地组织实施董事会制订的年度生产经营计划和投资方案;是否能够完成董事会确定的生产经营计划和绩效目标等。

(2)从内部机构层面看,应着力关注内部机构设置的合理性和运行的高效性。

从设置的合理性角度梳理,应重点关注:内部机构设置是否适应内外部环境的变化;是否以发展目标为导向;是否满足专业化的分工和协作,有助于企业提高劳动生产率;是否明确界定各机构和岗位的权利和责任,不存在权责交叉重叠,不存在只有权利而没有相对应的责任和义务的情况等。

从运行的高效性角度梳理,应重点关注:内部各机构的职责分工是否针对市场环境的变化做出及时调整。特别是当企业面临重要事件或重大危机时,各机构间表现出的职责分工协调性,可以较好地检验内部机构运行的效率。此外,还应关注权力制衡的效率评估,包括机构权力是否过大并存在监督漏洞;机构权力是否被架空;机构内部或各机构之间是否存在权力失衡等。

2.3 企业财务会计工作组织制度的意义

2.3.1 企业财务会计工作组织制度的意义

会计工作组织制度就是根据国家有关法规、制度的规定,结合本单位的具体情况,对会计工作进行科学组织而设计的会计制度。设计会计工作组织制度的意义具体表现在以下几个方面:

首先,建立最优化的会计组织机构和会计运行机制,能够确保会计工作高效、低耗的完成,确保会计信息的质量。正确反映和监督会计对象是会计的基本职能,保证会计信息的真实性和完整性,提高会计信息的使用价值是会计工作的基本目标。要想充分发挥会计职能,及时完成会计任务,有效实现会计目标,必须建立健全会计工作的组织制度,科学合理地组织和规划会计工作。

其次,完善会计工作的支持与保障系统,确保会计工作的科学化、有序化,有利于企业内部经济责任制的落实。会计工作涉及各方面的利益关系,必须依法进行。如果企业内部会计管理制度不健全,会计核算混乱,财务收支失控,则必然为不法分子侵害企业利益提供可乘之机。因此,必须加强内部会计管理制度建设,使内部会计管理制度的程序、方法、要求等制度化、规范化,这样才能保证会计工作有章可循、有据可依、规范有序,才能保证会计工作在企业经济管理中发挥应有的作用。

再次,营造严谨规范的会计工作环境,强化会计人员的责任感、使命感,有利于国家财经法规纪律的维护。为了规范和加强会计工作,国家制定发布的一系列会计法律、法规是各企业进行会计核算、实行会计监督和从事会计管理的基本依据。而这些会计法律、法规作为国家意志的原则体现,在解决各单位千差万别的具体财务问题时仍存在很多不足。单位内部会计管理制度是国家会计法律、法规在不同单位的具体化,它能够把国家有关会计管理制度落到实处。从这种意义上讲,企业内部会计管理制度,是国家会计法律、法规的必要补充,是贯彻实施国家法律、法规的重要基础和保证。

最后,科学合理的会计工作制度,有利于其他经济管理工作的顺利开展,能够从整体上提高企业的经济管理水平。财务会计管理是企业内部经济管理的中心环节,是一项重要的综合性、职能性管理工作。制定一套规范完整的会计工作组织制度,充分保证财务会计工作更好地参与企业内部经济管理,使会计工作渗透到企业内部管理的各个环节、各个方面,不仅有利于会计工作更好地发挥职能作用,更有利于改善单位内部管理,提高经济效益。

2.3.2 企业财务会计工作组织制度的内容

会计工作组织制度的任务是运用组织、规划和协调等手段,完善会计组织机构,优化会计人员结构,提高会计工作效率,降低人、财、物的消耗,实现会计工作目标。根据《会计基础工作规范》的规定,会计工作组织制度所包含的内容可以归纳为以下几个方面:

1. 财务会计机构的设置与内部的岗位分工以及岗位责任制的建立

财务会计机构的设置是指一个单位的会计工作组织体系如何构成。企业会计工作组织体系是搞好会计工作的基础和保证。在制定此制度时,应明确企业领导人对会计工作的领导职责以及会计部门和会计机构负责人的职责和权限。

会计人员岗位分工以及岗位责任制度是单位内部会计人员管理的一项重要制度,是对会计人员岗位职责和标准的规定。在制定会计人员岗位责任制度时,应主要明确会计人员工作岗位的设置、岗位职责和标准以及岗位轮换计划、岗位考核办法等方面的规定。

2. 财务会计人员的配备与职责划分以及任免

财务会计人员的配备即会计人员的编制,是指各单位从事会计工作所需人员的有效数量。合理确定会计人员的编制,既可以防止会计机构内部人浮于事、无事可做、浪费人力的现象,又能够避免事多压人、劳逸不均的情况,有效地保证会计机构高效率、低消耗的运转。因此,在设置会计机构时,既要符合精简机构、满负荷工作法的要求,又要配备足够数量的会计人员,以保证会计任务的及时完成。

会计人员的职责是指会计人员必须履行的岗位责任。按照《会计法》的有关规定,会计人员的主要职责是进行会计核算,实行会计监督,不同岗位的会计人员其具体职责各不相同。因此,设计会计制度,应当结合会计机构的内部组织情况,将会计人员的职责加以明确化、具体化。同时,要考核各岗位会计人员的工作业绩,建立健全奖惩制度。

3. 财务会计档案的保管、查询以及销毁

财务会计档案是指会计凭证、会计账簿和财务报告等会计核算专业资料,是记录和反映企事业单位经济业务发生情况的重要史料和证据,属于单位的重要经济档案,是检查企事业单位过去经济活动的重要依据,也是国家档案的重要组成部分。按照《会计档案管理办法》的规定,各企事业单位应当设立独立的档案机构,专门负责包括会计档案在内的各种档案的管理。

4. 财务会计工作的交接

财务会计人员在工作调动或因故长期离职时,必须有人接替其工作,会计工作的这种移交和接替过程称为会计工作交接。为了保证会计工作的连续性,明确交接人员各自的经济责任,防范会计工作因交换而造成混乱和差错,杜绝可能出现的各种不法行为,必须设计严密完善的会计工作交接制度,对交接前的移交准备、交接程序和内容以及监交等做出具体的规定。

5. 财务会计核算的组织形式及账务处理程序

财务会计核算工作制度主要是规范单位会计核算工作,主要包括账务处理程序制度、原始记录管理制度、定额管理制度、计量验收制度、成本核算制度、财产清查制度等。

(1) 账务处理程序制度主要是对会计凭证、账簿、报表等会计核算流程和基本方法的规定。制定该项制度也就是将会计核算日常工作流程和方法以文字的形式加以规范。该项制度包括会计核算工作的全过程,从会计科目及其明细科目的设置和使用,会计凭证的格式、审核要求和传递程序,会计核算方法,会计账簿的设置到编制会计报表的种类和要求及单位指标体系等各个方面。

(2) 原始记录管理制度、定额管理制度、计量验收制度、财产清查制度等是会计核算工作的基础环节,是会计核算工作正常进行的保证,也是提高会计核算质量的重要措施。各单位应根据内部管理需要制定各项制度。

(3) 成本核算制度主要适用于企业单位。行政单位则不需要建立本制度。企业应根据单位成本核算的特点来制定。重点是成本核算对象的确定,成本核算方法、程序,有关成本基础制度的制定,成本考核和成本分析等方面。此项制度,涉及企业的各个方面和国家、企业、职工之间的相互利益,是企业内部财务会计制度的重要内容之一。

6. 财务会计工作中的其他组织制度

会计工作组织制度的内容还包括内部牵制制度、稽核制度、财务收支审批制度、财务会计分析制度等,关于这些制度,本书将在以后的章节中详细讨论。

2.4 企业财务会计工作组织制度的设计原则

正确地反映和监督会计对象是会计的基本职能,保证会计信息的真实性和完整性,提高会计信息的使用价值是会计工作的基本目标。要充分发挥会计职能,及时完成会计任务,有效实现会计目标,必须按照一定的原则建立健全会计工作的组织制度,这些原则包括:

1. 合法性原则

依法办事是会计工作的首要准则,也是制定单位内部财务会计制度的首要原则。尽管会计法规赋予各单位一定的理财自主权和会计核算方法的自主权,但上述自主权如果超出会计法规允许的范围和界限,并对经济管理活动产生消极影响,则是会计法规所不允许的。

2. 适应性原则

适应性是制度的生命。制度必须充分体现单位实际,不能生搬硬套书本上或其他单位的管理方法和管理模式,要与单位其他管理制度相衔接。具体来讲,要求会计机构的规模大小、级别高低必须与单位的经营规模或行政级别相适应;会计人员的数量多少、层次高低必须与单位的业务数量和工作难度相适应;会计档案的管理制度、会计工作的交接制度既要与国家有关规定相吻合,又必须适应本单位的具体要求。

3. 精简机构原则

精简机构原则是指会计机构的设置应该体现成本效益原则,其规模大小应该符合最佳配备。能以最少的人、财、物的消耗为信息需求者提供使用价值最大的信息资料。坚决防止机构臃肿、人浮于事和形式主义,避免产生内耗影响会计工作的效率和质量。

4. 岗位责任制原则

岗位责任制原则要求会计机构的内部分工必须明确具体。在将全部会计工作合理划分的基础上,落实到每个会计岗位上,建立健全会计工作的岗位责任制。做到各工作小组、各有关人员之间,既有明确的分工,又有默契的配合,只有这样才能有效地防止相互推诿、工作扯皮的现象,才能有力地加强内部控制,减少会计差错,防止舞弊现象的发生。

5. 协调性原则

协调性原则要求会计机构与单位内部其他机构之间要建立有机的协调关系,其他机构包括:供应部门、销售部门、生产部门、人力资源部门等,这样既保证了企业总体目标的实现,又充分发挥了会计机构在企业管理过程中应有的作用。

6. 科学性原则

制定内部财务会计制度的科学性原则,主要体现在以下几个方面:一是科学合理。即所制定的内部财务会计制度便于操作和执行,缺乏科学性或不易操作的会计制度,就不会有生命力。二是利于控制。即内部财务会计制度必须体现内部控制的要求,有效的内部控制是现代管理的基本要求,而会计控制是内部控制的重要组成部分,因此,内部财务会计制度必须体现这方面的要求。三是定期完善。即各单位所制定的内部财务会计制度,应当根据执行情况和管理需要而不断完善,以保证内部财务会计制度更加适应管理需要。

2.5 我国会计法规制度对财务会计工作组织制度的要求

会计机构是制定和执行会计制度,组织领导和处理会计工作的职能部门。会计机构的设置必须满足经济管理对会计工作的要求,并与国家的会计工作管理体制相适应。

2.5.1 财务会计工作管理体制的法律规定

我国会计工作在管理体制上实行的是"统一领导,分级管理"的原则。《会计法》明确规定:"国务院财政部门管理全国的会计工作,地方各级人民政府的财政部门管理本地区的会计工作。"并且,财政部设有专职的机构来管理会计事务。其主要职责是在财政部的领导下,拟定全国性的会计工作规章制度,组织会计人员的技术资格考试和培训等。各省、市、自治区的财政厅(局)一般设有相应的会计事务管理办事机构,管理本地区的会计事务。中央和地方的各级业务主管部门一般设置财务会计司(局)、处负责管理本部门的会计工作。

2.5.2 财务会计机构设置的法律规定

1. 会计机构的设置

《会计法》规定:"各单位应当根据会计业务的需要,设置会计机构,或者在有关机构中设置会计人员并指定会计主管人员。"具体来讲,各企业、行政及事业单位原则上都要单独设置专职的会计机构,由本单位行政领导人直接领导,成为一级管理机构;规模较小的单位可根据具体情况设置附属于其他有关机构下的二级管理机构或在有关机构内配备专职的会计人员,没有设置会计机构和会计人员的单位应当根据《代理记账管理暂行办法》委托会计师事务所或有代理记账许可证书的其他代理记账机构进行代理记账。

2. 企业单独设置会计机构或配备专职会计人员的必要性

会计的职能是对各单位的经济活动过程和结果进行反映和监督,以保证经济活动的合法合理性,会计信息的及时准确性。要想充分发挥会计的职能,尤其是监督职能,必须首先保证会计监督职权的独立性和会计业务处理的专一性,不受其他机构的干扰或制约。这就要求会计必须有独立的工作机构和专职的工作人员,以便有组织、有秩序、规范地办理会计业务,实施会计监督。因此说,设置会计机构,对于明确会计工作的范围和内容以及责任,确定会计的任务并保证其完成,完善会计核算体系,强化会计监督,充分发挥会计在经营管理中的作用等,都具有非常重要的意义。否则,会计工作就会处于组织纪律松散,职责不清,推诿扯皮的混乱状态。

3. 会计核算监督职能行使的法律保障

但是,由于会计机构只是单位内部的一个职能管理部门,受其工作权限的限制,要想组织全面性的经济核算,并对单位内部的各职能管理机构实施有效的监督是存在一定困难的。因此,《会计法》又规定:"国有的和国有资产占控股地位或者主导地位的大、中型企业必须设置总会计师。"由于总会计师相当于单位行政领导副职(在企业里直接对厂长或经理负责),在其直接领导下的会计机构相应地增强了独立性和权威性,从组织上保证了会计独立行使监督职权,对单位的全部经济活动、各职能管理机构的业务实施会计监督,组织经济核算。同时,总会计师的设置,又可以使会计直接参与企业经营决策,制订企业发展规划,有利于会计管理作用的充分发挥,会计社会地位的不断提高。

2.5.3 财务会计机构设置的其他法律规范

在《会计基础工作规范》第二章会计机构和会计人员中专门对会计机构设置和会计人员配备、会计机构负责人和会计主管人员、总会计师、会计工作岗位、会计人员职业道德等问题做了具体规定,关于这些规定,本书将在下一节中详细介绍。

2.6 企业财务会计机构的设计

会计机构是单位内部组织领导和直接从事会计工作的职能部门,同时也是会计制度的主要执行机构;会计人员是从事财务会计工作的人员,同时又是会计制度的主要执行人员。会计制度的贯彻执行情况如何,主要取决于会计机构和会计人员。因此,建立健全会计机构,配备专职的会计人员,并明确规定他们的工作范围和职责,是会计制度设计必须首先解决的问题。

2.6.1 财务会计机构的任务

财务会计机构的主要任务体现在以下几个方面:
（1）有效地进行会计核算;
（2）进行合理的会计监督;
（3）制定本单位的会计制度、会计政策;
（4）参与本单位各种计划的制订,并考核计划的执行情况。为保证顺利、有效地完成上述任务,达到预期的会计目标,会计机构内部应进行合理的分工,按照会计核算的流程设置责任岗位,配备会计人员。

2.6.2 财务会计机构的设置原则

1. 与企业的业务类型、经营规模和管理级别相适应

企业的业务类型和经营规模不仅是设计企业组织系统的依据,也是企业会计机构设置的依据。企业的业务类型和经营规模决定了经济业务的内容和数量,也影响着组织会计工作的方法和会计机构的内部分工。一般来讲,企业经营规模越大,其经济业务就越多,会计机构规模也就越大。大型企业集团可以设"部",大中型企业可以设"处"或"科",小型企业可以设"股"或室"。根据我国企业现状,财务与会计工作多数由会计机构办理,而不单设财务机构,所以,应称为"财会处（科、股）"。但实际工作中多称"财务处（科、股）",也有称"会计处（科、股）"的。关于财务与会计的关系将在下一部分详细讨论。

2. 财务会计机构内部分工要明确

会计机构是企业内部管理系统的一个重要分支,而会计机构内部各部门、人员的组成又是一个有机整体。为了保证会计机构的有效运作,部门之间以及人员之间应该有明确的职责划分和具体工作内容的规定,要做到"人人有事做"和"事事有人做"。只有部门之间、人员之间职责清楚、责任明确,才能有利于实行岗位责任制。并且,在内部分工中,要注意贯彻内部控制制度,做到在工作中相互制约、相互促进、相互监督,以防止工作中的失误和弊端。

3. 与本企业的会计工作组织形式相适应

会计工作对经济业务的核算分为集中核算与非集中核算两种方式。采用集中核算方式的企业,其经济业务的明细核算、总分类核算,会计报表的编制和有关项目的考核分析等工作,集中由企业的一级会计部门进行。车间、部门的会计组成或会计人员只负责填制原始凭证,经初步整理后为一级会计部门进一步核算提供资料。在这种核算方式下,由于会计核算工作大部分集中在单位的会计机构进行,其他职能部门、车间等一般不设置会计分支机构和会计人员,因此,企业会计机构的规模要相对大一些。采用非集中核算方式的企业,某些业务的凭证整理、明细核算、有关会计报表,特别是适应企业内部日常管理需要的内部报表的编制和分析,分散到直接从事该项业务的车间、部门进行,但总分类核算、一级会计报表的编制和分析仍由企业一级会计部门集中进行,其会计部门还应对企业内部各单位的会计工作进行业务上的指导和监督。在这种核算方式下,由于其他车间、部门对本身所发生的经济业务要进行全面的核算,需要设置会计分支机构和会计人员,因此,企业会计机构的规模就要相对小一些。

4. 应以提高会计工作效率为原则

会计机构是为搞好会计工作和经济管理工作服务的,目的是促进生产和经营业务的发展。因此,会计机构一定要根据实际需要来设置,应贯彻精简、高效的原则,防止机构重叠、人浮于事的现象发生。在会计机构内部,要建立会计人员的岗位责任制。对不同的岗位可以实行一人一岗、一人多岗或一岗多人。分工时要注意内部控制,防止会计工作中的失误和舞弊行为的发生。

2.6.3 财务会计机构与财务机构的关系

关于财务与会计的关系,在会计理论界存在一定的争议。主要观点是:会计包括财务,财务包括会计,财务与会计各自独立。二者的主要区别可以从各自承担的不同职责来划分。一般来讲,财务的主要职责是组织筹集和供给资金,管理各项财务收支和分配企业的财务成果,监督检查各项财务活动和企业财务计划的执行情况。从过程上看就是负责企业资金的筹集、调拨、使用、分配、保护和归还。会计的主要职责是对资金运动的过程及结果进行确认、记录、计量、报告和分析。因而,会计与财务在研究对象、工作内容、工作任务以及工作方法等方面存在一定的差异。但是在实际工作中会计与财务的关系又甚为密切,会计工作与财务工作往往又是交织在一起进行,同时完成的。因此,体现在机构设置上,有财务会计机构与财务机构分设与合设两种方法(见表2.1)。

1. 财务会计机构与财务机构分设

财务会计机构与财务机构分设的目的是分清职责,加强管理,防止错误和弊端。一些大型企事业单位的经营规模较大,情况错综复杂,要求掌握更为详细、真实、正确的信息,所以将财务会计机构与财务机构分设。即财务工作由财务处(科)长领导,会计工作由会计处(科)长领导。会计、财务机构分设之后,两部门的负责人都对单位的总会计师或财务经理负责。财务会计机构与财务机构分设的优点是使各部门和人员之间的分工明确,能够做到各司其职,各负其责,有效防止重核算、轻管理的现象,并且便于加强内部控制制度。但其缺点是信息传递速度较慢,工作程序繁杂,工作协调相对困难,而且加大了管理费用。

2. 财务会计机构与财务机构合设

从现实情况来看,我国绝大多数企事业单位都采用财务会计机构与财务机构合设的办法,即只设置一个机构,称为财务部(处、科、股)或会计部(处、科、股)或财会部(处、科、股)。在这个机构的内部组织和人员分工方面,财务与会计的界限不是十分清楚,一个组织或一个人可能既管财务又管会计。这样做的优点是能够密切财务职能与会计职能之间的关系,使会计所记录的信息能够及时传递给财务方面,减少了信息传递的时间,提高了工作效率。但其缺点是容易混淆财务与会计的界限,造成职责不清、内部控制部分失灵的后果,并且容易产生重核算、轻管理的弊端。

表 2.1　会计与财务机构分设与合设比较表

设置方法	分设		合设
机构名称	会计部（处、科、股）	财务部（处、科、股）	财会部（处、科、股）
负责人	会计部（处、科、股）长	财务部（处、科、股）长	财会部（处、科、股）长
组成人员	记账员、稽核员、成本核算员、工资核算员、材料核算员、报表编审员等	出纳员、资金管理员、利润管理员等	财务会计部门和财务部门的全体工作人员
主要工作内容	资金运动的过程及结果的确认、记录、计量、报告和分析	资金的筹集、调拨、使用、分配、保护和归还	会计、财务的全部工作
优点	①分工明确，能够做到各司其职，各负其责；②有效防止重核算、轻管理的现象；③便于加强内部控制制度		①密切财务职能与会计职能的关系，便于协调工作；②减少信息传递时间，提高工作效率
缺点	①信息传递速度较慢；②工作程序繁杂，协调相对困难；③管理费用加大		①容易造成职责不清；②容易减弱内部控制；③容易产生重核算、轻管理的弊端
适用范围	大型企事业单位		中小型企事业单位

应该说明的是，机构的分设与合设，既不影响财务工作与会计工作的不同性质，一般也不改变从事这两种工作人员的数量。只是由同样多的财会人员在两个或一个部门中进行两种不同性质的工作。在会计制度设计过程中必须将财务会计与财务作为两个不同的职能加以考虑，而财会人员也必须明确它们的区别与联系，以便会计制度的制定和执行更能适应经济管理的需要。

2.6.4　财务会计机构的内部组织设计

财务会计机构的内部组织，是指在会计机构内部，如何根据各种会计业务及其相互之间的联系，进行合理的分工和组合，使机构内部形成若干相对独立的工作岗位，专门负责某类经济业务的会计处理。会计机构内部组织的合理，不仅有利于各小组之间的职责划分，建立岗位责任制，有条不紊地组织和从事会计工作，而且有利于强化内部控制，做到相互制约、相互监督，防止工作中的失误和弊端。

以一般工业企业为例，其会计机构的内部组织大致结构如图 2.1 所示：

不同的会计岗位有不同的职责，根据《会计基础工作规范》的有关规定，各会计岗位的主要职责有：

1. 会计主管岗位

在总会计师的领导下，具体领导本单位的会计工作，组织开展会计核算和会计监督；负责组织制定本单位的各项财务制度，并使之贯彻执行；参与编制各种经济计划和业务

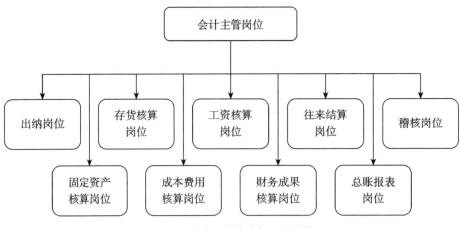

图 2.1 会计机构的内部组织结构

计划;定期或不定期地向单位领导及股东(大)会、董事会报告财务状况和经营成果;负责会计人员的业绩考核、业务指导、岗位分工、工作协调等。

2. 出纳岗位

办理现金的收付和银行结算业务,登记现金和银行存款日记账,编制日报表,负责保管库存现金和各种有价证券。定期核对外埠存款和在途货币资金,并督促有关人员办理结算。但不能兼管收入、费用、债券、债务账簿的登记工作及稽核工作,以及会计档案的保管工作。

3. 固定资产核算岗位

会同有关部门制定固定资产管理与核算办法;参与核定固定资产需用量,编制固定资产更新、改造和修理计划;计算提取固定资产的折旧,并负责登记固定资产明细账和折旧账;计算在建工程成本,参与固定资产的清查盘点以及使用效果的分析;参与固定资产价值减损的计量和处理。

4. 存货核算岗位

会同有关部门制定存货管理与核算办法,参与制定材料消耗定额;制定存货储备定额,审查汇编存货采购用款计划,控制存货采购成本;负责日常存货的明细核算和有关往来结算业务;参与库存存货的清查盘点和存货价值减损的计量和处理。

5. 成本费用核算岗位

协同有关部门拟定成本核算方法,并编制成本费用计划;加强成本管理的基础工作,正确计算产品成本;负责登记生产成本、制造费用和管理费用等明细账,编制成本和费用报表;指导车间和班组的成本核算,参与在产品和半成品的清查盘点。

6. 财务成果核算岗位

编制利润计划,负责销售业务的核算以及销售和利润的明细核算;编制利润及利润分配表,进行利润分析和考核。

7. 往来结算岗位

负责办理产品购销业务及其他往来款项的结算业务,负责往来款项的明细核算,督促有关部门和人员催讨债款。

8. 工资核算岗位

根据计划工资总额控制工资支出,计算并发放工资和奖金;负责工资费用分配及工资的明细分类核算;计提工会经费。

9. 总账报表岗位

负责记账凭证的汇总和总账登记工作,编制各种会计报表,管理会计凭证、账簿和报表等会计档案。

10. 稽核岗位

审核财务和成本计划以及各项财务收支的合法性、合理性;审核会计凭证和账簿的记录,保证账证、账账和账实相符;审核会计报表,以保证其准确性。

案例示范

×××股份有限公司财务负责人管理制度见二维码。

本章小结

会计工作组织制度就是根据国家有关法规、制度的规定,结合本单位的具体情况,对会计工作进行科学组织而设计的会计制度。建立最优化的会计组织机构和会计运行机制,能够确保会计工作高效、低耗地完成,确保会计信息的质量;完善会计工作的支持与保障系统,确保会计工作的科学化、有序化,有利于企业内部经济责任制的落实;营造严谨规范的会计工作环境,强化会计人员的责任感、使命感,有利于国家财经法规纪律的维护;同时,科学合理的会计工作制度,有利于其他经济管理工作的顺利开展,能够从整体上提高企业的经济管理水平。会计工作组织制度所包含的内容主要包括:会计机构的设置与内部的岗位分工以及岗位责任制的建立,会计人员的配备与职责划分以及任免,会计档案的保管、查询以及销毁,会计工作的交接等。设计时要遵守合法性原则、适应性原则、精简机构原则、岗位责任制原则、协调性原则、科学性原则等。建立健全会计机构,配备专职的会计人员,并明确规定他们的工作范围和职责,是会计制度设计必须首先解决的问题。

复习思考题

1. 简述组织架构设计和运行中的主要风险。
2. 简述企业财务会计工作组织制度的内容。
3. 简述企业财务会计工作组织制度的设计原则。
4. 简述会计机构的主要任务。
5. 试论财务会计机构与财务机构的关系。
6. 试述财务会计机构的内部组织设计中会计岗位的主要职责。

案例分析

YH公司是一个主要从事家电产品加工制造的中型企业,采取部门经理领导下的集中核算模式,其财务会计组织机构如下图所示:

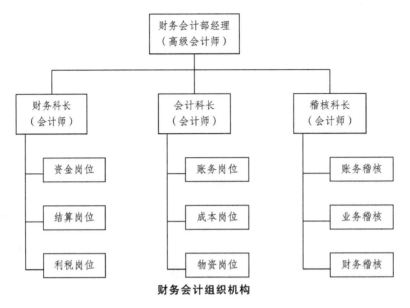

财务会计组织机构

YH公司设计的财务会计岗位职责为:

1. 资金岗位职责

(1) 负责资本预算、筹资预算和财务预算的编制、监督执行和控制。

(2) 负责办理资金的筹措、分配和调度事项。包括办理各项借款的借入和清偿手续,各项对外投资的投放和收回手续。

(3) 负责各项对外投资的明细核算。

(4) 负责公积金和公益金的管理与明细核算。

(5) 负责编制现金流量表和其他资金报表,并对其进行必要的分析。

(6) 负责领导交办的其他与资金调度有关的事项。

2. 结算岗位职责

(1) 负责现金、银行存款和票据的出纳及保管。

(2) 负责现金日记账、银行存款日记账、各种票据备查账簿的登记。

(3) 办理与供应单位、购货单位和其他单位或个人的往来结算及明细核算。

(4) 负责企业各项借款费用的审核、计算、收付及其明细核算。

(5) 负责备用金的审核、计算、收付及其明细核算。

(6) 负责保证金(押金)、租金、罚没金、股息红利的计算和收付事项。

(7) 负责货币资金日报表的编制和分析事项。

(8) 负责领导交办的其他与货币资金结算有关的事项。

3. 利税岗位职责

(1) 负责利润计划的编制和日常监控事项。

（2）负责利润的计算和分配等事项。

（3）负责各种税款的计算、申报、缴纳、扣缴和退税等事项。包括进口原材料、机器设备的关税申报、缴纳和退税事项。

（4）负责进出口证明书、单据、结汇及报关事项。

（5）负责利润表、利润分配表和其他有关附表的编制和分析。

（6）负责领导交办的其他与利税有关的事项。

4. 账务岗位职责

（1）负责原始凭证的汇总和复核。

（2）负责记账凭证的填制（或输入）、复核、编号、装订和保管事项。

（3）负责总账和部分明细账（即除其他部门或岗位负责的明细账之外的所有其他明细账）的登记和保管事项。

（4）负责总分类账户的试算平衡、期末结账时的账项调整和登记工作，并及时进行结账。不得提前或推后结账。

（5）负责资产负债表的编制和分析，以及各种会计报表的审核和保管事项。

（6）负责企业财务结果、损益变动及其发展趋势的预测和分析，并编制财务情况说明书。

（7）负责会计制度的设计和修订事项。

（8）负责领导交办的其他与账务处理有关的事项。

5. 成本岗位职责

（1）负责成本计划的制订、分析和日常控制。

（2）负责各项生产要素的归集、分配和明细核算。

（3）制定和不断完善产品成本的计算方法。

（4）归集和分配跨期摊提费用、辅助生产费用和制造费用，并进行必要的分析。

（5）将生产费用在完工产品和在产品之间进行分配，计算完工产品总成本和单位成本，并进行相应的明细核算。

（6）负责各种成本报表的编制、复核与分析。

（7）负责领导交办的其他与成本核算有关的事项。

6. 物资岗位职责

（1）负责储备资金定额、材料采购计划的编制和日常控制。

（2）负责各项财产物资明细核算，及时反映其收、发、结存情况。

（3）会同有关部门确定材料、固定资产、包装物、低值易耗品和其他物资的保管与清查制度。

（4）负责物资采购、材料成本差异、产品成本差异的明细核算，计算材料采购成本、材料成本差异率和产品成本差异率。

（5）负责领导交办的其他与财产物资核算有关的事项。

7. 账务稽核岗位职责

（1）负责货币资金收支原始凭证、转账业务原始凭证和原始凭证汇总表（如摊提费用分配表、折旧费用分配计算表、工资费用分配表等）以及记账凭证的审核。

(2) 负责应收应付、预收预付账项的审核。

(3) 负责期末存货、应收款项、短期投资、长期投资、固定资产、在建工程、无形资产估价的审核。

(4) 负责各项费用分配方法的审核。

(5) 负责税金申报和减免事项的审核。

(6) 负责领导交办的其他与账务处理有关的审核事项。

8. 业务稽核岗位职责

(1) 审核业务计划的执行情况。

(2) 审核实际业务活动的合规性、合理性和有效性。

(3) 追踪审核决定办理事项的实施情况。

(4) 负责领导交办的其他与业务稽核有关的审核事项。

9. 财务稽核岗位职责

(1) 审核资产的购置和处置的合规性、合理性和有效性。

(2) 审核材料物资的采购价格和产品销售价格的恰当性。

(3) 审核合同和契约。

(4) 审核有关货币资金的结算事项。

(5) 审核有关财务收支和财务成本计划。

(6) 负责领导交办的其他与财务稽核有关的审核事项。

要求：请分析 YH 公司会计各岗位职责的可取之处和存在的问题。

第3章 企业会计基础

学习目标

1. 了解会计科目设计的意义与设计的原则,掌握其设计的基本内容与方法。
2. 了解会计凭证设计的作用和原则,以及传递程序和保管制度。
3. 掌握原始凭证以及记账凭证的设计。
4. 了解会计账簿设计的意义、启用和等级制度,掌握不同种类账簿设计的要求及原则。
5. 了解财务报告内部控制的总体要求及其业务流程,掌握其各个阶段的主要风险点及管控措施。
6. 掌握企业对外报表的设计,理解附表和附注的设计。

3.1 企业会计科目设计

3.1.1 会计科目设计的意义和设计的原则

1. 会计科目设计的意义

会计科目是按照管理要求,把会计要素的具体内容进行分类的标志或项目。完整的会计科目体系是建立和产生各种会计记录和报告的基础;会计科目在整个会计制度中具有"骨架"作用,设计会计科目是会计制度的基本内容,影响甚至决定着其他制度的内容。

会计科目的设计,实质上就是如何对会计要素的具体内容,或者说经济业务的具体内容做出科学的分类,借以确定每类经济业务的名称及其相互之间的关系,使之形成完整的会计科目体系。设置会计科目是正确组织会计核算的一种专门方法。会计科目设计是会计制度设计的一个重要环节,它不仅为会计凭证、会计账簿、会计报表的设计提供前提、奠定基础,而且影响到整个会计制度设计的质量。

搞好会计科目的设计对保证会计制度设计质量,完成会计制度设计任务具有重要意义:

(1) 会计科目设计便于为会计信息使用者提供其所需要的会计信息。会计是企业内部的一个信息与控制系统。会计核算的系统性,主要体现在对其核算内容的分类。会计核算内容的分类,就是对会计六大要素,即资产、负债、所有者权益、收入、费用、利润的内容所做的进一步分类。通过会计科目的设计,对会计核算的具体内容进行了系统的分类,并形成了完整的会计科目体系,使经济业务发生后所引起的各项会计要素的增减变动情况得到了系统的、分类的反映,便于为企业内外部会计信息使用者提供预决策所需要的会计信息。如前所述,会计各要素(资产、负债、所有者权益、收入、费用、利润)都是由于经济业务发生所引起的,并且导致各要素的具体内容必定会发生数量金额的增减变动。例如,用银行存款购进原材料,原材料的增加导致银行存款的减少,使得资产要素的具体构成发生变化;用银行存款偿还前欠的应付货款,应付货款与银行存款同时减少,使得资产与负债两要素也同时减少;等等。所以,会计要素要提供各种有用的经济信息以满足会计信息使用者的需要,不仅要按会计要素分类反映其增减变化,而且需要根据会计要素的内容和特点,对每一会计要素再做进一步分类,按此类别提供会计信息,对会计要素的进一步分类则形成了不同的科目即会计科目。

（2）会计科目设计为编制会计凭证、开设账户、建立账簿、编制会计报表提供了依据,奠定了基础。系统、连续、全面地反映企业经济业务活动是会计核算的特点和任务,会计科目的设计,使得会计人员在取得原始凭证时,可以根据原始凭证所涉及的经济内容并按规定使用的会计科目编制会计分录或记账凭证。

账户是按会计科目在账簿中开设的户头。会计科目是账户的名称,而账户是会计科目所反映的经济内容的动态反映。所以说企业的会计科目设计是开设账户体系、建立账簿体系的依据和基础。

会计报表是为会计信息使用者提供会计信息的书面报告。会计报表是根据总分类账和明细分类账的发生额或余额填列的,所以根据会计科目设计建立的账户为编制会计报表所需要的会计科目分类资料奠定了基础。事实上,构成会计报表的诸项目名称均来源于会计科目,并且绝大多数报表项目的名称与会计科目是一致的。

（3）会计科目设计有利于为会计工作的合理分工和顺利开展提供方便。完善严密的会计科目体系,有利于财会部门的内部分工,也便于财会部门科学合理地组织会计工作,规范会计行为,使会计工作合理、有序地进行。

2. 会计科目设计的原则

任何一个作为会计主体的单位都必须设置一套适合自身特点的会计科目体系。企业单位自行设计会计科目,均应按照一定的原则进行。设计会计科目时应遵循以下几项原则：

（1）符合国家财经法规制度要求原则。会计科目设计应符合国家现行财经法规制度的要求。国家的财经法规制度体现了国家对宏观经济管理和对财会工作的总体要求,对企业的经济活动起着指导和制约作用。企业在设计会计科目时,必须首先以此为依据,会计科目设计时主要是依据财政部颁发的《企业会计制度》。

（2）满足企业经营管理需要原则。设计会计科目,既要符合国家宏观经济管理的要求,又要符合企业自身经营管理的需要,做到统一性与灵活性相结合。统一性就是在设置会计科目时,要根据《企业会计制度》中规定的会计科目,使用统一的会计核算指标、口径。而灵活性是指会计科目的设置在服从统一的会计核算指标的基础上,可以根据本企业自己的经营特点和规模、增减变化情况及投资者的要求,对统一规定的会计科目做必要的增补或兼并。如在材料按实际成本核算收发的企业,可以不设置"材料采购"和"材料成本差异"科目,而增设"在途材料"科目。但各个单位在贯彻统一性与灵活性原则时,应防止两种倾向:一是要防止会计科目过于简单化,造成经济管理的困难;二是要防止会计科目过于烦琐,增加会计核算的工作量。

(3) 会计科目的名称要含义明确、字义相符、通俗易懂,并要保持相对的稳定性原则。含义明确是指设置会计科目时要尽可能明确简洁地反映经济业务的特点;字义相符是指按照中文习惯,能够顾名思义,不致产生误解;通俗易懂是指要避免使用晦涩难懂、有歧义的文字,便于大多数人正确理解,从而避免误解和混乱。同时,为了便于不同时期的会计资料进行对比分析,会计科目应保持相对稳定,以便在一定范围内综合汇总和在不同时期对比分析其所提供的核算指标。

3.1.2 会计科目设计的基本内容与方法

按照会计科目提供指标的详细程度,可以把会计科目分为总分类科目与明细分类科目。总分类科目是对会计要素的全部内容所做的分类,提供总括价值指标;明细分类科目是对总分类科目的进一步分类,提供详细具体的价值指标和实物指标。只有把两类科目有机结合和合理应用,才能为经营管理提供完整系统的会计指标。所以,会计科目的设计,包括总分类科目的设计和明细分类科目的设计。

1. 按账户的经济内容设计总分类科目

如前所述,设计会计科目,首先必须了解单位的经济业务内容,其次对经济业务内容进行科学分类,确定总分类科目。一般地讲,有多少种经济业务,就应当设计多少总分类科目。可以把一些性质比较接近或相近而且数量不多的业务合并设置,以便减少会计科目的数量,达到简化会计核算的目的。

从企业的经济业务内容看,一般有五种类型,即反映企业的资产、负债、所有者权益、成本和损益的变化情况。商业企业不从事生产,没有单独反映成本的内容。尽管各单位的经济性质、经营方式、经营活动范围不同,经济业务的具体内容也不完全相同,但从资金运动的结果看,就是上述五个方面的增减变化。所以,对经济业务内容的分类应该以资金的运动为依据,设计出的会计科目所反映的经济业务内容必须能够归属于上述某类。一般而言,企业的资金运动过程主要包括:资金的筹集、资金的使用、资金的退还和分配,下面以工业企业为主,按照资金运动的一般程序,阐述各类经济业务应当设计的会计科目。

(1) 资金筹集业务的会计科目设计。此类经济业务发生的原因是企业从事生产经营对资金的需求,企业必须通过各种渠道取得资金。业务内容主要有:吸收投资者以货币资金、实物或无形资产等形式投入的资本;从金融结构借入资金;发行股票或债券取得资金等。

① 筹集资本金的会计科目设计。根据《企业财务通则》和《企业会计准则》的规定,投资者可以现金、实物和无形资产等形式投资。当筹集资本金的业务发生后,一方面形成了企业的所有者权益,另一方面增加了企业的资产,所以无论哪种企业都应当一方面设置"实收资本(或股本)"科目;另一方面要相应设置"现金""银行存款""固定资产"

"无形资产"等会计科目。在工业企业里,如果投资者以原材料投资,则还应当设置"原材料"科目。同样,在商品流通企业里,如果投资者以商品投资,则还应当设置"库存商品"科目。如果投资者投入旧固定资产,则为了在账面上保持固定资产的原值,还应当设置"累计折旧"科目。

另外,在筹集资本金业务中,对于投资者投入的资本金额中超出法定资本部分的资本,应当设置"资本公积"科目。

② 借款业务的会计科目设计。从银行或其他金融机构借款是企业筹集资金的重要渠道。按照借款期限不同,各种借款都可分为短期借款和长期借款,前者期限是一年以下,后者期限是一年以上。由于短期借款多用于企业生产经营,借款利息应当计入当期损益。所以,除需设置"短期借款"科目外,还需设置"财务费用"科目。长期借款既可能用于企业的生产经营又可能用于企业固定资产的购建,借款利息既可能计入当期损益,又可能计入固定资产成本。所以除需设置"长期借款"和"财务费用"科目外,为了使固定资产的建造成本中包括借款利息,还需设置"在建工程"科目。

③ 发行债券的会计科目设计。通过发行债券筹集资金,将是市场经济体制下越来越重要的一种筹资方式,它一方面有利于企业的发展,另一方面有利于利用社会上的闲散资金。目前,我国发行的公司债券,一般期限在一年以上,所以应当设置"应付债券"科目予以核算。但企业有时急需资金也发行不超过一年(含一年)的短期债券,这时应当设置"应付短期债券"会计科目。

此外还有其他筹资方式,例如对于采用补偿贸易法方式引进设备和融资租入固定资产业务的企业,还应当设置"长期应付款"会计科目。

(2) 采购业务的会计科目设计。采购业务发生的原因主要有两个方面,一是为企业从事产品生产或商品销售而准备厂房、机器设备等固定资产,需要设置"在建工程"和"固定资产"科目;二是企业为从事产品生产或商品销售而储备各种材料或各种商品,其结果是使企业的货币资产随着材料采购转化为存货。业务内容主要有:用货币资金支付材料、商品或物资的价款,支付各种采购费用;计算材料或商品的实际采购成本;结算因购买材料而发生的债务;材料验收入库。

① 采购成本的会计科目设计。为了全面核算材料采购过程中支付的买价和采购费用(运输费、装卸费、包装费、保险费、运输途中合理损耗、入库前挑选整理费),计算材料的采购成本,工业企业应当设置"物资采购"科目。对于采用实际成本进行日常核算的企业,还可设置"在途物资"科目予以反映。

② 采购结算的会计科目设计。企业购买材料,不仅要支付买价,还要支付各种采购费用,企业支付货币资金的,应当设置"现金""银行存款"和"其他货币资金"等会计科目,其中"其他货币资金"科目用来核算企业外地存款、银行汇票存款、银行本票存款和在途货币资金等。大多数企业在采购材料时,由于结算方式和资金不足等原因,与供货单位之间常发生结算欠款,形成企业债务。所以应当根据不同情况分别设置"应付账款""应付票据"等科目。"应付账款"核算企业采购材料物资和接受劳务而应付给供应商的货款;"应付票据"核算企业对外发生债务时开出、承兑的商业汇票。另外,对于企业其他原因形成的应付款,应当设置"其他应付款"科目反映。除此之外,在采购业务中使用预

付款情况较多的企业还应当设置"预付账款"科目。

对于增值税一般纳税人，在采购业务中还应当设置"应交税金——应交增值税——进项税额"科目。

③ 物资验收入库的会计科目设计。企业采购的各种材料物资，在生产的具体用途不尽相同。有的直接构成产品实体，有的只是有助于产品形成，有的则是为了保护产品。但它们在存续期间都属于企业存货，因此，应当针对各种存货的不同用途，分别设置"原材料""包装物"和"低值易耗品"等科目。如果企业有委托加工业务，则应当设置"委托加工物资"科目予以反映。如果企业购入的材料是为工程准备的物资，则应当设置"工程物资"予以反映。

在材料采用计划成本核算的企业，为了正确核算实际成本与计划成本的差异，还应当设置"材料成本差异"科目。

在商品流通企业里，对于采用进价核算的购入商品，应当设置"库存商品"科目；对于采用售价核算的购入商品，除应当设置"库存商品"科目，还应当设置"商品进销差价"科目；对于企业接受其他单位委托代销或寄销的商品，应当设置"受托代销商品"和"代销商品款"科目；对于企业自行加工或委托其他单位加工的各种商品，应当设置"加工商品"科目；对于商品出租业务较多的企业，还应当设置"出租商品"科目；对于企业用于业务经营、设备维修和办公等方面的库存商品，应当设置"材料物资"科目。

（3）生产业务的会计科目设计。生产业务主要发生在工业企业。工业企业从事的生产业务就是耗费物化劳动和活劳动，并将其价值随着生产转移到产品成本中去，形成产成品。主要业务有：耗用各种材料；支付职工工资和各种费用；计提固定资产折旧；分摊预提生产经营费用；计算产品实际生产成本；产品完工入库。所以，生产业务应当设置的科目，除"银行存款""现金""原材料""固定资产"等科目外，还应当根据不同情况，设置一些其他科目。

① 各种费用的会计科目设计。企业在一定时期内发生的各项费用，有些是为生产某种产品发生的直接性费用，可以直接计入该种产品的生产成本；有些是为生产几种产品发生的直接性费用，需要一定的归集和分配方式，在几种产品之间合理分摊；还有些是企业行政管理部门为组织和管理生产经营活动而发生的管理费用，按照制造成本法的要求，它不构成产品成本，而作为期间费用计入当期损益。因此在工业企业里，应当设置"生产成本""制造费用"和"管理费用"三个会计科目，分别核算上述三种不同性质的费用。

对于企业发生的收益期与支付期不一致的费用项目，无论是先支付后受益，还是先受益后支付，为保证各会计期间费用的合理负担，根据权责发生制原则，还应当设置"待摊费用""长期待摊费用"和"预提费用"科目。

"待摊费用"科目用以核算企业当期发生，应由本期和以后各期共同负担的，而且摊销期在一年以内（含一年）的各项费用。如低值易耗品摊销、预付保险费和预付固定资产租金等。

"长期待摊费用"科目用以核算企业当期发生，应由本期和以后各期共同负担的，且摊销期在一年以上（不含一年）的各项费用。如开办费、租入固定资产的改良支出等。

"预提费用"科目用以核算企业所发生的受益在先而支付在后的各项费用,是应付而未付的费用。如预提的短期借款利息费用、预提的固定资产大修理费等。

② 工资业务的会计科目设计。企业的工资业务,既包括工资的结算,又包括工资的支付。结算分配工资引起成本费用的增加,由于工资的结算和支付一般不在同一时间,成本费用增加的同时会形成企业对职工的工资性债务;支付工资会减少企业的债务,同时引起货币资金的减少。因此,工资业务除应当设置前面述及的费用成本和货币资金科目外,必须设置"应付工资"科目,核算企业应付给职工的工资总额和工资发放情况。

③ 固定资产折旧及减值的会计科目设计。企业计提固定资产折旧,意味着固定资产价值的减少,本应在"固定资产"科目反映,但为了使"固定资产"科目按原始价值反映固定资产的增减变动和结存情况,以便考察固定资产的新旧程度,决定其报废、更新时间,加强计划管理,应当设置"累计折旧"会计科目,专门核算固定资产因使用而磨损减少的价值,并与"固定资产"科目对比,随时了解企业的固定资产净值。

此外,固定资产在使用过程中,由于存在有形损耗(如自然磨损等)和无形损耗(如技术陈旧等)以及其他原因,导致其可收回金额低于账面价值,这种情况即为固定资产减值。因此,还应当设置"固定资产减值准备"科目。对固定资产因捐赠、出售、毁损或报废等原因退出企业的业务,还应当设置"固定资产清理""营业外收入"和"营业外支出"科目。

④ 无形资产摊销及减值的会计科目设计。无形资产是指企业为生产商品、提供劳务、出租给他人,或为管理目的而持有的、没有实物形态的非货币性长期资产。无形资产属于企业的长期资产,能在较长的时间里给企业带来经济利益。但无形资产通常也有一定的有效期限,它所具有的价值的特权或权利总会终结或消失,因此,企业应将入账的无形资产在一定年限内进行摊销。其价值转移采用摊销方式,摊销额直接减少无形资产的账面价值,记入"无形资产"科目。对于企业应负担的自用的无形资产的摊销费用,直接计入当期损益,因此,应当设置"管理费用"科目;出租的无形资产,相关的无形资产摊销价值应当计入"其他业务支出"科目。

无形资产在使用期限内,如有新技术替代、市价大幅下跌等情况,企业应对无形资产计提减值准备,应当设置"无形资产减值准备"科目。

⑤ 完工产品的会计科目设计。工业企业生产的产品完工入库后,需要对库存产品的实际成本加以反映,因此应当设置"产成品"会计科目,核算各种产品的入库、出库和结存情况。如果企业采用计划成本进行产成品的日常核算,还应当设置"产品成本差异"科目,核算实际成本大于计划成本的超支差和实际成本小于计划成本的节约差,并与产成品科目一起,反映库存产品的实际成本。

对于已经过一定生产过程并已检验合格交付仓库但须继续加工的自制半成品,应当计算其实际成本,因此必须设置"自制半成品"会计科目,专门核算企业库存的自制半成品的实际成本,以便为开展内部结算,考核各车间、各部门的工作业绩提供条件。

(4) 销售业务的会计科目设计。销售业务发生是指企业销售产品、商品、材料、对外提供劳务、让渡资产使用权以及转让无形资产等业务,主要包括:销售业务发生取得收入;结转销售成本;支付销售费用;计提销售税金;结算因销售而引起的债权业务等。

所设置的收入科目有"主营业务收入""其他业务收入",支出科目有"主营业务成本""主营业务税金及附加""营业费用""其他业务支出""财务费用"和"管理费用"。各收入科目贷方反映增加数,借方反映减少或转入损益数;各支出科目借方反映增加数,贷方反映减少或转入损益数。期末收支科目均无余额。

① 销售收入的会计科目设计。企业的销售收入按照所销售对象的不同,可分为主营业务收入(包括销售商品、提供劳务所实现的收入)和其他业务收入(包括销售材料、让渡资产使用权及其他非主营业务实现的收入)两类。对于主营业务收入,应当设置"主营业务收入"科目予以反映;对于其他业务收入应当设置"其他业务收入"科目予以反映。此外,企业如果有代购代销业务或包装物出租业务,则有关手续收入和租金收入,应由"其他业务收入"科目予以反映。对于增值税一般纳税人还应当设置"应交税金——应交增值税——销项税额"科目,以反映企业因销售而发生的增值税额。

② 销售成本、费用的会计科目设计。销售成本、费用是指企业在销售业务中应结转的商品销售成本,应负担的销售费用和销售税金。销售成本的结转除涉及前面提到的"库存商品"会计科目外,还应当设置"主营业务成本""其他业务支出"等会计科目。企业应负担的各项销售费用,除涉及"现金""银行存款"科目外,还应当设置"营业费用"科目;企业按当期实现的销售收入计算本期应负担的销售税金及附加,因此,应当设置"应交税金""主营业务税金及附加""其他应交款"等科目。

③ 结算债权的会计科目设计。企业发生的销售业务按结算方式的不同可分为现销和赊销两种类型。对于赊销,企业不能在销售时收回货款,形成企业债权,因此,应当设置"应收账款"和"应收票据"科目予以反映。如果企业发生的预售款销售业务较多,还要单独设置"预收账款"科目。

对于企业因其他原因形成的债权,如企业拨出的备用金、各种赔款、罚金、暂付押金以及向职工收取的各种垫付款项,还应当设置"其他应收款"科目予以反映。

企业应在期末分析各种款项的可收回性,预计可能发生的坏账损失并按照一定的方法计提坏账准备。因此,还应当设置"坏账准备"科目反映企业提取的坏账准备,并与"应收账款"和"其他应收款"科目比较,以反映应收款的净额。

此外,如果企业采取分期收款的销售方式销售商品,则为了反映企业发出商品的实际成本,准确计算每期实现的销售利润,还应当设置"分期收款发出商品"科目;如果企业有委托其他单位销售商品的业务,则还应当设置"委托代销商品"科目,以反映企业委托其他单位销售商品的成本;如果企业采取销售回购方式销售商品,则还应当设置"代转库存商品差价"科目,以反映企业发出商品的实际成本与销售价格以及相关税费之间的差额;如果企业发生售后租回业务,则还应当设置"递延收益"科目,以反映租回商品的售价与账面价值之间的差额。

(5) 投资业务的会计科目设计。投资业务发生的原因是企业为获得收益或扩展经营而对外投资,结果是企业获得以货币资金、债权、无形资产或实物等转化的短期或长期投资。主要业务有:对外投资;按被投资方的经营成果确认投资收益和实际收到;收回投资等。因此,要设置"短期投资""长期股权投资""长期债权投资"和"投资收益"四个科目,分别核算以上业务。

① 投资业务的会计科目设计。企业的投资按照投资期限不同,可分为短期投资和长期投资两种。短期投资是指投资期限在一年以内(含一年)的投资;长期投资是指投资期限在一年以上的投资。为此,企业应当设置"短期投资""长期股权投资""长期债券投资"等科目。由于企业在购买股票或债券时,可能会出现股票买价中包含发行方已宣布发放但尚未支付的红利或因债券购买日与计息日不一致而包含在买价中的应计利息,因此,应当设置"应收股利"或"应收利息"科目,分别反映在购买时发生的应收取红利或应收取利息。

② 投资期内的会计科目设计。企业对外进行投资,其目的是赚取投资收益,为此,企业还应当设置"投资收益"科目,以便反映企业每一项投资项目取得的收益或发生的亏损。另外,企业对外进行的任何一项投资都属于风险投资,都可能出现在投资期内由于各种原因引发的投资实际价值与原始价值不一致的情况,按照现行企业会计制度的规定,对于短期投资,企业应在期末按照成本市价孰低法对短期投资予以计价,因此,应当设置"短期投资跌价准备"科目。对于长期投资,由于投资期较长,在投资期内可能会出现市价持续下跌或被投资单位经营状况恶化,导致其可收回金额低于账面价值的情况,因此应当设置"长期投资减值准备"科目。

(6) 利润计算和利润分配的会计科目设计。此类业务发生是因为企业计算一定时期内所获得的利润和对利润进行分配,结果是企业实现的利润在关系人之间进行分配。主要业务有:各项收入和成本费用的结转;所得税和各项税金的提取;盈余公积的提留;给投资者分配利润等。

① 利润计算的会计科目设计。具体如下:

a. 营业外收支的会计科目设计。企业的收支业务,除了前面已经提到的营业收入(主营业务收入和其他业务收入)和营业支出(主营业务成本、主营业务税金及附加和其他业务支出)业务,还会发生营业外收入和营业外支出业务。当企业发生固定资产盘盈、处置固定资产净收益、出售无形资产收益、无法支付应付账款等业务时,应当设置"营业外收入"科目,要增加企业的利润;当企业发生固定资产盘亏,处理固定资产损失,出售无形资产损失,计提在建工程、固定资产、无形资产减值准备或发生非常损失时,应当设置"营业外支出"科目,要减少企业利润。所以,应当设置"营业外收入""营业外支出"会计科目,分别核算上述与企业生产经营无直接关系的业务。

b. 利润计算的会计科目设计。因为企业的各项收入和各项支出分别在不同的科目核算,所以为了明确企业的利润或亏损总额,必须设置一个会计科目,将企业的全部收入和全部支出从有关的科目转入该科目,计算出实现的利润或发生的亏损。所以,应当设置"本年利润"科目。

c. 净利润计算的会计科目设计。企业通过"本年利润"科目计算出的利润总额若为正数,还应计算并上交所得税,所得税的核算方法有债务法和纳税影响会计法,为此除了应当设置"应交税金"科目,企业还应当根据自己的实际情况设置"所得税"和"递延税款"科目。利润总额扣除当期应负担所得税后的余额即为当期净利润。

② 利润分配的会计科目设计。现行制度规定,企业净利润主要去向有:提取盈余公积;给投资者分配利润等。所以,企业应当设置"利润分配"科目专门反映当期利润分配情况。还应当设置"盈余公积"和"应付股利"科目对各项利润分配业务进行核算。

(7) 资产清查业务的会计科目设计。为保证会计核算的正确性,确保资产实存数与账存数一致,企业应定期、不定期地对企业资产进行清查。为及时反映企业清查资产的盘盈、盘亏或毁损情况,应当设置"待处理财产损益"科目。

前面我们对工业企业的经济业务进行了分类,并且对每类业务应该设计哪些会计科目做了比较系统的分析。可以看出,任何一个会计科目的设置,都是为了反映一定的经济业务。特定的经济业务需要有特定的会计科目来核算。也就是说,经济业务的内容是设置会计科目的基础。所以,会计科目可以按照它所反映的内容进行分类,每个会计科目核算的经济内容是不同的,会计科目按其反映的经济内容,可以分为五大类:资产类、负债类、所有者权益类、成本类、损益类。每一大类会计科目可以按一定的标准再分为各小类。

① 资产类科目,按资产的流动性分为反映流动资产的科目和反映非流动资产的科目。反映流动资产的科目有"现金""原材料""库存商品""应收账款"等;反映非流动资产的科目有"长期股权投资""固定资产""无形资产"等。

② 负债类科目,按负债的偿还期限分为反映流动负债的科目和反映长期负债的科目。反映流动负债的科目有"短期借款""应付账款""应交税金"等;反映长期负债的科目有"长期借款""应付债券""长期应付款"等。

③ 所有者权益类科目,按权益的形成和性质可分为反映资本的科目和反映留存收益的科目。反映资本的科目有"实收资本"和"资本公积";反映留存收益的科目有"盈余公积""本年利润""利润分配"等。

④ 成本类科目,反映企业在生产产品和提供劳务过程发生的成本的科目,如"生产成本""制造费用"及"劳务成本"科目。

⑤ 损益类科目,反映企业在生产经营过程中取得的各项收入和发生的各项费用的科目。收入类科目,如"主营业务收入""其他业务收入";费用类科目,如"管理费用""财务费用""营业费用""所得税"等。

2. 会计科目编号和会计科目表

现以新《企业会计制度》规定的科目为例说明会计科目的这种分类方法(见表3.1)。

3. 按账户的用途和结构设计会计科目

账户的用途是指设置账户的目的,即通过设置和使用账户为经营管理提供会计指标;账户的结构是指使用账户的方式,即如何运用账户为经营管理提供会计指标。设计会计科目,不仅要考虑会计科目反映的经济内容,而且还要考虑根据会计科目设置的账户的用途和结构。也就是说,在按照会计科目反映的经济内容设计会计科目的基础上,再结合按会计科目所开设的账户的用途和结构设计会计科目。只有这样,才能在明确每

表 3.1 会计科目编号和会计科目表

序号	编号	名称	序号	编号	名称	序号	编号	名称
		一、资产类	32	1501	固定资产	61	2331	专项应付款
1	1001	现金	33	1502	累计折旧	62	2341	递延税款
2	1002	银行存款	34	1505	固定资产减值准备			
3	1009	其他货币资金	35	1601	工程物资			三、所有者权益类
4	1101	短期投资	36	1603	在建工程	63	3101	实收资本
5	1102	短期投资跌价准备	37	1605	在建工程减值准备	64	3103	已归还投资
6	1111	应收票据	38	1701	固定资产清理	65	3111	资本公积
7	1121	应收股利	39	1801	无形资产	66	3121	盈余公积
8	1122	应收利息	40	1805	无形资产减值准备	67	3131	本年利润
9	1131	应收账款	41	1815	未确认融资费用	68	3141	利润分配
10	1133	其他应收款	42	1901	长期待摊费用			
11	1141	坏账准备	43	1911	待处理财产损益			四、成本类
12	1151	预付账款				69	4101	生产成本
13	1161	应收补贴款			二、负债类	70	4105	制造费用
14	1201	物资采购	44	2101	短期借款	71	4107	劳务成本
15	1211	原材料	45	2111	应付票据			
16	1221	包装物	46	2121	应付账款			五、损益类
17	1231	低值易耗品	47	2131	预收账款	72	5101	主营业务收入
18	1232	材料成本差异	48	2141	代销商品款	73	5102	其他业务收入
19	1241	自制半成品	49	2151	应付工资	74	5201	投资收益
20	1243	库存商品	50	2153	应付福利费	75	5203	补贴收入
21	1244	商品进销差价	51	2161	应付股利	76	5301	营业外收入
22	1251	委托加工物资	52	2171	应交税金	77	5401	主营业务成本
23	1261	委托代销商品	53	2176	其他应交款	78	5401	主营业务税金及附加
24	1271	受托代销商品	54	2181	其他应付款	79	5405	其他业务支出
25	1281	存货跌价准备	55	2191	预提费用	80	5501	营业费用
26	1291	分期收款发出商品	56	2201	待转资产价值	81	5502	管理费用
27	1301	待摊费用	57	2211	预计负债	82	5503	财务费用
28	1401	长期股权投资	58	2301	长期借款	83	5601	营业外支出
29	1402	长期债权投资	59	2311	长期债券	84	5701	所得税
30	1421	长期投资减值准备	60	2321	长期应付款	85	5801	以前年度损益调整
31	1431	委托贷款						

一会计科目反映的经济内容的基础上,进一步掌握它们的使用方法,达到正确、规范应用会计科目的目的。按照账户的用途和结构,可将会计科目分成盘存类、投资类、权益类、结算类、调整类、过渡类、待处理类和无形资产类等八类,具体分类情况见表 3.2。

表 3.2 会计科目按用途和结构的分类

类别		名称
盘存类科目	货币资产类	现金、银行存款、其他货币资金
	存货类	原材料、包装物、低值易耗品、自制半成品、库存商品、工程物资、委托加工物资、委托代销商品、受托代销商品、分期收款发出商品
	其他资产	固定资产
投资类科目		短期投资、长期股权投资、长期债权投资
权益类科目	资本类	实收资本(或股本)、已归还投资、资本公积
	留存收益类	盈余公积
结算类科目	债权结算类	应收票据、应收股利、应收利息、应收账款、其他应收款、预付账款、应收补贴款、委托贷款
	债务结算类	短期借款、应付票据、应付账款、预收账款、代销商品款、应付工资、应付福利费、应付股利、应交税金、其他应交款、其他应付款、预计负债、长期借款、应付债券、长期应付款、专项应付款、递延税款
调整类科目	备抵调整类	坏账准备、短期投资跌价准备、存货跌价准备、长期投资减值准备、累计折旧、固定资产减值准备、在建工程减值准备、无形资产减值准备、商品进销差价、利润分配
	备抵附加类	材料成本差异、产品成本差异
过渡类科目	跨期摊配类	待摊费用、预提费用、长期待摊费用
	集合分配类	制造费用
	成本计算类	主营业务成本、主营业务税金及附加、其他业务支出、营业外支出
	收入类	主营业务收入、其他业务收入、投资收益、补贴收入、营业外收入
	费用类	营业费用、管理费用、财务费用、所得税
	财务成果计算类	本年利润
待处理类科目		待处理财产损溢
无形资产类科目		无形资产

上述各类会计科目的具体用途如下:

① 盘存类科目。该类科目反映企业货币资金及各种财产物资的增减变动及结存情况,提供企业有形资产指标,以便计算并考核企业的资产负债率、流动比率、速动比率、存货周转率等主要财务指标。

② 投资类科目。该类科目反映企业对外股票、债券及其他投资数额的增减变动及实

有情况,提供对外投资指标,以便了解企业的理财方针、投资结构和投资风险。

③ 权益类科目。该类科目反映企业所有者对企业净资产所有权的增减变动情况及结果,提供投入资本和留存收益等指标,以便计算并考核企业资本保值增值率、资本积累率、净资产收益率等主要财务指标。

④ 结算类科目。该类科目反映企业与国家、其他单位或个人之间发生的债权、债务的结算情况,提供资产负债率、流动比率、速动比率、应收账款周转率等主要财务指标。

⑤ 调整类科目。该类科目是按照实质重于形式原则和谨慎性原则而设置的,主要是对基本科目期末余额进行调整的科目。其目的是使基本科目所提供的指标更加真实、准确和有用。例如:"坏账准备"科目与"应收账款"和"其他应收款"科目结合,可提供企业可望收回的债权数;"累计折旧"科目与"固定资产"科目结合,可提供企业拥有的固定资产净值;"存货跌价准备"科目与"存货"科目结合,可提供企业存货可变现净值指标;等等。

⑥ 过渡类科目。该类科目反映企业资金运动过程中各项收入、费用的发生以及经营成果的形成情况,提供经营管理所需要的成本、损益等指标,以便计算并考核企业的资产保值增值率、资产报酬率、销售利润率、已获利息倍数、销售增长率、成本利润率、净资产收益率、资产报酬率等主要财务指标。

⑦ 待处理类科目。该类科目反映企业在财产清查中发现的资产短缺或溢余的发生及处理情况,提供企业资产管理效益指标。

⑧ 无形资产类科目。该类科目反映企业为生产商品或提供劳务、出租给他人,或为管理目的而持有的、没有实物形态的非货币性长期资产,提供企业所拥有的法定权利和商誉价值等指标。

4. 明细分类科目的设计

设计会计科目,不仅要设计总分类科目,还要设计明细分类科目,包括二级、三级明细科目,以便形成完整的科目级别体系,为经营管理提供总括和详细的数据资料。由于统一会计制度对明细分类科目一般不做详细的规定,因此,设计企业会计制度时,必须重视对明细分类科目的设计,以保证会计科目的完整性和系统性。

明细分类科目是对总分类科目的进一步分类,对总分类科目反映的经济内容起着详细补充作用,这就决定了明细分类科目的设计必须在总分类科目的基础上进行,并与总分类科目的核算内容、使用方法保持一致。由于企业的管理需求,总分类科目反映的经济内容以及用途不同,明细分类科目的设计方法也不同。有些总分类科目可以按财产实物的种类设计明细分类科目,如盘存类科目;有些总分类科目可以按与企业发生经济关系的单位或个人的名称设计明细分类科目,如结算类科目;还有些总分类科目则可以按企业的业务部门设计明细分类科目;等等。下面分别介绍几种主要的设计方法。

(1) 按财产实物的种类设计明细分类科目。反映企业财产实物种类的会计科目,从用途上看基本上都属于盘存类科目,其特点是可以通过实地盘点,确定各种财产的实有数。为了随时反映各种财产实物的增减变动和结存情况,与实地盘点核定的实有数进行对比,确定盈亏,强化财产管理,就必须按财产实物的种类设计明细分类科目。在原材料、固定资产品种繁多的企业,还需要通过设置二级明细分类科目,反映各类材料和各类固定资产的变动情况,加强岗位责任制,方便计提折旧。

按财产实物的种类设计明细分类科目的总分类科目,工业企业一般有:"原材料""包装物""低值易耗品""自制半成品""产成品""固定资产"以及"材料采购"等;商品流通企业一般有:"库存商品""材料物资""包装物""低值易耗品""特准储备物资"和"固定资产"等。

此外,为了反映各种产品和商品的盈利水平,"主营业务收入""主营业务成本"和"主营业务税金及附加"等科目也可以按产品类别设置明细分类科目。

(2)按债权债务单位或个人的名称设计明细分类科目。反映企业债权债务的会计科目,从用途上看大都属于结算类科目,表明企业与其他单位或个人发生购销业务后形成的经济关系。为了明确反映各种债权的收款对象和各种债务的付款对象,加快收款速度,主动清理债务,定期与结算单位核对账目,就必须按债权债务单位或个人的名称为结算类科目设置明细分类科目。具体地讲,各种"应收款项"应按债务人设置,各种"应付款项"应按债权人设置。

按债权债务单位或个人的名称设计明细分类科目的总分类科目,各种企业基本相同。一般有:"应收账款""预付账款""其他应收款""短期借款""应付账款""预收账款""其他应付款""长期借款"等科目。

(3)按企业的业务部门设计明细分类科目。在一些企业里,经济业务大多在几个部门分别进行,比如工业企业的生产分为几个车间,商品流通企业一般分为几个部门。为了考核业务部门的业绩,加强岗位责任制和强化企业的内部管理,必须对某些总分类科目进行细分,设计明细分类科目。像工业企业的"制造费用"可按车间部门设计明细分类科目,商品流通企业的"库存商品"可按实物负责人设计明细分类科目。

(4)按成本对象设计明细分类科目。按成本对象设计明细分类科目,有利于比较客观地反映各按成本对象所负担的费用,精确计算各对象的实际成本。在企业里有成本的总分类科目,大多数情况下都按成本对象设计明细分类科目,例如工业企业的"生产成本""在建工程";建筑施工企业的"工程施工""专项工程支出";商品流通企业的"在建工程"等科目。

(5)按业务种类和费用项目设计明细分类科目。为了明确反映企业收入和费用的构成情况,清晰地表达获得收入的途径和发生费用的原因,可以按业务种类和费用项目设计明细分类科目。按业务种类设计明细分类科目,一般用于收入类总分类科目,例如"主营业务收入""其他业务收入""营业外收入""投资收益"。按费用项目设计明细分类科目的总分类科目主要有:"主营业务成本""管理费用""财务费用""营业费用""营业外支出"等。

上述企业设计明细分类科目的几种方法,具有一定的代表性。另外,还有一些明细分类科目的设计比较特殊,如"实收资本"科目按投资者设置;"资本公积"科目按形式和种类设置;"委托加工"科目按加工合同和委托单位设置;"固定资产"科目按清理的固定资产设置;"应交税金"科目按税种设置;等等。

5.会计科目使用说明的编写

从会计科目的名称上看,能够概括地说明所反映的经济业务内容,但不能准确地表明它们的核算范围和使用方法。例如"管理费用"科目,是用来反映企业为组织生产经营活动所发生的费用,但管理费用包括哪些内容,如何计算和确定等,从会计科目上是看不出来的,所以必须为所设置的会计科目编写使用说明,以便会计人员理解和正确执行,规范使用会计科目的使用方法。

编写会计科目的使用说明,我们可以考虑以下几方面的内容:

(1) 会计科目核算的内容和范围。会计科目核算的内容,每一会计科目核算什么经济业务,包括的范围有哪些,使用说明中必须首先明确规定。例如"生产成本"科目的使用说明中首先要说明该科目核算的内容是工业性的生产所发生的费用,其范围包括:生产各种产成品,自制半成品,提供劳务,自制材料,自制工具,自制设备等所发生的费用。再如"固定资产"科目的使用说明中要说明该科目核算的内容是其企业所有固定资产的原价,范围包括生产经营用和非生产经营用的固定资产。

(2) 会计科目的核算方法。会计科目的核算方法,是针对会计事项,如何运用记账方法进行账务处理。在使用说明中,应当说明财产物资的计价方法,会计科目借贷方各登记什么内容,期末有无余额以及余额的含义等。例如"生产成本"科目,当企业发生各项直接费用和分配应负担的制造费用时,记其借方,当结转完工入库产品的生产成本时,记其贷方,月末余额表示尚未加工完成的各项在产品的成本。再如"应收票据"科目,当企业收到购货单位开出、承兑的商业汇票时,记其借方,当应收票据到期收回款项或向银行贴现收到款项时,记其贷方,月末余额表示尚未到期的应收票据数额。

(3) 设置明细分类科目的方法。使用说明中,要求说明各会计科目应当设置的明细分类科目的名称或指出明细分类科目的设置方法。例如"生产成本"科目,首先应当设置"基本生产成本""辅助生产成本"两个明细分类科目,其次应按成本核算对象进行明细核算。再如在"固定资产"科目的使用说明中,要说明该科目应按固定资产的类别设置二级科目,并按固定资产的品种设置"固定资产登记卡"或"固定资产卡片"进行明细核算。

(4) 与会计科目有关的财务规定。会计科目的使用,实质上就是对发生的经济业务进行的会计确认和会计记录,必须符合有关的财务制度。因此,在使用说明中,应当说明与会计科目有关的制度规定。例如"固定资产"科目的使用说明中,应当介绍有关的固定资产管理制度;"长期投资"科目的使用说明中,应当介绍股票、债券的管理办法;"盈余公积"科目的使用说明中,应当介绍盈余公积的计提比例;等等。

3.2 企业会计凭证设计

3.2.1 会计凭证设计的作用和原则

1. 会计凭证设计的作用

会计凭证,是用来记录经济业务、明确经济责任,并据以登记账簿的书面证明。各个单位每发生一笔经济业务,都应该按照规定的程序和要求填制会计凭证。在具体会计工作中,由执行和完成该项经济业务的有关部门或人员,取得或填制证明经济业务内容、数量和金额的凭证,并在凭证上签名或盖章,对凭证的真实性和正确性负责。一切会计凭证还必须由有关人员严格审核,经审核无误后才能作为登记账簿的依据。

经济业务发生后,取得或填制原始凭证并据以编制记账凭证,是会计核算工作的重要内容和基础环节,一方面可以证明经济业务发生的原始材料,另一方面有利于会计监督作用。因此,科学合理地设计各种类型的原始凭证和记账凭证,是会计工作中的重要一环。

真实性原则是会计工作中应当遵守的一条原则,也是保证会计核算资料真实、可查验的关键。在各个企业的会计核算中,货币资金的收付、收入费用及生产成本的计算、往来款项的清算等任何一项经济业务,都必须根据有关的凭据进行账务处理。因此,设计会计凭证,不仅对记录经济业务、反映资金变化、明确经济责任有直接作用,而且影响登记账簿、计算成本、清查财产以及编制报表等会计核算工作,同时与会计分析和会计检查以及内部控制等工作也有直接的关系。具体地讲,设计会计凭证的意义具体体现在以下几个方面:

(1) 记录经济业务的发生,及时准确地提供会计信息。取得和填制合法的、真实的原始凭证,是会计信息唯一的、重要的来源,编制会计凭证,是对取得的会计信息进行加工和处理,使之成为有用的会计信息,并作为记账的依据。因此,会计凭证设计是否恰当,关系到能否及时正确地反映经济业务,能否保证会计核算的真实、完整,能否按规定向企业内部和外部提供准确、公允的会计信息。

(2) 为登记账簿提供依据。任何企事业单位,要想连续、系统、全面地反映和监督经济活动过程及结果,必须采用登记账簿的会计核算方法。而账簿的登记,必须借助于会计凭证,账簿上记录的各项数据资料,都来源于相应的会计凭证,凭证上反映的各项经济业务,也必须经过整理、归类、汇总登记到有关的账簿中。因此,设计会计凭证,为登记会计账簿提供了依据。

(3) 明确经济责任,便于内部控制。会计凭证不仅要记录经济业务的内容,而且要明确业务经办人员的经济责任,要求办理经济业务的相关单位和人员签名或盖章,以明确在业务受理过程中所负有的责任。设计得当的会计凭证,能够促使有关人员在自己的职责范围内严格按照规章办事,提高责任感。同时,通过设计会计凭证合理的传递程序,可以将业务发生所涉及的部门和个人联系起来,使各职能部门之间以及财会部门内部各有关人员之间形成既相互联系,又相互制约、相互监督的格局,强化和完善会计工作的内部控制制度,保证会计工作的规范运行。

(4) 为开展会计检查和审计工作提供主要依据。设计恰当的会计凭证,可以证明经济业务真实、正确、合法、合理。因而通过审核和检查会计凭证,可以确定经济活动是否符合国家有关经济政策、法规和制度的规定,了解有无挥霍浪费、弄虚作假、贪污盗窃等违法乱纪的行为,以保证经济活动的合法合理性,会计资料的客观真实性。因此说,设计会计凭证不仅能够保证会计监督职能的充分发挥,而且有利于审计工作的开展,及时发现生产经营过程中存在的问题,有针对性地采取措施,改进工作。

2. 会计凭证的设计原则

会计凭证按其主要用途和填制程序不同,分为原始凭证和记账凭证。原始凭证是在经济业务发生时取得或填制的,作为业务办理手续、证明业务发生情况、明确经办人员责任的原始依据,是具有法律效力的书面文件。记账凭证是会计人员根据原始凭证反映的业务内容,运用会计科目加工处理、编制会计分录后作为账簿登记依据的会计凭证。

(1) 原始凭证的设计原则。设计原始凭证,就是按照经济业务的发生情况和内部控制制度的要求,对原始凭证的种类、格式、内容和联次等进行的规划和制定。由于原始凭证具有法律性强、种类繁多、使用范围广、经手人员多的特点,因此,设计时应遵循以下原则:

① 全面详细地反映经济业务发生情况。作为业务发生最初书面证明的原始凭证,应把业务发生的时间、地点、内容、有关人员的责任等基本情况详细地提供出来,以便充分发挥原始凭证的作用,并加强原始凭证的管理。因此,设计的原始凭证应当具备:

a. 原始凭证的名称(反映业务种类);

b. 填制凭证的日期(反映业务发生时间);

c. 填制凭证和接受凭证的单位(表明业务发生地点);

d. 经济业务的具体内容;

f. 有关单位或个人签章(表明经手人员责任)。

只有这样的原始凭证,才能保证经济业务的反映具备全面性和可靠性。

② 充分满足内部控制制度的要求。企业、行政事业等单位发生的经济业务,除少数外,大部分要涉及若干单位或同一单位的几个职能机构以及相关人员。因此,在设计原始凭证时,必须根据实际需要,合理确定各种凭证所需要的联次数量,并规定各联的具体用途。既要满足各单位、各部门从事经济管理和核算的要求,加强岗位责任制,又要通过连续编号、复写多联等方式使各部门之间相互制约、相互监督,加强内部控制制度。如反映销货业务的"销货单"(发货票),在大中型企业里,最少应设计四联,由销货单位的销售部门、财会部门和仓库以及购货单位各持一联。销售部门留作存根进行业务核算,财会部门凭以收款并进行会计核算,仓库凭以发货并进行实物核算,购货单位作为付款凭证办理采购业务的会计核算。

③ 有利于加快凭证传递,提高工作效率。凭证如何传递不仅关系到经办业务的各职能部门如何联系和相互制约,以促使他们尽职尽责,积极地完成自己承担的任务,而且关系到如何简化凭证传递过程,提高工作效率,防止产生工作脱节和漏洞的问题。这就要求在设计原始凭证时,科学地规定每一凭证的传递程序,避免传递过程中的迂回或脱节。具体规定哪些凭证联需要经过哪些部门,在传递过程哪个环节留归相关部门,以及各个传递环节的任务,等等。

④ 原始凭证的种类、用途、格式力求标准化和通用化。在企事业单位内部,办理同类性质的经济业务所用的凭证必须统一,并保持稳定,不能经常改变,以方便凭证的填制和审查,同时节约设计和印刷费用。有些凭证应尽可能在部门、系统范围内通用,有条件的还应在地区或全国范围内统一使用,以方便财政、税务和审计等部门的监督工作。

(2) 记账凭证的设计原则。记账凭证与原始凭证既有紧密的联系,又有明显的区别。因此,设计记账凭证,在符合内部控制和力求标准通用化的基础上,还应遵循以下原则:

① 必须具备记账凭证的基本内容。包括记账凭证的名称;填制凭证的日期和编号;经济业务的简要说明;使用的会计科目,包括总分类科目和明细分类科目及其增减变化金额;所附原始凭证的张数以及有关人员的签名或盖章。

② 必须与使用的会计核算形式相适应。不同的会计核算形式,要求有不同种类的记账凭证,如在记账凭证核算形式下,既可以设计"收款""付款"和"转账"三种凭证,也可

以设计统一的"记账凭证"。但在汇总记账凭证核算形式下,则必须分设"收、付、转"三种,并相应设计"汇总收款凭证""汇总付款凭证"和"汇总转账凭证",才能满足需要。

③ 满足账簿登记的需要。记账凭证是登记账簿的主要依据,由于账簿有总分类账和明细分类账之别,为了能够使总账和明细账的登记都有依据,在设计记账凭证时,会计科目必须分清总账科目、子目和细目,以便分别记载它们的增减变化。此外,为了使记账凭证与账簿之间的关系更加严密,清楚地反映凭证中的每一项数字记入账簿的页码,应在记账凭证上设计"账页"一栏。

3.2.2 原始凭证和记账凭证的设计

1. 原始凭证的设计

原始凭证又称单据,是在经济业务发生时取得或填制,用以证明经济业务已经发生或已经完成的会计凭证。

原始凭证按不同的标准有不同的分类(见图3.1):

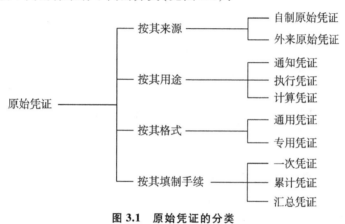

图 3.1 原始凭证的分类

(1) 原始凭证按其来源不同分类:原始凭证按其来源不同,分为自制原始凭证和外来原始凭证。

自制原始凭证是由本单位人员在经济业务发生时所填制的凭证。自制原始凭证按填制手续不同,又可以分为一次凭证、累计凭证、汇总凭证。一次凭证是指只反映一项经济业务或若干项同类性质的经济业务,填制手续一次完成的凭证;累计凭证是指在一定时期内反映若干项同类性质的经济业务,填制手续分次完成的凭证。累计凭证大多数只在单位内部使用,必须自行设计。

外来原始凭证是在经济业务完成时,从其他单位取得的原始凭证。如发票、银行进账单。

(2) 原始凭证按其用途不同分类:原始凭证按其用途不同,分为通知凭证、执行凭证和计算凭证。

通知凭证是指命令或要求有关部门办理某项经济业务的凭证,由通知单位设计,而被通知单位无须设计。

执行凭证是指证明某项经济业务正在进行或已经完成的凭证,须自行设计。

计算凭证是指通过一定的计算手续编制的,提供某项会计指标的凭证。

（3）原始凭证按其格式实用性的不同分类：原始凭证按其格式实用性的不同，分为通用凭证和专用凭证。

通用凭证是指具有全国性或某一地区、某一系统、某一部门统一规格的凭证，可从市场上购买。

专用凭证是指具有专门用途，反映各企业特殊经济业务的凭证，须自行设计。

2. 原始凭证的基本要素

(1) 原始凭证的名称；

(2) 发生经济业务的时间；

(3) 接受凭证的单位或部门；

(4) 凭证编号；

(5) 经济业务内容；

(6) 填制凭证的单位和经办人员的签名或盖章；

(7) 凭证联次、附件（有的经济业务需要，有的不需要）。

3. 原始凭证设计的基本方法

明确设计步骤，有利于在进行设计凭证时，统筹规划，合理安排，有秩序、有主次地进行，防止重复、遗漏等现象。设计原始凭证的一般步骤如下：

(1) 根据实际需要，确定原始凭证种类。原始凭证的种类，受经济业务具体内容、管理要求及核算方式的影响。确定符合实际需要的原始凭证种类，是设计原始凭证要解决的首要问题。各企事业单位在设计原始凭证时，首先必须根据本单位的经济业务类型、经营管理要求和会计核算方式等，确定所需要的原始凭证种类，保证单位发生的各项经济业务，都有相应的原始凭证予以反映。

(2) 按照原始凭证用途，设计原始凭证的格式和联次。这是设计原始凭证的关键步骤和具体工作。不同种类原始凭证具有不同的用途，用途不同，又使得各种原始凭证的具体内容不同。这就要求企业针对不同用途的原始凭证，按照设计原则，分别设计各种凭证的格式、联次，并规定各联的具体用途。设计时，必须对凭证具备的全部内容做出合理的安排。表格内外各列的项目，有关项目之间的关系，上下左右的布局，规格尺寸的确定，每个凭证需一式几份，各联的区分以及采用的印刷纸质、印成的颜色、印刷的数量等，都应做出合理的设计。

(3) 制定原始凭证的传递程序。科学合理的原始凭证传递程序，是建立正常的会计业务处理秩序，加强会计工作内部控制，提高会计资料的真实可靠性，促进会计工作效率提高的保证。制定传递程序，就是对原始凭证取得或填制后，应当经由哪些部门或个人进行必要的业务处理，直到最后归档的全部过程做出规定。原始凭证的传递程序可以通过原始凭证各联次的具体用途或有关单位和个人的签章表明。

(4) 建立原始凭证的使用保管制度。原始凭证是具有法律效力的经济资料和会计档案，任何单位在设计完原始凭证后，都应明确规定原始凭证的使用要求，建立规范化的使用制度，保证原始凭证使用的合理合法性。同时在完成经济业务手续和记账后，必须对原始凭证妥善保管，以便日后随时查阅。未使用的空白原始凭证也应由专人负责保管，特别是事先已经盖章的原始凭证和已经使用的原始凭证"存根"更要加强管理，防止丢失。因此,必须按照《会计档案管理办法》的要求,对原始凭证的保管办法、保存期限、查阅和复制手续、销毁办法等做出明确的规定,建立严密完善的原始凭证保管制度。

4. 原始凭证设计举例

不同的经济业务需要不同的原始凭证反映,按照经济业务的种类,原始凭证大致可以分为:(1)反映货币资金业务的原始凭证;(2)反映工资业务的原始凭证;(3)反映固定资产业务的原始凭证;(4)反映采购业务的原始凭证;(5)反映存货业务的原始凭证;(6)反映成本核算的原始凭证;(7)反映销售业务的原始凭证;(8)反映其他业务的原始凭证;等等。现就各类经济业务所需要的原始凭证设计如下:

(1)货币资金业务的原始凭证设计。货币资金业务主要是指企业的现金、银行存款业务。反映此类业务的原始凭证具有以下特点:既有自制原始凭证,又有外来原始凭证;既有专用凭证,又有通用凭证;而且都是一次凭证。反映银行存款业务的原始凭证如支票、商业汇票等都实行通用化,不需要自行设计;而反映现金业务的各种原始凭证如借款单、收据、差旅费报销单等,大多需要自行设计。所以,现金业务原始凭证是设计重点。

常用的现金业务原始凭证设计见表 3.3、表 3.4。

表 3.3 现金收据

年 月 日　　　　　　　　　　　字第　号

交款单位或个人姓名	
收款事由	
人民币(大写)	
注:本收据无单位公章无效	

收款单位　　　　出纳　　　　审核　　　　交款人

表 3.4

(企业名称)
差旅费报销单

年　月　日

报销人姓名		所在单位		出差地点			
出差事由		出差时间		月 日至 月 日			
费用项目	交通费				住宿费	补助费	其他费用	合计
	火车	飞机	轮船	长途汽车	短途汽车				
凭证张数								
金额								
借款数			报销数			退补数		
人民币(大写)								

审计　　　　　　报销单位负责人　　　　　　报销人

①"现金收据"一般设计一式三联,一联作为存根备查,一联送交付款单位(或个人)收执作为报销凭证,并加盖或加印税务部门的签章,另外一联会计凭以记账。

②"差旅费报销单"只设计一联,属于汇总原始凭证,由报销人和会计主管人员共同填制,经有关人员签章后,会计据此及所附各原始凭证进行账务处理。

(2)工资业务原始凭证的设计。工资是以货币形式支付给职工的劳动报酬。工资业务主要包括工资的结算和工资费用的分配等。为了防止在工资结算和工资发放过程中弄虚舞弊行为的发生,必须设计严密的控制程序。反映工资业务的原始凭证有"工资单""集体计件工资分配表"和"工资分配汇总表"等。

①"工资单"是由劳资部门和财会部门按车间、职能科室、工段或小组编制的记录工资发放情况的原始凭证。一般应设计一式三份,一份由劳资部门存留备查,一份由财会部门进行账务处理,另一份连同工资一起发给职工。具体设计见表3.5。

表 3.5
(企业名称)
工资单

车间或部门: 　　　　　　　　　　　　　　　　　　　　　　　　　　　　年　月

工号	姓名	计时工资			计件工资	加班工资	奖金	津贴	应发工资	代扣款项							实发工资	领款人签章
		日工资率	出勤天数	金额						房租	水电费	工会费	借支	幼托费	其他	合计		
合计																		

车间或部门负责人　　　工资核算员　　　复核　　　制单　　　出纳

②"集体计件工资分配表"是在按生产小组、产量和计件单价计算出小组应得工资后,分配小组成员应得计件工资的原始凭证,一般按小组内各成员工资等级和实际工作时间进行分配。具体设计见表3.6。

表 3.6
(企业名称)
集体计件工资分配表

小组名称: 　　　　　　　　　　　　　　　　　　　　　　　　　　　　年　月

姓名	工资等级	工资等级系数	实际工作时数	小时工资系数	每一系数小时应得工资	应得工资
①	②	③	④	⑤=③×④	⑥	⑦=⑤×⑥
合计						

会计主管　　　　　　　复核　　　　　　　制单

③"工资分配汇总表"是对各车间或部门的工资费用按用途进行归集和分配的原始凭证。具体设计见表3.7。

表 3.7
（企业名称）
工资分配汇总表

年　　月

车间或部门	应贷账户"应付工资"	应借账户						
		生产成本		制造费用	管理费用	销售费用	在建工程	合计
		基本生产	辅助生产					
合计								

会计主管　　　　　　　　　复核　　　　　　　　　制单

（3）固定资产业务原始凭证的设计。由于固定资产业务不太频繁，此类原始凭证也不经常使用，所以一般没有固定格式，多采用书面说明的办法或者自行设计专用凭证。但是因为固定资产业务比较复杂，需要在凭证上反映的内容较多，因此设计此类凭证比较麻烦。现将原始凭证内容设计如下：

①"固定资产验收单"用于投资者投入、企业购进不需要安装的固定资产业务，通常由固定资产验收小组填制后，交财会部门结合其他有关资料进行账务处理。具体设计见表3.8。

表 3.8
（企业名称）
固定资产验收单

编号　　　　　　　　　　　　　　　　　　　　　　　　　　　　　年　月　日

合同号数	固定资产名称	规格型号	计量单位	质量检查		合同数量	实收数量	备注
				合格	不合格			

使用部门　　　　管理部门　　　　质检部门　　　　财会部门

②"固定资产报废单"通常设计一式两联，由固定资产管理部门或使用单位提出报废申请，按报废对象填制，详细说明固定资产的技术状况和报废原因，经有关部门审定批准后，送交财会部门一联，作为组织固定资产清理核算的依据。另一联留归固定资产管理部门或使用部门存查，并登记固定资产卡片。"处理意见"栏各部门审查后加注意见并签章。具体设计见表3.9。

表 3.9
（企业名称）
固定资产报废单

固定资产名称：　　　　　　　　年　月　日　　　　　　　　　　　　字第　号

编号	规格型号	单位	数量	预用年限	已用年限	原始价值	已提折旧	残值	附属设备	备注

固定资产状况及报废原因	
处理意见	使用部门　　　　技术鉴定小组　　　　设备管理部门　　　　主管部门意见

（4）采购业务原始凭证的设计。采购业务发生后，必须首先取得供货单位的"发货票"、运输单位的"运单"、银行的结算凭证等有关凭证。采购业务的会计核算任务是计算材料的实际采购成本以及反映材料入库的实际情况。由此决定需要设计的原始凭证一是"材料入库单"，二是"材料采购成本计算单"。具体设计见表 3.10、表 3.11。

表 3.10
（企业名称）
材料入库单

供货单位　　　　　　　　　　年　月　日　　　　　　　　　　字第　号
发票编号　　　　　　　　　　　　　　　　　　　　　　　　收料仓库

材料类型	材料名称	规格与型号	计量单位	数量		计划单价	金额	备注
				应收	实收			

仓库负责人　　　　　　　　　收料人　　　　　　　　　交料人

表 3.11
（企业名称）
材料采购成本计算单

材料名称　　　　　　　　　　年　月　日　　　　　　　　　　字第　号

成本项目	购进数量	单位成本	总成本	备注
材料实际成本				

主管会计　　　　　　　　　复核　　　　　　　　　制单

①"材料入库单"一般应设计一式三联,一联留在仓库登记材料卡片;一联退给交料单位进行业务核算;另一联交给财会部门进行账务处理。
② 材料如果按实际成本计价,"计划单价"栏应按实际成本计价。
(5)存货业务原始凭证的设计。存货是指企业用于销售或生产消耗的各种物品。为了正确反映存货的收到、发出、结存情况,应设计"领料单""产品入库单"和"存货盘点报告单"等原始凭证。具体设计如下:
①"领料单"用于车间或部门从仓库领用材料的业务,一般应设计一式四联。一联由领料单位保存备查;一联由审批单位进行业务核算;一联送交财会部门报账;一联留归材料仓库登记材料卡片。具体设计见表3.12。

表 3.12
(企业名称)
领料单

领料单位　　　　　　　　　年　月　日　　　　　　　　　字第　号
用途　　　　　　　　　　　　　　　　　　　　　　　　　发料仓库

材料类别	材料名称	规格与型号	计量单位	数量		单价	金额	备注
				请领	实发			
合计								

领料单位负责人　　　　　审批　　　　　　发料人　　　　　领料人

②"产品入库单"是用来记录已经生产完工,经检验合格送交仓库准备销售的产品的原始凭证。一般应设计一式三联,一联仓库盖章后生产部门留存;一联仓库登记存货账;一联送交财会部门进行账务处理。具体设计见表3.13。

表 3.13
(企业名称)
产品入库单
年　月　日

车间　　　　　班组　　　　　　　　　　　　　　　　　编号:

产品名称	规格与型号	鉴定等级	计量单位	交库数	实收数	单位成本	总成本
合计							

交库人　　　　　保管　　　　　　会计　　　　　制单

③"存货盘点报告表",存货盘点有两种情况,一是采用实地盘存制的企业在期末进行的盘点,另一种是采用永续盘存制的企业为了保证账实相符而进行的盘点。两种盘存制所采用的报告表也不同。

采用实地盘存制时,进行盘点是为了通过确定结存数计算本期发出存货的数量和金额。其盘点报告表的内容包括存货的名称、规格、期初结存数、本期收入数、本期发出数、期末结存数等。具体设计见表3.14。

表 3.14
（企业名称）
存货盘点报告表（实地盘存制）
　　　　　　　　　　　　　　　　年　月　日　　　　　　　　　　仓库：

名称	规格	计量单位	单价	期初结存		本期收入		本期发出		期末结存	
				数量	金额	数量	金额	数量	金额	数量	金额
合计											

盘点负责人　　　　　　保管　　　　　　　　制单

采用永续盘存制时,进行盘点是为了对那些账实不符,发生盘盈盘亏的存货进行反映。其盘点报告表的内容包括存货的名称、规格、计量单位、单价、账面结存、实际结存、盘盈盘亏的数量和金额、盘亏原因等。具体设计见表3.15。

表 3.15
（企业名称）
存货盘点报告（永续盘存制）

单位名称　　　　　　　　　　　　年　月　日
财产类型　　　　　　　　　　　　　　　　　　字第　　号

编号	品名	规格与型号	计量单位	数量		单价	盘盈		盘亏		盘亏原因
				账存	实存		数量	金额	数量	金额	

主管会计　　　　　　　　盘点负责人　　　　　　实物保管人

（6）成本核算原始凭证的设计。成本核算所使用的原始凭证包括"产品成本计算单""材料费用分配表"和"制造费用分配表"

① "产品成本计算单"是按照产品名称计算企业各种完工产品成本的原始凭证。具体设计见表3.16。

表 3.16
(企业名称)
产品成本计算单
年 月 日

产品名称： 　　　　计量单位： 　　　　　　　　　　　　字第　号

成本项目	月初在产品成本	本月费用	生产费用合计	月末在产品成本	产成品成本			备注
					数量	总成本	单位成本	
合计								

主管会计　　　　　　　　　　　制单

② "材料费用分配表"是对月份内所消耗材料按其用途进行分配的一种原始凭证。具体设计见表3.17。

表 3.17
(企业名称)
材料费用分配表
年 月

材料类别： 　　　　　　　　　　　　　　　　　　　　仓库：

应贷账户		应借账户							合计
		生产成本—基本生产			辅助生产	制造费用	管理费用	在建工程	
总账户	明细账户	A产品	B产品	小计					
合计									

主管会计　　　　　　　复核　　　　　　　制单

③ "制造费用分配表",制造费用是车间管理部门为组织管理产品生产而发生的间接费用。为了保证产品成本计算的准确性,应将制造费用按照一定的标准分配计入各种产品的成本,具体设计见表3.18。

表 3.18

(企业名称)

制造费用分配表

车间：　　　　　　　　　　　　　　　年　　月

成本计算对象	制造费用额	分配标准数	分配率	分配金额
合计				

主管会计　　　　　　　　复核　　　　　　　　制单

（7）销售业务原始凭证的设计。反映销售业务的原始凭证，主要是"销货单"和"代垫运费清单"。

① "销货单"一般应设计一式五联，一联由销售部门留存进行业务核算；一联由购货人回单位报账；一联由财会部门办理收款并进行会计核算；一联由仓库保管凭以发货并登记仓库台账；一联交门卫留存查验。具体设计见表 3.19。

表 3.19

(企业名称)

销货单

　　　　　　　　　　　　　　年　月　日　　　　　　　　销字第　　号

购货单位或个人：　　　　　　　发货仓库

货号	品名	规格与型号	计量单位	数量	单价	金额	备注
合计(金额大写)							

业务主管　　　　会计　　　　制单　　　　保管　　　　提货人

② "代垫运费清单"是采用发货制方式销售产品时，由销货单位代替购货单位向运输单位垫支运费后，再与购货单位计算款项所使用的原始凭证。一般应设计一式三联，一联加盖公章后，随同运输单位开具的货物运输收费单送交购货单位；一联送交财会部门进行会计核算；另一联留归销售部门存查。具体设计见表 3.20。

表 3.20
(企业名称)
代垫运费清单

购货单位		年 月 日		字第 号
货物名称		运输方式		
运输单位		预计到货日期		
垫支项目				
垫支金额(大写)				
注:本凭证无销货单位公章无效				
业务负责人	主管会计		制单	

各类原始凭证的设计注意事项如下:

(1) 反映货币资金收支变化的原始凭证。此类原始凭证,用来反映和记载现金、银行存款的收支情况。设计时应注意以下问题:

① 为了保证资金的安全,防止伪造,凭证除应设置小写金额栏外,还应设置大写金额栏。

② 设计经济业务说明栏,记录经济业务的内容。

③ 有关负责人的签章必须齐全。

(2) 反映财产物资增减变动的原始凭证。此类原始凭证,用于反映和记载各种固定资产、材料、产成品和低值易耗品的增减变动情况。由于对各种物资的核算,既要进行价值计算,又要进行实物核算,因此,设计时应注意以下问题:

① 凭证中应设计各种财产物资的品名、类别、规格型号、计量单位、数量、单价等内容。

② 财产物资的增减变动涉及的部门较多,因此设计的联次应较多。

③ 当交易的财产物资涉及外单位时,应加盖公章,并设计金额大写栏。

5. 记账凭证的设计

记账凭证是指会计人员根据审核后的原始凭证确定会计分录,并作为记账依据的会计凭证。

(1) 记账凭证的主要作用。具体如下:

① 连接原始凭证和账簿记录的桥梁和纽带;

② 有利于会计监督;

③ 有利于会计人员内部牵制。

(2) 记账凭证的分类。根据记账凭证的填制方式不同,可以分为复式记账凭证、单式记账凭证:

① 复式记账凭证。要求将某项经济业务所涉及的全部会计科目,集中登记在一张记账凭证上。按其涉及的内容可以分为通用记账凭证和专用记账凭证。通用记账凭证是指将每一项经济业务均用一张记账凭证来反映,适用于小型企业;专用记账凭证是指将所有的经济业务按其与现金、银行存款的关系分为收款凭证、付款凭证和转账凭证,适用于大中型企业。

② 单式记账凭证。要求将一项经济业务所涉及的会计科目分别编制凭证予以登记,

一张凭证只登记一个总账科目。

6. 记账凭证的内容

记账凭证的基本内容包括：

（1）记账凭证的名称；

（2）填制记账凭证的日期；

（3）记账凭证的编号；

（4）经济业务的简要说明；

（5）会计科目的名称；

（6）表明记账方向的栏次或标记；

（7）金额；

（8）记账凭证所附原始凭证张数；

（9）过账标记；

（10）会计主管、复核、记账、制证人员的签名或盖章；收付款凭证还要有出纳人员的签名或盖章。

7. 记账凭证的设计要求

记账凭证的设计，一般应考虑两个内容，一是记账凭证的种类，二是记账凭证的基本内容和格式。选择记账凭证的种类，主要应考虑会计核算的形式、账簿的格式，以及业务量的大小，记账凭证的种类同这三个方面有密切的关系。选择记账凭证的格式，主要应考虑记账凭证的种类，另外记账凭证的格式还要考虑简化记账凭证的要求。

8. 记账凭证设计举例

企业的经营规模和财会机构的内部分工，决定了记账凭证是采用通用格式还是专用格式；而企业的会计核算形式是逐笔过账还是汇总过账，决定了企业是采用单式记账凭证还是复式记账凭证。企业常用的记账凭证具体设计如下：

（1）复式记账凭证。复式记账凭证是目前企业较多使用的记账凭证，其优点是填制手续简单，便于从一张凭证上了解经济业务的全貌，反映资金变化的来龙去脉。其缺点是不利于编制汇总记账凭证。复式记账凭证既可以设计为通用格式，又可以设计为专用格式。

① 通用复式记账凭证，具体设计见表3.21。

表3.21 记账凭证

年　月　日　　　　　　　　　　　　　　字第　　号
　　　　　　　　　　　　　　　　　　　　附件　　张

摘要	会计科目	账页	借方金额		贷方金额	
			总账科目	子目	总账科目	子目
合计						

会计主管　　　　　记账　　　　　出纳　　　　　复核　　　　　制证

通用格式的复式记账凭证,在设计时也可将"借方金额"栏和"贷方金额"栏下的总账科目和子目移至"会计科目"栏下。这样设计有利于分清楚会计科目,但不利于借贷金额的试算平衡。

② 专用复式记账凭证。包括收款凭证、付款凭证、转账凭证,具体设计见表3.22—3.24。

表 3.22　收款凭证

年　　月　　日　　　　　　　　　　　　　　　　　字第　　号

借方科目　　　　　　　　　　　　　　　　　　　　附件　　张

摘要	贷方科目	账页	金额	
			总账科目	子目
合计				

会计主管　　　　记账　　　　出纳　　　　复核　　　　制证

表 3.23　付款凭证

年　　月　　日　　　　　　　　　　　　　　　　　字第　　号

贷方科目　　　　　　　　　　　　　　　　　　　　附件　　张

摘要	借方科目	账页	金额	
			总账科目	子目
合计				

会计主管　　　　记账　　　　出纳　　　　复核　　　　制证

表 3.24　转账凭证

年　　月　　日　　　　　　　　　　　　　　　　　字第　　号

　　　　　　　　　　　　　　　　　　　　　　　　附件　　张

摘要	会计科目		账页	借方金额	贷方金额
	总账科目	子目			
合计					

会计主管　　　　记账　　　　复核　　　　制证

(2) 单式记账凭证。单式记账凭证有利于会计工作的分工,便于汇总每一会计科目的发生额,进而简化登记总账的工作量。但在凭证上不易反映账户之间的对应关系,难以了解经济业务的全部情况,且填制工作量大,费用高。设计具体见表3.25—3.28。

表 3.25 收款凭证

年   月   日   字第   号

借方科目   附件   张

二级或明细科目	摘要	账页	金额
合计			

会计主管   记账   出纳   复核   制证

表 3.26 付款凭证

年   月   日   字第   号

贷方科目   附件   张

二级或明细科目	摘要	账页	金额
合计			

会计主管   记账   出纳   复核   制证

表 3.27 借项转账凭证

年   月   日   字第   号

借方科目   附件   张

二级或明细科目	摘要	账页	金额

对方科目		合计	

会计主管   记账   复核   制证

表 3.28 贷项转账凭证

年   月   日   字第   号

贷方科目   附件   张

二级或明细科目	摘要	账页	金额

对方科目		合计	

会计主管   记账   复核   制证

3.2.3 会计凭证传递程序和保管制度的设计

1. 会计凭证传递程序的设计

会计凭证的传递程序是指会计凭证从填制或取得起到归档止,在本单位各有关部门和人员之间的传递过程和停留时间。制定合理的凭证传递程序有利于企业各部门间明确分工,并相互协调和配合;有利于督促经办业务的部门和人员及时正确地完成经济业务,完成凭证编制手续;有利于考核有关人员是否按规定的程序处理业务,从而加强岗位责任制。会计凭证传递程序的设计一般应注意:

(1) 会计凭证的传递程序应根据各项经济业务的特点,结合本单位各部门和人员的分工情况加以制定,满足内部控制的需要。

(2) 会计凭证的传递程序应结合业务处理程序绘制成流程图,使有关人员能够按照流程图准确地传递凭证,也便于分析、追踪和监督业务处理的过程。

(3) 会计凭证的传递过程既要有利于各部门充分利用会计凭证所提供的信息,满足经济管理的需要,又要避免不必要的传递环节,以免出现传递时间上的浪费。

(4) 会计凭证在各环节上停留的时间应根据各部门和人员办理各项经济业务手续需要的时间来确定,既要防止停留时间过短影响必要的业务手续的完成,又要防止停留时间过长影响凭证的及时传递。

(5) 会计凭证的传递程序要根据业务情况的变动及时加以修订。

2. 会计凭证保管制度的设计

会计凭证保管制度的设计主要考虑凭证的保管措施和方法,以便于本单位随时检查和利用,也便于有关外部单位的检查和评价工作。会计凭证保管制度设计主要包括以下内容:

(1) 会计凭证在登记入账后,应将各种记账凭证连同所附原始凭证按凭证编号顺序定期装订成册,以防散失。装订时间间隔的长短视业务量多少而定。

(2) 装订成册的凭证应加贴封面和封底,载明单位名称,凭证名称,凭证张数,凭证起讫号数,凭证所属年度、月份或起讫时间等内容。

(3) 装订成册的凭证应加贴封条,并由会计人员签章,以防抽换凭证。

(4) 如原始凭证较多,可将原始凭证单独装订成册,但必须在记账凭证封面上注明原始凭证另存。

(5) 如所附原始凭证属于十分重要的业务单据,则应单独予以保管,但必须在有关记账凭证上加以说明,以便日后查考。

(6) 确定会计凭证的保管期限,凭证保管期满才能销毁。

(7) 确定会计凭证的保管人员,非保管人员不得私自接触归档的凭证。

3.3 企业会计账簿设计

3.3.1 会计账簿设计的意义与原则

会计账簿是由具有一定格式的账页组成,以会计凭证为依据,用来全面连续地反映一个单位的经济业务,对大量分散的数据或资料进行分类、归集、整理,逐步加工成有用的会计信息的工具。

在会计核算中,对于每一项经济业务的发生都必须要填制凭证,以便及时客观地记录各项业务的发生情况,明确各经办人员的责任,但它毕竟是零星的、分散的,正因为如此,每张凭证只能反映一项或几项同类性质的经济业务。

1. 会计账簿设计的意义

要想全面地反映企业的经济活动还必须设计另一种信息载体——账簿。因此,设计会计账簿对于分类而系统地积累会计资料,编制会计报表,积累与经济活动的过程和结果有关的数据资料,加强会计监督都有非常重大的意义。其意义具体如下:

(1) 为连续、系统、分类地记录和监督经济业务提供了信息载体。连续、系统、分类地记录和监督经济业务发生是会计的特点之一,而这一特点主要反映在会计账簿中。通过会计账簿的日记记录,为"连续性"提供了保障,通过分类记录,又保证了"系统性",两种记录的有机结合,又保证了"全面性"。也就是对于会计凭证所反映的经济业务,既可以按照业务发生的先后进行日记核算,又可以按照经济业务的性质,在有关总分类账和明细分类账户中进行归类核算,为管理上提供总括和分类的明细资料,这也就把分散在会计凭证上的大量的核算资料,通过账簿的登记加以归类汇总,形成系统的、全面的、集中的会计信息。

(2) 会计账簿的记录为编制及时、准确的会计报表提供了依据。会计要为企业的经营管理提供及时、客观的信息资料,这些资料绝大部分是通过会计报表的编制提供的,而会计报表所反映的资料又主要来源于会计账簿。为了总结一定时期的经济活动情况,财务人员必须根据各个总分类账、明细分类账所记录的经济业务进行结账,计算出各个账户的本期发生额和期末余额。根据账簿的数据来编制资产负债表、利润表等。所以说,账簿的记录为报表的编制提供了主要的数据,从而保证了经营管理所需的各种财务会计指标。

(3) 为反映资产的增减变动情况提供了基础,保证了财产安全,有利于加强会计监督。会计账簿是汇集、整理和加工会计信息的工具,同时也积累了经济活动中的数据。企业中的一切财务收支、经营过程和结果都要反映在有关的账簿中。因此建立全面系统的账簿组织体系,可以对企业的经济活动实施会计监督,加强企业内部控制。通过账簿的记录,可以全面深入地了解和掌握企业的各项资产,如存货、货币资金、债权债务的增减变动情况,有利于监督和保护企业资产的安全完整。

(4) 有利于经济责任的建立和考核。会计凭证对于明确经济责任具有直接的作用,但它只对个别业务进行证明,而会计账簿则可以在一定范围内建立岗位职责并进行考核。比如,通过各种材料的明细账的分析,就可以了解库存材料的增减变动和结存情况,明确和考核仓库保管员的经济责任,促使保管员尽职尽责。

2. 账簿的种类与设计原则

账簿的种类可以采用不同的标准来划分,具体分类如下:

(1) 按照账簿的用途划分。账簿按其用途划分,可以分为日记账簿、分类账簿和备查账簿三种。日记账簿的主要作用是按时间顺序记录发生的经济业务,以保证会计资料的日记性和连续性；分类账簿的主要作用是按业务内容分类记录各项会计要素内容的增减变化情况，以确保会计资料的系统性，主要包括总分类账和各种形式的明细分类账；备查账簿的主要作用是作为辅助账簿，补充记录主体账簿未能或无法反映的经济事项，加强会计资料的全面性。

（2）按照账簿的外表形式划分。账簿按其外表形式划分，可以分为订本账、活页账和卡片账三种。订本账的特点是启用前将若干账页固定装订成册；活页账的特点是用账夹将零散的若干账页夹在一起，可以随时添加；卡片账则是活页账簿的一种特殊形式。

（3）按照账簿中账页的格式划分。账簿按其账页格式划分，可以分为三栏式账簿、多栏式账簿和数量金额式账簿三种。三栏式账簿是将"金额"分成三个栏目，分别登记资金的增加、减少和结存；多栏式账簿是根据实际需要，在增加、减少栏目下划分若干栏次；数量金额式账簿是在增加、减少和结存栏目下分别设计三个栏次，用来登记财产实物的数量、单价、金额。

账簿的设计原则包括以下几点：

（1）账簿的设计要与企业的规模和特点相适应，切合经营管理的需要。在设计账簿记录时，一定要从实际出发，考虑设立某一种账簿记录的必要性。即要看这种账簿记录的目的和作用，以及保持这种记录的经济效果。在实际工作中没有必要对每种业务都设置账簿。例如，企业单位一般都有较多的固定资产。固定资产的折旧是每日每时都在发生的，但没有必要为固定资产的折旧建立个别的、每日登记的账簿。所以必须根据企业的具体情况来确定账簿的种类、数量、格式、层次及内容。比如在一个大中型企业里，具有材料品种多、数量大等特点，这就要求按材料的类别设置二级明细账，按材料的品名设置三级明细账，而小型企业则可以考虑简化处理。账簿的设计既要满足管理的需要，又要减少登账的工作量，防止重复设账，来提高工作效率。

（2）账簿应能直接提供所需要的编报资料，账簿设计要与会计报表指标相衔接。无论是对外的财务会计报告还是对内的会计报表，都有相应的账簿与之相联系，并能直接从账簿中取得所需数字。要尽量减少在编表时根据账簿资料进行的计算，尽可能使账簿的种类、明细项目与会计报表的种类与口径相一致，以加快报表的编制速度。

（3）账簿要根据会计科目来设计。账簿的设计一般应按照会计制度所规定的会计科目来设置，有什么会计科目，就设置什么账簿，口径一致，以保证账簿记录反映的经济内容一致。

（4）账簿的设计要简洁明了，方便使用。账簿组织在保证记录系统完整的前提下，应力求精简，节约使用账簿的人力、物力，提高会计工作效率；同时应考虑到会计人员便于操作，账页的格式应当简单明了，账本册数不宜过多，账页尺寸不宜过大，栏次不宜过多。但也不应过分强调精简而减少必要账簿的设置。

（5）账簿设计要便于审核、查阅和保管。设计的账簿内容要便于对账、查账，有利于从报表审核账簿或从账簿检查记账凭证和原始凭证。账簿的形式要便于翻阅和保管。

3. 会计账簿设计的要求

会计账簿的设计，就是根据企业经营的特点和管理的要求对账簿的种类、数量、格式、内容、各种账簿之间的关系以及登记账簿的方法等进行规定。为了保证账簿组织的严密性和有效性，设计账簿时，应当按下列步骤进行：

（1）确定所使用的账簿的种类。这是设计账簿必须首先解决的问题。但是要确定所使用的账簿的种类,就必须先了解账簿有哪几种类型。

明确了账簿的分类,就可以根据单位经济业务的类型、经营管理的要求以及财会机构的类型和内部分工情况,确定所使用的账簿的种类,并在此基础上设计各种账簿的数量、格式和内容。

（2）设计各种账簿的格式和内容。这是账簿设计的主要工作和关键步骤。在确定所用账簿的种类后,每一种账簿应采用何种形式、账页格式如何、包括哪些具体内容等,都是需要解决的问题。这些问题将在本章以后的各节中具体讨论。

（3）规定各种账簿之间的关系。设计出的各种账簿,虽然有其各自的特点和不同的用途,但它们并不是完全孤立的,相互之间存在客观的联系。如总分类账对其所属的明细分类账起着控制作用,而明细分类账则对总分类账起着补充和详细说明的作用,二者存在制约和被制约的关系。为此,设计账簿时应明确规定各种账簿之间的关系,保证各种账簿的相互制约、相互补充,完善账簿组织体系。

（4）建立会计账簿的保管制度。与会计凭证一样,会计账簿也是重要的会计档案,是企业经济活动情况的数据库。为此,企业必须妥善保管会计账簿,建立健全会计账簿管理制度。年终,应将使用完的账簿装订成册,交专人负责管理。保管期限及其销毁办法按国家颁布的《会计档案管理办法》执行,到期经上级审批后方可销毁。严密账簿管理制度,有利于堵塞漏洞,防止舞弊行为,保护财产安全。

（5）账簿的种类及选择的一般方法。企业对账簿的选择,要视企业规模的大小、经济业务是否频繁、所使用的账务处理程序、会计人员的分工,以及会计核算工作的电子化程度等因素来决定。但是企业为了保证货币资金的安全完整,必须对其严加管理,所以无论在哪种情况下,都要设计现金和银行存款日记账这种日记账簿。至于分类账簿的设计,在采用记账凭证账务处理程序、汇总记账凭证账务处理程序和科目汇总表账务处理程序以及多栏式日记账账务处理程序日记时,则只需要设计一本既日记记录又分类记录的日记总账账簿和必要的明细分类账簿。具体情况参考表 3.29。

表 3.29　账务处理程序及账簿设置

单位特点	应采用的账务处理程序	可设置的账簿体系
小规模 （小规模纳税人）	记账凭证核算形式	现金、银行存款日记账;固定资产、材料、费用明细账;总账
	日记总账核算形式	日记账同上;日记总账;固定资产、材料明细账
大中型企业单位 （一般纳税人）	科目汇总表核算形式,汇总记账凭证核算形式	日记账同上;固定资产、无形资产、材料、应收应付账款、其他应收应付账款、长短期投资、实收资本、生产成本、费用等明细账;总账、购货簿、销货簿
收付款业务多、转账业务少的大中型企业	多栏式日记账核算形式	四本多栏式日记账;明细分类账同上;总账、购货簿、销货簿

(续表)

单位特点	应采用的账务处理程序	可设置的账簿体系
收付款业务多、转账业务亦多的大中型企业	多栏式日记账兼汇总转账凭证核算形式	四本多栏式日记账；其他账簿同上
转账业务少的大中型企业	科目汇总表兼转账日记账核算形式	日记账簿；必要的明细账、转账日记账；总账

3.3.2 日记账的设计

1. 日记账的种类

日记账是一种原始分录簿。它按时间顺序,根据原始凭证,依次记录每一笔交易与事项,所以它又被称为日记簿。记录时,日记账要为每一笔交易与事项指出应借账户、应贷账户和金额。

日记账可分为普通日记账和特种日记账。普通日记账是用来登记全部经济业务发生情况的日记账,具有格式统一、使用方便等特点。普通日记账既适用于设置特种日记账的企业,也适用于未设置特种日记账的企业。普通日记账通常把每天发生的经济业务按业务发生的先后顺序记入账簿中,依次作为登记分类账的依据,故又称分录日记账。特种日记账是用于记录某一类经济业务发生情况的日记账,这类业务通常属于重复发生的大量的特定交易类型,如现金的收付、原材料的采购、产品的销售等。特种日记账的设置取决于企业的业务性质,以及这类业务发生的频繁程度。常见的有"现金收入日记账""现金支出日记账""销货日记账"和"购货日记账"。

2. 日记账设计的方法

日记账的设计包括普通日记账的设计和登记总账的日记账的设计。

(1) 普通日记账的设计。普通日记账不作为登记总账的依据,其作用类似于明细账。在企业里,主要有反映货币资金收支业务的"现金日记账"和"银行存款日记账"。对于一些经常发生、需要加强专门管理的业务,可以设置专门的日记账予以反映。如对一些购销业务频繁的企业,最好要设计"购货日记账"和"销货日记账",以集中反映原材料的供应情况和产品的销售情况。

① "现金日记账"是反映企业现金收入、支出、结存业务的一种日记账。其主要格式有两种:一种是三栏式,另一种是多栏式。企业主要是采用三栏式现金日记账,其格式如表 3.30 所示。

② "银行存款日记账"是反映银行存款收付业务的账簿,通常是出纳人员根据审核无误后的银行存款收、付凭证,逐笔逐笔按照经济业务发生的先后顺序进行登记的。每日终了,应分别计算银行存款收入、支出的合计数和本日余额。银行存款日记账可以采用以下登记方法,见表 3.31。

表3.30 现金日记账

年		凭证		摘要	对方科目	收入	支出	余额
月	日	字	号					

表3.31 银行存款日记账

年		凭证		摘要	结算凭证种类编号	对方科目	收入	支出	余额
月	日	字	号						

如果企业里的货币资金收支业务较多,需要有两名出纳人员分管现金和银行存款的收支业务,则可将上述三栏式现金日记账和银行存款日记账分别分为"现金(银行存款)收入日记账"和"现金(银行存款)支出日记账"一栏式账簿,分别登记现金和银行存款的收入和支出业务。下面以"现金收入日记账"和"银行存款支出日记账"为例来介绍其格式,请参考表3.32和表3.33。

表3.32 现金收入日记账

借方:现金　　　　　　　　　　　　　　　　　　　　　　　　　　第　　页

年		凭证		摘要	贷方会计科目	金额
月	日	字	号			

表3.33 银行存款支出日记账

贷:银行存款

年		凭证		摘要	结算凭证		借方会计科目	金额
月	日	字	号		种类	编号		

（2）登记总账的日记账的设计。作为登记总账的依据，在设计时需要有完整的日记账簿体系。主要有普通日记账和特种日记账。

① 普通日记账。普通日记账是最基本的日记账簿，其他日记账则是根据其演化而来的特殊形式，即特种日记账。当只设置现金和银行存款日记账时，普通日记账专门记录转账业务；在不设特种日记账时，普通日记账记录全部的经济业务。其格式见表3.34。

表 3.34　普通日记账

借方												贷方
年		凭证		摘要	会计科目	账页	金额	年		凭证		摘要	会计科目	账页	金额
月	日	字	号					月	日	字	号				

② 特种日记账。特种日记账是专门反映某些重要的经常发生的经济业务，是从普通日记账中逐步分离出来的日记账簿用来专门记录某种业务的日记账，同时又是登记总账的依据。它包括现金日记账、银行存款日记账、购货日记账和销货日记账等，分别记录现金收支业务、银行存款收支业务、材料采购业务和产品销售业务。它们的格式如下：

a. 现金日记账。现金日记账的格式具体见表3.35—3.37。

表 3.35　现金日记账

年		凭证		摘要	收入			支出			结余
月	日	字	号		贷方科目	收入合计	账页	借方科目	支出合计	账页	

表 3.36　现金收入日记账

年		凭证		摘要	贷方科目	收入合计	账页	支出合计	结余
月	日	字	号						

表 3.37　现金支出日记账

年		凭证		摘要	借方科目	收入合计	账页	支出合计	转出数
月	日	字	号						

b. 银行存款日记账。企业可以设置银行存款日记账,记录全部的银行存款收支业务,也可以分设:设置银行存款收入日记账记录银行存款的收入业务;设置银行存款支出日记账记录银行存款的支出业务。

若单位有外汇收支业务,则为了加强外汇管理,还应专设"外币式(双币式)"银行存款日记账,其设计具体见表 3.38。

表 3.38　外币银行存款日记账

年		凭证		摘要	借方			贷方			余额		
月	日	字	号		外币	兑换率	人民币	外币	兑换率	人民币	外币	兑换率	人民币

c. 购销货日记账。购销货日记账可以设为一栏式,也可以设为多栏式,以便分析各类材料的采购情况,加强材料采购业务的管理和核算。分别举例如表 3.39 和表 3.40 所示。

表 3.39　购货日记账

年		凭证		摘要	应付账款	材料		借:原材料	账页
月	日	字	号		明细科目	数量	单价	贷:应付账款	

表 3.40　购货日记账

年		凭证		摘要	应付账款	账页	甲材料	乙材料	丙材料	丁材料	合计
月	日	字	号		明细科目						

d. 销货日记账。和购货日记账一样,销货日记账既可以设为一栏式,也可以设为多栏式,按产品的类别或销售区域分别记录,以便分析考核各类产品或各销售区域的销售情况,能够及时发现问题,采取措施,来扩大销售量和市场范围。分别举例如表 3.41 和表 3.42 所示。

表 3.41　销货日记账

年		凭证		摘要	应收账款明细科目	产成品		借：应收账款贷：产品销售收入	账页
月	日	字	号			数量	单价		

表 3.42　销货日记账

年		凭证		摘要	应收账款明细科目	现销			赊销			账页
月	日	字	号			甲类	乙类	丙类	甲类	乙类	丙类	

3.3.3　分类账簿的设计

1. 总分类账簿的设计

总分类账是各企业、行政事业单位的重要账簿，在整个账簿组织体系中处于中心地位。它是根据一级会计科目设置的，用货币计量单位反映企业的全部经济业务，提供总括的核算资料。总分类账的作用可以概括为：记录全部的经济业务、控制所属的明细分类账、为编制会计报表提供总括的核算资料。所以每个单位都要设置总分类账。在不同的会计账务处理程序下，总分类账的登记依据不同。在记账凭证账务处理程序下，其记账依据是汇总记账凭证；在科目汇总表账务处理程序下，其记账依据是科目汇总表；在多栏式日记账核算形式下，其记账依据是多栏式日记账和每一张转账凭证。

由于会计核算程序的不同，总分类账的格式也有所不同，其格式一般有以下几种。

（1）三栏式总分类账。这是最基本、最常用的总分类账，是分类账簿的标准格式。它是采用借、贷、余三栏式的总分类账。其主要特点是：简单明了，适用性强，便于记账和查账。其格式见表 3.43。

表 3.43　总分类账

年		凭证		摘要	借方	贷方	借或贷	余额
月	日	字	号					

（2）汇总式总分类账。对于经营规模小，经济业务又比较少的单位来说可以使用此类账簿。其优点是：登记总账的工作量简化，在一张账页上就可以看出全部的资产、负债、所有者权益当月的增减变动和结存情况，方便会计报表编制，而且节省纸张。其格式见表 3.44。

表 3.44　总分类账

汇总凭证		会计科目	借或贷	上月余额	借方	贷方	借或贷	余额
字	号							

（3）日记总账。日记总账是日记总账核算形式下的一种多栏式总分类账。其主要特点是：兼有日记记录和分类记录的双重作用，从而简化核算。但是由于其栏次多、账页规格大，不便于操作。所以适用于规模小、经济业务简单、会计科目少的单位。其格式见表 3.45。

表 3.45 总分类账

年		凭证		摘要	发生额（合计）	固定资产		材料		银行存款		现金	
月	日	字	号			借方	贷方	借方	贷方	借方	贷方	借方	贷方

（4）报告式总分类账。报告式总分类账按会计科目分设账户，每一总账科目使用一张账页，登记全年的有关事项。其格式见表 3.46。

表 3.46 总分类账

会计科目：

项目	1月	2月	3月	4月	5月	6月	7月	12月	合计
借方发生额及对应科目									
借方发生额合计									
贷方发生额合计									
借方余额（期初）									
贷方余额（期末）									

2. 明细分类账簿的设计

关于明细分类账的作用可以归纳如下：首先它作为总分类账的补充，来记录各种资产、负债、所有者权益、收入、费用和利润变化的具体情况，为经营管理提供详细的价值核算指标和实物核算指标。由于各单位的经营特点和管理要求不同，对于明细分类账的设计要求也不同。

（1）三栏明细分类账。

三栏式明细分类账设有"借方""贷方""余额"三栏，其格式如三栏式总分类账，分别记录经济业务引起的资金增减变化和结存情况，这种格式只登记金额，不反映数量，如"应收账款""应付账款""预提费用""待摊费用"等科目。其一般格式见表 3.47。

表 3.47 应收账款明细账

购货单位名称：

年		凭证		摘要	借方	贷方	借或贷	余额
月	日	字	号					

（2）数量金额式明细分类账。数量金额式明细分类账是在三栏式金额的基础上增加了"数量"和"金额"两栏形成的。它适用于既能提供详细价值指标,又能提供数量指标的材料、燃料、包装物、低值易耗品、产成品、固定资产等明细核算。其一般格式见表 3.48。

表 3.48 原材料明细账

材料类别　　　　　　编号　　　　　　　存储地点　　　　　　最高储量
材料名称　　　　　　规格　　　　　　　计量单位　　　　　　最低储量

年		凭证		摘要	收入			发出			结存		
月	日	字	号		数量	单价	金额	数量	单价	金额	数量	单价	金额

（3）多栏式明细分类账。多栏式明细分类账一般根据经营管理的要求和经济业务的特点,在明细分类账的账页内设立若干金额栏。有时为了适应经济内容的变化,在设计栏次时,还要设置一些空栏,以备后用。下面介绍一些具有代表性的格式,见表 3.49—3.53。

表 3.49 成本明细账

年		凭证		摘要	借方							贷方	余额
月	日	字	号		原材料	燃料及动力	工资	福利费	废品损失	制造费用	合计		

表 3.50 采购明细账

材料类别：

记账凭证		发票账单编号	供货单位名称	材料品名及规格	借方				合计	收料凭证			贷方		合计
日期	编号				买价	运杂费	其他	成本差异		日期	编号	数量	计划成本	成本差异	

表 3.51 制造费用明细账

车间名称：

年		凭证		摘要	借方							贷方
月	日	字	号		工资	福利费	机物料消耗	水电费	修理费	劳动保护费	合计	

表 3.52 管理费用明细账

部门:

年		凭证		摘要	借方							贷方
月	日	字	号		工资	折旧费	修理费	办公费	差旅费	其他费用	合计	

表 3.53 营业费用明细账

年		凭证		摘要	借方					贷方
月	日	字	号		广告费用	包装费			合计	

通过对以上几种明细分类账的比较可以看出多栏式明细账的特点:一是一般没有统一的账页格式,需要根据具体的经济内容来确定;二是每一个栏目都为经营管理提供一个具体的经济指标,因此栏目设计的多少,取决于管理需要的经济指标的详细程度;三是将有关金额栏的数字相加后,可以为经营管理提供一个总括的价值指标。

需要指出的是,以上的明细分类账的形式并不是完全孤立的,各类具体的明细分类账账页格式也不是绝对固定的,在实际工作中,可以根据企业的具体情况灵活变通使用。

3.3.4 备查账簿的设计

1. 备查账簿的特点及其反映的主要事项

备查账主要用于登记资产负债表表内(或分类账账内)需要说明原因的重要交易或事项,或资产负债表表外(或分类账账外)的重要交易或事项。它可以补充说明总分类账和明细分类账所不能详细反映的资料,具有备查备忘的基本作用。例如,分类账内没有反映的担保事项、分类账内虽已记录但性质重要的应收票据,都需要在备查账上进行登记说明。备查账对完善企业会计核算、加强企业内部控制与管理、强化对重要经济业务事项的监督、明确会计交接责任、准确填列财务会计报告附注内容等都具有重要意义。国家统一会计制度对备查账的设置有明确要求,所有企业都必须按要求依法设置会计账簿体系,包括总分类账、明细分类账、日记账和备查账。

2. 备查账簿的设计

备查账的主要用途是记录日记账和分类账未能或无法反映的特殊经济事项。它强调业务和管理的需要,不过于强调资金的平衡关系和记账方法。它一般没有固定的格式,完全取决于特殊经济事项的种类、内容以及管理的要求。对于备查账的设计讲究实用性、简单化。

备查账的设计,主要包括下列情形:

(1) 所有权不属于本企业,但由企业暂时使用或代为保管的财产物资,应设计相应的备查账,如租入固定资产登记簿、受托加工材料登记簿、代销商品登记簿等;

(2) 对同一业务需要进行多方面登记的备查账,一般适用于大宗、贵重物资,如固定资产保管登记卡、使用登记卡等;

(3) 对某些出于管理上的需要,而必须予以反映的事项的备查账,如经济合同执行情况记录、贷款还款情况记录、重要空白凭证记录等。

下面以"租入固定资产备查账簿"和"委托加工材料备查账簿"为例,请见表 3.54、表 3.55。

表 3.54 租入固定资产备查账簿

出租单位: 产品名称: 规格型号: 计量单位:

租入凭证		租入数量	原始价值	净值	租期	月租金		使用部门	负责人签字	修理费		归还期限	经手人签字
日期	编号					单位租金	总租金			各次	累积		

表 3.55 委托加工材料备查账簿

来料单位:

收料凭证		材料名称及规格	计量单位	数量	送料人	加工后材料				余料	退料凭证		领料人
日期	编号					名称及规格	单位	数量	收取加工费		日期	编号	

3.3.5 账簿启用及登记制度的设计

1. 账簿的基本构成

会计账簿格式多种多样,总账、明细账和日记账等主要账簿一般由封面、扉页和账页等构成。封面主要用来载明账簿的名称,扉页主要用来登载经管人员一览表,其主要内容是:

(1) 单位名称;
(2) 账簿名称;
(3) 起止页数;
(4) 启用日期;
(5) 单位领导人;
(6) 会计主管人员;
(7) 经管人员;
(8) 移交人和移交日期;
(9) 接管人和接管日期。

账页是账簿的主体。在每张账页上,应载明:
(1) 账户名称(亦即会计科目或明细科目);
(2) 记账日期栏;
(3) 记账凭证的种类和号数;
(4) 摘要栏;
(5) 金额栏;
(6) 总页次和分页次。

2. 启用账簿制度构成

（1）启用时，在账簿封面上写明单位名称和账簿名称。

（2）在扉页上填制"账簿启用表"和"经管人员一览表"。

（3）启用订本式账簿，应当从第一页到最后一页顺序编定页数，不得跳页、缺号；启用活页式账簿，应当按账户顺序编号，并须定期装订成册，装订后再按实际使用的账页顺序编订页码。

（4）在第一页前面，附会计科目目录及每个会计科目在账簿中的起止页数。

3．账簿登记制度的设计

（1）记录正确、及时。

（2）记录清晰、整洁。

红色墨水记账的情况：

① 按照红字冲账的记账凭证，冲销错误记录；

② 在不设借贷等栏的多栏式账页中，登记减少数；

③ 在三栏式账户的余额栏前，如未印有余额方向，在余额栏内登记负数余额；

④ 据国家统一会计制度的规定可以用红字登记的其他会计记录。

（3）连续、一贯。具体包括：

① 不得隔页、跳行；

② 转页要求；

③ 结出余额的账户，应当在"借"或"贷"内写明方向；没有余额的账户，应当在"借"或"贷"等栏内写"平"，余额栏内用"0"表示。日记账逐日结出余额。

（4）定期试算、结账。

3.4　企业财务报告设计

财务报告是企业投资者、债权人做出科学投资、信贷决策的重要依据。近年来，国内外发生的诸多财务丑闻事件都产生了较为严重的不良后果，原因之一是由企业财务报告内部控制缺失或不健全所致。为了防范和化解企业法律责任，确保财务报告信息真实可靠，提升企业治理和经营管理水平，以及促进资本市场和市场经济健康可持续发展，应当强化财务报告内部控制。

3.4.1　财务报告内部控制的总体要求

1．规范企业财务报告

企业应当制定明确的财务报告编制、报送及分析利用等相关流程，职责分工、权限范围和审批程序应当明确规范，机构设置和人员配备应当科学合理，并确保全过程中财务报告的编制、披露和审核等不相容岗位相互分离。企业总会计师或分管会计工作的负责人负责组织领导财务报告编制和分析利用工作，企业负责人对财务报告的真实性和完整性承担责任，企业财会部门负责财务报告编制和分析报告编写工作，企业内部参与财务报告编制的各部门应当及时向财会部门提供编制财务报告所需的信息，参与财务分析会议的部门应当积极提出意见和建议以促进财务报告的有效利用,企业法律事务部门或外聘律师应当对财务报告对外提供的合法合规性进行审核。

2. 健全财务报告各环节授权批准制度

企业应当健全财务报告编制、对外提供和分析利用各环节的授权批准制度,具体包括:编制方案的审批、会计政策与会计估计的审批、重大交易和事项会计处理的审批、对财务报告内容的审核审批等。为此,企业应做好以下几项工作:第一,根据经济业务性质、组织机构设置和管理层级安排,建立分级管理制度;第二,规范审核审批的手续和流程,确保报送和进行审核审批的级别符合所授的管理权限、申报材料翔实完整、签字盖章齐全、用印用章符合要求、切实履行检查审核义务而非流于形式等;第三,建立相关政策,限制对现有财务报告流程进行越权操作,任何越权操作行为,必须另行授权审批后方能进行,且授权审批文件应妥善归档。

3. 建立日常信息核对制度

企业应当从会计记录的源头做起,建立起日常信息定期核对制度,以保证财务报告的真实、完整,防范出于主观故意的编造虚假交易,虚构收入、费用的风险,以及由于会计人员业务能力不足导致的会计记录与实际业务发生的金额、内容不符的风险。企业在日常会计处理中应及时进行对账,将会计账簿记录与实物资产、会计凭证、往来单位或者个人等进行相互核对,发现差异及时查明原因予以解决,并记录在适当的会计期间,以保证账证相符、账账相符、账实相符,确保会计记录的数字真实、内容完整、计算准确、依据充分、期间适当。

4. 充分利用会计信息技术

企业应当充分利用会计信息技术,提高工作效率和工作质量,减少或避免编制差错和人为调整因素。同时,企业也应当注意防范会计信息技术所带来的特有风险,做好以下几项工作:第一,定期更新和维护会计信息系统,确保取数、计算公式以及数据勾稽关系准确无误;第二,建立访问安全制度,操作权限、信息使用、信息管理应当有明确规定,确保财务报告数据安全保密,以防止对数据的非法修改和删除;第三,在对正在使用的会计核算软件进行修改、对通用会计软件进行升级和对计算机硬件设备进行更换时,企业应有规范的审批流程,并采取替代性措施确保财务报告数据的连续性;第四,做好数据源的管理,保证原始数据从录入环节真实、准确、完整,满足财务分析的需要;第五,制定业务操作规范,保证系统各项技术和业务配置维护符合会计准则要求和内部管理规定,月结和年结流程规范、及时,等等;第六,指定专人负责信息化会计档案的管理,定期备份,做好防消磁、防火、防潮和防尘等工作,对于存储介质保存的会计档案,应当定期检查,防止由于介质损坏而使会计档案丢失。

3.4.2 财务报告业务流程

财务报告业务流程由财务报告编制流程、财务报告对外提供流程、财务报告分析利用流程三个阶段组成。

其通用流程如图3.2所示。企业在实际操作中,应当充分结合自身业务特点和管理要求,构建和优化财务报告业务流程。

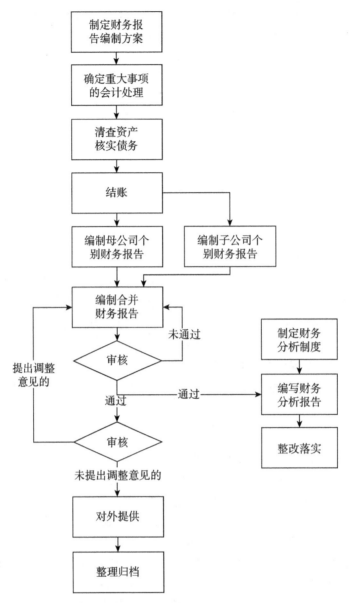

图 3.2 财务报告业务流程

3.4.3 财务报告编制阶段的主要风险点及管控措施

1. 制定财务报告编制方案

在编制财务报告前,企业财会部门应制定财务报告编制方案,并由财会部门负责人审核。财务报告编制方案应明确财务报告编制方法(包括会计政策和会计估计、合并方法、范围与原则等)、财务报告编制程序、职责分工(包括牵头部门与相关配合部门的分工与责任等)、编报时间安排等相关内容。

该环节的主要风险是:会计政策未能有效更新,不符合有关法律、法规;重要会计政策、会计估计变更未经审批,导致会计政策使用不当;会计政策未能有效贯彻、执行;各部门职责、分工不清,导致数据传递出现差错、遗漏、格式不一致等;各步骤时间安排不明确,导致整体编制进度延后,违反相关报送要求。

主要管控措施:第一,会计政策应符合国家有关会计法规和最新监管要求的规定。企业应按照国家最新会计准则、制度的规定,结合自身情况,制定企业统一的会计政策。企业应有专人关注会计相关法律、法规、规章制度的变化及监管机构的最新规定等,并及时对企业的内部会计规章制度和财务报告流程等做出相应更改。

第二,会计政策和会计估计的调整,无论是强制的还是自愿的,均需按照规定的权限和程序审批。

第三,企业的内部会计规章制度至少要经财会部门负责人审批后才能生效,财务报告流程、年报编制方案应经公司分管财务会计工作的负责人核准后签发。

第四,企业应建立完备的信息沟通渠道,将内部会计规章制度和财务流程、会计科目表及相关文件及时有效地传达至相关人员,使其了解相关职责要求,掌握适当的会计知识、会计政策并加以执行。企业还应通过内部审计等方式,定期进行测试,保证会计政策有效执行,且在不同业务部门、不同期间内保持一致性。

第五,企业应明确各部门的职责分工,由总会计师或分管会计工作的负责人负责组织领导;财会部门负责财务报告编制工作;各部门应及时向财会部门提供编制财务报告所需的信息,并对所提供信息的真实性和完整性负责。

第六,企业应根据财务报告的报送要求,倒排工时,为各步骤设置关键时间点,并由财会部门负责督促和考核各部门的工作进度,及时进行提醒,对未能及时完成的进行相关处罚。

2. 确定重大事项的会计处理

在编制财务报告前,企业应当确认对当期有重大影响的主要事项,并确定重大事项的会计处理。

该环节的主要风险是:重大事项,如债务重组、非货币性交易、公允价值的计量、收购兼并、资产减值等的会计处理不合理,会导致会计信息扭曲,无法如实反映企业实际情况。

主要管控措施:第一,企业应对重大事项予以关注,通常包括以前年度审计调整及相关事项对当期的影响、会计准则制度的变化及对财务报告的影响、新增业务和其他新发生的事项及对财务报告的影响、年度内合并(汇总)报告范围的变化及对财务报告的影响等。企业应建立重大事项的处理流程,报适当管理层审批后,予以执行。

第二,企业应及时沟通需要专业判断的重大会计事项并确定相应的会计处理。企业应规定下属各部门、各单位人员及时将重大事项信息报告至同级财会部门;财会部门应定期研究、分析并与相关部门组织沟通重大事项的会计处理,逐级报请总会计师或分管会计工作的负责人审批后下达各相关单位执行。特别是资产减值损失、公允价值计量等涉及重大判断和估计的事项,财会部门应定期与资产管理部门进行沟通。

3. 清查资产核实债务

在编制财务报告前,企业应组织财会和相关部门进行资产清查、减值测试和债权债务核实工作。

该环节的主要风险是：资产、负债账实不符，虚增或虚减资产、负债；资产计价方法随意变更；提前、推迟甚至不确认资产、负债等。

主要管控措施：第一，确定具体可行的资产清查、负债核实计划，安排合理的时间和工作进度，配备足够的人员，确定实物资产盘点的具体方法和过程，同时做好业务准备工作。

第二，做好各项资产、负债的清查、核实工作，包括与银行核对对账单、盘点库存现金、核对票据；核查结算款项，包括应收款项、应付款项、应交税金等是否存在，与债务、债权单位的相应债务、债权金额是否一致；核查原材料、在产品、自制半成品、库存商品等各项存货的实存数量与账面数量是否一致，是否有报废损失和积压物资等；核查账面投资是否存在，投资收益是否按照国家统一的会计准则、制度的规定进行确认和计量；核查房屋建筑物、机器设备、运输工具等各项固定资产的实存数量与账面数量是否一致，清查土地、房屋的权属证明，确定资产归属；核查在建工程的实际发生额与账面记录是否一致等。

第三，对清查过程中发现的差异，应当分析原因，提出处理意见，取得合法证据和按照规定权限经审批，将清查、核实的结果及其处理办法向企业的董事会或者相应机构报告，并根据国家统一的会计准则、制度的规定进行相应的会计处理。

4. 结账

在编制财务报告前，企业应在日常定期核对信息的基础上完成对账、调账、差错更正等业务，然后实施关账操作。

该环节的主要风险是：账务处理存在费用、成本的确认标准或计量方法，虚列、多列、不列或者少列费用、成本；结账的时间、程序不符合相关规定；关账后又随意打开已关闭的会计期间等。

主要管控措施：第一，核对各会计账簿记录与会计凭证的内容、金额等是否一致，记账方向是否相符。

第二，检查相关账务处理是否符合国家统一的会计准则、制度和企业制定的核算方法。

第三，调整有关账项，合理确定本期应计的收入和应计的费用。例如，计提固定资产折旧、计提坏账准备等；各项待摊费用按规定摊配并分别计入本期有关科目；属于本期的应计收益应确认计入本期收入等。

第四，检查是否存在因会计差错、会计政策变更等而需要调整前期或者本期相关项目。对于调整项目，需取得和保留审批文件，以保证调整有据可依。

第五，不得为了赶编财务报告而提前结账，或把本期发生的经济业务事项延至下期登账，也不得先编财务报告后结账，应在当期所有交易或事项处理完毕并经财会部门负责人审核签字确认后，实施关账和结账操作。

第六，如果在关账之后需要重新打开已关闭的会计期间，则须填写相应的申请表，经总会计师或分管会计工作的负责人审批后进行。

5. 编制个别财务报告

企业应当按照国家统一的会计准则、制度规定的财务报告格式和内容，根据登记完整、核对无误的会计账簿记录和其他有关资料编制财务报告,做到内容完整、数字真实、计算准确,不得漏报或者任意进行取舍。

该环节的主要风险是:提供虚假财务报告,误导财务报告使用者,造成决策失误,干扰市场秩序;报表数据不完整、不准确;报表种类不完整;附注内容不完整等。

主要管控措施:第一,企业财务报告列示的资产、负债、所有者权益金额应当真实可靠。一是各项资产计价方法不得随意变更,如有减值,应当合理计提减值准备,严禁虚增或虚减资产。二是各项负债应当反映企业的现时义务,不得提前、推迟或不确认负债,严禁虚增或虚减负债。三是所有者权益应当反映企业资产扣除负债后由所有者享有的剩余权益,由实收资本、资本公积、留存收益等构成。企业应当做好所有者权益保值增值工作,严禁虚假出资、抽逃出资、资本不实。

第二,企业财务报告应当如实列示当期收入、费用和利润。一是各项收入的确认应当遵循规定的标准,不得虚列或者隐瞒收入,推迟或提前确认收入。二是各项费用、成本的确认应当符合规定,不得随意改变费用、成本的确认标准或计量方法,虚列、多列、不列或者少列费用、成本。三是利润由收入减去费用后的净额、直接计入当期利润的利得和损失等构成,不得随意调整利润的计算、分配方法,编造虚假利润。

第三,企业财务报告列示的各种现金流量由经营活动、投资活动和筹资活动的现金流量构成,应当按照规定划清各类交易和事项的现金流量的界限。

第四,企业应按照岗位分工和规定的程序编制财务报告。一是财会部门制定本单位财务报告编制分工表,并由财会部门负责人审核,确保报告编制范围完整。二是财会部门报告编制岗位按照登记完整、核对无误的会计账簿记录和其他有关资料对相关信息进行汇总编制,确保财务报告项目与相关账户对应关系正确,计算公式无误。三是进行校验审核工作,包括期初数核对、财务报告内有关项目的对应关系审核、报表前后勾稽关系审核、期末数与试算平衡表和工作底稿核对、财务报告主表与附表之间的平衡及勾稽关系校验等。

第五,企业应按照国家统一的会计准则、制度编制附注。附注是财务报告的重要组成部分,对反映企业财务状况、经营成果、现金流量的报表中需要说明的事项做出真实、完整、清晰的说明。企业应检查担保、诉讼、未决事项、资产重组等重大或有事项是否在附注中得到反映和披露。

第六,财会部门负责人应审核报表内容和种类的真实、完整性,通过后予以上报。

6. 编制合并财务报告

企业集团应编制合并财务报告,分级收集合并范围内分公司及内部核算单位的财务报告并审核,进而合并全资及控股公司财务报告,如实反映企业集团的财务状况、经营成果和现金流量。

该环节的主要风险是:合并范围不完整;合并内部交易和事项不完整;合并抵销分录不准确。

主要管控措施:第一,编报单位财会部门应依据经同级法律事务部门确认的产权(股权)结构图,并考虑所有相关情况以确定合并范围是否符合国家统一的会计准则、制度的规定,由财会部门负责人审核、确认合并范围是否完整。

第二,财会部门收集、审核下级单位财务报告,并汇总出本级次的财务报告,经汇总单位财会部门负责人审核。

第三,财会部门制定内部交易事项核对表及填制要求,报财会部门负责人审批后下发纳入合并范围内的各单位。财会部门核对本单位及纳入合并范围内的各单位之间内部交易的事项和金额,如有差异,应及时查明原因并进行调整。编制内部交易表及内部往来表交财会部门负责人审核。

第四,合并抵销分录应有相应的标准文件和证据进行支持,由财会部门负责人审核。

第五,对合并抵销分录实行交叉复核制度,具体编制人完成调整分录后即提交相应复核人进行审核,审核通过后方可录入试算平衡表。通过交叉复核,保证合并抵销分录的真实性、完整性。

3.4.4 财务报告对外提供阶段的主要风险点及管控措施

1. 财务报告对外提供前的审核

财务报告对外提供前需按规定程序进行审核,主要包括财会部门负责人审核财务报告的准确性并签名盖章;总会计师或分管会计工作的负责人审核财务报告的真实性、完整性、合法合规性并签名盖章;企业负责人审核财务报告整体的合法合规性并签名盖章。

该环节的主要风险是:在财务报告对外提供前未按规定程序进行审核,对内容的真实性、完整性以及格式的合规性等审核不充分。

主要管控措施:第一,企业应严格按照规定的财务报告编制中的审批程序,由各级负责人逐级把关,对财务报告内容的真实性、完整性,格式的合规性等予以审核。

第二,企业应保留审核记录,建立责任追究制度。

第三,财务报告在对外提供前应当装订成册,加盖公章,并由企业负责人、总会计师或分管会计工作的负责人、财会部门负责人签名并盖章。

2. 财务报告对外提供前的审计

《公司法》等法律、法规规定了公司应编制的年度财务报告需依法经会计师事务所审计,审计报告应随同财务报告一并对外提供。《关于会计师事务所从事证券、期货相关业务有关问题的通知》等还对为特定公司进行审计的会计师事务所的资格进行了规定。因此,相关企业需按规定在财务报告对外提供前,选择具有相关业务资格的会计师事务所进行审计。

该环节的主要风险是:财务报告对外提供前未经审计;审计机构不符合相关法律法规的规定;审计机构与企业串通舞弊。

主要管控措施:第一,企业应根据相关法律、法规的规定,选择符合资质的会计师事务所对财务报告进行审计。

第二,企业不得干扰审计人员的正常工作,并应对审计意见予以落实。

第三,注册会计师及其所在的事务所出具的审计报告,应随财务报告一并提供。

3. 财务报告的对外提供

一般企业的财务报告经完整审核并签名盖章后即可对外提供。上市公司还需经董事会和监事会审批通过后方能对外提供,财务报告应与审计报告一同向投资者、债权人、政府监管部门等报送。

该环节的主要风险是:对外提供的财务报告未遵循相关法律、法规的规定,导致承担相应的法律责任;对外提供的财务报告的编制基础、编制依据、编制原则和方法不一致,影响各方对企业情况的判断和经济决策的做出;未能及时对外报送财务报告,导致财务报告信息的使用价值降低,同时也违反有关法律、法规的规定;财务报告在对外提供前提前泄露或使不应知晓的对象获悉,导致发生内幕交易等,使投资者或企业本身蒙受损失。

主要管控措施:第一,企业应根据相关法律、法规的要求,在企业相关制度中明确负责财务报告对外提供的对象,在相关制度性文件中予以明确并由企业负责人监督。例如国有企业应当依法定期向监事会提供财务报告,至少每年一次向本企业的职工代表大会公布财务报告。再如上市公司的财务报告需经董事会、监事会审核通过后向全社会提供。

第二,企业应严格按照规定的财务报告编制中的审批程序,由财会部门负责人、总会计师或分管会计工作的负责人、企业负责人逐级把关,对财务报告内容的真实性、完整性,格式的合规性等予以审核,确保提供给投资者、债权人、政府监管部门、社会公众等各方面的财务报告的编制基础、编制依据、编制原则和方法完全一致。

第三,企业应严格遵守相关法律、法规和国家统一的会计准则、制度对报送时间的要求,在财务报告的编制、审核、报送流程中的每一个步骤设置时间点,对未能按时完成的相关人员进行处罚。

第四,企业应设置严格的保密程序,对能够接触财务报告信息的人员进行权限设置,以保证财务报告信息在对外提供前控制在适当的范围内。并对财务报告信息的访问情况予以记录,以便了解情况,及时发现可能的泄密行为,在泄密后也易于找到相应的责任人。

第五,企业对外提供的财务报告应当及时整理归档,并按有关规定妥善保存。

3.4.5 财务报告分析利用阶段的主要风险点及管控措施

1. 制定财务分析制度

企业财会部门应在对企业基本情况进行分析研究的基础上,提出财务分析制度草案,并经财会部门负责人、总会计师或分管会计工作的负责人、企业负责人检查、修改、审批。

该环节的主要风险是:制定的财务分析制度不符合企业实际情况,财务分析制度未充分利用企业现有资源,财务分析的流程、要求不明确,财务分析制度未经审批等。

主要管控措施:第一,企业在对基本情况进行分析时,应当重点了解企业的发展背景,包括企业的发展史、企业组织机构、产品销售及财务资产变动情况等,熟悉企业的业务流程,分析研究企业的资产及财务管理活动。

第二,企业在制定财务分析制度时,应重点关注:财务报告分析的时间、组织形式、参加的部门和人员;财务报告分析的内容、分析的步骤、分析的方法和指标体系;财务分析报告的编写要求等。

第三,财务分析制度草案经由财会部门负责人、总会计师或分管会计工作的负责人、企业负责人检查、修改、审批之后,应根据制度设计的要求进行试行,发现问题及时总结上报。

第四,财会部门应根据试行情况进行修正,确定最终的财务分析制度文稿,并经财会部门负责人、总会计师或分管会计工作的负责人、企业负责人进行最终的审批。

2. 编写财务分析报告

财会部门应按照财务分析制度定期编写财务分析报告,并通过定期召开财务分析会议等形式对财务分析报告的内容予以完善,以充分利用财务报告反映的综合信息,全面分析企业的经营管理状况和存在的问题,不断提高经营管理水平。

该环节的主要风险是:财务分析报告的目的不正确或者不明确,财务分析方法不正确;财务分析报告的内容不完整,未对本期生产经营活动中发生的重大事项做出专门分析;财务分析局限于财会部门,未充分利用相关部门的资源,影响质量和可用性;财务分析报告未经审核等。

主要管控措施:第一,编写时要明确分析的目的,运用正确的财务分析方法,并能够充分、灵活地运用各项资料。分析内容包括:一是企业的资产分布、负债水平和所有者权益结构,通过资产负债率、流动比率、资产周转率等指标,分析企业的偿债能力和营运能力,以及企业净资产的增减变化情况,了解和掌握企业规模和净资产的不断变化过程。二是各项收入、费用的构成及其增减变动情况,通过净资产收益率、每股收益等指标,分析企业的盈利能力和发展能力,了解和掌握当期利润增减变化的原因和未来发展趋势。三是经营活动、投资活动、筹资活动现金流量的运转情况,重点关注现金流量能否保证生产经营过程的正常运行,以防止现金短缺或闲置。

第二,总会计师或分管会计工作的负责人应在财务分析和利用工作中发挥主导作用,负责组织领导。财会部门负责人应审核财务分析报告的准确性,判断是否需要对特殊事项进行补充说明,并对财务分析报告进行补充说明;对生产经营活动中的重要资料、重大事项以及与上年同期数据相比有较大差异的情况要做重点说明。

第三,企业财务分析会议应吸收有关部门负责人参加,对各部门提出的意见,财会部门应充分沟通、分析,进而修改完善财务分析报告。

第四,修订后的财务分析报告应及时报送企业负责人,企业负责人负责审批财务分析报告,并据此进行决策,对于存在的问题应及时采取措施。

3. 整改落实

财会部门应将经过企业负责人审批的财务分析报告及时报送各部门负责人,各部门负责人根据分析结果进行决策和整改落实。

该环节的主要风险是:财务分析报告的内容传递不畅,未能及时使有关各部门获悉;各部门对财务分析报告不够重视,未对其中的意见进行整改落实。

主要管控措施:第一,定期的财务分析报告应构成内部报告的组成部分,并充分利用信息技术和现有内部报告体系在各个层级上进行沟通。

第二,根据分析报告的意见,明确各部门职责。责任部门应按要求落实改正,财会部门负责监督、跟踪责任部门的落实情况,并及时向有关负责人反馈落实情况。

3.4.6 财务报告设计的作用

会计的目的之一就是把有用的会计信息提供给信息使用者,然而企业在日常的会计核算中,会计信息散布于各种会计凭证、账簿之中,其本身难以向外界阐明完整、系统和全面的财务状况及经营成果。因此,会计报表的设计是必需的,以便对日常会计信息加以整理、归纳和总结,形成完整的会计报告。会计报表是企业财务状况和经营成果的综合反映。设计适宜的会计报表,能够满足国家宏观管理、投资者和企业内部经营管理的需要,具有重要作用。概括起来主要有以下四个方面:

1. 为投资者提供决策信息

信息是决策的重要依据。会计报表作为反映企业综合财务状况和经营成果的报告,是投资者了解企业情况、分析企业财务状况、参与企业管理、评价企业经营者、做出投资和管理决策的重要依据之一。

2. 为债权人提供资金使用情况、偿债能力等信息

作为债权人,关心的是企业能否到期还本付息。由于债权人不能参与企业管理,更不能参与企业财务管理,因此,只通过会计报表来了解企业财务状况,分析企业偿债能力。

3. 为管理者和职工提供信息资料以便于日常管理

会计部门是企业管理部门的重要组成部分,会计信息则是企业决策的重要依据。为管理者和职工提供的会计信息,主要以会计报表的方式体现出来,通过报表数据分析,可以分析检查企业的计划完成情况,进而对企业的经营活动、经济效益等做出评价,及时发现生产经营中存在的问题,以便及时调整管理方向和生产计划,改善经营管理,提高经济效益。

4. 为财政、工商、税务等行政部门提供信息

财政、工商和税务作为企业的监管部门,通过分析会计报表,可以检查企业财政法规执行情况,检查企业是否合法经营,是否依据税法进行计税和纳税等。

3.4.7 会计报表种类的设计

企业的会计报表按照其服务对象、编制时间、编制单位等可分为不同的种类。

(1)会计报表按其服务对象,可分为外部报表和内部报表两大类。外部报表是企业向外部的会计信息使用者报告经济活动和财务收支情况的会计报表,如资产负债表、利润表、现金流量表和所有者权益变动表。这类报表一般有统一的格式和编制要求。内部报表是用来反映经济活动和财务收支的具体情况,为管理者进行决策提供信息的会计报表。这类报表无规定的格式和种类。

(2)会计报表按其编制时间,可分为中期报表和年报。年报是年度终了以后编制的,全面反映企业财务状况、经营成果及其分配、现金流量等方面的报表。中期报表是短于一年的会计期间编制的会计报表,如半年末报表、季报、月报。半年末报表是每个会计年度的前六个月结束后对外提供的财务会计报表。季报是季度终了以后编制的会计报表,种类比年报少一些。月报是月度终了以后编制的会计报表,只包括一些主要的报表,

如资产负债表、利润表等。

（3）会计报表按其编制单位,可分为单位会计报表、汇总会计报表和合并会计报表。单位会计报表是由独立核算的会计主体编制的,用以反映某一会计主体的财务状况、经营成果的会计报表。汇总报表是由上级主管部门、专业公司根据基层所属企业所编制的报表加以汇总编制的报表,汇总编制时还包括主管部门、专业公司本身的业务。合并会计报表是控股公司把其本身与其附属公司看作一个统一的经济实体,用一套会计报表来反映其拥有或控制的所有资产和负债,以及其控制范围内的经营成果的会计报表。合并报表反映的是控股公司与其附属公司共同的财务状况和经营成果。

3.4.8　财务报告设计的原则

为了更好地发挥会计报表的作用,在设计报表时应遵守以下原则:

1. 财务报告及指标体系应当严密完整

财务报告体系严密完整是指所设计的会计报表能够全面反映核算企业经济活动的全貌。指标体系严密完整是指根据各单位的经营特点和管理要求设置各个方面的指标,按照各种指标的不同性质、不同用途以及相互之间的联系进行科学合理的分组,将每一组指标集中在一张会计报表中反映,使各种会计报表分别反映企业财务状况的一个方面。同时各种会计报表中的各项指标应当相互联系、相互补充、相互衔接,共同组成完整的会计指标体系,以全面反映企业经济活动的全貌。

2. 有利于信息快速生成

财务报表是根据总分类账户和明细分类账户编制的,在设计报表项目时,各项目名称最好能够与会计科目名称一致,以便直接从有关账户中取得数据;另外在设计报表时最好有一栏用来注明数字来源,从而进一步提高编报速度,做到及时报送报表。目前资产负债表和损益表的绝大多数项目与会计科目是一致的,实际上设计时遵守了快速生成原则。

3. 财务报告指标的统一性与灵活性相结合

对外报表为便于汇总、比较、分析,要求指标统一,要注重统一性;而内部报表主要满足内部管理需要,所设计的报表种类与指标体系应符合具体单位的需要,要注重适用性。

4. 简明易懂,便于编制

设计的财务报表应当清晰易懂、层次性强,并且便于编制。为此,会计报表应做到表首清晰明了,项目分类明确,会计信息力求客观、统一和连贯。

3.5　对外报表的设计

基本会计报表是反映企业财务状况和经营成果的主要报告文件,包括资产负债表、利润表、现金流量表。报表的设计主要包括以下几部分:表首的设计、表体的设计、项目分类的设计、项目排列次序的设计和项目金额的设计。

3.5.1 资产负债表设计

资产负债表是反映企业在某一特定日期财务状况的报表,是对外报表中最重要的一份报表。它是把企业在一定日期的资产、负债和所有者权益项目,依照一定的分类标准和次序编制而成的。

1. 资产负债表表首的设计

资产负债表的表首包括报表名称、编制报表的单位名称、日期以及金额单位四项内容。特别值得一提的是资产负债表反映的是某一时点上的数字,故被称为静态报表,因此,其时间必然是一个时点而非时期。报表的日期是会计期间确定的结账的日期,而不是编制资产负债表的日期。为了便于阅读分析,应在表首中表明金额单位。关于表首的结构,即它的四项内容的排列顺序,一般有两种方式:一是将编制报表的单位名称列在表首的左侧,如表 3.56 所示;二是将编制报表的单位名称列在表名之上,如表 3.57 所示。我们通常用的是表 3.56 的格式。

表 3.56 资产负债表
年   月   日

编制单位:××公司　　　　　　　　　　　　　　　　　　　　　　　　　　　单位:元

资产	负债和所有者权益
具体项目(　　)	具体项目(　　)

表 3.57 ×××公司
资产负债表
年   月   日
　　　　　　　　　　　　　　　　　　　　　　　　　　　　　　　　　　　　单位:元

资产	负债和所有者权益
具体项目(　　)	具体项目(　　)

2. 资产负债表表体的设计

(1)资产负债表格式的设计。资产负债表通常有两种格式,即账户式和报告式。其中,账户式也称平衡式,这一格式是根据"资产=负债+所有者权益"这一会计等式设计的,即把报表分左右两方,左方列示资产,右方列示权益。权益部分又可分为上下两块,上面列示负债,下面列示所有者权益。资产负债表的左右双方金额必定相等。这种左右结构的格式,形式如同"T"字形账户,所以称为账户式。这种格式的优点在于:最后一行数字平衡,便于阅读和对比分析资产、负债、所有者权益各项目的相互关系。其一般格式和内容如表 3.58 所示。

表 3.58　资产负债表

编制单位：　　　　　　　　　　年　月　日　　　　　　　　　　　　　　　单位：元

资产	行次	年初数	年末数	负债和所有者权益	行次	年初数	年末数
流动资产：				流动负债：			
货币资金	1			短期借款	61		
短期投资	2			应付票据	62		
减:短期投资跌价准备	3			应付账款	63		
短期投资净额	4			预收账款	64		
应收票据	5			代销商品款	65		
应收股利	6			应付工资	66		
应收利息	7			应付福利费	67		
应收账款	8			应付股利	68		
减:坏账准备	9			应交税金	69		
应收账款净额	10			其他应交款	70		
预付账款	21			其他应付款	71		
应收补贴款	24			预提费用	72		
其他应收款	25			一年内到期的长期负债	73		
存货	30			其他流动负债			
减:存货跌价准备	31						
存货净额	32						
待摊费用	33						
待处理流动资产损失	34						
一年内到期的长期投资	35						
其他流动资产	36						
流动资产合计	39			流动负债合计			
长期投资：				长期负债：	81		
长期股权投资	40			长期借款	82		
长期债权投资	41			应付债券	83		
长期投资合计	42			长期应付款	84		
减:长期投资减值准备	43			住房周转金	85		
长期投资净额	44			其他长期应付款	90		
固定资产：				长期负债合计			
固定资产原值	45			递延税款：			
减:累计折旧	46			递延税款贷项	91		
固定资产净值	47						
工程物资	48						
在建工程	49						
固定资产清理	50						
待处理固定资产净损失	51						
固定资产合计	53			负债合计			
无形资产及其他资产：				股东权益：	92		
无形资产	54			股本	93		
开办费	55			资本公积	94		
长期待摊费用	56			盈余公积	95		
其他长期资产	57			其中:公益金	96		
无形及其他资产合计	58			未分配利润	97		
递延税项：				股东权益合计	98		
递延税款借项	59						
资产合计	60			负债和股东权益总计	99		

另一种格式是报告式,又称垂直式,是根据"资产-负债=所有者权益"的会计恒等式设计的。其和账户式相比优点是不受格式限制,使用上较方便。

(2) 资产负债表项目分类的设计。资产负债表的项目不是会计科目的简单排列,而应当按照一定的标准进行分类。分类过于详细,会使报表冗长,重点不突出;分类过于简单,则不能充分揭示企业的财务状况。按照这一原则,资产按大类分为流动资产、长期资产、固定资产、无形资产及其他资产和递延税项等;负债分为流动负债和长期负债;所有者权益分为实收资本、资本公积、盈余公积和未分配利润等。为了便于分析、利用资产负债表的有关数据,对上述大类可进一步分类,具体参见表3.58。

(3) 资产负债表项目排列次序的设计。资产负债表的项目排列方法一般有两种,一种是按重要程度排列,即按各分类项目在总体中所占比重的大小和在生产经营过程中的重要性排列。如在我国颁布《企业会计准则》之前,工业企业资产负债表按固定资产、流动资产的顺序排列。其主要目的是满足国家宏观管理的需要。另一种是按流动性排列,即按各项目的流动性程度从大到小排列。如按流动资产、长期资产、固定资产排列,其主要目的是便于投资者分析企业的偿债能力。在会计准则颁布以后,我国资产负债表采用这种排列方式。备抵项目也是报表项目排列应考虑的问题。资产负债表中将备抵项目排列在相应科目的下方,为报表使用者提供更为详尽的资料。

(4) 资产负债表各项目金额的设计。将企业一定时期的资产负债表数据与上期相同项目的数据加以比较,能够为总结企业经营管理的业绩和查找存在的缺陷提供依据。出于方便比较财务状况的需要,实务工作中的资产负债表采用比较资产负债表的格式。其特点是将金额栏分为两个部分——"期初数"和"期末数"。报告期的"期初数"一栏根据上年期末资产负债表的"期末数"填写;报告期的"期末数"则根据该表编制当期月末的各项目实际金额填写。

3.5.2 利润表设计

利润表是反映企业在一定期间的经营成果及其分配情况的报表,它是一张动态报表。利润表可以用来分析利润增长变化的原因,检查利润计划的执行情况,评价企业的经营业绩。

1. 利润表表首的设计

利润表表首也由报表名称、编表报表的单位名称、时期以及金额单位四项内容构成。利润表表首设计首要考虑的是报表名称的确定。其次就是除了反映的时间不同,利润表表首的设计基本上类似于资产负债表表首的设计。该报表的名称很多,有"利润表""损益表""收益表""损益计算表""利润计算表"等。由于利润表是反映企业在一定期间的经营成果及其分配情况的动态报表,其时间单位应是某个特定期间。利润表表首的结构与资产负债表一样,既可将编制报表的单位名称列示于表首的左侧,也可将编制报表的单位名称列示于表名之上。

2. 利润表表体的设计

(1) 利润表项目分类的设计。利润表是把一个会计期间的营业收入与同一会计期间的营业费用进行配比,从而求出报告期的净收益或利润。利润表中利润形成部分一般应分别列示出收入的和抵减的项目。如分为营业成本、其他业务成本、营业外支出和所得税,根据上述收入和抵减项目的先后顺序,可分别列示:主营业务利润、其他业务利润、利润总额和净利润项目。

(2) 利润表格式的设计。利润表的格式又可以分为以下三种:

① 多步式结构。多步式利润表是指在利润表中,净利润是通过多个连续的步骤逐步计算出来的,它反映企业在净利润形成过程中每一步骤所取得的业绩。多步式一般分为四步骤:第一步是从主营业务收入开始,扣除折扣与折让、主营业务成本和主营业务税金及附加后,计算出主营业务利润;第二步是从主营业务利润开始,加上其他业务利润,减去存货跌价损失、营业费用、管理费用和财务费用后,计算出营业利润;第三步是从营业利润开始,加上投资收益、营业外收入,扣除营业外支出后,计算出利润总额;第四步是从利润总额中扣除所得税后,计算出当期的净利润,即税后利润。其格式如表3.59所示。

② 单步式结构。单步式利润表是将本期所有收入加在一起,再把所有成本费用加在一起,二者相减,然后计算出利润总额和净利润的结构。这种结构比较简单,符合传统的思维方式;其缺点是不能反映利润的组成情况。但对私营企业或个体、集体企业而言,也不失为一种设计方法。其格式如表3.60所示。

表 3.59 利润表

编制单位:　　　　　　　　　　　年　　月　　　　　　　　　　　单位:元

项目	行次	本月数	本年累计数
一、主营业务收入			
减:主营业务成本			
主营业务税金及附加			
二、主营业务利润			
加:其他业务利润			
减:营业费用			
管理费用			
财务费用			
三、营业利润			
加:投资收益			
补贴收入			
营业外收入			
减:营业外支出			
四、利润总额			
减:所得税			
五、净利润			

表 3.60 利润表

编制单位：　　　　　　　　　　　　年　月　　　　　　　　　　　　单位：元

项目	行次	本月数	本年累计数
一、收入			
主营业务收入			
其他业务收入			
投资收益			
补贴收入			
营业外收入			
收入合计			
二、成本费用			
主营业务成本			
主营业务税金及附加			
其他业务支出			
营业费用			
管理费用			
财务费用			
营业外支出			
成本费用合计			
三、利润总额			
减：所得税			
四、净利润			

③ 账户式结构。利润表除采用报告式结构设计外，还采用账户式结构。采用这种结构时，可将收入各项目列在左方，将支出或成本费用各项目列在右方。若本期为盈利，则将其列在右方的"支出合计"或"成本费用合计"项目下，使支出合计加上盈利数等于左方的"收入合计"；反之，若亏损，则将亏损数列在左方"收入合计"项目下，使收入合计加上亏损数等于支出合计。我国会计改革前银行企业的"损益明细表"采用的就是账户式结构。其格式如表 3.61 所示。

表 3.61 利润明细表

编制单位：　　　　　自　年　月　日至　年　月　日止　　　　　　单位：元

科目及账户名称	收入金额	科目及账户名称	支出金额
1. 2. 3.		1. 2. 3.	
收入合计		支出合计	
纯损		纯益	
总计		总计	

（3）利润表各项目金额的设计。利润表在金额栏的设计上都必须设有"本月数"和"本年累计数"两列数据。"本月数"依据各个收入和费用类账户的报告当月发生额直接或计算填写；"本年累计数"则依据各个收入和费用类账户的报告当月发生额与上月该表的"本年累计数"之和填写。在计划与内部控制制度比较完善的企业中，为了反映和监督计划或预算完成情况，也可以把利润表的金额栏设计成"计划"栏与"实际"栏，进而每一栏再分成"本月数"和"本月累计数"，以便于分析比较。

3.5.3 现金流量表设计

1. 使用现金流量表的原因

现金流量表是反映在一定会计期间现金收入和支出情况的一张动态报表，它是以现金为基础的财务状况变动表。现金流量表取代财务状况变动表，是会计适应社会经济环境变化的结果。现金流量表取代财务状况变动表，有以下四个方面的原因：

（1）现金流量表可以弥补财务状况变动表的缺陷，因为财务状况变动表有各种不同的编制基础，这使得企业间的会计信息缺少可比性。

（2）在现在的经济环境中，由于通货膨胀的存在，货币价值不变的假定受到了严峻的挑战，传统的会计模式扩大了利润与现金资源之间的差距。报表的使用者，尤其是投资者、债权人，更关心其特有的资产是否具有高度的变现能力，从而要求报表提供有关现金流量的信息。

（3）运用财务状况变动表来衡量财务状况的优劣及评价企业的资产流动性和偿债能力越来越不全面了。

（4）由于利润指标的计算不可避免地要受到所选用的会计方法的影响，因此，它包含了太多的估计因素，不能全面、客观地反映企业的经营业绩，而现金流量表正好弥补了这一不足。

2. 现金流量表的设计

现金流量表的表首与利润表表首的设计基本相同，也包括报表名称、编制报表的单位名称、时期以及金额单位四项内容。除了报表名称与利润表的表首不同，其余三项均与利润表一致，因此，现金流量表表首的设计，可仿照利润表的表首进行。

（1）现金流量表项目分类的设计。现金流量表将企业的现金流量按其交易性质分为三类：经营活动的现金流量、投资活动的现金流量、筹资活动的现金流量。其中每一类又可分为现金流入、现金流出、净现金流入三部分。现金流量表的项目分类结构如表3.62所示。

表 3.62 现金流量表项目分类结构

一、经营活动产生的现金流量
1.经营活动的现金流入
……
2.经营活动的现金流出
……
3.经营活动产生的现金流量净值
……

二、投资活动产生的现金流量
    1.投资活动的现金流入
      ……
    2.投资活动的现金流出
      ……
    3.投资活动产生的现金流量净值
      ……
三、筹资活动产生的现金流量
    1.筹资活动的现金流入
      ……
    2.筹资活动的现金流出
      ……
    3.筹资活动产生的现金流量净值
      ……
四、汇率变动对现金的影响
五、现金及现金等价物净增加额

（2）现金流量表格式的设计。现金流量表的格式有两种设计方法：一种为直接法，另一种为间接法。其中，直接法是指按现金收入和支出的主要类别直接反映企业经营活动的现金流量。将现金流量分为经营活动的现金流量、投资活动的现金流量和筹资活动的现金流量。表3.63就是直接法编制的现金流量表格式。

表 3.63 现金流量表（直接法）

项目	行次	金额
一、经营活动产生的现金流量：		
销售商品、提供劳务收到的现金		
收到的税费返还		
收到的其他与经营活动有关的现金		
现金流入小计		
购买商品、接受劳务支付的现金		
支付给职工以及为职工支付的现金		
支付的各项税费		
支付的其他与经营活动有关的现金		
现金流出小计		
经营活动产生的现金流量净额		
二、投资活动产生的现金流量		
收回投资所收到的现金		
取得投资收益所收到的现金		
处置固定资产、无形资产和其他长期资产所收回的现金净额		
收到的与其他投资活动有关的现金		
现金流入小计		
购建固定资产、无形资产和其他长期资产所支付的现金		
投资支付的现金		

(续表)

项目	行次	金额
支付的其他与投资活动有关的现金		
现金流出小计		
投资活动产生的现金流量净额		
三、筹资活动产生的现金流量		
吸收投资所收到的现金		
借款所收到的现金		
收到的其他与筹资活动有关的现金		
现金流入小计		
偿还债务所支付的现金		
分配股利、利润或偿付利息所支付的现金		
支付的其他与筹资活动有关的现金		
现金流出小计		
筹资活动产生的现金流量净额		
四、汇率变动对现金的影响		
五、现金及现金等价物的净增加额		

间接法是指以净利润为基础,调整不涉及现金的收入、费用项目以及其他有关项目,据此确定经营活动的现金流量。也就是以净利润为起点,调整部分不涉及现金的收入与费用、营业外收支以及与经营活动有关的流动资产及流动负债的增减变动,以此确定现金流量的一种方法。需要调整的内容主要包括:①实际没有发生现金支出的费用;②实际没有收到现金的收益;③不属于经营活动的损益和经营性应收应付项目的变动。表3.64就是间接法编制的现金流量表格式。

表 3.64　现金流量表(间接法)

补充资料	行次	金额
1.将净利润调节为经营活动现金流量		
净利润		
加:计提的资产减值准备		
固定资产折旧		
无形资产摊销		
长期待摊费用摊销		
待摊费用减少(减:增加)		
预提费用增加(减:减少)		
处置固定资产、无形资产和其他长期资产的损失(减:收益)		
固定资产报废损失		
财务费用		
投资损失(减:收益)		
递延税款贷项(减:借项)		
存货的减少(减:增加)		

(续表)

补充资料	行次	金额
经营性应收项目的减少(减:增加)		
经营性应付项目的增加(减:减少)		
其他		
经营活动产生的现金流量净额		
2.不涉及现金收支的投资和筹资活动		
债务转为资本		
一年内到期的可转换公司债券		
融资租入固定资产		
3.现金及现金等价物净增加情况		
现金的期末余额		
减:现金的期初余额		
加:现金等价物的期末余额		
减:现金等价物的期初余额		
现金及现金等价物净增加额		

从表3.63与表3.64的比较中可知,用直接法设计现金流量表的主要优点是便于分析企业经营活动现金流量的来源和用途,预测企业现金流量的未来前景;采用间接法设计现金流量表的主要优点是便于对净利润与经营活动现金流量进行比较,了解净利润与经营活动现金流量差异的原因,从现金流量的角度分析净利润的质量。所以,我国要求同时采用这两种方法编制现金流量表,且最终的结果即期末现金余额也应是相等的。

3.5.4 附表和附注设计

1. 附表设计

企业除应编制资产负债表、利润表、现金流量表三张基本的财务报表外,还可以编制一些有关财务状况和经营成果的附表,反映影响企业财务状况、经营成果的细项,以利于报表使用者分析、决策与控制。附表是为财务报表中某些需要详细表达的项目设置的补充资料,可以置在所属报表下方。

(1) 资产负债表的附表设计。由于资产负债表中各项目的金额是根据总分类账中的余额填列的,所以一般都很概括。为了提供企业财务状况方面更详细的资料,应设计一些附表,作为资产负债表的补充资料。这些附表主要有所有者权益增减变动表、存货表、固定资产变动与结存表、在建工程表、资产减值准备明细表、应交增值税明细表。

① 所有者权益增减变动表设计。所有者权益部分包括的项目繁多,而且其增减变动对投资者的决策,尤其是公司股票价值的评估有重大影响。但是,在资产负债表上只列示了四个项目。因此,为了充分揭示其信息,可以设计所有者权益增减变动表,列示所有者权益各组成项目的增减变动及结余情况。表3.65为所有者权益增减变动表的参照格式。

表 3.65 所有者权益增减变动表

编制单位：　　　　　　　　　　年度　　　　　　　　　　单位：元

项目	行次	本年数	上年数
一、实收资本			
年初余额			
本年增加数			
其中：资本公积转入			
盈余公积转入			
利润分配转入			
新增资本			
本年减少数			
期末余额			
二、资本公积			
年初余额			
本年增加数			
其中：资本溢价			
接受捐赠非现金资产准备			
接受现金捐赠			
股权投资准备			
拨款转入			
外币资本折价差额			
其他资本公积			
本年减少数			
其中：转增资本			
期末余额			
三、法定和任意盈余公积			
年初余额			
本年增加数			
其中：从净利润中提取数			
其中：法定盈余公积			
任意盈余公积			
储备基金			
企业发展基金			
法定公益金转入数			
本年减少数			
其中：弥补亏损			
转增资本			
分派现金股利或利润			
分派股票股利			
年末余额			
其中：法定盈余公积			
储备基金			
企业发展基金			

(续表)

项目	行次	本年数	上年数
四、法定公益金			
年初余额			
本年增加数			
其中:从净利润中提取数			
本年减少数			
其中:从集体福利支出			
年末余额			
五、未分配利润			
年初未分配利润			
本年净利润			
本年利润分配			
年末未分配利润			

② 存货表设计。存货表是反映企业在某一特定日期存货的构成及其资金占用情况的报表。企业存货的种类繁多,数额巨大,在资产总额中占有相当大的比重,但在资产负债表中,一般只列示一个总数,过于简单,因此,可编制存货表,以便报表使用者了解有关存货的明细资料,据以做出各种判断和决策。存货表一般设计为年报。表3.66就是设计的存货表的一种格式。

表 3.66　存货表

编制单位:　　　　　　　　　　　年　月　日　　　　　　　　　　　单位:元

项目	本年实际	本年计划	上年实际
1.库存材料			
(1)原材料			
原材料及主要材料			
辅助材料			
外购半成品			
修理用备件			
燃料			
(2)包装物			
(3)低值易耗品			
2.在途材料			
3.委托加工材料			
4.在产品及自制半成品			
5.产成品			
合计			

③ 固定资产变动与结存表设计。固定资产变动与结存表是反映企业的固定资产在某一特定日期的构成及在一定时期内增减变动情况的会计报表。在企业的资产总额中,固定资产所占的比重往往最大,它在评价企业的财务状况及获利潜力时具有很大的影

响。但在资产负债表中,只列示了固定资产原值、累计折旧、固定资产净值三个项目,这不能满足报表分析的需要。为了方便财务报表使用者,可以设计一张固定资产变动与结存表,了解各类固定资产的增减变动情况,制定固定资产更新与维修计划。其格式可如表 3.67 所示。

表 3.67 固定资产变动与结存表

编制单位: 年度 单位:元

项目	房屋			设备			其他固定资产			合计		
	原价	折旧	净值	原价	折旧	净值	原价	折旧	净值	原价	折旧	净值
一、期初余额												
二、本年增加												
购入												
建造完成												
投资转入												
盘盈												
增加合计												
三、本年减少												
出售												
报废												
盘亏												
非常损失												
投资转出												
捐赠转出												
减少合计												
四、本年折旧												
五、期末余额												

④ 在建工程表设计。在建工程表是反映企业在建工程支出及转作固定资产的完工工程成本的明细资料。了解在建工程的情况,既对分析企业的发展前景有利,也对分析企业的资金供求关系有利。设计的在建工程表一般包括期初余额、本年发生的在建工程支出、本年转出数、期末余额四部分,而且每一部分都可以分成多个项目,以揭示其构成情况。同时,可以将"上年实际""本年计划""本年实际"一并列出,以考核计划的完成情况及其发展变化趋势。其格式如表 3.68 所示。

表 3.68 在建工程表

编制单位: 年度 单位:元

项目	本年实际	本年计划	上年实际
一、年初余额			
二、本年发生的在建工程支出			
其中:购入工程用料			
购入需安装设备			
购入不需安装设备			

(续表)

项目	本年实际	本年计划	上年实际
建筑工程支出			
安装工程支出			
预付工程价款			
工程管理费			
三、本年转出数			
其中:完工转出数			
其他转出数			
四、期末余额			
其中:未完建筑工程			
未完安装工程			
待转已完工程			
待安装工程			
工程用料结款			
预付工程价款			
待摊工程管理费			

⑤ 资产减值准备明细表。资产减值准备明细表是反映企业各项资产减值准备的增减变动情况的会计报表,使报表使用者能够提前了解企业可能的资产损失,包括坏账准备、短期投资跌价准备、存货跌价准备、长期投资减值准备、固定资产减值准备、在建工程减值准备、无形资产减值准备、委托贷款减值准备。其格式如表3.69所示。

表3.69 资产减值准备明细表

编制单位:　　　　　　　　　　　年度　　　　　　　　　　　　单位:元

项目	年初余额	本年增加数	本年转回数	年末余额
一、坏账准备合计				
其中:应收账款				
其他应收款				
二、短期投资跌价准备合计				
其中:股票投资				
债券投资				
三、存货跌价准备合计				
其中:库存商品				
原材料				
四、长期投资减值准备合计				
其中:长期股权投资				
长期债券投资				
五、固定资产减值准备合计				
其中:房屋、建筑物				
机器设备				
六、无形资产减值准备				
其中:专利权				
商标权				
七、在建工程减值准备				
八、委托贷款减值准备				

⑥应交增值税明细表。应交增值税明细表是反映实行增值税的企业某一会计期间应上交增值税情况的会计报表,主要内容是按照各增值税项目反映企业应交、已交、未交或未抵扣增值税情况。其格式如表 3.70 所示。

表 3.70 应交增值税明细表

编制单位: 年 月 单位:元

项目	行次	本月数	本年累计数
一、应交增值税			
1.年初未抵扣数			
2.销项税额			
出口退税			
进项税额转出			
转出多交增值税			
3.进项税额			
已交税金			
减免税款			
出口抵减内销产品纳税额			
转出未交增值税			
4.期末未抵增值税			
二、未交增值税			
1.年初未交数			
2.本期转入数			
3.本期已交数			
4.期末未交数			

(2)利润表的附表设计。利润表一般都比较简单,往往不能充分揭示企业经营成果的形成及其分配情况等详细资料,因此,有必要设计一些附表,作为利润表的补充资料。这些报表主要有利润分配表、主营业务收支明细表、期间费用明细表以及营业外收支明细表等。

①利润分配表设计。利润分配表既可作为利润表的一部分,也可单列出来,作为利润表的一个附表。利润分配表是反映企业对当年和以前年度利润的分配情况,以及年末未分配利润结余情况的报表。其格式如表 3.71 所示。

表 3.71 利润分配表

编制单位: 年度 单位:元

项目	行次	本年实际	上年实际
一、净利润			
加:年初未分配利润			
其他转入			
二、可供分配利润			
减:提取法定盈余公积			
提取法定公益金			

（续表）

项目	行次	本年实际	上年实际
提供职工奖励及福利基金			
提取储备基金			
提取企业发展基金			
利润归还投资			
三、可供投资者分配的利润			
减：应付优先股股利			
提取任意盈余公积			
应付普通股股利			
转作资本的普通股股利			
四、未分配利润			

② 主营业务收支明细表设计。主营业务收支明细表主要用来反映企业各项主营业务的收入、成本、税金、费用及实现利润的情况。该表对分析企业经营成果的形成、判断企业获利能力的大小，以及做出以后年度的盈利预测等都有很大的帮助。表中各栏数据可根据相关账户中的资料填制。其格式如表3.72所示。

表3.72 主营业务收支明细表

编制单位： 年度 单位：元

项目	行次	主营业务收入	主营业务成本	主营业务税金	主营业务费用	主营业务利润
一、产品销售业务						
1.						
2.						
3.						
小计						
二、其他主要业务						
1.						
2.						
3.						
小计						
合计						

③ 期间费用明细表设计。期间费用是指按会计结算期进行归集的费用，它不可计入存货成本，而由该结算期的收益直接负担。它主要包括管理费用、销售费用和财务费用。设计期间费用明细表，是为了分析期间费用的构成和增减变动情况，及其对已实现利润的影响，考核预算的执行情况，以便进一步采取措施，节约开支，降低费用，改善经营管理。期间费用明细表又可分为管理费用明细表、销售费用明细表和财务费用明细表。其格式分别见表3.73、表3.74和表3.75。

表 3.73　管理费用明细表

编制单位：　　　　　　　　　　　年度　　　　　　　　　　　　单位：元

项目	行次	本年实际	本年计划	上年实际
1.工资				
2.应付福利费				
3.折旧				
4.办公费				
5.保险费				
6.租赁费				
7.低值易耗品摊销				
8.无形资产摊销				
9.递延资产摊销				
10.坏账损失				
11.研究开发费				
12.招待费				
13.工会经费				
14.职工教育经费				
15.劳动保险费				
16.运输费				
17.差旅费				
18.车船使用费				
19.土地使用费				
20.房产税				
21.印花税				
22.技术转让费				
23.绿化费				
24.其他				
合计				

表 3.74　销售费用明细表

编制单位：　　　　　　　　　　　年度　　　　　　　　　　　　单位：元

项目	行次	本年实际	本年计划	上年实际
1.工资				
2.职工福利费				
3.差旅费				
4.运输费				
5.保险费				
6.装卸费				
7.包装费				
8.展览费				
9.广告费				
10.其他				
合计				

表 3.75　财务费用明细表

编制单位：　　　　　　　　　　　　　年度　　　　　　　　　　　　　　　　　单位：元

项目	行次	本年实际	本年计划	上年实际
1.利息净支出				
利息支出				
利息收入				
2.汇兑净损益				
汇兑损失				
汇兑收益				
3.支付给银行等金融机构的手续费				
4.其他财务费用				
合计				

④ 营业外收支明细表设计。营业外收支明细表是根据企业在会计年度内发生的营业外收入与营业外支出的有关资料，对各项营业外收支的本期发生数加以反映，并与上年实际数进行对比分析的内部报表。它包括"营业外收入""营业外支出""营业外收支净额"三部分。通过营业外收支明细表，有利于了解营业外收支的构成内容，有针对性地采取措施，控制营业外支出，扩大盈利。其格式如表 3.76 所式。

表 3.76　营业外收支明细表

编制单位：　　　　　　　　　　　　　年度　　　　　　　　　　　　　　　　　单位：元

项目	本年实际	上年实际平均数	增减额	增减百分比
一、营业外收入				
1.固定资产盘盈				
2.处置固定资产净收益				
3.非货币性交易收益				
4.出售无形资产收益				
5.罚款净收益				
营业外收入合计				
二、营业外支出				
1.固定资产盘亏				
2.处置固定资产净损失				
3.出售无形资产损失				
4.债务重组损失				
5.计提的固定资产减值准备				
6.计提的无形资产减值准备				
7.计提的在建工程减值准备				
8.罚款支出				
9.捐款支出				
10.非常损失				
营业外支出合计				
三、营业外收支净额				

2. 附注设计

报表及其附表都受格式、篇幅、表达形式等的限制,只能提供有限的数量化信息,在许多情况下仍满足不了报表使用者的需要,因此,在设计基本会计报表和附表时,有必要设计附注形式对一些项目内容做进一步的解释和说明。

设计的会计报表附注,应包括以下几个方面的内容:

(1) 企业所采用的主要会计处理方法,如固定资产折旧方法、存货计价方法、坏账准备计提方法、长期投资计价方法、无形资产摊销方法、税种及税率等。

(2) 会计处理方法的变更情况、变更原因及对财务状况和经营成果的影响。

(3) 非经常项目的说明,如自然灾害、重大事故损失和其他非正常项目的开支。

(4) 会计报表中有关重要项目的明细资料,如主要应收账款、应付账款对象和金额,长期投资对象和金额,权益比重,存货、固定资产类别及金额等。

(5) 其他有助于理解和分析报表需要说明的事项,包括或有资产与或有负债、股利支付的限制、资产抵押及合同的履行情况、包括在固定资产原价内的融资租入固定资产原价以及经营租赁方式租入的重要设备,等等。

(6) 不符合基本假设的说明。

(7) 资产负债表日后事项说明。

(8) 盈亏情况及利润分配情况。

(9) 资金周转情况。

3.5.5 内部会计报表设计

一套企业内部会计报表应包括资产负债分析表、利润分析表、费用分析表、销售量分析表、销售收入及毛利分析表、存货成本分析表、现金流量分析表、企业财务状况经济指标表等。企业可根据本单位经营情况的特点,设计各种分析报表。

1. 对内会计报表的特点

与对外会计报表相比,对内会计报表没有统一性。

(1) 报表内容较强的针对性。对内会计报表是为了满足本单位管理部门或管理人员的特定管理要求设计的,其内容具有较强的针对性。

(2) 报表指标的多样性。对内会计报表是为企业的经营管理服务的,采用的指标不仅有价值指标,还应有实物指标;不仅有绝对指标,还应有相对指标;不仅有定量指标,还应有定性指标。

(3) 编报期限的灵活性。既可按年、季、月定期编报,也可根据企业经营和内部管理的需要不定期编报。

(4) 报表种类的不固定性。不同时期因管理需要不同,报表的种类也有所不同。

2. 内部会计报表的设计原则

在管理中企业要自己设计一套报表,该报表设计的原则是:其一,可理解性。报表提供的财务信息可为使用者所理解,提供的企业过去、现在和未来的财务信息清晰易懂。其二,真实可靠。制作的报表可靠性强,分析数据正确,否则会误导报表使用者对企业财务状况做出相反的结论而使决策失误。其三,相关可比。报表中的数据能够使使用者了解过去、现在和对未来事项的影响及其变化趋势。其四,全面完整。报表能够全面反映企业的财务状况和经营成果,揭示企业经营全貌。其五,时效性强。报表通过电脑制作,大量的数据统计分析应通过电脑来完成,减少手工计算,加快编报速度,以便于管理者及时得到企业经营分析数据资料,在市场瞬息万变中及时做出决策。

案例示范

×××股份有限公司会计核算制度(修订稿)(部分摘录)见二维码。

本章小结

企业会计科目是按照管理要求,把会计要素的具体内容进行分类的标志或项目。会计科目设计是会计制度设计的一个重要环节,它不仅为会计凭证、会计账簿、会计报表的设计提供前提,而且影响整个会计制度设计的质量。会计凭证是用来记录经济业务的发生,及时准确地提供会计信息,明确经济责任,便于内部控制,并据以登记账簿的依据。会计账簿以会计凭证为依据,用来全面连续地反映一个单位的经济业务,为编制及时准确的会计报表提供依据。财务报告制度是会计制度的重要组成部分,会计报表是企业财务状况和经营成果的综合反应。本章介绍的会计基础,可以看成一个业务流程,之后将从内控角度,进行系统设计。

复习思考题

1. 简述设置明细科目的主要方法。
2. 简述会计凭证设计应遵循的原则。
3. 简述日记账簿的种类与设计方法。
4. 简述财务报告对外提供阶段的主要风险点及管控措施。

案例分析

1. 某企业已经完成总分类科目的设计,正在进行明细分类科目的设计,在原材料总分类科目下设置了"原料及主要材料""辅助材料"等二级科目,并按照具体材料名称设置了三级科目。

要求:(1)企业明细分类科目的设置是否必须严格依据《企业会计准则》的统一规定?

(2)该企业原材料的明细分类科目设置是按照什么标准进行的,与它设置明细分类科目方法相同的还有哪些科目?

(3)除原材料明细分类科目的设置方法之外,还有哪些明细分类科目的设置方法?请举例。

2. 2016年7月19日晚间,芯能科技发布公告称,收到全国股转系统对公司出具的

《自律监管措施》。

公告显示,芯能科技申报2015年财务报表中对于已达到固定资产确认条件的在建工程未及时结转固定资产,未能保证申请挂牌文件信息披露的真实、准确、完整,该行为违反了股转系统相关规定。

对于申报财务报表编制错误行为,时任董事长张利忠、财务总监张子祥未能履行职责,鉴于此行为,根据相关规定,全国股转系统做出如下决定:第一,对芯能科技给予出具警示函的监管措施;第二,对张利忠、张子祥给予约见谈话并提交书面承诺的监管措施。

针对该事件,芯能科技表示,对上述问题进行重新回顾、检视、分析与研究,再次强调规范运作与治理是公司经营管理行为不得逾越的"红线",并在会计差错更正前后,采取了如下措施:公司从外部聘请了新的财务总监和管理咨询机构;为进一步完善公司组织架构,设立了董事会审计委员会管辖的内控与审计部门。

要求:运用本章内容对案例进行分析,除公司采取的上述措施外,提出自己的建议。

第4章 企业内部会计控制制度设计

学习目标

1. 了解内部控制制度的含义及其演进过程。
2. 理解内部控制制度的特征与工作原理。
3. 理解内部控制系统设计的目标和原则。
4. 掌握内部控制系统设计的内容。
5. 理解内部控制制度的建立与设计。
6. 掌握内部控制制度的评价。

4.1 内部会计控制制度概论

4.1.1 内部会计控制制度的含义及其演进过程

内部会计控制制度(以下简称"内部控制制度")是企业为了提高工作效率和经济效益而采取的一种有效管理制度,它是指企业内部各级管理部门,为了保护经济资源的安全完整,确保经济信息的正确可靠,协调经济行为,控制经济活动,利用单位内部因分工产生的相互制约、相互联系的关系,从而形成一系列具有控制职能的方法、措施,并予以规范化、系统化,使之组成一个严密的、较为完整的体系。这一理论的发展主要经历了以下几个阶段:

1. 内部牵制阶段

内部牵制是内部控制的最初形式。这一时期,人们对内部控制还没有形成明确的概念,而是在会计实践过程中逐渐摸索出内部牵制这一方法,即任何人都完全独立地支配或控制账户,某一职员所从事的业务必须与另一位职员的业务形成相互弥补、相互控制的关系。

2. 内部控制概念形成阶段

内部控制概念是美国注册会计师协会在 1936 年出版的《注册会计师对财务报表的检查》(Examination of Financial Statements by Independent Public Accountants)中最早提出的,该报告认为,"内部控制是为了保护公司现金和其他资产,检查会计记录的准确性而在公司内部采用的方法和手段"。

1949年,美国审计程序委员会发表了《内部控制:调整组织的各种要素及其对管理当局和独立审计师的重要性》的研究报告,第一次正式提出了内部控制的定义,即"内部控制包括企业内部采用的机构计划和所有有关的调整方法和措施,旨在保护企业资产,检查会计数据的准确性和可靠性,提高经济效益,促使有关人员遵循既定的管理方针"。这个定义将早期的会计工作内部牵制扩展到对其他有关管理的控制,其控制范围比早期内部牵制的范围大多了。

1958年,美国注册会计师协会还建议将内部控制分为"内部会计控制"和"内部管理控制"两个方面,前者的目标是保护企业资产,检查会计数据的准确性和可靠性;后者的目标在于提高经营效率,促使有关人员遵守既定管理方针,实现经营目标。

3. 内部控制结构理论阶段

内部控制结构理论最早产生于1988年美国注册会计师协会发布的第55号《审计准则说明书》。该说明书将内部控制定义为:"为合理保证公司实现具体目标而建立的一系列政策和程序。"并提出了内部控制结构的概念,认为企业内部控制结构由控制环境、会计制度和控制程序三部分组成,它不仅包括管理部门为实现企业经营目标而采取的各种方法及措施,还包括管理部门对内部控制的态度和行为。内部控制结构特别强调了管理当局对内部控制的态度、认识和行为等控制环境的重要作用,认为环境因素是实现控制目标的环境保证。

4. 内部控制整体框架理论阶段

1992年9月,美国反对虚假财务报告委员会的发起人委员会发布了《内部控制的整体框架》的研究报告,该报告指出,"内部控制是由企业董事会、经理阶层和其他员工实施的,为提高业务活动效率效果、增强财务报告可靠性及相关法律法规遵从性而提供合理保证的过程",并提出了内部控制制度的整体框架的概念。认为内部控制的整体框架由控制环境、风险评价、内部控制活动、信息交流和监督五个要素组成。这是到目前为止关于内部控制的最全面完整的论述,这一整体框架的提出旨在为关注内部控制的有关各方,包括投资者、债权人、经营管理人员、审计人员和理论界提供一个普遍认可、内涵统一的内部控制概念框架和评价方法,反映了内部控制理论研究的日趋成熟和人们认识上的趋同。

4.1.2 内部控制制度的特征

1. 内部控制是一种手段而不是目的

内部控制是企业为了提高工作效率和经济效益而采取的一系列管理制度,它本身是管理过程中采用的一种手段,而不是企业管理的最终目的。尽管内部控制包含了很多管理范畴的因素,但一般认为经营过程仍是通过规划、执行及监督等基本过程对企业加以管理的,内部控制只是管理的一种工具而不能取代管理。

2. 内部控制是一种客观存在

客观存在性是指任何企业生产经营过程中都存在控制,无论这种控制是有意识的还是无意识的,也无论这种控制的强度如何。内部控制客观存在于企业管理和其他相关生产经营活动过程之中,而非独立于企业基本活动之上。

3. 内部控制是一种动态循环过程

内部控制的动态性体现在各种相关政策、计划、组织机构、程序、标准、方法和控制意识等控制措施的制定、实施、执行和反馈过程是首尾相接的动态的、循环的过程,要随着企业经营环境的变化而变化。

4. 内部控制只能为经营目标的实现提供合理保证

内部控制是一种检查、防范或调整的制约机制,其目标是提高经营效率效果及会计报表的可靠性,保证经营活动的合规性。其实施效果一方面取决于自身的合理性,另一方面取决于控制环境的好坏。所以,内部控制并不能保证能够发现和纠正经营过程中出现的所有错弊现象,只能在一定范围内为管理当局提供实现目标的合理保证而不是绝对保证。

4.1.3 内部控制制度的工作原理

内部控制制度的理论基础是控制论,根据控制论的基本原理和内部控制的基本目标,建立科学的内部控制制度应当遵循以下一些基本规律。

1. 以计划与规则的实现为目标

实施控制的目的之一是实现计划与规则的要求,因此,设计与实施的控制制度只有充分反映计划与规则的要求,控制工作才会具有成效。由于每一项计划、规则都有不同的特点,在确定标准、控制关键点和重要参数、收集何种信息、如何收集信息、采用何种方法评定成效以及由谁来控制和采取纠正措施等方面,都必须按照这些特殊要求和具体情况来设计与实施。

2. 组织适应性原理

组织适应性原理包括两方面:一是组织机构的设计要做到明确、完整和完善。内部控制制度必须依据组织结构中的职责和职务要求来设计,只有这样才能有助于纠正脱离计划与规则的偏差。二是控制制度必须根据控制人员的特点来设计,亦即设计内部控制制度时不仅要考虑控制人员的职务要求,也要考虑担任该项职务的控制人员的个性。组织结构是对组织内部各成员担任各种职务的规定,同时也是执行计划、规则以及纠正偏差的依据。因此,控制必须适合组织结构的类型。

3. 控制关键点原理

控制关键点原理是指控制过程中应当特别注意根据各种计划与规则来衡量工作成效时具有关键意义的那些因素或业务过程环节。如果缺少这些关键环节,则业务处理过程很可能出现错误和弊端,影响既定目标的实现。对于控制过程而言,随时注意计划与规则执行情况的每一个细节或业务过程的每一个环节通常是不切实际的行为,不符合成本效益原则。为此,控制人员只需将注意力集中于那些对既定目标有重要影响的因素或业务过程的重要环节,并加以控制,便可以有效地防止错弊行为的出现。

4. 例外原理

例外原理是指控制人员把注意力集中在那些超出常规的重要的例外偏差上,可以大大提高控制工作的效能和效率。正常情况下,企业各项活动都是在计划和规则的框架内进行的,我们可称之为常规活动,但有时也会出现例外现象,这些例外现象有些是企业的非常规活动,而有些则有可能是常规活动中出现的偏差。因此,应控制经营过程中出现的例外情况,并将例外原理与关键点原理结合起来,把注意力集中在关键点的例外情况的控制上。这样往往会事半功倍,取得很好的控制效果。

5. 控制趋势原理

对于控制全局的管理人员来说,重要的是现状所预示的趋势而不是现状本身。控制变化的趋势比仅仅改善现状更加重要,当然也更加困难。趋势通常是多种复杂因素综合作用的结果,趋势的形成需要一段长时间的积累,并对管理工作的成效起着长期制约作用。趋势往往被现象所掩盖,它不易发现也不易被控制。当趋势发展到可以明显地描绘成一条曲线或可以描绘成某种数学模型时再控制则为时已晚。因此控制趋势原理的关键在于从现状中揭示倾向,尤其是在趋势刚刚显露苗头时就能发觉。

4.2 内部控制系统设计的目标和原则

4.2.1 内部控制的目标

内部控制的目标是内部控制存在及存在形式的根本,也是建立内部控制框架以及考核和评价内部控制的指导性参照物。现代企业中的内部控制目标已不再是传统意义上的查错和纠弊,而是涉及企业管理的方方面面,呈现出多元化、纵深化的趋势。具体可归纳如下:

1. 内部控制的财务目标

一个设计严密完善的内部控制制度应当能够实现以下财务目标:

(1) 保证业务活动按照适当的授权进行;

(2) 保证所有交易和事项正确反映,即在恰当的会计期间及时记录于适当的账户,使会计报表的编制符合会计准则和会计制度的相关要求;

(3) 保证对资产和记录的接触、处理均经过适当的授权;

(4) 保证账面资产与实存资产定期核对相符。

2. 内部控制的非财务目标

(1) 提高经营效率与经济效益;

(2) 确保管理当局制定的政策得以遵守;

(3) 保证遵守国家有关法律、法规的规定等。

4.2.2 内部控制的原则

在明确了内部控制目标的基础上,进行内部控制制度设计时还应该遵循以下具体原则:

1. 合法性原则

合法性是企业建立一切内部控制的基本前提。它是指企业内部控制制度的建立必须符合国家的法律、法规和政策,必须把国家的法律、法规和政策体现到内部控制制度中,保证每一项业务都能够在各项法律、法规允许的范围内展开。比如,企业对货币资金的控制应当符合国家有关货币资金管理制度、结算纪律和账户管理的规定;对会计资料的控制应当符合国家有关会计档案管理的规定。对不符合法规要求的经济业务应当及时纠正。总之,内部控制制度体系是我国法律法规制度体系下的一个子系统,必须与之保持协调一致的关系。

2. 全面系统原则

全面系统原则一方面要求企业的内部控制制度应该在综合考虑自身行业背景、经营规模、业务特征、操作流程等的基础上能够覆盖企业的所有部门,贯穿于企业的所有经济业务;另一方面要求内部控制制度对企业全体员工都有约束力,即制度面前人人平等。因此,在进行企业内部控制制度设计时应从系统论的观点出发,把企业看作一个普遍联系的有机整体,将各部门和各岗位设计成相互制约、纵横交错的控制网络与点面结合的控制系统,以保证各部门和各岗位均能按照单位的目标相互协调地发挥作用。

3. 内部牵制原则

所谓的内部牵制是指一项完整的经济业务活动,必须分配给具有互相制约关系的两个或两个以上的职位来分别完成。内部牵制必须考虑横向控制和纵向控制两个方面的制约关系。从纵向来说,至少要经过上下两级,使下级受上级的监督,上级受下级的牵制;从横向来说,至少要经过两个互不隶属的部门或岗位,借此相互制约,防止或及早发现错误与舞弊。

实行内部牵制制度的前提条件是要明确企业内部各单位和部门的职能与性质,明确各部门及人员应承担的责任范围,并赋予相应的权限,职责与权利应尽可能以规范文件的方式明确地授予具体的部门、岗位和人员,以免发生越权或在出现错误或舞弊时相互推诿扯皮。

4. 成本效益原则

成本效益原则是指企业应力争以最小的控制成本取得最大的控制效果。实行内部控制制度的根本目的就是要通过完善的内部控制,降低企业生产经营过程中的成本和人为因素,最大限度地提高企业的经济效益。从内部控制的角度来考虑,参与控制的人员和环节越多,控制措施越严密复杂,控制的效果就越好,纠正错弊的能力也会越强,但因此造成的控制成本就越高。因此,在进行内部控制制度设计时要求设计人员必须坚持成本效益观念,通过关键控制点的选择实行有重点的控制。同时要改进控制方法和手段,减少过繁的手续和程序,努力降低控制的各种耗费,而不应过于强调其严密性和完整性,设置一些不必要的控制点,造成投入与产出之间的得不偿失。

5. 责权利明确原则

内部控制制度作用的有效发挥必须以责任为中心、以权利为保证、以利益为手段。在设计内部控制制度时,企业应该根据各岗位的业务性质和人员要求,相应地赋予工作任务和完成这些任务所必需的职责和权限。职责和权限是相互对等的两个因素,有什么样的岗位责任,就要赋予此岗位完成任务所必需的权利,切忌出现岗位责任不明确、权利不清楚的现象。在明确了职责和权利的基础上还应该明确规定每个工作岗位的操作规程和处理手续,确定追究、查处责任的措施与奖惩办法等,做到工作业绩与个人奖励相挂钩,以增加每个人的事业心和责任感,提高工作质量和效率。

6. 动态性和前瞻性原则

内部控制制度设计不是一劳永逸的活动,设计出的内部控制制度也不应该是一成不变的。所谓动态性,是指控制系统自身应该具有信息反馈功能,即内部控制制度的执行情况应该能够及时地反馈给企业决策部门,决策部门根据反馈回来的信息,及时修正制度中的缺陷与不足,以始终保持企业内部控制制度的适应性。同时,由于各企业的内外部经营环境都是不断发展变化的,而内部控制制度又处于相对稳定状态,为了符合现时需要,同时与未来发展相结合,保证在一定时期内的适应力和活力,在设计时要有一定的前瞻性。

4.3 内部控制系统设计的内容

会计系统控制要求各企业必须根据《会计法》和国家统一的会计制度的规定,制定适合本单位的会计制度,明确会计凭证、会计账簿和财务会计报告的处理程序,建立和完善会计档案保管和会计工作交接程序,实行会计人员岗位责任制,充分发挥会计的监督职能。其内容主要包括:岗位轮换控制、会计凭证控制、账簿控制、审批与稽核控制、档案管理控制、标准处理程序控制等几项内容。

4.3.1 岗位轮换控制

岗位轮换是指各个岗位上的会计工作人员定期不定期地相互调换职务,避免一个人在一个工作岗位上长期滞留。特别是涉及货币资金收支和财产实物收发的岗位,应尽可能地经常调换。这种控制方式的作用体现在以下四个方面:

(1) 有利于促使工作人员尽职尽责。由于每一个工作人员随时都有调动职务、移交工作的可能,所以必须按规定,及时完成自己的本职工作,不能拖拉疲沓。

(2) 防止某些人因长期从事某项工作而产生惰性,或利用工作之便编织"关系网"进行舞弊活动。

(3) 有利于及时发现问题,采取措施尽快解决,以免长期隐匿,造成大的损失。

(4) 有利于培养"多面手",提高工作人员的业务素质和独立工作的能力。

4.3.2 会计凭证控制

会计凭证控制是指经济业务发生时,通过填制和传递原始凭证,对经济业务实施记录,以便在任何时候、任何问题发生时都有据可查。为此,设计足够的凭证联次和合理的凭证传递程序,将业务发生所涉及的各职能部门或个人联系起来,是强化内部控制的有效方式。其主要内容是:

(1) 每发生一笔经济业务,都必须填制或取得合法的、真实的、正确的原始凭证,作为各项业务的证明材料和控制依据。

(2) 根据需要用复写方式填制凭证,即一式几联。

（3）重要的凭证如收款收据、销货发票等应当事先编号,以防短缺,一般凭证可在使用时按顺序统一编号。

（4）凭证上必须具备业务经办人员的签名或盖章,以明确其应负责任,强化制约关系。

（5）建立复查和核对制度,包括对凭证本身的复查和与其他有关凭证的核对。

（6）建立科学合理的凭证传递程序,与业务的标准处理程序结合起来,使各种凭证在业务经办部门和人员之间合理流转。

（7）建立严格的印制、购买、保管、使用、注销和存档等管理制度。

4.3.3　账簿控制

账簿控制是指通过利用会计账簿对经济业务进行序时、分类记载的功能,实施内部控制。其主要内容是:

（1）设计完整的账簿组织体系,明确规定各种账簿的作用以及它们之间的关系。做到总账控制明细账、日记账;明细账控制财产实物和债权债务的数量、金额变化;日记账控制收付款的笔数和金额。

（2）规定过账、对账、结账的要求,并区别各种账簿做出不同的规定。如总账既可逐笔过账,又可汇总过账,而明细账、日记账则必须逐笔登记,尤其是现金、银行存款日记账还须逐笔结出余额。

（3）建立严格的账簿领用、存档、查阅、销毁等方面的管理制度。

4.3.4　审批与稽核控制

这种控制方式是通过事前的审批控制与事后的稽核控制,对经济业务的合法合理性起到前把关、后验收的作用。其主要内容有:

（1）建立"一支笔"审批制度,防止分不清责任,统一不了标准。

（2）严把审批关,按制度、政策办事。要求审有依据,批有理由,审要全面,批要慎重,正确行使权力;防止只批不审,滥用职权,草率从事,越俎代庖等现象。

（3）健全内部稽核制度,设置专职或兼职稽核员,负责会计凭证、账簿、报表、合同、计划、预算等的稽查,以及账证、账账、账表、账实之间的核对,保证正确相符。

4.3.5　档案管理控制

这种控制方式是指对会计凭证、账簿、报表等档案资料,实行专人保管,以便对档案所涉及的有关人员的工作情况实施控制,防止根据个人需要更改、调整甚至毁灭档案记录的现象发生。其主要内容是:设置专职或兼职(出纳员不得兼任)档案保管员并规定其岗位责任;规定专门的保管场所;规定各种档案的存续时间;建立严格的档案调阅、销毁等制度。

4.3.6　标准处理程序控制

这种控制方式是指对每笔经济业务的处理程序和手续制定出标准化模式,使程序的各个环节之间形成步步核查、环环监督的格局,以便及时发现差错和弊端,加以处理,防止同类业务的处理因程序与手续不同而出现工作扯皮、职责不清、结果各异等现象。采用标准处理程序控制方式实施内部控制,一方面可以把各职能部门串联在一起,形成一个有机的整体,有条不紊地开展工作,及时规范地完成任务;另一方面又可以形成相互制约、相互监督的机制,把可能发生的差错和弊端消灭在业务处理过程中。其主要内容有:规定每种经济业务应经过的环节和手续;对主要经济业务用文字或流程图的方式制定出标准化处理程序;规定经济业务由哪些部门和哪些人员处理,各环节的流转手续和滞留时间以及审核内容等;规定各个环节和各道手续之间的关系。

4.4 预算控制设计

预算控制是内部控制的一个重要方面,是为达到企业既定目标而编制的经营、资本、财务等年度收支总体计划。预算的内容涵盖了企业筹资、融资、采购、生产、销售、投资、管理等经营活动的全过程。预算控制要求企业对各项经济业务编制详细的预算和计划,并通过授权,由有关部门对预算或计划的执行情况进行分析和考核,以强化费用开支的管理。其基本要求是:

(1) 明确预算项目,凡能实行预算管理的项目力求纳入预算控制系统,并建立明确的预算标准;

(2) 规范预算的编制、审定、下达和执行程序,划清各环节的控制责任;

(3) 及时分析和控制预算差异,反映预算的执行结果,发现问题,采取改进措施;

(4) 预算内开支实行责任人限额审批,限额以上的开支实行集体审批,严格控制无预算的资金支出。

4.5 实物资产控制设计

实物资产控制主要是针对流动资产、固定资产及其他资产,规定其采购、验收、入库、领用、计量、维修、盘点等职责、权限、程序和手续。实物资产控制主要包括限制接近控制和定期清查控制两种,这是对单位实物资产安全采取的控制措施。主要包括以下两点:

(1) 限制接近,严格控制对实物资产及实物资产有关文件的接触,如现金、银行存款、有价证券和存货等,除出纳人员和仓库保管人员外,其他人员则限制接触,以保证资产的安全。

(2) 定期进行实物资产清查,保证实物资产实有数量与账面记载相符,如账实不符,应查明原因,及时处理。

4.6 内部审计控制

内部审计控制一般包括内部财务审计和内部经营管理审计。内部审计对会计资料的监督、审查,不仅是内部控制的有效手段,也是保证会计资料真实、完整的重要措施。根据内部控制的基本原理和我国会计工作实际情况,《会计法》规定,各单位应当在内部会计监督制度中明确"对会计资料定期进行内部审计的办法和程序",以使内部审计机构或内部审计人员对会计资料的审计工作制度化和程序化。

4.7 电子信息控制

信息技术的发展为企业的信息化管理提供了技术支持,信息化管理要求企业也必须运用电子信息技术手段建立内部控制体系,以减少和消除人为操纵因素,确保内部控制的有效实施,同时还要加强对财务会计电子信息系统开发和维护、数据输出与输入、文件存储与保管、网络安全等方面的控制。

4.8 内部控制制度的建立与设计

企业内部控制制度的建立要根据一定的步骤,选用具体的方法来完成。

4.8.1 内部控制制度的设计步骤

设计内部控制制度的步骤,主要是确定控制目标,整合控制流程,鉴别关键控制点,确定控制措施,最终以流程图或调查表的形成加以体现。

1. 确定控制目标

控制目标既是管理经济活动的基本要求,又是实施内部控制的最终目的,也是评价内部控制的最高标准。在实际工作中,管理人员和审计人员总是根据控制目标,建立和评价内部控制系统。因此,设计内部控制制度,首先应该根据经济活动的内容特点和管理要求提炼出内部控制目标,然后据以选择具有相应功能的内部控制要素,组成该控制系统。关于内部控制的基本目标在本章2.1节中已经有过充分讨论。

2. 整合控制流程

控制流程是指依次贯穿于某项业务活动始终的基本控制步骤及相应环节。控制流程通常与业务流程相吻合,主要由控制点组成。当企业的业务流程存在控制缺陷时,则需要根据控制目标和控制原则加以整合。

3. 鉴别关键控制点

实现控制目标,主要是控制容易发生偏差的业务环节。这些可能发生错弊因而需要控制的业务环节,通常称为控制点。控制点按其发挥作用的程度而论,可以分为关键控制点和一般控制点。那些在业务处理过程中发挥作用最大,影响范围最广,对于保证整个业务活动的控制目标具有至关重要影响,甚至决定全局成效的控制点,即为关键控制点。

4. 确定控制措施

确定控制措施,是通过设置具体的控制技术和手续而实现的。这些为预防和发现错弊而在某控制点所运用的各种控制技术和手续等就是内部控制制度的控制措施。

4.8.2 内部控制制度的设计方法

内部控制制度的设计方法包括一般控制法和业务循环控制法。

1. 一般控制法

一般控制法是企业根据其经济业务的性质、特点等,针对容易经常发生错弊的业务或环节所实施的控制程序、方法和措施等。目前国内外大多数中小企业通常是针对人、财、物等要素,分别按内部管理控制制度和财务会计控制制度进行设计的。

(1) 内部管理控制。内部管理控制范围涉及企业生产技术、经营管理各部门的各层次、各环节。控制内容包括组织规划的所有方法和程序,这些方法和程序主要与经营效率和贯彻管理方针有关,通常只与财务记录有间接关系。这些控制一般包括统计分析、时动研究(即工作节奏研究)、业绩报告、员工培训计划和质量控制。

(2) 财务会计控制。其内容主要包括:①会计控制,包括严格的凭证制度,即合规合法的凭证及传递程序;会计业务处理程序;会计复核与会计监督程序等。②财务控制,是通过对单位资金运行状况的监督与分析,来对单位的各职能部门及人员的活动及工作所实施的控制,包括预算控制、财产物资管理、会计报表分析、货币资金控制、债权债务控制、成本费用控制、实物资产控制等。

2. 业务循环控制法

业务循环控制法就是按照处理企业内部某类经济业务事项的方法和程序的先后顺序而实施控制的方法。一般而言,任何企业的所有交易和账产余额均可划分为几个业务循环。企业可将整个交易事项的处理过程划分为销售和收入循环、采购和付款循环、生产循环、筹资和投资循环、货币资金循环五个关键性的环节,并据此设计和实施相关的控制措施。

(1) 销售与收款循环。销售与收款循环是指企业围绕推销产品、商品或劳务等所发生的经济业务,它是企业生产经营活动的基本内容,是生产经营过程的最后一个环节,其目的在于卖出自己的产品、商品而获得货币收入,实现产品的价值。销售与收款循环的业务内容主要包括接受客户订货单、核准信用条件、发运商品、开列销售发票、记录收益和应收款项、开具账单、处理和记录收入现金等业务。销售业务的发生,一方面引起企业的存货减少,另一方面引起企业收入的增加,因此,它与资产盘存业务和货币资金收入业务密切相关。为销售业务设计严密完善的内部控制制度,不仅可以保证销售业务的合法合理性,而且可以加强资产盘存业务和货币资金收入业务的内部控制。

(2) 采购和付款循环。采购和付款循环是指企业围绕购买材料或商品等所发生的经济业务。它是企业生产经营过程的第一阶段,从业务的处理过程来看,采购和付款循环由制订采购计划,签订采购合同或发出订货单,购买存货、其他资产和劳务,货物验收入库及编制验收报告,记录应付债务,核准付款,支付并记录现金支出等程序构成。

采购业务涉及供应部门和财会部门以及仓库的有关人员,由他们分别负责货物的购买、验收和款项结算工作。因此,设计采购业务的内部控制制度,重点是解决好这些部门及其有关人员之间的相互制约和分工协作关系。

(3) 生产循环控制。生产循环是将原材料加工成为零部件或产成品的过程,包括储存原料、燃料、生产领用原材料,以及制造成本的归集方法和程序等业务。这一循环包括了制造产品品种和数量的生产计划和控制、保持销货水平和与制造过程有关的交易和事项。

(4) 筹资和投资循环。筹资和投资循环由筹资活动和投资活动的交易事项所构成。企业筹资是指企业根据其生产经营、对外投资及调整资金结构等活动对资金的需要,通过一定的渠道,采取适当的方式,获取所需资金的一种行为。企业投资是指企业为通过分配来增加财富,或为谋求其他利益,而将资产让渡给其他单位所获得的另一项资产的一种行为。

对于筹资活动,其内部控制的重点是筹资活动是否经过有关部门或领导的审核,是否符合国家有关法律、法规的规定,所有者权益在筹资过程中是否得到合理保证等。对于投资活动,其内部控制的重点是投资活动是否经过有关部门或领导的审核,投资资产的保管、记录、报告以及投资收益的确认是否合理等。

(5) 货币资金循环。货币资金包括现金、银行存款和其他货币资金,货币资金循环是企业各种业务循环中最活跃的部分。其特点是:业务数量大、发生范围广,并且由于其自身的天然属性,也是最容易发生差错和弊端的业务。货币资金的管理是整个资金管理的重点,货币资金收付业务的内部控制,是整个内部控制制度设计的关键。如何堵塞漏洞,避免差错,防止弊端,保护货币资金的安全完整,是设计货币资金业务的内部控制制度必须解决好的问题。

4.9 内部控制制度的评价

内部控制制度评价就是根据内部控制调查的方法和测试的结果,对企业的内部控制制度的强弱做出客观评价,确定内部控制制度可以信赖的程度,为确定对企业实质性审查的范围和重点提供依据,为企业改进管理提出具体建议。内部控制制度评价同时也是现代审计的基础,是审计方法发展到新阶段的一个重要标志。

4.9.1 内部控制制度评价的意义

从外部审计角度来讲,对被审计单位进行内部控制制度评价的目的就是将评价结果应用于审计工作中,以提高审计效率,保证审计质量;但对于企业自身而言,评价的结果则有利于改进企业内部控制制度,提高企业内部管理水平。因此,对内部控制制度进行评价具有极为重要的作用。

1. 依据评价结果,确定审计的范围、重点和方法

企业如果内部控制制度健全而又认真执行的话,则由此产生的会计数据必然可靠、值得信赖,从而相对减少实质性测试的工作量;反之,必然增加实质性测试的工作量。审计人员可以根据对内部控制制度的评价结果,针对内部控制制度的弱点或执行较差的环节来判断有关会计资料可能存在的差错,有针对性地补充、修订原定的审计计划,最后确定实质性审查的内容要点、抽样规模、方法和程序。

2. 依据评价结果,提出改进内部控制制度的建议

在对企业内部控制制度实施测试和评价的基础上,可以针对企业内部控制点的不健

全、未实施或失去效用等情况,以及由此而造成的某些差错、弊端、损失和浪费等,向企业领导或管理部门提出改进建议,以利于企业进一步提高管理水平。

4.9.2　评价工作的组织

对单位内部会计控制制度进行检查评价是一项非常重要的工作,《内部会计控制规范——基本规范》要求各个单位应该给予充分的重视,做好评价的组织工作,配备好专业人员,提出明确的要求,以确保单位内部会计控制制度的贯彻实施。

(1) 由本单位内部审计机构组织专业人员进行检查监督。单位的内部审计机构本身就是参与内部会计控制制度设计和监督的机构,他们对本单位的经济业务流程比较熟悉,对各个环节的控制也比较清楚,由内部审计机构进行监督检查,能够发挥很大的促进作用。

(2) 聘请会计师事务所及专业人员对本单位内部会计控制制度的建立及有效实施进行评价。为了更好地得到公正的评价结果,单位可以聘请信誉高、能力强的会计师事务所对本单位的内部会计控制制度进行评价监督。会计师事务所具有专业资格的注册会计师和有关专业人员,他们对内部会计控制的内容、环节都比较熟悉,一般都能胜任此项工作。会计师事务所接受委托后,应认真组织好评价工作,在评价工作结束后,应提出有关的书面报告。

(3) 接受财政部门对单位内部会计控制制度的监督检查。国务院财政部门和县级以上地方各级人民政府财政部门是管理单位会计工作的主管部门,应当根据《会计法》和《内部会计控制规范——基本规范》的要求,对本行政区域内各单位内部会计控制制度的建立和执行情况进行监督检查。

4.9.3　内部控制制度评价的内容

对内部控制制度评价具体包括对内部控制制度健全性、可行性、符合性测试结果等内容的评价。

1. 对内部控制制度健全性进行评价

就是通过对控制点的设置是否完备,是否符合内部控制的基本原则,所有的控制目标是否都已达到,需要控制的地方是否建立了控制环节,是否因安排过多不必要的控制点而人为造成烦琐,人员间的分工和控制是否恰当等方面的内容进行评审,以此来评价内部控制制度的设置是否合理、健全。

2. 对内部控制制度可行性进行评价

企业内部控制制度虽然健全合理,但是否可行,主要取决于两个方面:一是企业管理当局对内部控制及其重要性的态度;二是企业员工素质。

3. 对内部控制制度符合性测试结果进行评价

即对企业内部各部门以及员工执行制度的情况、程度和存在的问题进行评价。具体包括以下几个方面:各部门主管人员及员工对有关的内部控制制度和措施是否能够正确对待,是否认真执行;企业执行制度取得了哪些成绩及取得成绩的原因;内部控制制度在企业执行过程中还存在什么问题,存在问题的性质是否严重,是偶然的疏忽还是一贯有章不循,其影响和后果如何;企业所实行的内部控制制度,有多大的信赖度和可靠性。

4.9.4 内部控制制度评价的方法

1. 对内部控制制度进行调查了解

审计人员通过被审计单位负责人关于企业的组织机构和管理程序、领导分工以及企业流程等情况的介绍作为掌握该单位内部控制制度的第一手资料,并通过参阅被审计单位的各项规章制度,对单位的内部控制制度情况进行详细调查,然后采用调查表或流程图的方法,对经济活动的关键控制点进行分析研究,把握该单位的总体概况,并以书面形式,将单位的总体概况进行详细的描述,作为制定和修改测试内部控制制度的依据。

2. 对内部控制制度进行测试

对内部控制制度首先要进行健全性测试,即以经济业务关键控制点应具备的内部控制制度作为衡量尺度,来判断内部控制制度的健全性和完整性;其次要进行遵循性测试,即通过对内部控制制度在企业内部贯彻执行情况的检验来判断内部控制制度是否在企业中发挥作用;再次要进行有效性测试,即对内部控制制度发挥作用和取得的效能进行检验,判断内部控制制度的有效性;最后要进行协调性测试,即通过对岗位责任的实施过程的检查来测试内部控制制度的协调性情况。

3. 对内部控制制度实质性进行检查

在对内部控制制度进行测试以后应进行实质性检查,审计人员通过检查,取得审计证据后,对证据进行分析、研究和评价,提出审计意见并做出审计结论,确保企业健康、稳步发展。

案例示范

×××公司内部控制制度设计见二维码。

本章小结

内部控制制度是企业为了提高工作效率和经济效益而采取的一种有效管理制度,它是指企业内部各级管理部门,为了保护经济资源的安全完整,确保经济信息的正确可靠,协调经济行为,控制经济活动,利用单位内部因分工产生的相互制约、相互联系的关系,形成一系列具有控制职能的方法、措施,并予以规范化、系统化,使之组成一个严密的、较为完整的体系。内部控制制度具有客观存在、动态循环、只能为经营目标的实现提供合理保证的特征。建立科学的内部控制制度应当遵循一些基本规律:以计划与规则的实现为目标;组织适应性原理;控制关键点原理;例外原理;控制趋势原理。内部控制的目标是内部控制存在及存在形式的根本,也是建立内部控制框架以及考核和评价内部控制的指导性参照物。内部控制系统设计的主要内容包括:岗位轮换控制;会计凭证控制;账簿控制;审批与稽核控制;档案管理控制;标准处理程序控制。从外部审计角度来讲,对被审计单位进行内部控制制度评价的目的就是将评价结果应用于审计中,以提高审计效率,保证审计质量;对企业自身而言,评价的结果有利于改进企业内部控制制度,提高企业内部管理水平。

复习思考题

1. 简述内部控制制度的含义及其特征。
2. 简述内部控制制度的工作原理。
3. 简述会计系统控制的主要内容。
4. 简述财务会计控制的主要内容。
5. 试述内部控制制度评价的主要内容。

案例分析

1. 资料:2016年2月,A公司(国有企业)按照财政部门要求,决定在公司系统全面地开展《会计法》执行情况检查。4月初,A公司派出检查组对设在外省的销售分公司B公司(以下简称"B公司")进行检查,发现B公司存在多头开户、私设小金库等问题。正当检查组准备对相关问题进行深入检查时,A公司接到有关部门通报,A公司财会部经理许亮、B公司经理赵强、副经理张志刚携巨款潜逃国外。A公司立即向公安机关报案,同时决定对B公司几年来的经营管理和财务会计工作情况进行全面检查。经过6个多月的检查,一桩作案多年、涉案金额高达近2 000万元的资金盗用案被揭开了面纱。

经查,许亮等人的主要作案手段和有关情形如下:

2013年,许亮被任命为B公司经理,赵强担任B公司副经理,张志刚任会计兼出纳。当时,A公司出于开拓市场扩大经营规模等考虑,授予B公司产品销售定价自主权和对外投资自主权。由于尚未建立销售网络计算机控制系统,对各销售分公司的销售情况,A公司每月手工统计汇总一次,并要求各销售分公司每月末将当月销售货款集中汇缴A公司账户,确认销售收入。许亮等人利用A公司授予的销售定价权,采用高价销售、低价向A公司汇总报账的手法截留销售货款形成"小金库",并利用销售货款上缴的时间差,挪用销售货款由赵强负责炒股,非法所得也流入"小金库"。然后,由会计兼出纳的张志刚将"小金库"款项源源不断地汇往境外由许亮等人控制的账户。

2014年,许亮调任A公司财会部经理,赵强接任B公司经理,张志刚任副经理仍兼任会计和出纳工作。此后的几年间,许亮、赵强、张志刚三人继续采用上述手法大肆作案,直到2016年4月A公司检查组进驻。

案发后,A公司对此案高度重视,针对此案暴露出的分公司权力过大及内部控制方面存在的缺陷等问题,A公司董事会做出以下决定:

第一,建立健全公司的内部控制制度,由总经理组织制定与实施,今后如果内部控制方面再出现问题,应由总经理承担全部责任。

第二,加强对外投资的控制,收回各分公司的对外投资权,公司所有的投资均由A公司董事长审批。

第三,加强财务管理,会计和出纳人员分设,出纳人员不得兼任账目登记工作,A公司的银行预留印鉴等一律由总会计师统一保管。

第四,加强销售与收款的控制,所有的销售业务(包括制定销售价格、签订销售合同、组织货物发运、结算销售货款等)均由A公司销售部统一负责,各销售分公司仅负责市场宣传推广、协助催收货款。

第五,加强计算机系统建设和内部审计工作,实现销售网点计算机控制,由A公司财会部每年组织对本公司及下属分、子公司的内部控制制度执行情况和会计资料进行审计。

要求:(1) 针对A公司发生的案件,分析其内部控制方面的缺陷,并说明理由。

(2) 从内部控制角度,指出A公司董事会所做决定的不当之处,并说明理由。

2. 资料:××企业销售产品的示意图如下:

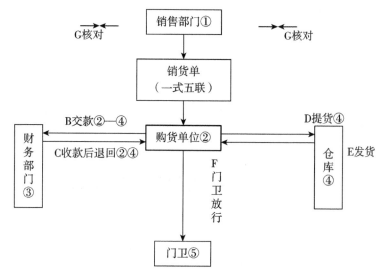

要求: 请你根据以上图示,简要叙述该企业的销售内部控制程序。并指出在销售业务内部控制中哪些是不相容职务。

第5章 资金内部控制与核算系统设计

学习目标

1. 理解加强资金管理与控制的意义与原则。
2. 了解资金活动内部控制的目标及要求。
3. 了解投资与筹资的内部控制要求。
4. 理解投资与筹资的内部控制内容。
5. 掌握投资与筹资核算方法的设计。
6. 掌握投资与筹资业务核算程序的设计。

5.1 加强资金管理与控制的意义与原则

货币资金是单位内部流动性最强的资产,包括现金、银行存款及其他货币资金。加强对货币资金的内部控制和管理,保证货币资金的安全,对一个单位是至关重要的。从大的方面来讲,可以减少或杜绝腐败的发生;从小的方面来讲,有利于资金的合理使用,减少业务成本,避免浪费。

5.1.1 加强资金管理与控制的意义

1. 资金活动的风险管控事关企业生死存亡

第一,资金活动影响企业生产经营的全过程。企业的资金活动与生产经营过程密不可分,企业生产经营活动的开展,总是依赖于一定形式的资金支持;生产经营的过程和结果,也是通过一定形式的资金活动体现出来的。因此,资金管理一直被视为企业财务管理的核心内容,构成企业经营管理的重要部分。

第二,资金活动内部控制通常是企业内部管理的关键薄弱环节。由于影响企业资金活动的因素有很多,涉及面很广、不确定性很强,企业资金活动的管理和控制面临的困难很大。一是做好资金活动的管控,需要企业对自身业务活动做出科学的、准确的定位;二是做好资金活动的管控,需要对企业所处的政治、经济、文化和技术等环境做出客观的、清晰的判断;三是做好企业资金活动的管控,需要企业相机抉择,合理处理自身与外界的各种关系和矛盾。企业由于受到主客观条件的限制,很难做到自动对资金活动施以有效控制。资金活动内部控制的失误,往往会给企业带来致命的打击。中航油事件等众多事实表明,资金活动内部控制失效,轻则带来巨额损失,重则可能将企业的百年基业毁于一旦。可见,资金活动及其内部控制情况,对企业的生产经营影响巨大;加强和改进资金活动内部控制,是企业生存和发展的内在需要。

2. 加强企业资金管控有利于企业可持续发展

第一,有利于企业防范资金活动风险,维护资金安全。资金活动贯穿企业生产经营的全过程,企业内部各部门、企业外部相关单位和个人都直接或间接地参与企业的资金活动,其中任何一个环节、任何一个机构和个人出现差错,都有可能危及资金安全,导致企业损失。加强资金活动内部控制,有利于企业及时发现问题,防范并化解有关风险。

第二,可以促进企业合理使用资金,提高资金的使用效率。企业生产经营活动的有效开展,依赖于资金所具有的合理存量和流量。根据资金活动指引开展资金活动内部控制,正确评价企业的资源条件和未来前景,科学地进行筹资和投资,并对生产经营中的资金余缺进行合理调剂,有利于资金均衡流动,提高资金的使用效率,获得更好的经济效益。

第三,可以规范企业经营活动,推动企业可持续发展。由于资金活动与企业生产经营活动紧密结合,根据资金活动指引规范企业的生产经营活动,实际上是从资金流转的角度对企业的生产经营过程进行控制,有利于促使企业规范地开展业务活动,实现长期可持续发展。

5.1.2 加强资金管理与控制的原则

资金管理与控制的原则是指对建立和设计内部控制时具有指导性的法则和标准,有效的资金管理与控制通常应遵循以下一些原则:

1. 合法、合规性原则

合法、合规性原则是指建立的内部控制制度应当遵循国家有关财经法律、法规的要求,保证经济业务在合法、合规的状态下开展,单位或组织应首先满足这一前提,才能根据实际情况和业务特点制定符合单位或组织自身管理要求的内部控制制度,这是建立资金内部控制制度的先决条件。

2. 目标性原则

目标性原则是指建立资金内部控制制度必须依据单位或组织的总目标以及有关具体目标来确定,控制的目的是实现目标,目标是控制活动的起点和归宿,明确的控制目标有助于实际操作和考核检查。

3. 全面控制原则

全面控制原则的含义有两层:一是全过程控制,即对单位或组织涉及资金的经营管理活动过程进行全面的控制;二是全员控制,即对单位或组织中与资金运作有关的所有员工进行控制,单位或组织每一成员既是施控主体,同时又是受控客体。

4. 相互制约原则

相互制约原则是指对于办理具有固定风险的经济业务事项涉及的不相容职务应该严格加以分离。所谓固定风险又叫原发性风险,即在缺少资金内部控制制度的情况下经济业务事项客观上存在发生错弊的可能性,对此若不加以控制就会导致错弊的发生。而不相容职务是指集中于一人办理,既容易发生错弊,同时又能够自行加以掩盖的两项或几项职务。

5. 适用性原则

适用性原则是指制定的资金内部控制制度应当适合具体单位或组织的应用。由于单位或组织在性质、行业、规模、组织形式和内部管理体制及管理要求等方面存在差异,就构成了各个单位或组织不同的特点,所以单位或组织应根据自身实际情况,恰当地设置适用的资金控制措施、手段及程序等,这样才能发挥应有的控制作用,满足管理的需要。

6. 有效性原则

有效性原则的含义有两层:一是单位或组织的资金控制手段和方法在实施过程中应当有明显的预防作用。二是单位或组织应定期检查资金内部控制制度的执行情况,对出现的问题及时加以处理,并有针对性地采取相应的完善措施。

7. 成本收益原则

成本收益原则是指设置资金内部控制制度的成本应低于控制所带来的预期收益。那种不顾单位或组织实际,过分强调所谓的"严密"要求而设计出十分庞杂的控制制度的做法,不但浪费单位或组织的人力、物力和财力,也会导致员工产生厌烦情绪。所以,当一些资金业务通过不断增加控制点来达到较高的控制程度时,应当考虑采用多少控制点才能够使控制收益减去控制成本的值最大;而当控制收益难以确定时,则应当考虑在满足既定控制目标的前提下如何使控制成本最小化。

5.2 资金活动内部控制的目标及要求

5.2.1 资金活动内部控制的目标

货币资金是单位或组织流动性最强、控制风险最高的资产,是单位或组织生存与发展的基础。大多数贪污、诈骗、挪用公款等违法乱纪行为都与货币资金有关,因此,必须加强对单位或组织货币资金的管理和控制,建立健全货币资金内部控制,确保经营管理活动合法而有效。内部控制目标是单位或组织建立健全内部控制的根本出发点。首先,确保全部应收进的货币资金均能收进,并及时正确地予以记录;其次,全部货币资金支出是按照经批准的用途进行的,并及时正确地予以记录;再次,库存现金、银行存款报告正确,并得以恰当保管;最后,正确预测单位或组织正常经营所需的货币资金收支额,保证有充足又不过剩的货币资金余额。

1. 现金内部控制的目标

现金内部控制的目标主要表现在三个方面:第一,要保证现金的安全、完整,这是现金管理的首要目标;第二,正确进行会计纪录,保证现金余额的真实,并与实存数额相符;第三,保证有足额的现金满足正常生产经营的需要。一个良好的现金内部控制制度应该达到以下几点:

（1）现金的收支与记账的岗位应分离。

（2）现金的收支要有合理、合法的凭据。现金的使用范围必须符合国家的规定,现金的收支必须严格按照会计制度及时、正确地填制有关凭证,并登记入账。

（3）现金收入应及时准确入账,并且支出要有核准手续。

（4）控制现金坐支,当日收入现金应及时送存银行。

（5）库存现金应做到日清、日结、日对,保证账实相符。出纳应每天通过现金日记簿结账,同时清查现金,保证账实相符。会计部门或内部审计部门应随时派出纳以外的其他人员抽查盘点现金,检查账实是否相符。

（6）加强对现金业务的内部审计。

2. 银行存款内部控制的目标

根据《银行账户管理办法》及企业财务规定,银行存款收支业务应主要实现以下目标:

（1）保证银行存款收付正确合法。企业应该严格按照《银行管理暂行条例》办理银行存款收付业务,认真审核银行存款收入来源和支出用途。

（2）保证银行存款结算适当及时。企业必须按照银行规定的结算方式办理各项收支款项,按不同结算方式的使用范围、条件和结算程序,及时、合理安排货款,避免逾期托收、误期拒付、透支存款以及结算方式不当而影响资金使用效率或影响购销业务。

（3）保证银行存款安全完整。企业应该严格管理银行存款,认真核对存款记录,妥善保管结算票据、专用印鉴和支票,及时核对银行存款和办理支票挂失,严禁出租、出借银行账户和转让支票,确保银行存款安全完整。

（4）保证银行存款记录真实可靠。企业应该按照财务制度规定,正确记录银行存款业务,如实核算收入支出活动,认真核对银行存款记录,保证银行存款记录真实可靠,随时提供准确的银行存款信息。

（5）确保银行存款账户有足够的余额,以保证企业经营所需的资金。

5.2.2 资金活动内部控制的要求

对资金活动实施内部控制,需要建立健全相应的内部控制制度,即根据国家和地方有关法律、法规和监管制度的要求,结合企业生产经营的实际需要,设计科学合理、重点突出、便于操作的业务流程,同时还要有针对关键控制点以及主要风险来源的内部控制措施。

第一,科学决策是核心。推进资金管理信息化建设,将资金预算管理与资金适时监控相结合,及时准确地反映资金运行状况和风险,可以提高决策的科学性,提高资金管理的及时性。具体地说,企业应当根据自身发展战略,综合考虑宏观经济政策、市场环境、环保要求等因素,结合本企业发展实际,科学确定投融资目标和规划。如果目标不明确,决策不正确,则控制措施就难以执行到位,资金活动将难以顺利进行。

第二,制度建设是基础。制度是企业经营管理各项活动顺利开展的基础性保障,要大力推动资金运作的合法性和规范性。企业应当根据内部控制规范等法律、法规及企业自身的管理需要,完善资金管理制度,强化资金内部控制管理。企业资金活动内部控制制度主要涉及资金授权、批准、审验等方面。比如,通过资金集中归口管理制度,明确筹资、投资、营运等各环节相关部门和人员的职责权限;通过不相容岗位分离制度,形成有力的内部牵制关系;通过严格的监督检查和项目后评价等制度,跟踪资金活动内部控制的实际情况,据以修正制度、改善控制效果。

第三,业务流程是重点。对资金活动实施内部控制,本质上是对资金业务的控制。企业在设计资金活动相关的内部控制制度时,应该重点明确各种资金活动的业务流程,确定每一个环节、每一个步骤的工作内容和应该履行的程序,并将其落实到具体部门和人员。此外,由于很多资金业务是伴随着企业生产经营活动的开展而开展的,二者既相互联系,又相互影响,因此,在设计资金活动业务流程的同时,要充分考虑相关生产经营活动的特征,根据生产经营活动的流程设计合理的资金控制流程。反之,也可以根据资金控制流程调整和优化生产经营活动流程,达到通过控制资金活动来规范企业生产经营活动的目标。

第四,风险控制点是关键。在资金活动较为复杂的情况下,资金内部控制不可能面面俱到。因此,企业必须识别并关注主要风险来源和主要风险控制点,以提高内部控制的效率。具体而言,是明确业务流程以后,企业应该针对流程中的每一个环节、每一个步骤,认真细致地进行分析,根据不确定性的大小、危害性的严重程度等,明确关键的业务、关键的程序、关键的人员和岗位等,从而确定关键的风险控制点;然后针对关键风险控制点制定有效的控制措施,集中精力管控住关键风险。

第五,资金集中管理是方向。一般认为,企业规模越大,管理的难度也越大,如果管理技能一定,企业应当在集权与分权之间做出适当均衡。由于科学技术的快速发展极大地提高了企业资金管理的能力,资金集中管理的优势明显扩大,并且日益成为较大规模企业的首选资金管控模式。另外,集团公司是企业发展到一定规模后,为了进一步优化资源配置而采用的一种组织形式。集团公司的资金内部控制,同样首推集中管控模式。也就是说,无论是企业相对于其内部部门和分支机构,还是集团公司相对于其子公司,都应该加强资金的集中统一管控。企业有子公司的,更应该采取合法有效的措施,强化对子公司资金业务的统一监控;有条件的集团公司,应当探索财务公司、资金结算中心等资金集中管控模式。

第六,严格执行是保障。再好的制度、措施,如果只停留在纸面上,不严格执行,就只能流于形式而无法发挥实效。对资金活动进行内部控制时,虽然找对了业务流程、找准了关键风险控制点,但是如果不采取具体措施,对关键风险进行有效控制,那么同样可能造成严重损失。因此,制度的执行到位与否是事关整个内部控制活动能否取得实效的关键,只有严格执行,才能保证实现资金活动决策目标。为了加强对资金活动的管控,促使资金活动内部控制制度得到切实有效的实施,企业财会部门应当负责资金活动的日常管理,参与投融资方案等可行性研究;总会计师或分管会计工作的负责人应当参与投融资决策过程。

5.3 筹资活动管理控制

筹资活动是企业资金活动的起点,也是企业整个经营活动的基础。通过筹资活动,企业取得投资和日常生产经营活动所需的资金,从而使企业的投资、生产经营活动能够顺利进行。企业应当根据经营和发展战略的资金需要，确定融资战略目标和规划，结合年度经营计划和预算安排，拟订筹资方案，明确筹资用途、规模、结构和方式等相关内容，对筹资成本和潜在风险做出充分估计。如果是境外筹资，还必须考虑所在地的政治、经济、法律和市场等因素。

企业的生产经营活动过程，是一个人力资源作用于物质资源的过程。在这个过程中，物质资源的运动，一方面表现为有形的货币和实物资产的周转运动，另一方面表现为物质资源运动中蕴藏的无形的资金价值的周转运动。因此，对企业生产经营活动过程中物质资源运动过程的内部控制，就是对有形的货币和实务资产周转运动的内部控制，以及对这个过程中体现出来的无形的资金价值周转运动的内部控制。

筹资活动的内部控制，既决定着企业能否顺利地筹集生产经营和未来发展所需的资金，又决定着企业能以什么样的筹资成本筹集所需资金，能以什么样的筹资风险筹集所需资金，还决定着企业所筹集资金最终的使用效益。较低的筹资成本、合理的资本结构和较低的筹资风险，能够使企业应付裕如、进退有据，不至于背负沉重的压力，可以从容地追求长期目标，实现可持续发展；而较高的筹资成本、不合理的资本结构和较高的筹资风险，常常使企业经营压力倍增。企业一方面要保持更高的资金流动性以应付不合理资本结构带来的财务风险，另一方面要追求更高的投资收益以补偿高额的筹资成本。因此，企业难以追求长期目标，往往过度追求短期利益，饮鸩止渴或者铤而走险，发展战略不能得到很好的执行，经营活动的可持续性得不到保证，企业的经营和发展难以为继，财务风险很大，企业正常发展受到严重制约。

5.3.1 筹资活动的业务流程

企业筹资活动的内部控制，应该根据筹资活动的业务流程，区分不同筹资方式，按照业务流程中不同环节体现出来的风险，结合资金成本与资金使用效益情况，采用不同措施进行控制。因此，设计筹资活动的内部控制制度，首先必须深入分析筹资活动的业务流程。通常情况下，筹资活动的业务流程包括（见图5.1）：

第一，筹资方案提出。一般由财务部门根据企业经营战略、预算情况与资金现状等因素，提出筹资方案。一个完整的筹资方案应包括筹资金额、筹资形式、利率、筹资期限、资金用途等内容，提出筹资方案的同时还应当与其他生产经营相关业务部门沟通协调，在此基础上才能形成初始筹资方案。

第二，筹资方案论证。初始筹资方案还应当经过充分的可行性论证。企业应组织相关专家对筹资项目进行可行性论证，可行性论证是筹资活动内部控制的重要环节。一般可以从下列几个方面进行分析论证：一是筹资方案的战略评估。主要评估筹资方案是否符合企业整体发展战略；筹资规模是否合理，防止因盲目筹资而给企业造成沉重的债务负担。企业应对筹资方案是否符合企业整体发展战略进行严格审核，只有符合企业发展战略的筹资方案才具有可行性。另外，企业在筹资规模上，也不可过于贪多求大。资金充裕是企业发展的重要保障，然而任何资金都是有成本的，企业在筹资时一定要有战略考虑，切不可盲目筹集过多的资金，造成资金闲置，同时给企业增加财务负担。二是筹资方案的经济性评估。主要评估筹资方案是否符合经济性要求；是否以最低的筹资成本获得了所需的资金；是否还有降低筹资成本的空间以及更好的筹资方式；筹资期限等是否

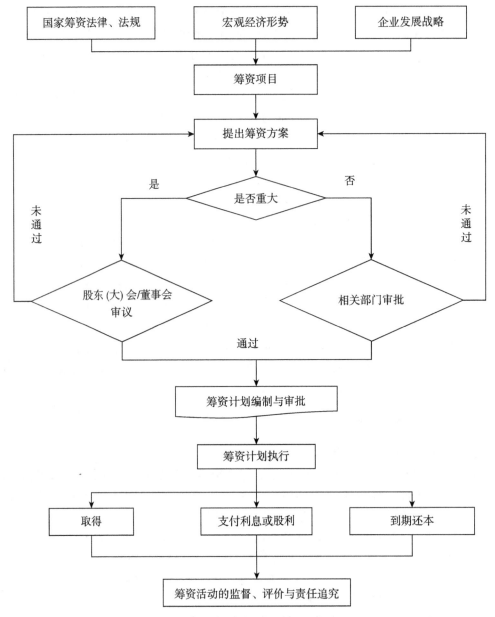

图 5.1 筹资活动的业务流程

经济合理;利息、股息等水平是否在企业可承受的范围之内。如筹集相同的资金,选择股票与选择债券方式,就会面临不同的筹资成本;选择不同的债券种类或者期限结构,也会面临不同的筹资成本,所以企业必须认真评估筹资成本,并结合收益与风险进行筹资方案的经济性评估。三是筹资方案的风险评估。主要包括对筹资方案面临的风险进行分析,特别是对利率、汇率、货币政策、宏观经济走势等重要条件进行预测分析;对筹资方案面临的风险做出全面评估,并有效地应对可能出现的风险。比如,若选择债权筹资方式,其按期还本付息对于企业来说是一种刚性负担,带给企业的现金流压力较大;若选择股权筹资方式,在股利的支付政策上企业有较大的灵活性,且无须还本,因而企业的现金流压力较小,但股权筹资的成本也是比较高的,而且股权筹资可能会使得企业面临较大的控制权风险。所以,企业应在不同的筹资风险之间进行权衡。

第三,筹资方案审批。通过可行性论证的筹资方案,需要在企业内部按照分级授权审批的原则进行审批,重点关注筹资用途的可行性。重大筹资方案,应当提交股东(大)会审议,筹资方案需经有关管理部门批准的,应当履行相应的报批程序。审批人员与筹资方案编制人员应适当分离。在审批中,应当贯彻集体决策的原则,实行集体决策审议或者联签制度;在综合正反两方面意见的基础上进行决策,而不应由少数人主观决策。筹资方案发生重大变更的,应当重新履行可行性研究以及相关审批程序。

第四,筹资计划编制与执行。企业应根据审核批准的筹资方案,编制较为详细的筹资计划,经过财务部门批准后,严格按照相关程序筹集资金:通过银行借款方式筹资的,应当与有关金融机构进行洽谈,明确借款规模、利率、期限、担保、还款安排、相关的权利义务和违约责任等内容;双方达成一致意见后签署借款合同,据此办理相关借款业务。通过发行债券方式筹资的,应当合理选择债券种类,如普通债券还是可转换债券等,并对还本付息方案做出系统安排,确保按期、足额偿还到期本金和利息。通过发行股票方式筹资的,应当依照《证券法》等有关法律法规和证券监管部门的规定,优化企业组织架构,进行业务整合,并选择具备相应资质的中介机构,如证券公司、会计师事务所、律师事务所等协助企业做好相关工作,确保符合股票发行条件和要求。同时,企业应当选择合理的股利支付方式,兼顾投资者的近期与长远利益,调动投资者的积极性,避免分配不足或过度;股利分配方案最终应经股东大会审批通过,如果是上市公司还必须按信息披露要求进行公告。另外,企业应通过及时足额还本付息以及合理分配和支付股利,保持企业良好的信用记录,这一点对于企业顺利进行再融资具有重要意义。

第五,筹资活动的监督、评价与责任追究。要加强筹资活动的检查监督,严格按照筹资方案确定的用途使用资金,确保款项的收支、股息和利息的支付、股票和债券的保管等符合有关规定。筹资活动完成后要按规定进行筹资后评价,对存在违规现象的,应严格追究其责任。

5.3.2 筹资活动的主要风险及其控制措施

企业筹资业务可能面临的重要风险类型较多,企业在相应的内部控制活动中应注意识别关键风险,设计相关的内部控制制度,有效地进行风险控制。

第一,缺乏完整的筹资战略规划导致的风险。企业在筹资活动中,应以企业在资金方面的战略规划为指导,具体包括资本结构、资金来源、筹资成本等。在企业具体的筹资活动中,应贯彻既定的资金战略,以目标资本结构为指导,协调企业的资金来源、期限结构、利率结构等,如果忽视战略导向,缺乏对目标资本结构的清晰认识,则很容易导致盲目筹资,使得企业资本结构、资金来源、利率结构等处于频繁的变动之中,给企业的生产经营带来巨大的财务风险。

第二,缺乏对企业资金现状的全面认识导致的风险。企业在筹资之前,应首先对企业的资金现状有一个全面正确的了解,并在此基础上结合企业战略和宏、微观形势等提出筹资方案。如果资金预算和资金管控工作不到位,使得企业无法全面了解资金现状,这将使得企业无法正确评估资金的实际需要以及期限等,很容易导致筹资过度或者筹资不足。特别是对于大型企业集团来说，如果没有对全集团的资金现状做一个深入完整的了解，很有可能出现一部分企业资金结余，而其他部分企业仍然对外筹资现象，使得集团的资金利用效率低下，增加了不必要的财务成本。

第三，缺乏完善的授权审批制度导致的风险。筹资方案必须经过完整的授权审批流程方可正式实施，这一流程既是企业上下沟通的一个过程，同时也是各个部门、各个管理层次对筹资方案进行审核的重要风险控制程序。审批流程中，每一个审批环节都应对筹资方案的风险控制等问题进行评估，并认真履行审批职责。完善的授权审批制度有助于对筹资风险进行管控，如果忽略这一完善的授权审批制度，则有可能忽视筹资方案中的潜在风险，使得筹资方案草率决策、仓促上马，给企业带来严重的潜在风险。

第四，缺乏对筹资条款的认真审核导致的风险。企业在筹资活动中，都要签订相应的筹资合同、协议等法律文件，筹资合同一般应载明筹资数额、期限、利率、违约责任等内容，企业应认真审核、仔细推敲筹资合同的具体条款，防止因合同条款未认真审读而给企业带来潜在的不利影响，使得企业在未来可能发生的经济纠纷或诉讼中处于不利地位。在这一方面，企业可以借助专业的法律中介机构来进行合同文本的审核。

第五，因无法保证支付筹资成本导致的风险。任何筹资活动都需要支付相应的筹资成本。对于债权类筹资活动来说，相应的筹资成本表现为固定的利息费用，是企业的刚性成本，企业必须按期足额支付，用以作为资金提供者的报酬。对于股权类筹资活动来说，虽然没有固定的利息费用而且没有还本的压力，但是保证股权投资者的报酬一样不可忽视，企业应认真制订股利支付方案，包括股利金额、支付时间、支付方式等，如果股利支付不足，或者对股权投资者报酬不足，将会导致股东抛售股票，从而使得企业股价下跌，给企业的经营带来重大不利影响。

第六，缺乏严密的跟踪管理制度导致的风险。企业筹资活动的流程很长，不仅包括资金的筹集到位，更包括资金使用过程中的利息、股利等筹资费用的计提支付，以及最终的还本工作，这一流程一般贯穿企业整个经营活动的始终，是企业的一项常规管理工作。企业在筹资跟踪管理方面应制定完整的管理制度，包括资金到账、资金使用、利息支付、股利支付等，并时刻监控资金的动向。如果缺乏严密的跟踪管理，则可能会使企业资金管理失控，因资金被挪用而导致财务损失；也可能因此导致利息没有及时支付而被银行罚息，这些都会使得企业面临不必要的财务风险。

筹资活动的流程较长，根据筹资活动的业务流程，找出其中的关键风险控制点进行风险控制，可以提高风险管控的效率（见表5.1）。一般来说，筹资活动中各环节的主要风险控制点包括：一是提出筹资方案。提出筹资方案是筹资活动中的第一个重要环节，也是筹资活动的起点，筹资方案的内容是否完整、考虑是否周密、测算是否准确等，直接决定着筹资决策的正确性，关系到整个筹资活动的效率和风险。二是筹资方案审批。相关责任部门拟订筹资方案并进行可行性论证以后，股东（大）会或者董事会、高管层应对筹资方案履行严格的审批责任。审批中应实行集体决策审议或者联签制度，避免一人说了算或者"拍脑袋"行为。三是编制筹资计划。根据批准的筹资方案，财务部门应制订严密细致的筹资计划，通过筹资计划，对筹资活动进行严密的安排和控制，使筹资活动在严密的控制下高效、有序地进行。四是实施筹资计划。筹资计划经层层授权审批之后，就应付诸实施。在实施筹资计划的过程中，企业必须认真做好筹资合同的签订、资金的划拨、使用以及跟踪管理等工作,保证筹资活动按计划进行,妥善管理所筹集的资金,保证资金的安全性。五是筹资后管理。筹集资金到位以后,企业应该做好筹资费用的计提、支付以及会计核算等工作。对于债权类筹资,企业应按时计提并及时支付债务利息,保持良好的信用记录;对于股权类筹资,企业应制订科学合理并能让股东满意的股利支付方案,并严格按照方案支付股利。筹资费用的管理事关资金提供者的积极性,对培养企业良好的筹资环境极为重要。

表5.1 筹资活动的关键控制点、控制目标与控制措施

关键控制点	控制目标	控制措施
提出筹资方案	进行筹资方案可行性论证	1.进行筹资方案的战略性评估,包括是否与企业发展战略相符,筹资规模是否适当; 2.进行筹资方案的经济性评估,如筹资成本是否最低,资本结构是否恰当,筹资成本与资金收益是否匹配; 3.进行筹资方案的风险性评估,如筹资方案面临哪些风险,风险大小是否适当、可控,是否与收益匹配。
筹资方案审批	选择批准最优筹资方案	1.根据分级授权审批制度,按照规定程序审批经过可行性论证的筹资方案; 2.审批中应实行集体决策审议或联签制度,保证决策的科学性。
编制筹资计划	制订切实可行的具体筹资计划,科学规划筹资活动,保证低成本、高效率筹资	1.根据筹资方案,结合当时的经济金融形势,分析不同筹资方式的资金成本,正确选择筹资方式和不同筹资数量,财务部门或资金管理部门制订具体的筹资计划; 2.根据授权审批制度报有关部门批准。
实施筹资计划	保证筹资活动正确、合法、有效进行	1.根据筹资计划进行筹资; 2.签订筹资协议,明确权利义务; 3.按照授权审批制度,各环节和各责任人正确履行审批监督责任,实施严密的筹资程序控制和岗位分离控制; 4.做好严密的筹资记录,发挥会计控制的作用。
筹资后管理	保证筹集资金的正确有效使用,维护筹资信用	1.促成各部门严格按照确定的用途使用资金; 2.监督检查、督促各环节严密保管未发行的股票、债券; 3.监督检查、督促正确计提、支付利息; 4.加强债务偿还和股利支付环节的监督管理; 5.评价筹资活动过程,追究违规人员责任。

5.3.3 筹资活动的会计控制

对于筹资活动,企业还应当设置记录筹资活动的会计凭证和账簿,按照国家统一的会计准则和制度,正确核算和监督资金筹集、本息偿还、股利支付等相关情况,妥善保管筹资合同或协议、收款凭证、入库凭证等资料,定期与资金提供方进行账务核对,确保筹资活动符合筹资方案的要求。具体应从以下几个方面入手:一是对筹资活动应进行准确的账务处理。企业应按照国家统一的会计准则和制度,对筹资活动进行准确的会计核算与账务处理,应通过相应的账户准确地进行筹集资金核算、本息偿付、股利支付等工作。二是对筹资合同、收款凭证、入库凭证等应妥善保管。与筹资活动相关的重要文件,如合同、协议、凭证等,企业的会计部门需登记造册、妥善保管,以备查用。三是企业会计部门应做好具体的资金管理工作,随时掌握资金情况。财会部门应编制贷款申请表、内部资金调拨审批表等,严格管理筹资程序;财会部门应通过编制借款存量表、借款计划表、还款计划表等,掌握贷款资金的动向;财会部门还应与资金提供者定期进行账务核对,以保证资金及时到位与资金安全。四是财务部门还应协调好企业筹资的利率结构、期限结构等,力争最大限度地降低企业的资金成本。

1. 长期借款的核算方法设计

长期借款是指企业从银行或其他金融机构借入的期限在一年以上(不含一年)的借款。

企业借入各种长期借款时,按照实际收到的款项,借记"银行存款"科目,贷记"长期借款——本金"科目,按借贷双方之间的差额,借记"长期借款——利息调整"科目。

在资产负债表日,企业应按长期借款的摊余成本和实际利率计算确定的长期借款的利息费用,借记"在建工程""财务费用""制造费用"等科目,按借款本金和合同利率计算确定的应付未付利息,贷记"应付利息"科目,按其差额,贷记"长期借款——利息调整"科目。

企业归还长期借款时,按归还的长期借款本金,借记"长期借款——本金"科目,按转销的利息调整金额,贷记"长期借款——利息调整"科目,按实际归还的款项,贷记"银行存款"科目,按借贷双方之间的差额,借记"在建工程""财务费用""制造费用"等科目。

具体账务处理如下:

取得借款时

借:银行存款
  贷:长期借款

支付工程款时

借:在建工程
  贷:银行存款

计算应计入工程成本的利息时

借:在建工程
  贷:应付利息

支付借款利息时

借:应付利息
　　贷:银行存款

计算应计入财务费用的利息时

借:财务费用
　　贷:应付利息

支付利息时

借:应付利息
　　贷:银行存款

到期还本时

借:长期借款
　　贷:银行存款

企业发行的一般公司债券,无论是平价发行,还是溢价发行或折价发行,都按实际收到的款项,借记"银行存款""库存现金"等科目,按债券票面价值,贷记"应付债券——面值"科目,按实际收到的款项与票面价值之间的差额,贷记或借记"应付债券——利息调整"科目。具体账务处理程序如下:

发行债券时:

借:银行存款
　　贷:应付债券——面值
　　　　　　　　——利息调整

计算利息费用时

借:财务费用等
　　应付债券——利息调整
　　贷:应付利息

归还债券本金及最后一期利息费用时

借:财务费用等
　　应付债券——面值
　　　　　　——利息调整
　　贷:银行存款

2. 可转换债券的核算方法设计

企业发行的可转换公司债券,应当在初始确认时将其包含的负债成分和权益成分进行分拆,将负债成分确认为应付债券,将权益成分确认为资本公积。在进行分拆时,应当先对负债成分的未来现金流量进行折现,确定负债成分的初始确认金额,再按发行价格总额扣除负债成分初始确认金额后的金额,确定权益成分的初始确认金额。发行可转换公司债券发生的交易费用,应当在负债成分和权益成分之间按照各自的相对公允价值进行分摊。

企业发行的可转换公司债券,应按实际收到的金额,借记"银行存款"等科目,按可转换公司债券包含的负债成分的面值,贷记"应付债券——可转换公司债券(面值)"科目,按权益成分的公允价值,贷记"资本公积——其他资本公积"科目,按其差额,借记或贷记"应付债券——可转换公司债券(利息调整)"科目。具体账务处理程序如下:

发行可转换公司债券时

借:银行存款
　　应付债券——可转换公司债券(利息调整)
　贷:应付债券——可转换公司债券(面值)
　　资本公积——其他资本公积

确认利息费用时

借:财务费用等
　贷:应付债券——可转换公司债券(应计利息)
　　　　——可转换公司债券(利息调整)

债券持有人行使转换权时

借:应付债券——可转换公司债券(面值)
　　　　——可转换公司债券(应计利息)
　　资本公积——其他资本公积
　贷:股本
　　应付债券——可转换公司债券(利息调整)
　　资本公积——资本溢价

5.3.4 筹资的内部控制要求与内容

1. 职务分离制度

(1) 筹资计划的编制人应与审批人适当分离。

(2) 办理债券、借款或股票发行的职员不能接触会计记录,通常要求由独立的机构来代理发行债券或股票。

(3) 保管未发行债券或股票的职员应同负责债券或股票会计记录的职员分离。

(4) 负责利息或股利计算及会计记录的职员应同支付利息或股利的职员分离,并应尽可能地让独立的机构来支付利息和股利。

(5) 不得由同一部门或个人办理筹资业务的全过程。

2. 决策过程审批控制制度

(1) 董事会在事先应批准授权一名负责筹资业务的高级管理人员,通常是财务经理,对他所负的责任予以明确。

(2) 财务经理应在经营活动中不断地分析企业经营活动所需的资金数量,并在认为恰当的时候编制筹资计划;如果筹资计划是由财务经理授权其他职员拟订的,则他必须对最后的审定负责。

(3) 筹资计划必须提呈董事会审批,对筹资计划和实施细则的审核结果,应用书面文件记录。

3. 对外发行证券的签发控制制度

（1）董事会核准发行债券或股票的决议是执行筹资业务的必需证明文件。

（2）在许多公司的内部控制制度中规定，已经董事会审核批准发行的债券或股票在正式发行前，必须经董事会指定的高级职员签署，而且签署的形式往往采用会签，即必须有两个以上的高级职员共同签发。得到所有指定签发人的签字后，债券或股票才能正式发行。

4. 证券发行业务控制制度

（1）企业应委托有一定地位的银行、投资信托公司、证券交易商来代理发行债券。

（2）由独立机构负责股票发行和过户等交易事宜，可使发行公司职责分离的内部控制延伸到公司外部。

5. 筹资凭证的记录与保管控制制度

（1）对于吸收直接投资形成的权益性筹资或者向银行借款形成的负债性筹资，企业通常要设立"股本明细表""股东名册""长期借款明细表""短期借款明细表"，并由专人进行登记。

（2）采用发行债券方式进行的筹资业务，应当委托独立的机构代为保管；如果自行保管未发行的公司债券，则应指定专人存放于保险箱中保管，并详细记录债券簿。

（3）对到期收回的债券，必须于归还本金的同时，戳盖作废记号或注销记号。

5.3.5 筹资业务核算程序设计

1. 债券发行业务程序的设计（见图 5.2）

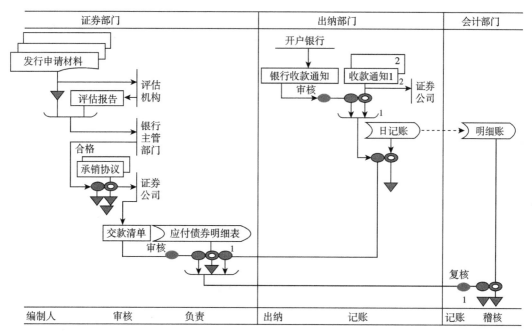

图 5.2 债券发行业务程序的设计

2. 股利分配业务程序的设计（见图 5.3）

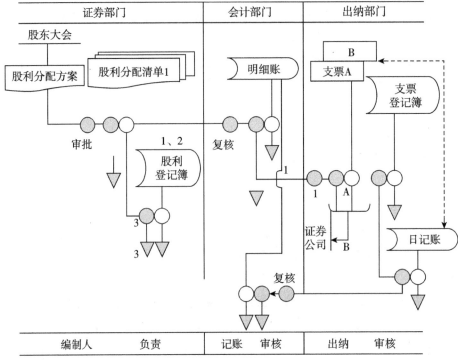

图 5.3　股利分配业务程序的设计

3. 银行借款业务程序的设计（见图 5.4）

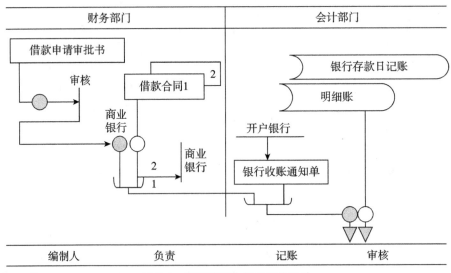

图 5.4　银行借款业务程序的设计

4. 股票发行业务程序的设计（见图5.5）

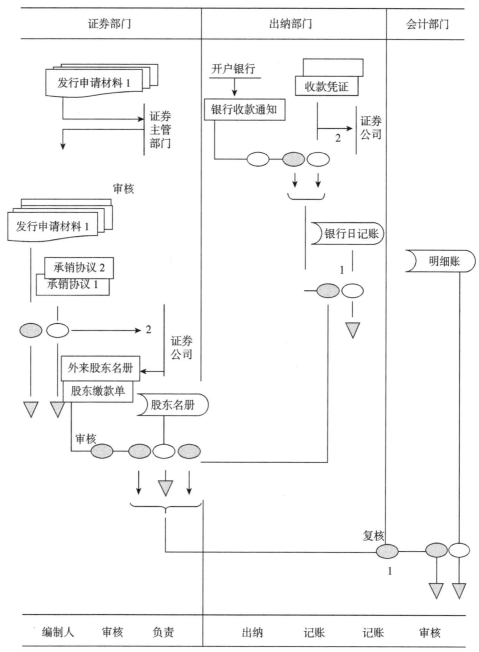

图 5.5　股票发行业务程序的设计

案例示范

×××股份有限公司筹资管理制度（部分摘录）见二维码。

5.4 投资活动管理控制

企业投资活动是筹资活动的延续,也是筹资的重要目的之一。投资活动作为企业的一种营利活动,对于筹资成本补偿和企业利润创造,具有举足轻重的意义。企业应该根据自身发展战略和规划,结合企业资金状况以及筹资可能性,拟定投资目标,制订投资计划,合理安排资金投放的数量、结构、方向与时机,慎选投资项目,突出主业,谨慎从事股票或衍生金融工具等高风险投资。境外投资还应考虑政治、经济、金融、法律、市场等环境因素。如果采用并购方式进行投资,应当严格控制并购风险,注重并购协同效应的发挥。

5.4.1 投资活动的业务流程

企业投资活动的内部控制,应该根据不同投资活动的业务流程,以及流程中各个环节体现出来的风险,采用不同的具体措施进行投资活动的内部控制。投资活动的业务流程(见图5.6)一般包括:第一,提出投资方案。应根据企业发展战略、宏观经济环境、市场状况等,提出本企业的投资项目规划。在对规划进行筛选的基础上,确定投资项目。

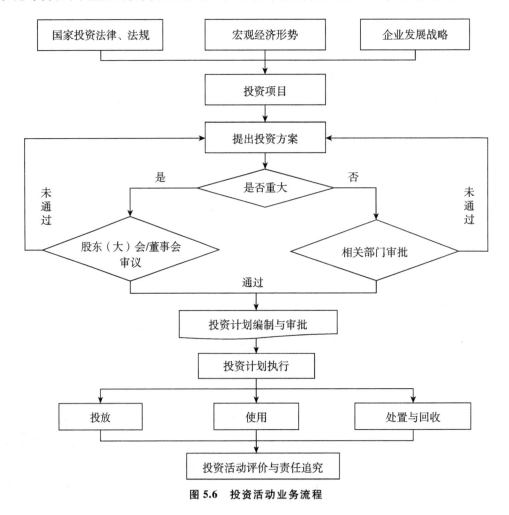

图 5.6 投资活动业务流程

第二，投资方案可行性论证。对投资方案应进行严格的可行性研究与分析。可行性研究需要从投资战略是否符合企业的发展战略、是否有可靠的资金来源、能否取得稳定的投资收益、投资风险是否处于可控或可承担范围内、投资活动的技术可行性、市场容量与前景等几个方面进行论证。

第三，投资方案决策。按照规定的权限和程序对投资方案进行决策审批，要通过分级审批、集体决策来进行，决策者应与方案制定者适当分离。重点审查投资方案是否可行、投资项目是否符合投资战略目标和规划、是否具有相应的资金能力、投入资金能否按时收回、预计收益能否实现，以及投资和并购风险是否可控等。重大投资项目，应当报经董事会或股东（大）会批准。投资方案需要经过有关管理部门审批的，应当履行相应的报批程序。

第四，投资计划编制与审批。根据审批通过的投资方案，与被投资方签订投资合同或协议，编制详细的投资计划，落实不同阶段的资金投资数量、投资具体内容、项目进度、完成时间、质量标准与要求等，并按程序报经有关部门批准。签订投资合同。

第五，投资计划执行。投资项目往往周期较长，企业需要指定专门机构或人员对投资项目进行跟踪管理，进行有效管控。在投资项目执行过程中，必须加强对投资项目的管理，密切关注投资项目的市场条件和政策变化，准确做好投资项目的会计记录和处理。企业应及时收集被投资方经审计的财务报告等相关资料，定期组织投资效益分析，关注被投资方的财务状况、经营成果、现金流量以及投资合同履行情况，发现异常情况的，应当及时报告并妥善处理。同时，在项目实施中，还必须根据各种条件，准确对投资的价值进行评估，根据投资项目的公允价值进行会计记录。如果发生投资减值，应及时提取减值准备。

第六，投资项目的到期处置。对已到期投资项目的处置同样要经过相关审批流程，妥善处置并实现企业最大的经济收益。企业应加强投资收回和处置环节的控制，对投资收回、转让、核销等决策和审批程序做出明确规定。企业应重视投资到期本金的回收；转让投资应当由相关机构或人员合理确定转让价格，报授权批准部门批准，必要时可委托具有相应资质的专门机构进行评估；核销投资应当取得不能收回投资的法律文书和相关证明文件。

5.4.2 投资活动的主要风险点及其控制措施

第一，投资活动与企业发展战略不符导致的风险。企业发展战略是企业投资活动、生产经营活动的指南和方向。企业投资活动应该以企业发展战略为导向，正确选择投资项目，合理确定投资规模，恰当权衡收益与风险。要突出主业，妥善选择并购目标，控制并购风险；要避免盲目投资，或者贪大贪快，乱铺摊子，以及投资无所不及、无所不能的现象。

第二，投资与筹资在资金数量、期限、成本与收益上不匹配导致的风险。投资活动的资金需求，需要通过筹资活动予以满足。不同的筹资方式，可筹集资金的数量、偿还期限、筹资成本不一样，这就要求投资应量力而为，不可贪大求全，超过企业资金实力和筹资能力进行投资；投资的现金流量在数量和时间上要与筹资现金流量保持一致，以避免财务危机发生;投资收益要与筹资成本相匹配,以保证筹资成本的足额补偿和投资的营利性。

第三,投资活动忽略资产结构与资产流动性导致的风险。企业的投资活动会形成特定资产,并由此影响企业的资产结构与资产流动性。对企业而言,资产流动性和营利性是一对矛盾,这就要求企业的投资中要恰当处理资产流动性和营利性的关系,通过投资保持合理的资产结构,在保证企业资产适度流动性的前提下追求最大营利性,这也就是投资风险与收益均衡问题。

第四,缺乏严密的授权审批制度和不相容职务分离制度导致的风险。授权审批制度是保证投资活动合法性和有效性的重要手段,不相容职务分离制度则通过相互监督与牵制,保证投资活动在严格控制下进行,这是堵塞漏洞、防止舞弊的重要手段。没有严格的授权审批制度和不相容职务分离制度,企业投资就会呈现出随意、无序、无效的状况,导致投资失误和企业生产经营失败。因此,授权审批制度和不相容职务分离制度是投资内部控制、防范风险的重要手段。同时,与投资责任制度相适应,还应建立严密的责任追究制度,使责权利得到统一。

第五,缺乏严密的投资资产保管与会计记录导致的风险。投资是直接使用资金的行为,也是形成企业资产的过程,容易发生各种舞弊行为。在严密的授权审批制度和不相容职务分离制度以外,是否有严密的投资资产保管制度和会计控制制度,也是避免投资风险、影响投资成败的重要因素。企业应建立严密的资产保管制度,明确保管责任,建立健全账簿体系,严格账簿记录,通过账簿记录对投资资产进行详细、动态的反映和控制。投资业务的关键控制点、控制目标和对应的控制措施见表 5.2。

表 5.2 投资活动的关键控制点、控制目标和控制措施

关键控制点	控制目标	控制措施
提出投资方案	进行投资方案可行性论证	1.进行投资方案的战略性评估,包括是否与企业发展战略相符; 2.投资规模、方向和时机是否适当; 3.对投资方案进行技术、市场、财务可行性研究,深入分析项目的技术可行性与先进性、市场容量与前景,以及项目预计现金流量、风险与报酬,比较或评价不同项目的可行性。
投资方案审批	选择批准最优投资方案	1.明确审批人对投资业务的授权批准方式、权限、程序和责任,不得越权; 2.审批中应实行集体决策审议或者联签制度; 3.与有关被投资方签署投资协议。
编制投资计划	制订切实可行的具体投资计划,作为项目投资的控制依据	1.核查企业当前资金额及正常生产经营预算对资金的需求量,积极筹措投资项目所需资金; 2.制订详细的投资计划,并根据授权审批制度报有关部门审批。

(续表)

关键控制点	控制目标	控制措施
实施投资计划	保证投资活动按计划合法、有序、有效进行	1.根据投资计划进度,严格分期、按进度适时投资资金,严格控制资金流量和时间; 2.以投资计划为依据,按照职务分离制度和授权审批制度,各环节和各责任人正确履行审批监督责任,对项目实施过程进行监督和控制,防止各种舞弊行为,保证项目建设的质量和进度要求; 3.做好严密的会计记录,发挥会计控制的作用; 4.做好跟踪分析工作,及时评价投资的进展,将分析和评价的结果反馈给决策层,以便及时调整投资策略或制定投资退出策略。

5.4.3 投资活动的会计控制

企业应当按照会计准则的规定,准确进行投资的会计处理。根据对被投资方的影响程度,合理确定投资业务适用的会计政策,建立投资管理台账,详细记录投资对象、金额、期限、收益等事项,妥善保管投资合同或协议、出资证明等资料。对于被投资方出现财务状况恶化、市价当期大幅下跌等的情形,企业财会机构应当根据国家统一的会计准则和制度规定,合理计提减值准备、确认减值损失。具体包括:一是企业必须按照会计准则的要求,对投资项目进行准确的会计核算、记录与报告,确定合理的会计政策,准确反映企业投资的真实状况。二是企业应当妥善保管投资合同、协议、备忘录、出资证明等重要的法律文书。三是企业应当建立投资管理台账,详细记录投资对象、金额、期限等情况,作为企业重要的档案资料以备查用。四是企业应当密切关注投资项目的营运情况,一旦出现财务状况恶化、市价大幅下跌等情形,必须按照会计准则的要求,合理计提减值准备。企业必须准确合理地对减值情况进行估计,而不应滥用会计估计,把减值准备作为调节利润的手段。

1. 以公允价值计量且其变动计入当期损益的金融资产核算方法的设计

企业取得交易性金融资产
借:交易性金融资产——成本(公允价值)
　　投资收益(发生的交易费用)
　　应收股利(已宣告但尚未发放的现金股利)
　　应收利息(已到付息期但尚未领取的利息)
　　贷:银行存款等

持有期间的股利或利息
借:应收股利(被投资单位宣告发放的现金股利×投资持股比例)
　　应收利息(资产负债表日计算的应收利息)
　　贷:投资收益

资产负债表日公允价值变动
若公允价值上升：
借：交易性金融资产——公允价值变动
　　贷：公允价值变动损益
若公允价值下降：
借：公允价值变动损益
　　贷：交易性金融资产——公允价值变动
出售交易性金融资产
借：银行存款等
　　贷：交易性金融资产
　　　　投资收益（差额，也可能在借方）
同时：
借：公允价值变动损益（原计入该金融资产的公允价值变动）
　　贷：投资收益
或：
借：投资收益
　　贷：公允价值变动损益

2. 持有至到期投资核算方法的设计

持有至到期投资的初始计量
借：持有至到期投资——成本（面值）
　　应收利息（已到付息期但尚未领取的利息）
　　持有至到期投资——利息调整（差额，也可能在贷方）
　　贷：银行存款等

持有至到期投资的后续计量
借：应收利息（分期付息债券按票面利率计算的利息）
　　持有至到期投资——应计利息（到期时一次还本付息债券按票面利率计算的利息）
　　贷：投资收益（按持有至到期投资摊余成本和实际利率计算确定的利息收入）
　　　　持有至到期投资——利息调整（差额，也可能在借方）

金融资产的摊余成本，是指该金融资产初始确认金额经下列调整后的结果：
（1）扣除已偿还的本金；
（2）加上或减去采用实际利率法将该初始确认金额与到期日金额之间的差额进行摊销形成的累计摊销额；
（3）扣除已发生的减值损失（仅适用于金融资产）。

持有至到期投资转换
借：可供出售金融资产（重分类日公允价值）
　　贷：持有至到期投资
　　　　资本公积——其他资本公积（差额，也可能在借方）

出售持有至到期投资
借：银行存款等

贷:持有至到期投资
　　　　投资收益(差额,也可能在借方)
　期末摊余成本=期初摊余成本+本期计提的利息(期初摊余成本×实际利率)-本期收回的利息和本金-本期计提的减值准备

3. 可供出售金融资产核算方法的设计

企业取得可供出售金融资产

若股票投资取得:

借:可供出售金融资产——成本(公允价值与交易费用之和)
　　应收股利(已宣告但尚未发放的现金股利)
　　贷:银行存款等

若债券投资取得:

借:可供出售金融资产——成本(面值)
　　应收利息(已到付息期但尚未领取的利息)
　　可供出售金融资产——利息调整(差额,也可能在贷方)
　　贷:银行存款等

资产负债表日计算利息

借:应收利息(分期付息债券按票面利率计算的利息)
　　可供出售金融资产——应计利息(到期时一次还本付息债券按票面利率计算的利息)
　　贷:投资收益(按可供出售债券的摊余成本和实际利率计算确定的利息收入)
　　　　可供出售金融资产——利息调整(差额,也可能在借方)

资产负债表日公允价值变动

若公允价值上升:

借:可供出售金融资产——公允价值变动
　　贷:资本公积——其他资本公积

若公允价值下降:

借:资本公积——其他资本公积
　　贷:可供出售金融资产——公允价值变动

将持有至到期投资重分类为可供出售金融资产

借:可供出售金融资产(重分类日公允价值)
　　贷:持有至到期投资
　　　　资本公积——其他资本公积(差额,也可能在借方)

出售可供出售金融资产

借:银行存款等
　　贷:可供出售金融资产
　　　　资本公积——其他资本公积(从所有者权益中转出的公允价值累计变动额,也可能在借方)
　　　　投资收益(差额,也可能在借方)

4. 长期股权投资核算方法的设计

（1）长期股权投资的取得：

① 企业合并以外其他方式取得的长期股权投资：

a. 以支付现金取得的长期股权投资：

借：长期股权投资（包括购买过程中支付的手续费等必要支出）
　　应收股利
　　贷：银行存款

b. 以发行权益性证券取得的长期股权投资：

借：长期股权投资
　　贷：股本
　　　　资本公积——股本溢价

发行权益性证券过程中支付的佣金和手续费，应冲减权益性证券的溢价发行收入，账务处理为：

借：资本公积——股本溢价
　　贷：银行存款

c. 投资者投入的长期股权投资，应当按照投资合同或协议约定的价值作为初始投资成本，但合同或协议约定价值不公允的除外：

借：长期股权投资
　　贷：实收资本
　　　　资本公积——资本溢价

② 企业合并形成的长期股权投资：

a. 同一控制下的企业合并形成的长期股权投资：

若合并方以支付现金、转让非现金资产或承担债务方式为合并对价的，应当在合并日按照取得被合并方所有者权益账面价值的份额作为长期股权投资的初始投资成本。

借：长期股权投资
　　贷：银行存款（等有关资产科目或借记有关负债科目）
　　　　资本公积——资本溢价（或股本溢价）[也可为借方差额，借记"资本公积——资本溢价（或股本溢价）"，不足冲减的，借记"盈余公积""利润分配——未分配利润"科目]

b. 非同一控制下的企业合并形成的长期股权投资：

非同一控制下企业合并形成的长期股权投资，应在购买日按企业合并成本，借记"长期股权投资"科目，按支付合并对价的账面价值，贷记或借记有关资产、负债科目，按发生的直接相关费用，贷记"银行存款"等科目，投资资产公允价值与其账面价值的差额应分别按不同资产进行会计处理：

若投资资产为固定资产或无形资产，则按其差额计入营业外收入或营业外支出。

若投资资产为存货，则按其公允价值确认主营业务收入或其他业务收入，按其成本结转主营业务成本或其他业务成本。

若投资资产为可供出售金融资产等，则按其差额计入投资收益。

③ 投资成本中包含的已宣告但尚未发放的现金股利或利润的处理：

企业无论是以何种方式取得长期股权投资，在取得投资时，对于投资成本中包含的应享有被投资单位已经宣告但尚未发放的现金股利或利润,应作为应收项目单独核算,不构成取得长期股权投资的初始投资成本。

(2) 长期股权投资的后续计量:

① 成本法,是指投资按成本计价的方法。

下列情况下,企业应运用成本法核算长期股权投资:

a. 投资企业能够对被投资单位实施控制的长期股权投资。

b. 投资企业对被投资单位不具有共同控制或重大影响,且在活跃市场中没有报价、公允价值不能可靠计量的长期股权投资。

在成本法下,长期股权投资应当按照初始投资成本计量。追加或收回投资应当调整长期股权投资的成本。被投资单位宣告分派的利润或现金股利,应当确认为当期投资收益。投资企业确认投资收益,仅限于被投资单位接受投资后产生的累积净利润的分配额,所获得的利润或现金股利超过上述数额的部分作为初始投资成本的收回。

"应收股利"科目发生额 = 本期被投资单位宣告分派的现金股利 × 投资持股比例

"长期股权投资"科目发生额 =(投资后至本年年末止被投资单位累积分派的利润或现金股利 - 投资后至上年年末止被投资单位累积实现的净损益)× 投资持股比例 - 投资企业已冲减的投资成本

应用上述公式计算时,若计算结果为正数,则为本期应冲减的投资成本,在"长期股权投资"科目贷方反映;若计算结果为负数,则为本期应恢复的投资成本,在"长期股权投资"科目借方反映,但恢复数不能大于原冲减数。

借:应收股利
　　贷:投资收益
　　　　长期股权投资(可为借方)

② 权益法,是指投资以初始投资成本计量后,在投资持有期间根据投资企业享有被投资单位所有者权益份额的变动对投资的账面价值进行调整的方法。投资企业对被投资单位具有共同控制或重大影响的长期股权投资,应当采用权益法核算。

a. 取得投资:

长期股权投资的初始投资成本大于投资时应享有被投资单位可辨认净资产公允价值份额的,不调整长期股权投资的初始投资成本。

借:长期股权投资——成本
　　贷:银行存款

长期股权投资的初始投资成本小于投资时应享有被投资单位可辨认净资产公允价值份额的,应按其差额计入当期损益,同时调整增加长期股权投资的账面价值。

借:长期股权投资——成本(被投资单位可辨认净资产公允价值×投资持股比例)
　　贷:银行存款(支付的全部价款)
　　　　营业外收入(差额)

b. 损益调整:

投资企业取得长期股权投资后,应当按照应享有或应分担的被投资单位实现的净损益的份额,确认投资损益并调整长期股权投资的账面价值。投资企业在确认应享有被投资单位实现的净损益的份额时,应当以取得投资时被投资单位各项可辨认资产等的公允价值为基础,对被投资单位的净利润进行调整后确认。

借:长期股权投资——损益调整
　　贷:投资收益

被投资单位发生亏损时做相反会计分录。

c. 被投资单位宣告分派利润或现金股利:

借:应收股利
　　贷:长期股权投资——损益调整

d. 被投资单位除净损益以外所有者权益的其他变动(资本公积的变动):

投资企业应按享有的份额,调整增加或减少长期股权投资的账面价值,并增加或减少资本公积——其他资本公积。

借:长期股权投资——其他权益变动
　　贷:资本公积——其他资本公积

或做相反分录。

(3) 长期股权投资的处置:

① 处置长期股权投资,其账面价值与实际取得价款的差额,应当计入当期损益。

② 采用权益法核算的长期股权投资,原计入资本公积中的金额,在处置时亦应进行结转,将与所出售股权相对应的部分在处置时自资本公积转入当期损益。

借:银行存款
　　贷:长期股权投资
　　　　投资收益
借:资本公积——其他资本公积
　　贷:投资收益

5.4.4　投资业务核算程序设计

1. 有价证券购入的业务处理程序(见图 5.7)

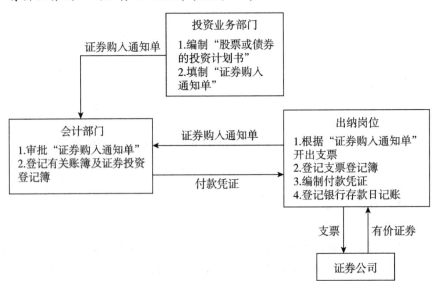

图 5.7　有价证券购入的业务处理程序

2. 有价证券处置的业务处理程序（见图5.8）

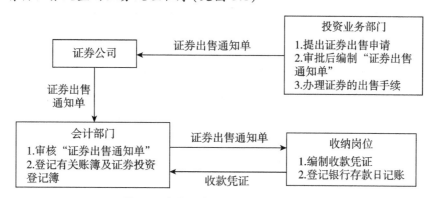

图5.8 有价证券处置的业务处理程序

3. 有价证券投资收益的业务处理程序

（1）投资股票获得的股利投资收益的业务处理程序（见图5.9）：

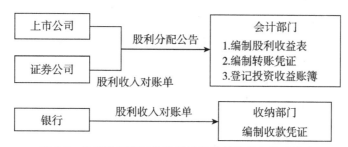

图5.9 投资股票获得的股利投资收益的业务处理程序

（2）投资债券获得的利息收益的业务处理程序（见图5.10）：

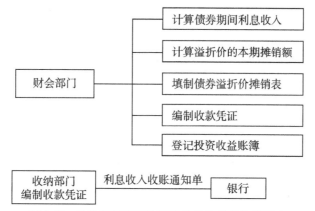

图5.10 投资债券获得的利息收益的业务处理程序

案例示范

×××股份有限公司投资管理制度（部分摘录）见二维码。

5.5　资金营运活动的业务流程与关键控制点

企业资金营运内部控制的主要目标是：第一，保持生产经营各环节资金供求的动态平衡。企业应当将资金合理安排到采购、生产、销售等各环节，做到实物流和资金流的相互协调、资金收支在数量上及时间上的相互协调。第二，促进资金合理循环和周转，提高资金使用效率。资金只有在不断流动的过程中才能带来价值增值。加强资金营运的内部控制，就是要努力提高资金正常周转效率，为短期资金寻找适当的投资机会，避免出现资金闲置和沉淀等低效现象。第三，确保资金安全。企业的资金营运活动大多与流动资金尤其是货币资金相关，这些资金由于流动性很强，出现错弊的可能性更大，保护资金安全的要求更迫切。

5.5.1　资金营运活动的业务流程

企业资金营运活动是一种价值运动，为保证资金价值运动的安全、完整、有效，企业资金营运活动应按照设计严密的流程进行控制。

第一，资金收付需要以业务发生为基础。企业资金收付，应该有根有据，不能凭空付款或收款。所有收款或付款需求，都应由特定的业务引起，因此，有真实的业务发生是资金收付的基础。

第二，企业授权部门审批。收款方应该向对方提交相关业务发生的票据或者证明以收取资金。资金支付涉及企业经济利益流出，应严格履行授权分级审批制度。不同责任人应该在自己的授权范围内，审核业务的真实性、金额的准确性，以及申请人提交票据或者证明的合法性，严格监督资金支付。

第三，财务部门复核。财务部门收到经过企业授权部门审批签字的相关凭证或证明后，应再次复核业务的真实性、金额的准确性，以及相关票据的齐备性、相关手续的合法性和完整性，并签字认可。

第四，出纳或资金管理部门在收款人签字后，根据相关凭证支付资金。

1. 现金的内部控制措施

现金的内部控制措施主要包括职务分离（或称岗位分工）制度、授权批准制度和现金业务控制点控制三个方面。

（1）职务分离制度。现金收付中相关职务必须分离，现金收付及保管只能由经批准授权的出纳来负责处理，其他职员不得接触支付前的现金；出纳也不得从事除登记现金、银行存款日记账之外的其他账簿凭证的登记、填制工作，这即是日常所说的"管钱的不管账，管账的不管钱"。

（2）授权批准制度。首先，企业对现金业务应当建立严格的授权批准制度，明确审批人对现金业务的授权批准方式、权限、程序、责任和相关控制措施，规定经办人办理现金业务的职责范围和工作要求；其次，审批人应当根据现金授权批准制度的规定，在授权范围内进行审批，不得超越审批权限；第三，经办人应当在职责范围内，按照审批人的批准意见办理现金业务。对于审批人超越授权范围审批的现金业务，经办人员有权拒绝办理，并及时向审批人的上级授权部门报告。

（3）控制点控制。实现控制目标，主要是要控制容易发生偏差的业务环节。这些可能发生错弊因而需要控制的业务环节，通常称为控制环节或控制点。控制点按其发挥作用的程度而论，可以分为关键控制点和一般控制点。那些在业务处理过程中发挥作用最大，影响范围最广，对于保证整个业务活动的控制目标具有至关重要的影响，甚至决定全局成效的控制点，即为关键控制点；相比之下，那些只能发挥局部作用，影响特定范围的控制点，则为一般控制点。如材料采购业务中的"验收"控制点，对于保证材料采购业务的完整性、实物安全性等控制目标都起着重要的保障作用，因此是材料采购控制系统中的关键控制点；相比之下，"审批""签约""登记""记账"等控制点，即是一般控制点。需要说明的是，关键控制点和一般控制点在一定条件下是可以相互转化的。某个控制点在此项业务活动中是关键控制点，在另外一项活动中则可能是一般控制点，反之亦然。

控制点的功能，是通过设置具体的控制技术和手段而实现的，这些为预防和发现错弊而在某控制点所运用的各种控制技术和手段等，通常被概括为控制措施。

现金业务主要应设置以下控制点及控制措施：

① 申请。企业有关部门或个人用款时，应当向审批人提交现金支付申请，注明款项的用途、金额、预算、支付方式等内容，并附有效经济合同或相关证明。

② 审批。业务经办人员办理现金收支业务时，须得到一般授权或特殊授权。经办人员须在反映经济业务的原始凭证上签章；经办部门负责人审核原始凭证，并签字盖章。审查原始凭证，可以保证现金收支业务按照授权进行，增强经办人员和负责人员的责任感，保证现金收支的真实性和合法性，避免乱收乱支、假收假支及现金舞弊等问题的发生。

③ 审核。会计主管人员或其指定人员审核现金收支原始凭证，主要审核原始凭证反映的现金收支业务是否真实合法，原始凭证的填制是否符合规定要求。审核无误后，签章批准方可办理现金收支记账凭证。审核原始凭证，可以保证现金收支凭证真实合法，提供正确的现金支付和核算依据，保证出纳人员支付现金正确、合法。

④ 收付。出纳人员复核现金收支记账凭证及所附原始凭证，按照凭证所列数额收支现金，并在凭证上加盖"收讫"或"付讫"戳记及私章。为了加强现金收支控制，必须建立严格的出纳责任制，对不相容职务进行分离，主要是：出纳人员必须根据经过审签的记账凭证收支现金，而不能直接根据原始凭证办理现金结算；出纳人员不能编制收支记账凭证，不能兼管收入、费用、债权、债务账簿的登记工作及稽核工作和会计档案保管工作；现金支票、印鉴不能全部由出纳人员保管；非出纳人员不能兼职现金管理工作等。加强现金收支控制，是保证现金实物安全完整的主要环节，对于明确现金收支责任，防止贪污、挪用、私存现金，以及重付、漏收现金等都具有重要作用。

⑤ 复核。稽核人员审核现金收支记账凭证及所附原始凭证，并签字盖章。复核记账凭证，可以保证现金收支业务的正确性和会计核算的真实性，防止记账失实或及时纠正收支错误。

⑥ 记账。出纳人员根据现金收支账凭证登记现金日记账；分管会计人员根据收支记账凭证登记相关明细账；总账会计登记总分类账现金科目。分工登记现金账簿，可以保证现金收支业务有据可查，并保证各账之间相互制约，及时提供准确的现金核算会计信息。

⑦核对。稽核人员或其他非记账人员核对现金日记账和有关明细账、总分类账;稽核人员签字盖章。核对现金记录,可以保证账账相符,现金核算信息正确和现金实物安全完整。

⑧清点。出纳人员每日清点库存现金,并与日记账余额进行核对,发现现金短缺或溢余,应及时查明原因,报经审批后予以处理。每天清点现金,能够防止现金丢失和收支、记账差错,保持账实相符。

⑨清查。由财务部门主管、审计人员和稽核人员组成清查小组,定期或不定期清查库存现金,核对现金日记账。清查时,需有出纳人员在场,核对账实;根据清查结果编制现金盘点报告单,如有误差须报批准后予以调整处理。通过清查,有利于加强对出纳工作的监督,防止贪污盗窃和挪用现金等非法问题的发生。

在现金内部控制系统各控制点中,"审批""核对"和"清查"最为重要。由业务部门进行的原始凭证审批,可以保证经济业务的真实性、合理性和合法性,这是控制的第一关卡;由财会部门进行的账账核对,可以保证现金收支和会计核算的正确性,这是及时发现现金收支和现金账务记录错误的主要环节,对于保证会计、出纳人员工作质量具有重要作用;由清查小组进行的库存现金清查,可以保护现金安全完整,这是保护现金实物安全的最后一环。因而,这些环节都是现金内部控制系统中的关键控制点。

2. 银行存款的内部控制措施

企业主要的资金收付都是通过银行办理的。企业的一切款项收入,除国家另有规定外,都必须当日解送银行;一切支出,除按规定的范围采用现金结算外,都必须通过银行办理转账结算。因此,银行存款的管理是否有效,是企业经营成败的决定性因素之一。为了加强银行存款的内部控制,企业应该建立银行存款管理责任制,由出纳人员专门负责办理银行存款的收付业务。会计部门应该认真执行银行账户管理办法和结算制度,做好银行存款的核算工作,随时掌握银行存款的收付动态和余额,搞好企业货币资金的调度和收支平衡,保证企业生产经营的资金供应。审计部门应该通过对银行存款内部控制系统的评审,促进企业加强银行存款管理,防止违纪违规问题的发生。

银行存款内部控制的措施主要包括职务分离制度、授权批准制度和银行存款业务控制点控制三个方面。

(1) 职务分离制度。银行存款收付业务的相关人员职责分离,应做到银行存款的审批人员同出纳、支票保管人员和记账人员职责分离;负责核对银行往来账的人员同负责现金收付、应收和应付账款的人员职责分离。

(2) 授权批准制度。与现金管理的授权批准制度相同,银行存款的管理同样要求首先建立严格的授权批准制度,明确审批人对银行存款业务的授权批准方式、权限、程序、责任和相关控制措施,规定经办人办理银行存款业务的职责范围和工作要求。审批人应当根据银行存款授权批准制度的规定,在授权范围内进行审批;经办人应当在职责范围内,按照审批人的批准意见办理银行存款业务。

(3) 控制点控制。银行存款业务主要应设置以下控制点及控制措施:

①申请。企业有关部门或个人用款时,应当提前向审批人提交银行存款支付申请,注明款项的用途、金额、预算、支付方式等内容,并附有效经济合同或相关证明。

②审批。业务人员办理有关银行存款事项或经办有关业务,须核实原始凭证内容并

签章,交业务部门负责人审核;超出业务部门权限规定的银行存款收付业务,须报上级主管部门审批。审批银行存款收付业务,可以保证业务办理的正确性和合法性,加强经办人员的责任感,避免违纪违规情况发生。

③ 审核。会计主管人员或指定人员审核原始凭证和结算凭证,签章同意办理银行存款结算。审核原始凭证,可以检查经济业务是否合理合法,保证银行存款结算正确有效;审核结算凭证,可以检查银行存款结算是否正确,保证存款安全和核算正确。

④ 结算。出纳人员根据审签的凭证,或者按照授权办理银行存款收付业务;出纳人员办理结算前,应复核原始凭证及有关合同文本;按照不同的结算方式填制结算凭证或取得结算凭证;结算凭证应加盖财务专用章和出纳人员私章;财务专用章、签发支票印鉴和财务负责人印鉴应由主管会计和出纳人员分别保管;转账支票和结算凭证必须按编号顺序连续使用;作废的转账支票应加盖"作废"戳记;收代款项后应在凭证上加盖"收讫"或"付讫"戳记;非出纳人员不得经管银行存款业务。按此办理银行存款结算,能够有效监督银行存款收付工作,防止套取存款、出借账户和转让支票等弊端的发生。

⑤ 复核。稽核人员审核银行存款收付记账凭证是否附有原始凭证及结算凭证,结算金额是否一致,记账科目是否正确,有关人员是否签章等,审核无误后签字盖章。复核记账凭证,可以发现银行存款收付错误和记账凭证编制差错,保证银行存款核算正确。

⑥ 记账。出纳人员根据银行存款收付记账凭证登记银行存款日记账;会计人员根据收付记账凭证登记相关明细账;总账会计登记总分类账银行存款科目;各记账人员在记账凭证上签章。登记银行存款账簿,可以保证银行存款收付业务的可查性,防止或发现结算弊端,及时提供可靠的银行存款核算信息。

⑦ 核对。稽核人员或其他非记账人员核对银行存款日记账和有关明细账、总分类账;如有误差报经批准后予以处理;核对人员签字盖章。核对银行存款账簿,可以及时发现银行存款核算错误及记账失误,保证账账相符和记录正确。

⑧ 对账。由非出纳人员逐笔核对银行存款日记账和银行对账单,并编制银行存款余额调节表,调整未达账项。核对对账单,可以及时发现企业或银行记账差错,防止银行存款非法行为发生,保证银行存款真实和货款结算及时。

在以上控制点中,"审批""核对""对账"至关重要。其中"审批""核对"控制点具有同现金内部控制系统对应控制点相同的重要性;"对账"控制点,对于保证企业银行存款日记账同银行存款记录相符,以及纠正各方差错具有重要作用。因而,它们是银行存款内部控制系统中的关键控制点。

5.5.2 资金营运活动的关键控制点、控制目标及控制措施

资金营运活动的关键控制点、控制目标及控制措施见表 5.3。

表 5.3 资金营运活动的关键风险控制点、控制目标及控制措施

关键控制点	控制目标	控制措施
审批	合法性	未经授权不得经办资金收付业务,明确不同级别管理人员的权限
复核	真实性与合法性	会计对相关凭证进行横向复核和纵向复核

(续表)

关键控制点	控制目标	控制措施
收付	收入入账完整,支出手续完备	出纳人员根据审核后的相关收付原始凭证收款和付款,并加盖戳记
记账	真实性	出纳人员根据资金收付凭证登记日记账,会计人员根据相关凭证登记有关明细分类账;总账会计登记总分类账
对账	真实性和财产安全	账证核对、账表核对与账实核对
保管	财产安全与完整	授权专人保管资金,定期、不定期盘点
银行账户管理	防范小金库,加强业务管控	开设、使用与撤销的授权,是否有账外账
票据与印章管理	财产安全	票据统一印制或购买,票据由专人保管,印章与空票据分管,财务专用章与企业法人章分管

　　资金营运活动的关键控制点主要包括:一是审批控制点。把收付审批活动作为关键控制点,是为了控制资金的流入和流出,审批权限的合理划分是资金营运活动顺利开展的前提条件。审批关键控制点包括:制定资金的限制接近措施,经办人员进行业务活动时应该得到授权审批,任务未经授权的人员不得办理资金收付业务;使用资金的部门应提出用款申请,记载用途、金额、时间等事项;经办人员在原始凭证上签章;经办部门负责人、主管总经理和财务部门负责人审批并签章。

　　二是复核控制点。复核控制点是减少错误和舞弊的重要措施。根据企业内部层级的隶属关系可以划分为纵向复核和横向复核这两种类型。前者是指上级主管对下级活动的复核;后者是指平级或无上下级关系人员的相互核对,如财务系统内部的核对。复核关键控制点包括:资金营运活动会计主管审查原始凭证反映的收付业务是否真实合法,经审核通过并签字盖章后才能填制原始凭证;凭证上的主管、审核、出纳和制单等印章是否齐全。

　　三是收付控制点。资金的收付导致资金的流入和流出,反映着资金的来龙去脉。收付关键控制点包括:出纳人员按照审核后的原始凭证收付款,并对已完成收付的凭证加盖戳记,登记日记账;主管会计人员及时准确地记录在相关账簿中,定期与出纳人员的日记账核对。

　　四是记账控制点。资金的凭证和账簿是反映企业资金流入和流出的信息源,如果记账环节出现管理漏洞,则很容易导致整个会计信息处理结果失真。记账关键控制点包括:出纳人员根据资金收付凭证登记日记账,会计人员根据相关凭证登记有关明细分类账,总账会计登记总分类账。

　　五是对账控制点。对账是账簿记录系统的最后一个环节,也是报表生成的前一个环节,对保证会计信息的真实性具有重要作用。对账关键控制点包括:账证核对、账账核对、账表核对、账实核对等。

　　六是银行账户管理控制点。企业应当严格按照《支付结算办法》等国家有关规定,加强银行账户的管理,严格按规定开立账户,办理存款、取款和结算。银行账户管理关键控制点包括:银行账户的开立、使用和撤销是否有授权,下属企业或单位是否有账外账。

七是票据与印章管理控制点。印章是明确责任、表明业务执行及完成情况的标记。印章的保管要贯彻不相容职务分离的原则,严禁将办理资金收付业务的相关印章和票据集中一人保管,印章要与空白票据分管,财务专用章要与企业法人章分管。

总之,强化企业资金管理,控制资金风险,保障资金安全,发挥资金规模效益,有利于企业宏观掌握和控制资金筹措、运用及综合平衡,促进企业可持续健康发展。

资金营运活动内部控制的核心是建立资金的职务分离制度、控制程序、稽核制度和与其有关的岗位责任制度。其最基本的要求就是负责资金收付业务的人员应与记账人员和负责审批的人员相分离。

(1) 资金的收付及保管应由被授权批准的专职出纳人员负责,其他人员不得接触。
(2) 出纳人员不能同时负责总分类账的登记与保管。
(3) 出纳人员不能同时负责非货币资金账户的记账工作。
(4) 出纳人员应与资金审批人员相分离,实施严格的审批制度。
(5) 资金的收付和控制资金收付的专用印章不得由一人兼管。
(6) 出纳人员应与资金稽核人员、会计档案保管人员相分离。
(7) 负责资金收付的人员应与负责现金清查盘点的人员和负责与银行对账的人员相分离。
(8) 应建立出纳人员、专用印章保管人员、会计人员、稽核人员、会计档案保管人员及资金清查人员的责任制度。

案例示范

×××股份有限公司货币资金管理制度(部分摘录)见二维码。

本章小结

货币资金是单位内部流动性最强的资产,包括现金、银行存款及其他货币资金。加强对货币资金的内部控制和管理,保证货币资金的安全,对一个单位是至关重要的。货币资金内部控制的目标是:确保全部应收进的货币资金均能收进,并及时正确地予以记录;全部货币资金支出是按照经批准的用途进行的,并及时正确地予以记录;库存现金、银行存款报告正确,并得以恰当保管;正确预测单位或组织正常经营所需的货币资金收支额;保证有充足又不过剩的货币资金余额。有效的货币资金内部控制通常应遵循合法合规性原则、目标性原则、全面控制原则、相互制约原则、适用性原则、有效性原则、成本收益原则。合理有效的筹资内部控制要包括职务分离制度、决策过程审批控制制度、对外发行证券的签发控制制度、证券发行业务的控制制度、筹资凭证的记录与保管控制制度。投资核算方法的设计包括以公允价值计量且其变动计入当期损益的金融资产核算方法的设计、持有至到期投资核算方法的设计、可供出售金融资产核算方法的设计、长期股权投资核算方法的设计;筹资核算方法的设计包括长期借款核算方法的设计、可转换债券核算方法的设计。投资业务核算程序设计包括有价证券购入的业务处理程序设计、有价证券处置的业务处理程序设计、有价证券投资收益的业务处理程序设计；筹资业务核算程序设计包括债券发行业务程序的设计、股利分配业务程序的设计、银行借款业务程序的设计、股票发行业务程序的设计。

复习思考题

1. 简述资金活动内部控制的目标及要求。
2. 简述投资与筹资的内部控制要求与内容。
3. 请设计以公允价值计量且其变动计入当期损益的金融资产的核算方法。
4. 请设计长期股权投资的核算方法。
5. 简述现金和银行存款的内部控制措施。
6. 简述资金营运活动的关键控制点、控制目标及控制措施。

案例分析

1. 中小型生产销售型企业A中，甲作为单位出纳，负责现金、银行存款的收付，并掌握空白支票和企业在银行预留的法人代表印章，自己从银行取银行对账单并负责与银行对账。为帮其父母买房，甲偷拿了一张7万元的支票。取回银行对账单后，甲对照原对账单把偷拿的款项去掉，并填制了银行存款余额调节表。甲之后共八次用同样的手段挪用公款近120万元。

要求：请指出上述公司存在的缺陷，并设计相应的货币资金内部控制制度。

2. 甲公司因生产经营所需，计划通过增资扩股吸纳新的股东。乙公司对项目投资的可行性进行了研究，随后与甲公司签订投资协议，并根据董事会决议和投资协议于2012年6月对甲公司投出6 000万元。2012年12月，由于甲公司增资扩股的相关法律手续尚未办理完毕，乙公司的投资交易未能完成。根据乙公司投资部与甲公司签订至2012年12月的资金占用费补充协议的相关条款，乙公司收取了至2012年12月底资金占用费262万元。至2013年4月，根据甲公司提供的会计师事务所出具的验资报告，验证乙公司实际出资3 000万元，占股权比例15%，2013年9月收回多投的投资款3 000万元，2014年收到分回的当年5月至12月的投资收益240万元。乙公司没有能够收到2013年1月至4月原投出资金6 000万元和5月至8月多投出资金3 000万元的资金占用费，导致乙公司投资收益未得到有效保证。

要求：请指出上述公司存在的缺陷，并设计相应的投资与筹资内部控制制度。

第6章 资产管理内部控制与核算系统设计

学习目标

1. 了解资产管理的内部控制要求。
2. 理解存货、固定资产和无形资产的内部控制内容。
3. 掌握存货、固定资产和无形资产核算程序的设计。

资产作为企业重要的经济资源,是企业从事生产经营活动并实现发展战略的物质基础。资产管理贯穿于企业生产经营全过程,也就是通常所说的"实物流"管控。在企业早期的资产管理实践中,如何保障货币性资产的安全是内部控制的重点。在现代企业制度下,资产业务内部控制已从如何防范资金挪用、非法占用和实物资产被盗拓展到重点关注资产效能以及如何充分发挥资产资源的物质基础作用。合理保证资产安全是企业内部控制的重要目标之一,本章着重对存货、固定资产和无形资产等资产提出了全面风险管控要求,旨在促进企业在保障资产安全的前提下,提高资产效能。

6.1 资产管理的总体要求

为促进实现资产管理目标,资产管理指引要求企业加强各项资产管控,全面梳理资产管理流程,及时发现资产管理中的薄弱环节,采取有效措施及时加以改进。

6.1.1 全面梳理资产管理流程

一般工商企业,存货、固定资产和无形资产在资产总额中占比最大。无论是新企业还是存续企业,为组织生产经营活动,都需要或已经制定了相关资产管理制度,按照严格的制度管理各项资产。为了保障资产安全、提升资产管理效能,企业应当全面梳理资产管理流程。

在梳理过程中,既要注意从大类上区分存货、固定资产和无形资产,又要分别对存货、固定资产和无形资产等进行细化和梳理。梳理存货、固定资产和无形资产管理流程,不仅要对照现有管理制度,检查相关管理要求是否落实到位,而且应当审视相关管理流程是否科学、是否能够较好地保证物流顺畅、是否能够不断减少物流风险、是否能够不断降低相关成本费用、各项资产是否最大限度地发挥了应有的效能等。

6.1.2 查找资产管理薄弱环节

通过全面梳理资产管理流程,查找资产管理薄弱环节,是企业强化资产管理的关键步骤。这些薄弱环节若不引起重视并加以及时改进,通常会引发资产流失或运行风险,或者使企业资产不能发挥应有的效能。企业资产管理实务中存在的实际问题,应分别从存货、固定资产和无形资产三方面入手,着力关注下列主要风险:

(1) 存货积压或短缺,可能导致流动资金占用过量、存货价值贬损或生产中断;

(2) 固定资产更新改造不够、使用效能低下、维护不当、产能过剩,可能导致企业缺乏竞争力、资产价值贬损、安全事故频发或资源浪费;

(3) 无形资产缺乏核心技术、权属不清、技术落后、存在重大技术安全隐患,可能导致企业法律纠纷、缺乏可持续发展能力。

企业应当在全面梳理资产管理流程的基础上,着重围绕上述三个方面的主要风险,结合企业实际进行细化,全面查找资产管理漏洞,确保资产管理不断处于优化状态。

6.1.3 健全和落实资产管控措施

在全面梳理资产管理流程、查找资产管理薄弱环节之后,企业应当对发现的薄弱环节和问题进行归类整理,深入分析,查找原因,健全和落实相关措施。企业应当按照内部控制规范提出的各项存货、固定资产和无形资产管理的要求,结合所在行业和企业的实际情况,建立健全各项资产管控措施。

在激烈的竞争时代,企业只有科学管理,强化管控措施,确保各项资产安全并发挥效能,才能防范资产风险,提升核心竞争力,实现发展目标。

6.2 存货内部控制与核算系统设计

6.2.1 存货的含义及其业务流程

1. 存货的含义

存货是指企业在日常活动中持有以备出售的产成品或商品、处在生产过程中的在产品、在生产过程或提供劳务过程中耗用的材料、物料等。企业的存货具体通常包括以下内容:

(1) 原材料。指企业在生产过程中经加工改变其形态或性质并构成产品主要实体的各种原料及主要材料、辅助材料等。

(2) 在产品。指企业正在制造尚未完工的产品,包括正在各个生产工序加工的产品和已加工完毕但尚未检验或已检验但尚未办理入库手续的产品。

(3) 半成品。指经过一定生产过程并已检验合格交付半成品仓库保管,但尚未制造完工成为产成品,仍需进一步加工的中间产品。

(4) 产成品。指工业企业已经完成全部生产过程并验收入库,可以按照合同规定的条件送交订货单位,或者可以作为商品对外销售的产品。

(5) 商品。指商品流通企业外购或委托加工完成验收入库用于销售的各种商品。

（6）周转材料。指企业能够多次使用、但不符合固定资产定义的材料,如为了包装企业商品而储备的各种包装物,各种工具、管理用具、玻璃器皿、劳动保护用品以及在经营过程中周转使用的容器等低值易耗品和建造承包商的钢模板、木模板、脚手架等其他周转材料。但是,周转材料符合固定资产定义的,应当作为固定资产处理。

需要注意的是:为建造固定资产等各项工程而储备的各种材料,由于用于建造固定资产等各项工程不符合存货的定义,因此不能作为企业的存货进行核算;企业接受外来原材料加工制造的待制品和为外单位加工修理的待修品,制造和修理完成验收入库后,应视同企业的产成品;企业的特种储备以及按国家指令专项储备的资产也不符合存货的概念,因而也不属于企业的存货。值得说明的是:代销商品应作为委托方的存货处理;对于销售方按销售合同协议规定已确认销售,但尚未发运给购货方的商品,应作为购货方的存货处理;对于购货方已收到商品,但尚未收到销货方结算凭证的商品,购货方应作为其存货处理;对于购货方已经确认为购进,但尚未到达入库的在途商品,购货方应作为其存货处理。

2. 存货管理的业务流程

不同类型的企业有不同的存货业务特征和管理模式;即使同一企业,不同类型存货的业务流程和管控方式也可能不尽相同。企业建立和完善存货内部控制制度,必须结合本企业的生产经营特点,针对业务流程中的主要风险点和关键环节,制定有效的控制措施;同时,应充分利用计算机信息管理系统,强化会计、出入库等相关记录,确保存货管理全过程的风险得到有效控制。

一般生产企业的存货业务流程可以分为取得、验收、仓储保管、生产加工、盘点处置等五个阶段,历经取得存货、验收入库、仓储保管、领用发出、原料加工、装配包装、盘点清查、存货处置等主要环节(见图6.1)。具体到某个特定生产企业,存货业务流程可能较为复杂,不仅涉及上述所有环节,甚至有更多、更细的流程,且存货在企业内部要经历多次循环。也有部分生产企业的生产经营活动较为简单,其存货业务流程可能只涉及上述阶段中的某几个环节。

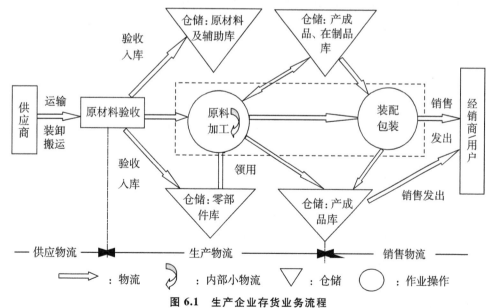

图6.1 生产企业存货业务流程

作为商品流通企业的批发商的存货,通常经过取得、验收入库、仓储保管和销售发出等主要环节(见图6.2)。零售商从生产企业或批发商(经销商)那里取得商品,经验收后入库保管或者直接放置在经营场所对外销售。

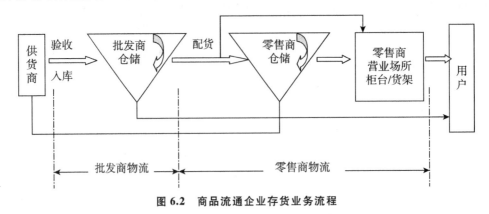

图6.2　商品流通企业存货业务流程

6.2.2　存货管理过程的风险及管控措施

无论是生产企业,还是商品流通企业,存货取得、验收入库、仓储保管、领用发出、盘点清查、存货处置等是其共有的环节。以下对这些环节可能存在的主要风险及管控措施加以阐述。

1. 存货取得与验收入库

(1) 该环节的主要风险有:

① 存货预算编制不科学、采购计划不合理,可能导致存货积压或短缺;

② 验收程序不规范、标准不明确,可能导致数量克扣、以次充好、账实不符。

(2) 针对以上风险,企业应当加强实施以下管控措施:

① 预算编制控制制度。应当根据各种存货采购间隔期和当前库存量,综合考虑企业生产经营计划、市场供求等因素,充分利用信息系统,合理确定存货采购日期和数量,确保存货处于最佳库存状态。

② 职务分离制度。存货取得、验收入库环节需要进行职务分离的有:在请购单中,对需要采购的存货品种、数量,由生产或销售部门、保管部门共同制定,交采购部门进行公开询价;采购合同应由生产或销售部门、采购部门、财务部门和法律部门会同供货单位共同签订;存货采购人员不能同时负责存货的验收保管;存货的采购人员、保管人员、使用人员不能同时负责会计记录;采购人员应与负责付款审批的人员分离;审核付款人员应与付款人员分离;记录应付账款人员应与付款人员分离。

③ 采购请购单控制制度。为了使存货既能满足需要,又不造成积压,确定存货采购时,必须由存货使用部门根据未来一定期间的需要量提前通知存货保管部门,由保管部门再根据现有存货的库存量计算出请购量,再提交请购单。经过存货使用部门和存货保管部门主管签字的请购单还必须通过采购部门和财务部门的共同确认后方可生效。

④ 订货控制制度。采购部门凭借被批准执行的请购单办理订货手续时,首先必须向不同的多家供应商发出询价单,待获取报价单后比较供应货物的价格、质量、折扣、付款

条件、交货时间等有关资料,初步确定适合的供应商并准备谈判。然后,根据谈判结果签订订货合同及订货单,并将订货单及时传送给生产、销售、保管和财会等有关部门。

⑤ 货物验收控制制度。外购存货的验收,应当重点关注合同、发票等原始单据与存货的数量、质量、规格等核对一致,涉及技术含量较高的货物,必要时可委托具有检验资质的机构或聘请外部专家协助验收;自制存货的验收,应当重点关注产品质量,通过检验合格的半成品、产成品才能办理入库手续,不合格品应及时查明原因、落实责任、报告处理;其他方式取得的存货的验收,应当重点关注存货来源、质量状况、实际价值是否符合有关合同或协议的约定。

⑥ 应付账款控制制度。由采购请购单、订货单和收货单共同构成的收货业务完成后,财务部门会取得供货方的发票和收货单等表示货物已经验收入库并应支付货款的原始凭证。这些原始凭证经过审核无误后,财务部门应及时记录存货的增加和银行存款的减少或应付账款的增加。

⑦ 会计稽核与对账控制制度。无论是货款的支付,还是应付账款发生的记录,对进货业务涉及的所有原始凭证,都必须经过稽核人员或会计主管审核后才能记账;另外,对进货业务发生的应付账款必须及时、定期地与客户对账,以防止债务虚列及由此造成业务人员的舞弊行为。

2. 仓储保管

(1) 该环节的主要风险有:

存货仓储保管方法不适当、监管不严密,可能导致损坏变质、价值贬损、资源浪费。

(2) 针对以上风险,企业应当加强实施以下管控措施:

① 存货在不同仓库之间流动时,应当办理出入库手续。

② 存货仓储期间要按照仓储物资所要求的储存条件妥善储存,做好防火、防洪、防盗、防潮、防病虫害、防变质等保管工作,不同批次、型号和用途的产品要分类存放。生产现场的在加工原料、周转材料、半成品等要按照有助于提高生产效率的方式摆放,同时防止浪费、被盗和流失。

③ 对代管、代销、暂存、受托加工的存货,应单独存放和记录,避免与本单位存货混淆。

④ 结合企业实际情况,加强存货的保险投保,保证存货安全,合理降低存货意外损失风险。

⑤ 仓储部门应对库存物料和产品进行每日巡查和定期抽检,详细记录库存情况;发现毁损、存在跌价迹象的,应及时与生产、采购、财务等相关部门沟通。对于进入仓库的人员应办理进出登记手续,未经授权人员不得接触存货。

3. 领用发出

(1) 该环节的主要风险有:

存货领用发出审核不严格、手续不完备,可能导致货物流失。

(2) 针对以上风险,企业应当加强实施以下管控措施:

① 建立存货领用计划申报制度。企业各部门领用物资时必须事先编制物资领用计划,并对计划的编制、稽核、审批、执行程序以及相关人员的职责权限做出规定;规定企业

内各部门编制物资领用计划的时间、依据以及延迟申报计划给予的处罚措施;规定物资领用计划的项目内容、填写要求、填写人与审核人的责任,填写人、审核人均应在计划表上签字,一般来说,物资耗用部门负责人负有审核计划的责任;明确物资领用计划审批部门及审批人员的职责权力,大中型企业应设立独立的物资计划管理部门,并设立计划管理员岗位,其职责是控制物资消耗,编制物资发放与采购计划,审核与批准企业内各部门申报的物资领用计划;应建立计划审批权限制度,明确规定计划管理员、物资计划管理部门主管、企业经理及副经理的各自审批权限,不管各自审批权限如何,均应遵循自下而上的审查程序,这样,基层的监督管理作用才有可能发挥;制定物资消耗限额办法,对超过消耗限额的编制计划不予批准。

② 建立物资领用制度。规定物资实际领用的程序和手续,有关人员的权力和责任,其主要内容有:规定领用物资必须填写领料单,并在经批准的已申报计划范围内领取,严格限制超计划、越限额领取物资;规定领料单的项目内容、填写要求,领料人应认真填写领料单,不得涂改;规定领料单审核责任,领料单由物资需用部门职工填写,其他部门领导重点审核物资是否确实需要,物资计划管理员应重点审核是否已申报计划,将不符合计划、无计划又无正当理由的领料单退回,保管员主要审核手续是否齐全、项目填写是否清晰、是否有涂改行为;规定无计划确属急需物资的审批、管理办法。

③ 建立价值记录制度。该制度明确规定价值记录程序。领料单是价值记录的合法凭证,仓库保管员依据领料单记录物资明细账,财务部门记录分类账,计划员记录明细台账,各部门核算员记录本部门耗用物资台账。月底财务部门与成本员、保管员及各部门核算员对账,保证账账相符,不符之处应查明原因。账账相符后,财务部门分配物资耗用成本。

④ 建立成本考核制度。企业应将物资领用过程中的各项成本严格细化到各部门相关人员,使物资领取人、使用人、物资领取部门主管、仓库保管员、物资计划管理员及其主管等都有成本指标。成本指标完成情况要与相关人员的工资、奖金挂钩,完成指标好的要多发奖金,不能完成指标的要扣发或减少奖金。

4. 盘点清查

(1) 该环节的主要风险有:

存货盘点清查制度不完善、计划不可行,可能导致工作流于形式、无法查清存货真实状况。

(2) 针对以上风险,企业应当加强实施以下管控措施:

① 企业应当建立存货盘点清查工作规程,结合本企业实际情况确定盘点周期、盘点流程、盘点方法等相关内容,定期盘点和不定期抽查相结合。

② 盘点清查时,应拟订详细的盘点计划,合理安排相关人员,使用科学的盘点方法,保持盘点记录的完整,以保证盘点的真实性、有效性。多部门人员共同盘点,应当充分体现相互制衡原则,严格按照盘点计划,认真记录盘点情况。

③ 盘点清查结果要及时编制盘点表,形成书面报告,包括盘点人员、时间、地点,实际所盘点存货名称、品种、数量、存放情况,以及盘点过程中发现的账实不符情况等内容。对盘点清查中发现的问题,应及时查明原因,落实责任,按照规定权限报经批准后处理。

④ 企业至少应当于每年年度终了开展全面的存货盘点清查,及时发现存货减值迹

象,将盘点清查结果形成书面报告。

5. 存货处置

(1) 该环节的主要风险有:

存货报废处置责任不明确、审批不到位,可能导致企业利益受损。

(2) 针对以上风险,企业应当加强实施以下管控措施:

企业应定期对存货进行检查,及时、充分了解存货的存储状态,对存货变质、毁损、报废或流失的处理要分清责任、分析原因、及时合理。

6.2.3 存货业务核算系统设计

存货业务核算程序所涉及的主要业务活动包括:计划和安排生产、存货取得(包括自制、外购、委托加工等方式)、验收入库、仓储保管、领用发出、盘点清查等。上述业务活动通常涉及以下部门,即生产计划部门、仓库部门、生产部门、人事部门、销售部门、财务部门等。

1. 计划和安排生产

生产计划部门的职责是根据顾客订单或者对销售的预测和产品需求来决定生产授权。决定授权生产,即签发预先编号的生产通知单。生产计划部门通常应对发出的所有生产通知单编号并加以记录控制;此外,还需要编制一份材料需求报告,列示所需要的材料和零件及库存。

2. 存货取得与验收入库

存货的取得有诸如外购、自行生产或委托加工等多种方式,下面以这三种方式为例进行核算设计。

(1) 购入的存货,其成本包括买价、运杂费(包括运输费、装卸费、保险费、包装费、仓储费等)、运输途中的合理损耗、入库前的挑选整理费以及按规定应计入成本的税费和其他费用。

(2) 自行生产。具体步骤包括:

第一步,购入原材料。对于材料收发业务较少的企业,可以采用实际成本进行材料收发的核算,使用的会计科目有"原材料""在途物资"等;对于材料收发业务较多且计划成本资料较为健全、明确的企业,一般可以采取计划成本进行材料收发的核算,使用的会计科目有"原材料""材料采购""材料成本差异"等,材料实际成本与计划成本的差异用"材料成本差异"科目核算,期末如为借方余额为超支差,如为贷方余额则为节约差。

第二步,发出原材料。仓库部门的责任是根据从生产部门收到的领料单发出原材料。领料单上必须列示所需要的原材料的数量和种类,以及领料部门的名称。领料单可以一料一单,也可以多料一单,通常需一式三联。仓库发料后,将其中的一联连同原材料交给领料部门,其余两联经仓库登记原材料明细账后,送财务部门进行收发料核算和成本核算。

第三步,生产产品。生产部门收到生产通知单及领取原材料后,便将生产任务分解到每一个生产工人,并将所领取的原材料交给生产工人,据以执行生产任务。生产工人在完成成品生产之后,交由生产部门查点,然后转交检验员验收并办理入库手续;或是将所完成的产品移交下一个部门,做进一步加工。

第四步,核算产品成本。为了正确核算并有效控制产品成本,必须建立健全成本会计制度,将生产控制和成本核算有机结合在一起。一方面,生产过程中的各种记录、生产通知单、领料单、计工单、入库单等文件都要汇集到财务部门,由财务部门对其进行检查和核对,了解和控制生产过程中存货的实务流转;另一方面,财务部门应设置相应的会计账户,会同有关部门对生产过程中的成本进行核算和控制。完善的成本会计制度应该提供原材料转为在产品、在产品转为产成品,以及按成本中心、分批生产任务通知单或生产周期所消耗的材料、人工和间接费用的分配与归集的详细资料。

(3)委托加工。委托加工物资的实际成本应包括:实际耗用拨付加工材料物资的实际成本、支付的加工费及往返运杂费、支付的有关税金。需要交纳消费税的委托加工物资,其由受托方代收代交的消费税应分别按以下情况处理:①委托加工的物资收回后直接用于销售的,委托方应将受托方代收代交的消费税计入委托加工物资的成本;②委托加工的物资收回后用于连续生产应税消费品的,委托方应按准予抵扣的受托方代收代交的消费税税额抵扣"应交税费——应交消费税"。

3. 仓储保管

产成品入库,须由仓库部门先行点验和检查,然后签收。签收后,将实际入库数量通知财务部门。据此,仓库部门确立了本身应承担的责任,并对验收部门的工作进行验证。除此之外,仓库部门还应根据产成品的品质特征分类存放,并填制标签。

4. 领用发出

产成品发出需要由独立的发运部门进行。装运产成品时必须经有关部门核准的发运通知单,据此编制出库单。出库单至少一式四联,一联交仓库部门,一联发运部门留存;一联交顾客;一联作为给顾客开发票的依据。企业销售商品、结转销售成本时,借记"主营业务成本"等科目,贷记"库存商品"科目。

5. 盘点清查

企业存货的数量需要通过盘存来确定,常用的存货数量盘存方法有实地盘存制和永续盘存制两种。

经过盘存,若实存数小于存货账面记录,为存货的盘亏,应借记"待处理财产损溢"科目,贷记"原材料"等科目。待查明原因后,按照管理权限报经批准后应做如下账务处理:入库的残料价值,记入"原材料"等科目;对于应由保险公司和过失人的赔款,记入"其他应收款"科目;扣除以上部分后的净损失,属于一般经营损失的部分,记入"管理费用",属于非常损失的部分,记入"营业外支出"科目。

经过盘存,若实存数大于存货账面记录,为存货的盘盈,应借记"原材料"等,贷记"待处理财产损溢"科目。在权限报经批准后,借记"待处理财产损溢"科目,贷记"管理费用"科目。

会计期末,企业应按照成本与可变现净值孰低法对存货进行计量,并计提相应的存货跌价准备。借记"资产减值损失——计提的存货跌价准备"科目,贷记"存货跌价准备"科目。当存货减值的影响因素消失后,应转回原已计提的存货跌价准备。

6.3 固定资产内部控制与核算系统设计

6.3.1 固定资产的含义及其业务流程

1. 固定资产的含义

固定资产是指同时具有下列特征的有形资产:①为生产商品、提供劳务、出租或经营管理而持有的;②使用寿命超过一个会计年度。

固定资产主要包括房屋、建筑物、机器、机械、运输工具以及其他与生产经营活动有关的设备、器具、工具等。固定资产属于企业的非流动资产,是企业开展正常的生产经营活动所必要的物资条件,其价值随着企业的生产经营活动逐渐转移到产品成本中去。固定资产的安全、完整直接影响到企业生产经营的可持续发展能力。

应当注意的是,环保设备和安全设备也应确认为固定资产。虽然环保设备和安全设备不能直接为企业带来经济利益,但有助于企业从相关资产获得经济利益,或者将减少企业未来经济利益的流出。另外,工业企业所持有的备品备件和维修设备等资产通常确认为存货,但某些备品备件和维修设备需要与相关固定资产组合发挥效用的,例如民用航空运输企业的高价周转件,应当确认为固定资产。固定资产的各组成部分具有不同使用寿命或者以不同方式为企业提供经济利益,适用不同折旧率或折旧方法的,应当分别将各组成部分确认为单项固定资产。

由于企业的经营内容、经营规模等各不相同,固定资产的标准也不强求绝对一致。各企业应根据制度中规定的固定资产的标准,结合各自的具体情况,制定适合本企业实际情况的固定资产目录、分类方法,每类或每项固定资产的折旧年限、折旧方法,作为固定资产核算的依据。企业的固定资产根据不同的管理需要和核算要求以及不同的分类标准,可以进行不同的分类,主要有以下几种分类方法:

(1) 按固定资产经济用途分类。按固定资产经济用途分类,可分为生产经营用固定资产和非生产经营用固定资产。

生产经营用固定资产是指直接服务于企业生产、经营过程的各种固定资产。如生产经营用的房屋、建筑物、机器、设备、器具、工具等。

非生产经营用固定资产是指不直接服务于生产、经营过程的各种固定资产。如职工宿舍、食堂、浴室、理发室等使用的房屋、设备和其他固定资产等。

(2) 按固定资产使用情况分类。按固定资产使用情况分类,可分为使用中固定资产、未使用固定资产和不需用固定资产。

使用中固定资产是指正在使用中的经营性和非经营性固定资产。由于季节性经营或大修理等原因,暂时停止使用的固定资产仍属于企业使用中的固定资产,企业出租(指经营性租赁)给其他单位使用的固定资产和内部替换使用的固定资产也属于使用中的固定资产。

未使用固定资产是指已完工或已购建的尚未交付使用的新增固定资产以及因改建、扩建等原因暂停使用的固定资产。如企业购建的尚待安装的固定资产、经营任务变更停止使用的固定资产以及主要的备用设备等。

不需用固定资产是指本企业多余或不使用的各种固定资产。

2. 固定资产管理的业务流程

企业应当根据固定资产的特点,分析、归纳、设计合理的业务流程,查找管理的薄弱环节,健全全面风险管控措施,保证固定资产安全、完整、高效运行。固定资产业务流程,通常可以分为取得、验收移交、日常维护、更新改造和淘汰处置等环节,如图6.3所示。

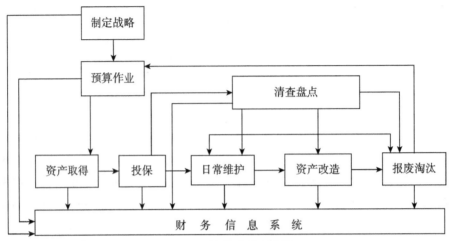

图6.3 固定资产业务流程

6.3.2 固定资产管理过程的风险及管控措施

1. 取得和验收固定资产

涉及外购、自行建造、非货币性资产交换换入等方式。生产设备、运输工具、房屋建筑物、办公家具和办公设备等不同类型固定资产有不同的验收程序和技术要求,同一类型固定资产也会因其标准化程度、技术难度等的不同而对验收工作提出不同的要求。通常来说,办公家具、电脑、打印机等标准化程度较高的固定资产,验收过程较为简化;对于一些复杂的大型生产设备,尤其是定制的高科技精密仪器以及建筑物竣工验收等,需要一套规范、严密的验收制度。

(1) 该环节的主要风险是:

① 新增固定资产验收程序不规范,可能导致资产质量不符合要求,进而影响资产运行效果;

② 固定资产投保制度不健全,可能导致应投保资产未投保、索赔不力,不能有效防范资产损失风险。

(2) 针对以上风险,企业应当加强实施以下管控措施:

① 建立固定资产投资控制制度。固定资产投资是企业生存和发展的基本保证,是一个事关企业发展的战略问题。因此,在制定固定资产投资决策时,必须参考决策制度、相应的筹资制度、外部制度约束等固定资产投资制度进行安排,并对可利用的资本成本和规模、项目的营利性、企业承担风险的意愿和能力等主要影响投资决策的变量进行分析,对固定资产投资的可行性进行研究、分析,在此基础上做出投资决策。

② 建立严格的固定资产交付使用验收制度。企业外购的固定资产,应当根据合同、

供应商发货单等对所购固定资产的品种、规格、数量、质量、技术要求及其他内容进行验收,出具验收单,编制验收报告。企业自行建造的固定资产,应由建造部门、固定资产管理部门、使用部门共同填制固定资产移交使用验收单,验收合格后移交使用部门投入使用。未通过验收的不合格固定资产,不得接收,必须按照合同等有关规定办理退换货或其他弥补措施。对于具有权属证明的固定资产,取得时必须有合法的权属证书。

③ 重视和加强固定资产的投保工作。企业应建立健全固定资产投保机制。根据固定资产性质确定固定资产投保范围。首先,应由固定资产管理部门负责对应投保的固定资产项目提出投保申请,申请内容包括投保资产类别、资产价值、保险费率、财产保险费等;其次,财务部门在其投保申请报告上签署审核意见,再报经企业授权部门或人员批准后,方可办理投保手续。如有必要,可采取招标方式确定保险公司。企业应确立具体部门(亦可为固定资产管理部门)负责与保险公司衔接有关已投保固定资产事宜,保管固定资产投保合同及相关资料,提供财务报账时所需的相关手续。固定资产管理部门对以下两种情况应提出投保变更申请,经企业授权部门或人员审批后办理投保转移、解除等相关保险手续:一是已投保的固定资产因处置与转移等原因而发生的减少变动,二是对投保期间新增加的固定资产。

④ 企业应当通盘考虑固定资产状况,根据其性质和特点,确定和严格执行固定资产的投保范围和政策。投保金额与投保项目力求适当,对应投保的固定资产项目按规定程序进行审批,办理投保手续,规范投保行为,应对固定资产损失风险。对于重大固定资产项目的投保,应当考虑采取招标方式确定保险人,防范固定资产投保舞弊。已投保的固定资产发生损失的,应及时调查原因及受损金额,向保险公司办理相关的索赔手续。

2. 固定资产登记造册

企业取得每项固定资产后均需要进行详细登记,编制固定资产目录,建立固定资产卡片,以便固定资产的统计、检查和后续管理。

(1) 该环节的主要风险是:

固定资产登记内容不完整,可能导致资产流失、资产信息失真、账实不符。

(2) 针对以上风险,企业应当加强实施以下管控措施:

① 根据固定资产的定义,结合自身实际情况,制定适合本企业的固定资产目录,列明固定资产编号、名称、种类、所在地点、使用部门、责任人、数量、账面价值、使用年限、损耗等内容,有利于企业了解固定资产使用情况的全貌。

② 按照单项资产建立固定资产卡片,固定资产卡片应在资产编号上与固定资产目录保持对应关系,详细记录各项固定资产的来源、验收、使用地点、责任单位和责任人、运转、维修、改造、折旧、盘点等相关内容,以便于固定资产的有效识别。

固定资产目录和卡片均应定期或不定期复核,以保证信息的真实和完整。

3. 固定资产运行维护

(1) 该环节的主要风险是:

固定资产操作不当、失修或维护过剩,可能导致资产使用效率低下、产品残次率高,甚至发生生产事故或资源浪费。

(2) 针对以上风险,企业应当加强实施以下管控措施:

① 固定资产使用部门会同固定资产管理部门负责固定资产日常维修、保养工作,将固定资产日常维护流程体制化、程序化、标准化,定期检查,及时消除风险,提高固定资产的使用效率,切实消除安全隐患。

② 固定资产使用部门及管理部门建立固定资产运行管理档案,并据以制订合理的日常维修和大修理计划,经主管领导审批。

③ 固定资产管理部门审核施工单位资质和资信,并建立管理档案;修理项目应分类,明确需要招投标项目;修理完成,由施工单位出具交工验收报告,经固定资产使用和管理部门核对工程质量并审批。重大项目应专项审计。

④ 企业生产线等关键设备的运作效率与效果将直接影响企业的安全生产和产品质量,操作人员上岗前应由具有资质的技术人员对其进行充分的岗前培训,特殊设备实行岗位许可制度,需持证上岗,必须对资产运转进行实时监控,保证资产使用流程与既定操作流程相符,确保安全运行,提高使用效率。

4. 固定资产升级改造

企业需要定期或不定期对固定资产进行升级改造,以便不断提高产品质量,开发新品种,降低能源资源消耗,保证生产的安全环保。固定资产更新有部分更新与整体更新两种情形,部分更新通常包括局部技术改造、更换高性能部件、增加新功能等方面,需权衡更新活动的成本与效益综合决策;整体更新主要是指对陈旧设备的淘汰与全面升级,更侧重于资产技术的先进性,符合企业的整体发展战略。

(1) 该环节的主要风险是:

固定资产更新改造不够,可能造成企业产品线老化、缺乏市场竞争力。

(2) 针对以上风险,企业应当加强实施以下管控措施:

① 定期对固定资产技术先进性进行评估,结合盈利能力和企业发展可持续性,资产使用部门根据需要提出技改方案,与财务部门一起进行预算可行性分析,并且需要经过管理部门的审核批准。

② 管理部门需对技改方案实施过程适时监控、加强管理,有条件的企业可建立技改专项资金,并定期或不定期审计。

5. 资产清查

企业应建立固定资产清查制度,至少每年全面清查,保证固定资产账实相符,及时掌握固定资产盈利能力和市场价值。固定资产清查中发现的问题,应当查明原因,追究责任,妥善处理。

(1) 该环节的风险主要是:

固定资产丢失、毁损等,可能造成账实不符或固定资产贬值严重。

(2) 针对以上主要风险,企业应当加强实施以下管控措施:

① 财务部门组织固定资产使用部门和管理部门定期进行清查,明确资产权属,确保实物与卡、财务账表相符,在清查作业实施之前编制清查方案,经过管理部门审核后进行相关的清查作业。

② 在清查结束后,清查人员需编制清查报告,管理部门需就清查报告进行审核,确保

其真实性、可靠性。

③ 清查过程中发现的盘盈(盘亏)，应分析原因，追究责任，妥善处理，报告审核通过后及时调整固定资产账面价值，确保账实相符，并上报备案。

6. 抵押质押

抵押是指债务人或者第三人不转移对财产的占有权，而将该财产抵押作为债权的担保，当债务人不履行债务时，债权人有权依法以抵押财产折价或以拍卖、变卖抵押财产的价款优先受偿。质押也称质权，是指债务人或第三人将其动产移交债权人占有，将该动产作为债权的担保，当债务人不履行债务时，债权人有权依法就该动产卖得价金优先受偿。企业有时因资金周转等原因以其固定资产做抵押物或质押物向银行等金融机构借款，如到期不能归还借款，银行则有权依法将该固定资产折价或拍卖。

（1）该环节的主要风险是：

固定资产抵押制度不完善，可能导致抵押资产价值低估和资产流失。

（2）针对以上风险，企业应当加强实施以下管控措施：

① 加强固定资产抵押、质押的管理，明晰固定资产抵押、质押流程，规定固定资产抵押、质押的程序和审批权限等，确保固定资产抵押、质押经过授权审批及适当程序。同时，应做好相应记录，保障企业资产安全。

② 财务部门办理资产抵押时，如需要委托专业中介机构鉴定评估固定资产的实际价值，应当会同金融机构有关人员、固定资产管理部门、固定资产使用部门现场勘验抵押品，对抵押资产的价值进行评估。对于抵押资产，应编制专门的抵押资产目录。

7. 固定资产处置

（1）该环节的主要风险是：

固定资产处置方式不合理，可能造成企业经济损失。

（2）针对以上风险，企业应当加强实施以下管控措施：

① 企业应当建立健全固定资产处置的相关制度，区分固定资产不同的处置方式，采取相应控制措施，确定固定资产处置的范围、标准、程序和审批权限，保证固定资产处置的科学性，使企业的资源得到有效的运用。

② 对使用期满、正常报废的固定资产，应由固定资产使用部门或管理部门填制固定资产报废单，经企业授权部门或人员批准后对该固定资产进行报废清理。

③ 对使用期未满、非正常报废的固定资产，应由固定资产使用部门提出报废申请，注明报废理由、估计清理费用和可回收残值、预计处置价格等。企业应组织有关部门进行技术鉴定，按规定程序审批后进行报废清理。

④ 对拟出售或投资转出及非货币交换的固定资产，应由有关部门或人员提出处置申请，对固定资产价值进行评估，并出具资产评估报告。报经企业授权部门或人员批准后予以出售或转让。企业应特别关注固定资产处置中的关联交易和处置定价，固定资产的处置应由独立于固定资产管理部门和使用部门的相关授权人员办理，固定资产处置价格应报经企业授权部门或人员审批后确定。对于重大固定资产处置，应当考虑聘请具有资质的中介机构进行资产评估，采取集体审议或联签制度。涉及产权变更的，应及时办理产权变更手续。

⑤ 对出租的固定资产由相关管理部门提出出租或出借的申请,写明申请的理由和原因,并由相关授权人员和部门就申请进行审核。审核通过后应签订出租或出借合同,包括合同双方的具体情况,出租的原因和期限等内容。

6.3.3 固定资产业务核算系统设计

1. 取得固定资产

固定资产同时满足下列条件的,才能予以确认:①与该固定资产有关的经济利益很可能流入企业;②该固定资产的成本能够可靠地计量。

取得固定资产这一流程涉及的会计科目有:"固定资产""在建工程""工程物资"和"银行存款"等。

由于取得方式的不同,对应的账务处理也会有差异:

对于外购的固定资产,应按实际支付的购买价款、相关税费、使固定资产达到预定可使用状态前所发生的可归属于该项资产的运输费、装卸费、安装费和专业人员服务费等,作为固定资产的取得成本。其中购入不需要安装的固定资产,应按实际支付的购买价款、相关税费以及使固定资产达到预定可使用状态前所发生的可归属于该项资产的运输费、装卸费和专业人员服务费等,作为固定资产成本,借记"固定资产"科目,贷记"银行存款"等科目。而购入需要安装的固定资产,应在购入的固定资产取得成本的基础上加上安装调试成本等,作为购入固定资产的成本,先通过"在建工程"科目核算,待安装完毕达到预定可使用状态时,再由"在建工程"科目转入"固定资产"科目。对于购买固定资产发生的保险费,应计入固定资产成本,属于"固定资产"科目,借记"固定资产"科目,贷记"银行存款"等科目。

自行建造固定资产的成本,由建造该项资产达到预定可使用状态前所发生的必要支出构成。包括工程物资成本、人工成本、交纳的相关税费、应予资本化的借款费用以及应分摊的间接费用等。自建固定资产应先通过"在建工程"科目核算,待工程达到预定可使用状态时,再从"在建工程"科目转入"固定资产"科目。

2. 验收移交固定资产

适用于需要安装的外购固定资产和自行建造的固定资产。涉及的会计科目主要有:"在建工程""固定资产"。当工程达到预计可使用状态时,再从"在建工程"科目转入"固定资产"科目。

3. 固定资产的日常维护

固定资产的使用往往会发生损毁现象,因此机器设备等不可避免地会发生维修行为。一般性的日常维修支出数额较小,当其发生时可以直接计入当期损益,借记"管理费用"科目,贷记"银行存款"科目。

需要注意的是,还存在一种与固定资产更新改造和固定资产修理都不相同的支出形式,即所谓的固定资产的装修支出。顾名思义,固定资产的装修支出就是对房屋和建筑物的表面墙体进行修饰和美化行为而发生的耗费,如墙砖、灯具、吊顶材料的购买和安装。这种支出发生后,房屋及其建筑物的原有结构都不会发生改变,也不会出现新的固定资产,其美化仅仅是房屋和建筑物的表面。在处理诸如此类的固定资产装修支出时,现有的会计准则尚未予以明确。虽然这种支出并未形成新的不同的固定资产,但由于这种支出的金额往往较大,所以最好的办法是把它视为长期待摊费用分期计入损益,而不是计入固定资产成本。

4. 固定资产的更新改造

更新改造支出的形式多样,如对各类建筑物进行改扩建以满足生产经营扩大化的需要;对设备、机器和工具进行改装和革新,在保证它们原有功效的基础上进一步扩充、提高其功能和性能等。不同的行业和企业,虽然固定资产在更新和改造时采取的手段和方法不可能完全一样,但其支出的结果大致相同:都是促使固定资产的结构更加合理完善,促使固定资产的功效得以提高。参照会计准则的规定,只要固定资产的更新改造支出结果完全符合、满足固定资产的确认条件,就理应将其计入固定资产成本。

根据固定资产更新改造的性质,其支出成本应该列入"在建工程"科目进行核算。相应地,对于已经停止使用且已经进入更新改造阶段的固定资产,如机器设备、厂房等,要对其原有价值进行转销。同时需要考虑转销的还有已计提折旧额和已计提减值准备等项目。如果账面价值发生了变化,则需要重新计算然后予以转移,转入的账户对应为"在建工程"。更新改造工作往往要持续一段时间,这期间所发生的支出计入"在建工程"科目,改造期间因价格变动获得的收入,可以用来冲减"在建工程"科目;当更新改造项目完成之后,借记"固定资产"科目,贷记"在建工程"科目。需要注意的是,若某一设备的核心部件是以一项独立的固定资产在原来确认的,而经过更新改造之后这一部件被另一新部件代替,此时原设备核心部件的账面价值应单独认定并应予以扣除,反之则不能被扣除。

5. 固定资产的淘汰处置

企业在生产经营过程中,可能将不适用或不需用的固定资产对外出售转让,或因磨损、技术进步等原因对固定资产进行报废,或因遭受自然灾害而对毁损的固定资产进行处理。处于处置状态的固定资产不再用于生产商品、提供劳务、出租或经营管理,因此不再符合固定资产的定义,应予终止确认。对上述事项进行会计处理时,应当按照规定程序办理有关手续,结转固定资产的账面价值,计算有关的清理收入、清理费用及残料价值等。

固定资产处置包括固定资产的出售、转让、报废、毁损、对外投资、非货币性资产交换、债务重组等。处置固定资产应通过"固定资产清理"科目核算。具体包括以下几个环节:

（1）固定资产转入清理。企业因出售、报废、毁损、对外投资、非货币性资产交换、债务重组等转出的固定资产,按该项固定资产的账面价值,借记"固定资产清理"科目,按已计提的累计折旧,借记"累计折旧"科目,按已计提的减值准备,借记"固定资产减值准备"科目,按其账面原价,贷记"固定资产"科目。

（2）发生清理费用等。固定资产清理过程中应支付的相关税费及其他费用,借记"固定资产清理"科目,贷记"银行存款""应交税费"等科目。

（3）收回出售固定资产的价款、残料价值和变价收入等时,借记"银行存款""原材料"等科目,贷记"固定资产清理"科目。

（4）保险赔偿等的处理。应由保险公司或过失人赔偿的损失,借记"其他应收款"等科目,贷记"固定资产清理"科目。

（5）清理净损益的处理。固定资产清理完成后,属于生产经营期间正常的处理损失,借记"营业外支出——非流动资产处置损失"科目,贷记"固定资产清理"科目;属于自然灾害等非正常原因造成的损失,借记"营业外支出——非常损失"科目,贷记"固定资产清理"科目。如为贷方余额,借记"固定资产清理"科目,贷记"营业外收入——非流动资产处置利得"科目。

6.4 无形资产内部控制与核算系统设计

6.4.1 无形资产的含义及其业务流程

1. 无形资产的含义

无形资产是指企业为生产商品或者提供劳务、出租给他人或为管理目的而持有的、没有实物形态的非货币性长期资产。无形资产一般没有实物形态,能够在较长的时期内使企业获得经济效益;其持有的目的是使用而不是出售。无形资产是企业有偿取得的,它能够给企业提供的未来经济效益的大小具有较大的不确定性。一般来讲,无形资产具体包括以下内容:

（1）专利权。指权利人在法定期限内对某一发明创造所拥有的独占权和专有权。专利权的主体是依据专利法被授予专利权的人或单位,专利权的客体是受专利法保护的专利范围。

（2）商标权。指企业专门在某种指定的商品上使用特定的名称、图案、标记的权利。根据我国《商标法》的规定,经商标局核准注册的商标为注册商标,商标注册人享有商标专用权,受法律保护。商标权的内容包括独占使用权和禁止使用权。商标权的价值在于它能够使享有人获得较高的盈利能力。

（3）土地使用权。指国家准许某一企业在一定期间内对国有土地享有开发、利用、经营的权利。根据我国《土地管理法》的规定,我国土地实行公有制,任何单位和个人不得侵占、买卖或者以其他形式非法转让。

（4）著作权。指著作权人对其著作依法享有的出版、发行等方面的专有权利。著作权可以转让、出售或者赠予。著作权包括发表权、署名权、修改权、保护作品完整权、使用权和获得报酬权等。

（5）特许权。也称专营权,指在某一地区经营或销售某种特定商品的权利或是一家企业接受另一家企业使用其商标、商号、技术秘密等的权利。

（6）非专利技术。也称专有技术,指发明人垄断的、不公开的、具有实用价值的先进技术、资料、技能、知识等。非专利技术具有经济性、机密性、动态性等特点。

（7）商誉。指企业获得超额收益的能力。通常是指企业由于所处的地理位置优越,或由于信誉好而获得了客户的信任,或由于组织得当、生产经营效率高,或由于技术先进、掌握了生产的诀窍等原因而形成的无形价值。这种无形价值具体表现在该企业的获利能力超过了一般的获利水平。商誉可以是自己建立的,也可以是向外购入的,但是只有向外购入的,才能作为商誉入账,也就是说,企业在兼并或购买另一个企业时,才能进行商誉的核算。

2. 无形资产管理的业务流程

无形资产管理的基本业务流程包括无形资产的取得、验收并落实权属、自用或授权其他单位使用、安全防范、技术升级与更新换代、处置与转移等环节。如图6.4所示。

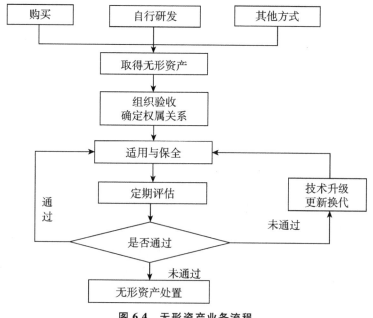

图6.4　无形资产业务流程

6.4.2　无形资产管理过程的风险及管控措施

无形资产是企业拥有或控制的没有实物形态的可辨认非货币性资产,通常包括专利权、非专利技术、商标权、著作权、特许权、土地使用权等。企业应当加强对无形资产的管理,建立健全无形资产分类管理制度,保护无形资产的安全,提高无形资产的使用效率,充分发挥无形资产对提升企业创新能力和核心竞争力的作用。企业应当在对无形资产取得、验收、使用、保护、评估、技术升级、处置等环节进行全面梳理的基础上,明确无形资产业务流程中的主要风险,并采用适当的控制措施实施无形资产内部控制。

1. 无形资产的取得与验收

(1) 该环节的主要风险是:

取得的无形资产不具先进性,或权属不清,可能导致企业资源浪费或引发法律诉讼。

(2) 针对上述风险,企业应当加强实施以下管控措施:

① 建立支出预算控制制度。企业的无形资产无论是外购的,还是自行研制的,都需要付出一定的代价,但同时无形资产为企业带来的经济效益具有很大的不确定性。因此,在购置或自创无形资产时,必须经过认真的调查研究,反复论证其可行性,并根据相应的生产经营策略统筹安排,编制支出预算。

② 严格执行审核入账控制制度。企业有的无形资产在形成之前往往会发生大量的

研究开发费用,正式取得时的费用反而很小;有的无形资产无法单独确认其形成成本,但却可以为企业带来巨大利益。无形资产确认、计量的复杂性要求会计核算必须按会计准则、会计制度的规范,结合企业自身的特点,建立一套严格、规范的无形资产审核入账控制制度,正确划分资本支出与费用支出界限,以保证可靠地提供企业财务信息,正确地计算企业经营成果。

③ 建立严格的无形资产交付使用验收制度,明确无形资产的权属关系,及时办理产权登记手续。企业外购的无形资产,必须仔细审核有关合同协议等法律文件,及时取得无形资产所有权的有效证明文件,同时特别关注外购无形资产的技术先进性;企业自行开发的无形资产,应由研发部门、无形资产管理部门和使用部门共同填制无形资产移交使用验收单,移交使用部门使用;企业购入或者以支付土地出让金方式取得的土地使用权,必须取得土地使用权的有效证明文件。当无形资产权属关系发生变动时,应当按照规定及时办理权证转移手续。

2. 无形资产的使用与保全

(1) 该环节的主要风险是:

① 无形资产使用效率低下,效能发挥不到位;

② 缺乏严格的保密制度,可能导致体现在无形资产中的商业机密泄漏;

③ 由于商标等无形资产疏于管理,可能导致其他企业侵权,严重损害企业利益。

(2) 针对上述风险,企业应当加强实施以下管控措施:

① 企业应当强化无形资产使用过程的风险管控,充分发挥无形资产对提升企业产品质量和市场影响力的重要作用。

② 应建立健全无形资产核心技术保密制度,严格限制未经授权人员直接接触技术资料,对技术资料等无形资产的保管及接触应保有记录,实行责任追究,保证无形资产的安全与完整。

③ 对侵害本企业无形资产的,要积极取证并形成书面调查记录,提出维权对策,按规定程序审核并上报,等等。

3. 无形资产的技术升级与更新换代

(1) 该环节的主要风险是:

无形资产内含的技术未能及时升级换代,可能导致技术落后或存在重大技术安全隐患。

(2) 针对上述风险,企业应当加强实施以下管控措施:

企业应当定期对专利、专有技术等无形资产的先进性进行评估。发现某项无形资产给企业带来经济利益的能力受到重大不利影响时,应当考虑淘汰落后技术,同时加大研发投入,不断推动企业自主创新与技术升级,确保企业在市场经济竞争中始终处于优势地位。

4. 无形资产的处置

(1) 该环节的主要风险是:

无形资产长期闲置或低效使用,就会逐渐失去其使用价值;无形资产处置不当,可能导致企业资产流失。

（2）针对上述风险，企业应当加强实施以下管控措施：

企业应当建立无形资产处置的相关管理制度，明确无形资产处置的范围、标准、程序和审批权限等要求。无形资产的处置应由独立于无形资产管理部门和使用部门的其他部门或人员按照规定的权限和程序办理；应当选择合理的方式确定处置价格，并报经企业授权部门或人员审批；重大的无形资产处置，应当委托具有资质的中介机构进行资产评估。

6.4.3 无形资产业务核算系统设计

1. 无形资产的取得和验收

无形资产应当按照实际成本进行初始计量。企业取得无形资产的主要方式有外购、自行研究开发等。取得的方式不同，其会计处理也有所差别：

对于外购的无形资产，其成本包括购买价款、相关税费以及直接归属于该项资产达到预定用途所发生的其他支出。

对于自行研究开发的无形资产，企业内部研究开发项目所发生的支出应区分研究阶段支出和开发阶段支出。企业自行研究开发无形资产所发生的研发支出，不满足资本化条件的，借记"研发支出——费用化支出"科目，满足资本化条件的，借记"研发支出——资本化支出"科目，贷记"原材料""银行存款""应付账款"等科目。研究开发项目达到预定用途形成无形资产的，应当按照"研发支出——资本化支出"科目的余额，借记"无形资产"科目，贷记"研发支出——资本化支出"科目。期（月）末，应将"研发支出——费用化支出"科目归集的金额转入"管理费用"科目，借记"管理费用"科目，贷记"研发支出——费用化支出"科目。如果无法可靠区分研究阶段的支出和开发阶段的支出，应将其所发生的研发支出全部费用化，计入当期损益，计入"管理费用"科目。

2. 无形资产的摊销

企业应当于取得无形资产时分析判断其使用寿命。使用寿命有限的无形资产应当进行摊销，使用寿命不确定的无形资产不进行摊销。使用寿命有限的无形资产，通常其残值视为零。对于使用寿命有限的无形资产，应当自可供使用（即其达到预定用途）当月起开始摊销，处置当月不再摊销。

企业应当按月对无形资产进行摊销。无形资产的摊销额一般应当计入当期损益。

3. 无形资产的处置与转移

企业处置无形资产，应当将取得的价款扣除该无形资产账面价值以及出售相关税费后的差额作为营业外收入或营业外支出进行会计处理。涉及的会计科目主要有"无形资产""银行存款""累计摊销""营业外收入""营业外支出"等。

企业处置无形资产，应当按照实际收到的金额等，借记"银行存款"等科目，根据已计提的累计摊销，借记"累计摊销"科目，按照应支付的相关税费及其他费用，贷记"应交税费"，"银行存款"等科目，按其账面余额，贷记"无形资产"科目，按照其差额，贷记"营业外收入——非流动资产处置利得"科目或借记"营业外支出——非流动资产处置损失"科目，已计提减值准备的，还应同时结转减值准备，借记"无形资产减值准备"科目。

案例示范

富临运业固定资产管理办法见二维码。

本章小结

合理保证资产安全是企业内部控制的重要目标之一,本章着重对存货、固定资产和无形资产等资产提出了全面风险管控要求,旨在促进企业在保障资产安全的前提下,提高资产效能。存货是指企业在日常活动中持有以备出售的产成品或商品、处在生产过程中的在产品、在生产过程或提供劳务过程中耗用的材料、物料等。其基本业务流程包括:取得与验收入库、仓储保管、领用发出、盘点清查、处置等。固定资产是指同时具有以下特征的有形资产:(1)为生产商品、提供劳务、出租或经营管理而持有的;(2)使用寿命超过一个会计年度。其基本业务流程包括:取得和验收、固定资产登记造册、运行维护、升级改造、资产清查、抵押质押以及处置等。无形资产是指企业为生产商品或者提供劳务、出租给他人或为管理目的而持有的、没有实物形态的非货币性长期资产。其基本业务流程包括:取得与验收、使用与保全、技术升级与更新换代、处置等。本章针对上述资产管理过程中存在的风险,提出了相应的管控措施,并据此设计了存货、固定资产和无形资产的核算系统。

复习思考题

1. 简述存货、固定资产、无形资产管理过程中的主要风险。
2. 简述存货、固定资产、无形资产内部控制制度的内容。
3. 请设计存货管理、固定资产管理各环节的核算方法。

案例分析

1. 资料:丙公司属于国有控股的有限责任公司,2016年2月聘请某会计师事务所在年报审计时对公司内部控制制度的健全和有效性进行检查与评价。检查中发现了以下问题:

(1) 2015年3月,丙公司某车间员工持领料单到仓库领取一种特殊材料,此材料属于稀有金属,价格比黄金贵重。根据规定,领料单必须经公司副总以上职位的高层签字,且必须由车间主任亲自领取,但是车间主任已经病休10天,车间又急用,并且公司副总已经签字,为避免生产部门停工,材料保管员向持单员工发出了相关材料。后经查实,高层签字系伪造,车间员工携带材料当晚潜逃。

(2) 2015年4月,丙公司准备采购一批原材料,采购部门接到一个不熟悉人员的电话,表示可以送货上门,并分两批送货。采购经理认为风险较小,且价格优惠,所以双方签订了采购合同。由于是首次交易,根据公司内部控制制度规定,验货合格后付款,第一批货物到达后,经检验合格,在第二批货物到达前,对方来电说明因资金紧张,让丙公司先付款。由于经过检验的上批货物质量很好,所以公司采购经理指示财务人员,可以先付款。财务人员先行付款,但对方未及时送货,经查此公司系空壳公司,公司负责人已潜逃。

(3) 2015年5月,为加强财务管理,公司规定会计和出纳人员分设,出纳人员不得兼任账目登记工作,丙公司银行预留印鉴的印章和票据全部由财务经理统一保管。

(4) 2015年12月30日,丙公司根据内部控制制度的规定,进行存货的盘点,但是对东北的一家露天仓库,由于下大雪,无法进行盘点,所以直接根据会计记录给予了确认。公司内部控制制度规定,每两年进行一次存货的全面盘点清查。

要求:根据上述事项,分析各业务内部控制方面是否存在缺陷,如果存在缺陷,请说明理由。

2. **资料:**2012年5月10日晚间,广州药业在香港联合交易所发布公告称,根据中国国际经济贸易仲裁委员会2012年5月9日的裁决书,广药集团与鸿道(集团)签订的《"王老吉"商标许可补充协议》和《关于"王老吉"商标使用许可合同的补充协议》无效,鸿道(集团)有限公司停止使用"王老吉"商标。2012年5月15日,广药集团赢得"王老吉"商标。2012年7月16日,北京市第一中级人民法院就鸿道(集团)有限公司提出的撤销中国国际经济贸易仲裁委员会做出的仲裁裁决的申请做出裁定,驳回鸿道(集团)有限公司提出的撤销中国国际经济贸易仲裁委员会做出的(2012)中国贸仲京裁字第0240号仲裁裁决的申请。至此,价值1 080亿元的"王老吉"商标合同争议案在历时380多日后最后以广药集团的胜诉而告终。按照国际惯例,商标使用费应按销售额的5%交纳,以红罐王老吉年销售160亿元来计,加多宝应支付8亿元/年;如果是按照广药集团租给其他合作伙伴如广粮集团等的商标使用费来计算的话,则是销售额的2.3%—3%,其应支付3.68亿元/年至4.8亿元/年;即便是广药集团下属的合资公司王老吉药业,每年都要按销售额的2.1%交纳商标使用费,其也将面临3.3亿元/年的费用。若从2010年5月算起,到2012年5月仅品牌使用费,加多宝得掏出6.6亿元。"王老吉"商标回到广药集团手中,在此背景刺激下,旗下控股的广州药业和白云山A走势强劲。2012年5月短短9个交易日,广州药业涨幅已经超过50%。

广药集团与加多宝的红绿之争,是围绕"王老吉"这一商标权展开的,尽管广药集团最后通过法律渠道为"王老吉"身份证明,同时给自己讨回了公道,但是,从企业内部控制的角度看,广药集团与加多宝等企业在内部控制尤其是无形资产管理上暴露了自己的软肋。

要求:(1)分析广药集团与加多宝在无形资产管理方面的缺陷。

(2)从内部控制五要素的角度分析双方存在的问题并提出相关建议。

3. **资料:**某企业2014年发生下列固定资产业务:

(1) 年末进行固定资产清查时发现未入账切割设备一台,编号为QG-9203,其重置完全价值为50 000元,估计折旧为10 000元;

(2) 由于遭受雷击,两台点焊设备毁损,型号规格为DH-9886,此设备1999年购买,预计使用4年,现决定予以报废,该两台设备账面原价共计820 000元,已计提折旧410 000元,清理过程中以银行存款支付清理费用2 000元,残料作价12 000元交库。

要求:(1) 分别编制以上业务的会计分录;

(2) 根据资料(1),简述固定资产清查过程涉及的报表,并分别设计出其一般格式;

(3) 根据资料(2),设计并填写固定资产报废单,简述设备报废清理业务的流程。

第7章 合同管理内部控制制度设计

学习目标

1. 了解合同管理的总体要求。
2. 了解合同各环节的主要风险点及管控措施。
3. 掌握合同管理内部控制的流程。
4. 掌握合同管理内部控制的程序设计。

7.1 加强合同管理内部控制的意义

7.1.1 有利于促进社会主义经济的健康发展

在社会主义市场经济条件下,企业之间为实现特定经济目的,需要通过合同这一法律形式来实现,只有双方都能自觉地信守和履行合同,才能使各自的经济目的得以实现。企业只有加强合同管理,合同双方都做到了重合同、守信誉,才能促进社会主义市场经济健康发展。

7.1.2 有利于促进企业自身管理水平的提高,增创企业的经济效益

随着我国引进外资和进出口总量的比例大幅增加,市场监管内容将由国内市场逐步拓展为融入世界经济体系的大市场。合同管理不仅涉及国内经济组织之间的合同交往及权利义务关系的确定,而且涉及国内经济组织与国外经济组织大量的经济活动中的管理。

7.1.3 能够有效地降低风险,保证权益

合同管理在合同履行过程中起到指导性文件的作用,在履行合同时,哪些内容应该做,哪些内容不能做,对各种事件及时处理,对各种变更等及时补充,以及对合同的履行程度实时跟进,能够提高合同履行的质量,降低合同履行的成本,同时降低合同双方产生纠纷的可能性。

7.2 合同管理的总体要求

企业需要建立一系列制度体系和机制保障,促进合同管理的作用得到有效发挥。

7.2.1 建立分级授权管理制度

企业应当根据经济业务性质、组织机构设置和管理层级安排,建立合同分级授权管理制度。属于上级管理权限的合同,下级单位不得签署。对于重大投资类、融资类、担保类、知识产权类、不动产类合同,上级部门应加强管理。下级单位认为确有需要签署涉及上级管理权限的合同,应当提出申请,并经上级合同管理机构批准后办理。上级单位应当加强对下级单位合同订立、履行情况的监督检查。

例如,根据董事会授权签署公司各种重大合同、协议,审批合同项下开支;投资计划在正式执行前必须进行严格的审批。一般情况下,企业根据投资的性质和金额建立授权审批制度。审批的内容主要包括:投资的理由是否恰当;投资行为与企业的战略目标是否一致;投资收益的估算是否合理无误;影响投资的其他因素是否充分考虑等。

7.2.2 实行统一归口管理

企业可以根据实际情况指定法律部门等作为合同归口管理部门,对合同实施统一规范管理,具体负责制定合同管理制度,审核合同条款权利义务的对等性,管理合同标准文本,管理合同专用章,定期检查和评价合同管理中的薄弱环节,采取相应的控制措施,促进合同的有效履行等。

例如,合同管理组要加强对合同档案的统计工作,要以原始记录为依据,编制合同统计清单;合同管理组应根据实际需要编制合同档案检索工具,以便有效地开展合同文档的查询、利用工作;各分公司、各部门员工可在合同档案管理组查阅合同文档,确因工作需要须借出查阅,须经分公司、部门主管领导签字同意后,方可在合同管理组办理相关借阅手续,以影印件借阅。

7.2.3 明确职责分工

企业各业务部门作为合同的承办部门负责在职责范围内承办相关合同,并履行合同调查、谈判、订立、履行和终结责任。

法务部门主要负责对合同、协议对方当事人身份和资格的审查及合同争议解决方式的审核;技术部门主要负责对合同标的物是否符合国家各项标准(产品质量、卫生防疫等)、企业技术标准等的审查;财务部门主要负责对合同对方资信情况、价款支付等的审查;法务部门和财务部门负责对违约责任条款的审查,包括违约金的赔偿及经济损失的计算等。

业务部门、财务部门应当根据所立合同台账,按公司的要求,定期或不定期地汇总各自工作范围内的合同订立或履行情况,由法律顾问据此统计合同订立和履行的情况,并向总经理汇报。

例如公司的合同专用章专人管理,公司办公室、销售部、采购部各保管一枚,分别编号。公司的空白合同、空白授权委托书也由专人管理,业务人员不得随带合同专用章或已盖章的空白授权委托书及空白合同出差,如遇特殊情况,由总经理批准。合同专用章、盖章的空白授权委托书及空白合同、已签订的合同遗失的,应及时向当地公安机关报案,并登报声明。

7.2.4 健全考核与责任追究制度

企业应当健全合同管理考核与责任追究制度,开展合同后评估,对合同订立、履行、过程中出现的违法违规行为,应当追究有关机构或人员的责任。

公司应当定期对合同管理工作进行考核,并逐步将合同签约率、合同文本质量、合同履行情况、合同台账记录等纳入公司对员工和部门的工作业绩考核范围。凡因未按规定处理合同事宜、未及时汇报情况和遗失合同有关资料而给公司造成损失的,应追究其经济和行政责任,包括但不限于以下情况:为他人提供合同专用章或盖章的空白合同及空白授权委托书的;应当签订书面合同而未签订书面合同的;因工作过失致使公司被诈骗的;私自履行合同未经对方当事人确认的;因工作人员过失遗失重要证据的;发生纠纷后隐瞒不报或私自了结或报告避重就轻,从而贻误时机的;合同专用章、盖章的空白合同及空白授权委托书遗失未及时报案和报告的;等等。

7.3 合同管理流程

7.3.1 合同管理流程概述

合同管理从大的方面可以划分为合同订立阶段和合同履行阶段。合同订立阶段包括合同调查、合同谈判、合同文本拟定、合同审批、合同签署等环节;合同履行阶段涉及合同履行、合同补充和变更、合同解除、合同结算、合同登记等环节。

7.3.2 合同管理流程示意图

合同管理流程如图 7.1 所示:

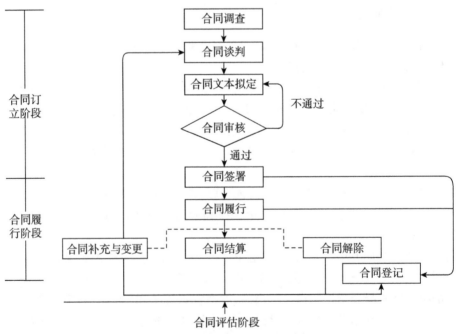

图 7.1 合同管理流程一般示意图

7.4 合同各环节的主要风险及管控措施

合同管理作为企业内部控制体系中的关键一环,对企业避免经济纠纷,提高管理水平,维护其合法权益至关重要。鉴于在实际操作中,合同管理从合同调查到合同价款的结算登记都是分阶段进行的,所以在下文中把合同管理分成若干环节分析其存在的风险点,并提出相应的管控措施。

7.4.1 合同调查

合同订立前,企业应当进行合同调查,充分了解合同对方的主体资格、信用状况等有关情况,确保对方当事人具备履约能力。一般情况下,合同一旦正式签订,企业就应履行合同,因此合同调查这一环节的管理是否到位,是企业能否维护自身经济利益、防范法律风险的关键。该环节的主要风险是:

第一,忽视被调查对象的主体资格审查,对方当事人不具有相应的民事权利能力和民事行为能力或不具有特定资质,或与无权代理人、无处分权代理人签订合同,导致合同无效,或引发潜在风险,影响到企业的正常运营。

第二,在合同签订前错误地判断被调查对象的信用状况,或在合同履行过程中没有持续关注对方的资信变化,致使企业蒙受损失。对影响合同履行的重大经济纠纷、重大经济犯罪案件或重大不利影响的判决等资信调查不够全面。

第三,对被调查对象的履约能力给出不当评价,导致合同对方当事人难以满足生产经营需要。

对于上述潜在的风险,主要的管控措施有:

(1)审查被调查对象的身份证件、法人登记证书、资质证明、授权委托书等证明原件,必要时,可通过发证机关查询证书的真实性和合法性,在充分收集相关证据的基础上评价主体资格是否恰当。

(2)获取调查对象经审计的财务报告、以往交易记录等财务和非财务信息,分析其获利能力、偿债能力和营运能力,评估其财务风险和信用状况,并在合同履行过程中持续关注其资信变化,建立和及时更新合同对方的商业信用档案。

(3)对被调查对象进行现场调查,实地了解和全面评估其生产能力、技术水平、产品类别和质量等生产经营情况,分析其合同履约能力。

(4)与被调查对象的主要供应商、客户、开户银行、主管税务机关和工商管理部门等沟通,了解其生产经营、商业信誉、履约能力等情况。

7.4.2 合同谈判

初步确定拟签约对象后,企业内部的合同承办部门应当在授权范围内与对方进行合同谈判,按照自愿、公平原则,磋商合同内容和条款,明确双方的权利、义务和违约责任。该环节的主要风险是:

第一,忽略合同重大问题或在重大问题上做出不恰当让步,对相关法律法规、行业政策的不充分掌握,以及缺乏对行业动态的敏感度,导致在合同谈判时对存在的问题了解不全面,产生不恰当决策。

第二,谈判经验不足,缺乏技术、法律和财务知识的支撑,导致企业利益受损。合同双方对合同价格、合同支付条款、违约责任等进行协商,若谈判人员缺少谈判经验,或对合同标的的技术标准等情况缺乏深入了解,可能使得相关合同条款对自身不利。

第三,泄露本企业谈判策略,导致企业在谈判中处于不利地位。合同双方在接触谈判时,没有严格遵守企业保密条例,泄露并让谈判对方知晓本企业谈判策略,使得企业在谈判中处于不利地位,企业利益蒙受损失。

对于上述潜在的风险,主要的管控措施有:

(1) 收集谈判对手资料,充分熟悉谈判对手情况,做到知己知彼;研究国家相关法律法规、行业监管、产业政策、同类产品或服务价格等与谈判内容相关的信息,正确制定本企业谈判策略。

(2) 关注合同核心内容、条款和关键细节。具体包括合同标的的数量、质量或技术标准,合同价格的确定方式与支付方式,履约期限和方式,违约责任和争议的解决方法,合同变更或解除条件等。

(3) 对于影响重大、涉及较高专业技术或法律关系复杂的合同,组织法律、技术、财会等专业人员参与谈判,充分发挥团队智慧,及时总结谈判过程中的得失,研究确定下一步的谈判策略。

(4) 必要时可聘请外部专家参与相关工作,并充分了解外部专家的专业资质、胜任能力和职业道德情况。

(5) 加强保密工作,建立严格的责任追究制度。

(6) 对谈判过程中的重要事项和参与谈判人员的主要意见,予以记录并妥善保存,作为避免合同舞弊的重要手段和责任追究的依据。

7.4.3 合同文本拟定

企业在合同谈判后,根据协商谈判结果,拟定合同文本。对合同文本进行详尽的拟定与审查,可以避免企业潜藏的合同文本风险,从而采取有针对性的防范措施。该环节的主要风险是:

第一,选择不恰当的合同形式。采用不符合企业交易现状的合同形式,致使出现法律纠纷。

第二,合同与国家法律法规、产业政策、企业整体战略目标或特定业务经营目标发生冲突。

第三,合同内容和条款不完整,表述不严谨、不准确,或存在重大疏漏和欺诈,导致企业合法利益受损。合同基本格式架构不完整、合同内容填写前后矛盾、合同时间表述不一致等方面出现纰漏。

第四,有意拆分合同、规避合同管理规定等。恶意拆分合同,违反国家法律法规,致使合同参与方遭受经济损失。

第五,对于合同文本须报经国家有关主管部门审查或备案的,未履行相应程序。

对于上述潜在的风险,主要的管控措施有:

(1) 企业对外发生经济行为,除即时结清方式外,还应订立书面合同。

（2）严格审核合同需求与国家法律法规、产业政策、企业整体战略目标的关系，保证其协调一致；考察合同是否以生产经营计划、项目立项书等为依据，确保完成特定业务经营目标。

（3）合同文本一般由业务承办部门起草，法律部门审核；重大合同或法律关系复杂的特殊合同应当由法律部门参与起草；国家或行业有合同示范文本的，可以优先选用，但对涉及权利义务关系的条款应当进行认真审查，并根据实际情况进行适当修改。各部门应当各司其职，保证合同内容和条款的完整准确。

（4）通过统一归口管理和授权审批制度，严格合同管理，防止通过化整为零等方式故意规避招标的做法和越权行为。

（5）由签约对方起草的合同，企业应当认真审查，确保合同内容准确反映企业诉求和谈判达成的一致意见，特别留意"其他约定事项"等需要补充填写的栏目，如不存在其他约定事项，注明"此处空白"或"无其他约定"，以防止合同后续被篡改。

7.4.4 合同审核

在合同管理内部控制比较健全的企业中，销售、采购、工程等申请签订合同的部门拟定好合同文本后，企业相关部门会对合同内容进行审核，如法律、财会、技术等部门会对相应的合同内容进行审核，即企业所有级别的审批人员审核通过后，正式合同才能签署。该环节的主要风险是：

第一，合同审核人员因专业素质或工作态度等原因，未能发现合同文本中的不当内容和条款，审核人员对审核工作不负责使审核流于形式。

第二，审核人员虽然通过审核发现了问题，但未提出恰当的修订意见。

第三，合同起草人员没有根据审核人员的改进意见修改合同，导致合同中的不当内容和条款未被纠正。

第四，分公司、子公司等通过化整为零方式，将大额合同拆分为若干小金额的合同来规避总公司或母公司的审核。

对于上述潜在的风险，主要的管控措施有：

（1）审核人员应当对合同文本的合法性、经济性、可行性和严密性进行重点审核，关注合同的主体、内容和形式是否合法，合同内容是否符合企业的经济利益，对方当事人是否具有履约能力，合同的权利和义务、违约责任及争议解决条款是否明确等。

（2）建立会审制度，对影响重大或法律关系复杂的合同文本，组织财会部门、内部审计部门、法律部门及业务关联的相关部门进行审核，各相关部门应当认真履行职责。签订合同前，相关部门领导在合同会审单上签字明确审核责任后，正式书面合同才能签署。

（3）认真分析研究，慎重对待审核意见，对审核意见准确无误地加以记录，必要时对合同条款做出修改并再次提交审核。

（4）针对分公司、子公司通过化整为零方式规避总公司或母公司相关部门审核的情况，企业应加强对合同管理的审计，加大对恶意拆分合同来规避招标这种行为的惩罚力度；另外，企业也应考虑下属单位的难处，对部分合同的签署进行适当授权，在控制合同风险的前提下提高审核效率，以免影响到生产经营活动的正常进行。

7.4.5 合同签署

企业经审核同意签订的合同应当与对方当事人正式签署并加盖企业合同专用章。该环节的主要风险是：

第一，超越权限签订合同。

第二，合同印章管理不当。

第三，签署后的合同被篡改。

第四，因手续不全导致合同无效。

第五，发生经济合同诈骗。

对于上述潜在的风险，主要的管控措施有：

(1) 按照规定的权限和程序与对方当事人签署合同。对外正式订立的合同应当由企业法定代表人或由其授权的代理人签名或加盖有关印章。授权签署合同的，应当签署授权委托书。

(2) 严格合同专用章保管制度，合同经编号、审批及由企业法定代表人或由其授权的代理人签署后，方可加盖合同专用章。用印后保管人应当立即收回，并按要求妥善保管，以防止他人滥用。保管人应当记录合同专用章使用情况以备查，如果发生合同专用章遗失或被盗现象，应当立即报告公司负责人并采取妥善措施，如向公安机关报案、登报声明作废等，以最大限度地消除可能带来的负面影响。

(3) 采取恰当措施，防止已签署的合同被篡改，如在合同各页码之间加盖骑缝章，使用防伪印记，使用不可编辑的电子文档格式，合同文本中避免过多空白。

(4) 按照国家有关法律、行政法规规定，需办理批准、登记等手续之后方可生效的合同，企业应当及时按规定办理相关手续。

(5) 为防范经济合同诈骗的风险，对方代表在合同上签名时，应由本方经办人员见证其亲笔签名，签名人员的身份证复印件应留底备存。

7.4.6 合同履行

合同订立后，企业应当与合同对方当事人共同遵循诚实信用原则，根据合同的性质、目的和交易习惯履行通知、协助、保密等义务。该环节的主要风险是：

第一，本企业或合同对方当事人没有恰当地履行合同中约定的义务。

第二，合同生效后，对合同条款未明确约定的事项没有及时协议补充，导致合同无法正常履行。

第三，在合同履行过程中，未能及时发现已经或可能导致企业利益受损的情况，或未能采取有效措施。

第四，合同纠纷处理不当，导致企业遭受外部处罚、诉讼失败，损害企业利益、信誉和形象等。

对于上述潜在的风险，主要的管控措施有：

(1) 强化对合同履行情况及效果的检查、分析和验收，全面适当执行本企业义务，敦促对方积极执行合同，确保合同全面有效履行。

(2) 对合同对方的合同履行情况实施有效监控，一旦发现有违约可能或违约行为，应当及时提示风险,并立即采取相应措施将合同损失降到最低。

（3）根据需要及时补充、变更甚至解除合同。一是对于合同没有约定或约定不明确的内容,通过双方协商一致对原有合同进行补充;无法达成补充协议的,按照国家相关法律法规、合同有关条款或者交易习惯确定;二是对于显失公平、条款有误或存在欺诈行为的合同,以及因政策调整、市场变化等客观因素已经或可能导致企业利益受损的合同,按规定程序及时报告,并经双方协商一致,按照规定权限和程序办合同变更或解除事宜;三是对方当事人提出中止、转让、解除合同,造成企业经济损失的,应向对方当事人书面提出索赔。

（4）加强合同纠纷管理,在履行合同过程中发生纠纷的,应当依据国家相关法律法规,在规定时效内与对方当事人协商并按规定权限和程序及时报告。合同纠纷经协商一致的,双方应当签订书面协议;合同纠纷经协商无法解决的,应根据合同约定选择仲裁或诉讼方式解决。企业内部授权处理合同纠纷,应当签署授权委托书。纠纷处理过程中,未经授权批准,相关经办人员不得向对方当事人做出实质性答复或承诺。

7.4.7　合同结算

合同结算是合同执行的重要环节,既是对合同签订的审查,也是对合同执行的监督,一般由财会部门负责办理。该环节的主要风险是:

第一,违反合同条款,未按合同规定期限、金额或方式付款。

第二,疏于管理,未能及时催收到期合同款项。

第三,在没有合同依据的情况下盲目付款。

第四,付款方因付不了款在合同付款当日逃跑。

对于上述潜在的风险,主要的管控措施有:

（1）财会部门应当在审核合同条款后办理结算业务,按照合同规定付款,及时催收到期欠款。

（2）未按合同条款履约或应签订书面合同而未签订的,财会部门有权拒绝付款,并及时向企业有关负责人报告。

（3）合同上可规定,如果付款方逃避责任,收款方可索取他的其他固定财产等。

7.4.8　合同登记

合同登记管理制度体现了合同的全过程封闭管理,合同的签署、履行、结算、补充或变更、解除等都需要进行合同登记。该环节的主要风险是:

第一,合同档案不全。

第二,合同泄密。

第三,合同滥用。

第四,合同被篡改。

对于上述潜在的风险,主要的管控措施有:

（1）合同管理部门应当加强合同登记管理,充分利用信息化手段,定期对合同进行统计、分类和归档,详细登记合同的订立、履行、变更和终结等情况,合同终结应及时办理销号和归档手续,以实行合同的全过程封闭管理。

(2) 建立合同文本统一分类和连续编号制度,以防止或及早发现合同文本的遗失。

(3) 加强合同信息安全保密工作,未经批准,任何人不得以任何形式泄露合同订立与履行过程中涉及的国家或商业秘密。

(4) 规范合同管理人员职责,明确合同流转、借阅和归还的职责权限和审批程序等有关要求。

(5) 完善规章制度,防止合同内容被篡改。

7.5 合同管理的后评估

7.5.1 合同管理后评估概述

合同作为企业承担独立民事责任、履行权利义务的重要依据,是企业管理活动的重要痕迹,也是企业风险管理的主要载体,为此,合同管理内部控制指引强调,企业应当建立合同管理的后评估制度,至少于每年年末对合同履行的总体情况和重大合同履行的具体情况进行分析评估,对分析评估中发现的合同履行中存在的不足,应当及时采取有效措施加以改进。

7.5.2 合同管理后评估的内容

合同管理后评估的内容如表7.1所示(以工程项目合同为例):

表7.1 合同管理后评估的内容——以工程项目合同为例

评价方面	评价内容
合同签订情况评价	预定的合同战略和策略是否正确?是否已经顺利实现?招标文件分析和合同风险分析的准确程度;该合同环境调查、实施方案、工程预算以及报价方面的问题及经验教训;合同谈判的问题及经验教训,以后签订同类合同的注意点;各个相关合同之间的协调问题等。
合同执行情况评价	本合同执行战略是否正确,是否符合实际,是否达到预想的结果;在本合同执行中出现了哪些特殊情况;事先可以采取什么措施防止、避免或减少损失;合同风险控制的利弊得失;各个相关合同在执行中协调的问题等。
合同管理工作评价	合同管理工作对工程项目的总目标的贡献或影响;合同分析的准确程度;在招标、投标和工程实施中,合同管理子系统与其他职能的协调问题,需要改进的地方;索赔处理和纠纷处理的经验教训等。
合同条款分析	本合同的具体条款的表达和执行利弊得失,特别是对本工程有重大影响的合同条款及其表达;本合同签订和执行过程中所遇到的特殊问题的分析结果;对具体的合同条款如何表达更为有利等。合同条款的分析可以按合同结构分析中的子目进行,并将其分析结果存入计算机中,供以后签订合同时参考。

案例示范

龙山县公路管理局合同管理内部控制制度见二维码。

本章小结

合同是企业与自然人、法人及其他组织等平等主体之间设立、变更、终止民事权利义务关系的协议。合同渗透于企业各个经济业务活动之中,因此加强合同管理内部控制是企业在加强内部控制方面的重要一环。企业需要建立一系列制度体系和机制保障,促进合同管理的作用得到有效发挥。企业应当根据经济业务性质、组织机构设置和管理层级安排,建立合同分级管理制度,指定法律部门等作为合同归口管理部门,对合同实施统一规范管理,具体负责制定合同管理制度。企业各业务部门作为合同的承办部门负责在职责范围内承办相关合同,并履行合同调查、谈判、订立、履行和终结责任。企业应当健全合同管理考核与责任追究制度,开展合同管理后评估。合同管理流程从大的方面可以划分为合同订立阶段和合同履行阶段。合同订立阶段包括合同调查、合同谈判、合同文本拟定、合同审批、合同签署等环节;合同履行阶段涉及合同履行、合同补充和变更、合同解除、合同结算、合同登记等环节。每一个环节都存在一定的风险,企业需要根据经济业务的性质与实际情况对合同进行严格的管理与控制,最大限度地降低风险。另外,企业应当建立合同管理的后评估制度,至少于每年年末对合同履行的总体情况和重大合同履行的具体情况进行分析评估,对分析评估中发现的合同履行中存在的不足,应当及时采取有效措施加以改进。

复习思考题

1. 简述合同管理的总体要求。
2. 简述合同管理内部控制的内容。
3. 简述合同管理流程。
4. 简述合同各环节的主要风险点及管控措施。
5. 请举例说明合同管理后评估的内容。

案例分析

1. 白山电厂是一家位于西部某省的火力发电厂,主要利用燃煤来发电。电厂的煤炭采购属于电厂的重大业务。该业务包括煤炭采购询价、供应商选择、下订单、付款申请到最终的付款等一系列工作,过去几年都由赵某统一负责。每次采购前,采购部根据公司经营情况和煤炭库存情况制订采购方案。赵某以定向采购的方式从东山煤炭公司进货。在煤炭验收环节,采购部在每次采购煤炭时都取样直接送到公司专门的质检部门接受验收检查。在签订煤炭采购合同时,一般是由采购部自行起草,然后与供应商直接签约。

合同文本一般由经办部门自行保管。部分合同原件于业务办理完成后丢失,致使一些合同纠纷因无合同原件以败诉而告终。

要求:根据《企业内部控制应用指引第 16 号——合同管理》,简要分析白山电厂在合同管理环节中存在的内部控制缺陷。

2. 凌云公司成立于 1998 年,是一家专门从事通信产品研发、生产及销售的国际化高科技公司。2000 年,凌云公司在美国纳斯达克成功上市,当年营业收入仅为 0.75 亿美元。凌云公司上市后抓住了电信改革的机遇,大力发展小灵通业务,进入了"无竞争"的细分市场,销售收入在 7 年内增长百倍以上。公司的员工数量也急剧膨胀,从 2000 年的 600 人增加到 2007 年的 7 000 多人。凌云公司的管理人员多为技术人员出身,"制度管理公司"的理念相对薄弱。业务的飞速增长使公司来不及制定、建立新的政策和程序,致使聘任的部分员工不具备胜任能力。例如,公司的财务人员缺乏充分的专业训练,导致财务报告出现违规和存在虚假等问题;公司出纳张某没有会计从业资格证,只是因为与财务经理的家属关系而进入公司。凌云公司的很多子公司处于失控状态,如某子公司在未事先上报总部的情况下,与客户签订了本不应签订的服务合同,后来该客户无法履约,并被证明是一家无资质的皮包公司。2007 年以后,随着小灵通业务的急剧萎缩与战略转型的受挫,公司很多员工纷纷跳槽,少数业务骨干还带走了一些公司客户、技术秘密和商业秘密,给凌云公司带来了很大的损失,其销售业绩与财务状况不断恶化,并于 2012 年被纳斯达克停牌而黯然退市。

要求:根据《企业内部控制应用指引第 16 号——合同管理》,简要分析凌云公司在合同管理环节中存在的内部控制缺陷。

3. A 公司是一家生产型企业,在该公司众多的供应商中,B 公司只是一家年供货量不到百万的三类供应商,且和该公司有 2 年以上的合作经历,账面欠该供应商的货款一直维持在 20 万元左右。因 A 公司重点供应商的账面欠款常常在 1 000 万元以上,主要原材料的欠款也都在 100 万元以上,因此对 B 公司的日常管理,公司相关人员并未做足够的重视。

然而就是这样的一家小型供应商,在 2008 年经济大萧条形势下,正遭遇市场淡季,资金周转出现困难,遂向其当地的法院提交了要求 A 公司支付全部货款和违约金的请求,其所在地法院随即冻结了 A 公司基本账户。本来欠债还钱,天经地义,A 公司本着此原则考虑尽快设法支付其全部货款 21 万元,试图说服其尽快撤诉,并解封被冻结的账户。然而律师在和 B 公司相关人员的电话商谈中发现,对方态度十分强硬,坚持要求 A 公司在支付其全部货款的基础上,必须支付货款违约金 3.5 万元及相关诉讼费用等共计 2.5 万元,并称只有货款和相关费用共 27 万元确认收到后,B 公司方可办理撤诉。

A 公司财务部门按照公司合同惯例计算应付 B 公司账面欠款的违约金不足 1 万元,因此对 B 公司的违约金主张提出了质疑,于是,公司决定打这场官司。然而,在经过律师论证、调查了解、赴异地出庭、当庭辩解、法官调解等诸多程序之后,这件官司最终的结果是,A 公司除了支付账面全部欠款 21 万元,还向对方支付了 6 万元的违约金及相关费用,才换回账户的解封和结案,可以说是损失惨重。

要求:分析 A 公司损失惨重的原因。

第8章 采购业务内部控制与核算系统设计

学习目标

1. 了解采购业务的含义。
2. 掌握采购业务的流程。
3. 掌握采购业务各环节的风险和管控措施。

8.1 采购业务内部控制概述

8.1.1 采购业务的含义

采购是指企业购买物资(或接受劳务)及支付款项等相关活动。其中,物资主要包括企业的原材料、商品、工程物资、固定资产等。采购业务是企业以支付货币资金或形成负债为代价,换取生产经营所需物资的活动,是企业生产经营的重要组成部分。采购业务往往表现为货币流与物资流、生产与流通、企业内与企业外的相互交织、相互影响。采购物资的质量和价格,供应商的选择,采购合同的订立,物资的运输、验收等供应链状况,在很大程度上决定了企业的生存与可持续发展。采购流程的环节虽不是很复杂,但蕴藏的风险却是巨大的。因此,采购业务领域也是经济犯罪的重要滋生地和高发区,其中一个重要的原因就是一些企业的经济业务处理程序、内部控制制度存在较为严重的缺陷。所以,建立、加强、完善采购业务处理程序和内部控制制度的意义极大。

8.1.2 采购业务的风险

采购业务主要的风险是:

(1) 采购计划安排不合理,市场变化趋势预测不准确,造成库存短缺或积压,可能导致企业生产停滞或资源浪费。

(2) 供应商选择不当,采购方式不合理,招投标或定价机制不科学,授权审批不规范,可能导致采购物资质次价高,出现舞弊或遭受欺诈。

(3) 采购验收不规范,付款审核不严格,可能导致采购物资、资金损失或信用受损。

8.1.3 采购业务流程

采购业务流程主要涉及编制需求计划和采购计划、请购、选择供应商、确定采购价格、订立框架协议或采购合同、管理供应过程、验收、退货、付款、会计控制等环节(见图8.1、

图8.2)。图8.1列示的采购流程适用于各类企业的一般采购业务,具有通用性。企业在实际开展采购业务时,可以参照此流程,并结合自身情况予以扩充和具体化。

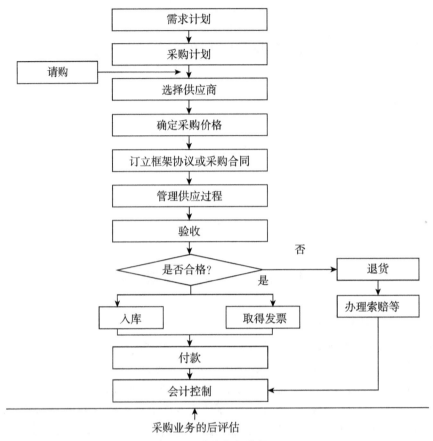

图 8.1 采购业务流程 1

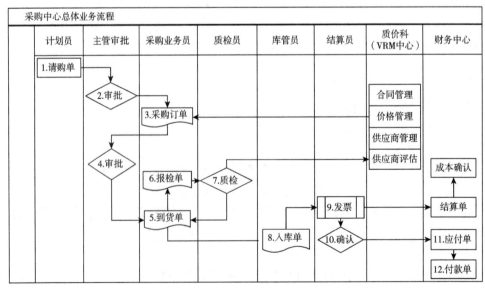

图 8.2 采购业务流程 2

8.2 采购内部控制

8.2.1 编制需求计划和采购计划

1. 环节介绍

编制需求计划和采购计划流程见图8.3。

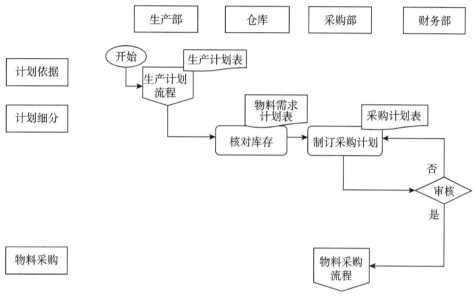

图 8.3 编制需求计划和采购计划流程

2. 主要目标

提高采购计划的可靠性,降低物料库存,提升物资的及时供应能力。使企业内部信息沟通流畅,企业生产经营计划协调,避免造成企业损失或经营失败。

3. 管控措施

(1) 根据实际需要编制需求计划:企业应加强需求计划编制工作,生产、技术、经营、项目建设等物料需求部门,应根据实际物料需求,准确、及时地编制采购需求计划,相关部门应及时沟通,核对需求计划有关的文件,这样有助于减少生产经营计划不协调的风险;需求部门提出需求计划时,不能指定或变相指定供应商。对独家代理、专有、专利等特殊产品,应提供相应的独家、专有资料,经专业技术部门研讨后,经具备相应审批权限的部门或人员审批。

(2) 科学安排采购计划:采购计划是企业年度生产经营计划的一部分,在制定年度生产经营计划过程中,企业应当根据发展目标的实际需要,结合库存和在途情况,科学安排采购计划,防止采购过多或过少,造成资源浪费和生产经营停滞,采购预算应报财务部门审核并经相关负责人审批后执行。

(3) 采购计划应纳入采购预算管理:采购计划应纳入采购预算管理,经相关负责人审批后,作为企业刚性指令严格执行。

8.2.2 请购制度

1. 环节介绍

请购是指企业生产经营部门根据采购计划和实际需要,提出的采购申请。请购制度流程见图 8.4。

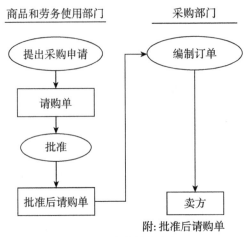

图 8.4 请购制度流程

2. 主要目标

(1) 使请购制度或采购申请制度得到有效执行。书面的采购申请程序,使企业采购有章可循,能够减少采购舞弊或采购损失和发生超出目标计划或未经过适当授权的采购,控制采购质量和成本。

(2) 避免采购申请审批不当或超越授权审批。一般而言,相关部门提出采购申请,若没有经过授权批准,则等同于企业采购业务失去事前控制,可能给企业经营带来影响。

(3) 排除采购申请内容不正确的问题。采购申请过多及过早,可能导致物资闲置、积压,造成资源浪费;采购申请过少及过晚,可能导致物资短缺,造成生产经营停滞;采购申请其他信息错误,可能导致物资采购错误,需要的物资短缺,不需要的物资闲置积压,造成生产停滞或资源浪费。

(4) 改善采购申请的变更管理不规范、审批把关不严谨的问题。采购申请的变更管理不规范,可能导致购买错误的物资,需要的物资短缺,不需要的物资闲置积压,造成生产停滞或资源浪费;审核、审批把关不严谨,审核、审批把关流于形式,可能导致多种风险的出现。

3. 管控措施

(1) 建立采购申请制度:建立物资采购申请流程、制度,规范采购申请变更管理评审流程,采购申请实行软件自动化控制流程。通过这些制度与流程,对采购申请的数量、时间等内容进行控制。依据物资或接受劳务的类型,确定归口管理部门,授予相应的请购权,明确相关部门或人员的职责权限及相应的请购程序。企业可以根据实际需要设置专门的请购部门,对需求部门提出的采购需求进行审核,并进行归类汇总,统筹安排企业的采购计划。

（2）严格按照预算执行进度办理请购手续：具有请购权的部门对于预算内采购项目，应当严格按照预算执行进度办理请购手续，并根据市场变化提出合理的采购申请。对于超预算和预算外采购项目，应先履行预算调整程序，由具备相应审批权限的部门或人员审批后，再行办理请购手续，建立分权授权和审批把关流程，申请与审批职责分离，明确审批把关内容。

（3）严格审核采购申请：具备相应审批权限的部门或人员审批采购申请时，应重点关注采购申请内容：

① 是否准确、完整；

② 是否符合生产经营需要；

③ 是否符合采购计划；

④ 是否在采购预算范围内。对不符合规定的采购申请，应要求请购部门调整请购内容或拒绝批准。

8.2.3 选择供应商

1. 环节介绍

选择供应商，也就是确定采购渠道。它是企业采购业务流程中非常重要的环节。供应商选择流程见图8.5。

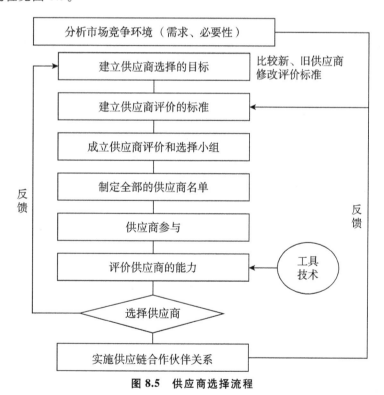

图 8.5 供应商选择流程

2. 主要目标

选择合适的、信誉高、经营状况良好的供应商。在采购过程中，供应商的选择是一项非常重要的工作，这决定了采购的产品是否能够按照采购需求来交货，也影响着采购方管理供应商和合同的成本和精力。供应商选择的标准有很多,但总的来说都可以按照质量、成本、可获得性、供应商的服务与响应性这四个大的方面来考察、比较、分析,以筛选出合格的潜在供应商。

3. 管控措施

(1)建立科学的供应商评估和准入制度,对供应商资质信誉情况的真实性和合法性进行审查,确定合格的供应商清单,健全企业统一的供应商网络。企业新增供应商的市场准入、供应商新增服务关系以及调整供应商物资目录,都要由采购部门根据需要提出申请,并按规定的权限和程序审核批准后,纳入供应商网络。企业可委托具有相应资质的中介机构对供应商进行资信调查。

(2)采购部门应当按照公平、公正和竞争的原则,择优确定供应商,在切实防范舞弊风险的基础上,与供应商签订质量保证协议。

(3)建立供应商管理信息系统和供应商淘汰制度,对供应商所提供物资或劳务的质量、价格、交货及时性、供货条件及其资信、经营状况等进行实时管理和考核评价,根据考核评价结果,提出供应商淘汰和更换名单,经审批后对供应商进行合理选择和调整,并在供应商管理信息系统中做出相应记录。

8.2.4 确定采购价格

1. 环节介绍

采购定价机制不科学,采购定价方式选择不当,缺乏对重要物资品种价格的跟踪监控,会导致采购价格不合理,可能造成企业资金损失。确定采购价格流程见图8.6。

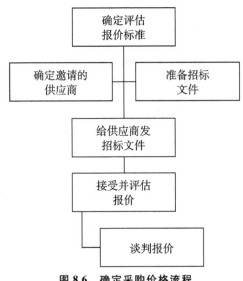

图8.6 确定采购价格流程

2. 主要目标

以最优的性价比购买符合需求的物资。企业的采购是为企业的发展服务的,除了对质量、价格和时间的需求,企业还会按照国家的法律法规以及企业自身的发展战略对降低风险、与特定企业建立或维持伙伴关系、节能减排、保护环境以及承担社会责任等方面提出更多的目标。

3. 管控措施

（1）健全采购定价机制，采取协议采购、招标采购、询比价采购、动态竞价采购等多种方式，科学合理地确定采购价格。对标准化程度高、需求计划性强、价格相对稳定的物资，通过招标、联合谈判等公开、竞争方式签订框架协议。

（2）采购部门应当定期研究大宗通用重要物资的成本构成与市场价格变动趋势，确定重要物资品种的采购执行价格或参考价格。建立采购价格数据库，定期开展重要物资的市场供求形势及价格走势商情分析并加以合理利用。

8.2.5 订立框架协议或采购合同

1. 环节介绍

框架协议是企业与供应商之间为建立长期物资购销关系而做出的一种约定。采购合同是指企业根据采购需要、确定的供应商、采购方式、采购价格等情况与供应商签订的具有法律约束力的协议，该协议对双方的权利、义务和违约责任等情况做出了明确规定（企业按照支付合同规定的结算方式向供应商支付规定的金额，供应商按照约定的时间、期限、数量、质量、规格交付物资给采购方）。订立框架协议或采购合同流程见图8.7。

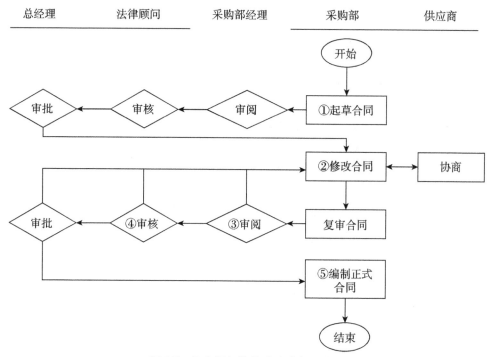

图 8.7 订立框架协议或采购合同流程

2. 主要目标

准确描述合同条款，明确双方的权利、义务和违约责任，按照规定权限签署采购合同。

3. 管控措施

（1）对拟签订框架协议的供应商的主体资格、信用状况等进行风险评估；框架协议的签订应引入竞争制度，确保供应商具备履约能力。

（2）根据确定的供应商、采购方式、采购价格等情况，拟定采购合同，准确描述合同条款，明确双方的权利、义务和违约责任，按照规定权限签署采购合同。对于影响重大、涉及较高专业技术或法律关系复杂的合同，应当组织法律、技术、财会等专业人员参与谈判，必要时可聘请外部专家参与相关工作。

（3）对重要物资验收量与合同量之间允许的差异，应当做出统一规定。

8.2.6 管理供应过程

1. 环节介绍

管理供应过程，主要是指企业建立严格的采购合同跟踪制度，科学评价供应商的供货情况，并根据合理选择的运输工具和运输方式，办理运输、投保等事宜，实时掌握物资采购供应过程的情况。

2. 主要风险

缺乏对采购合同履行情况的有效跟踪，运输方式选择不合理，忽视运输过程保险风险，可能导致采购物资损失或无法保证供应。

3. 管控措施

（1）依据采购合同中确定的主要条款跟踪合同履行情况，对有可能出现的异常情况，应出具书面报告并及时提出解决方案，采取必要措施，保证需求的及时供应。

（2）对重要物资建立并执行合同履行过程中的巡视、点检和监造制度。对需要监造的物资，择优确定监造单位，签订监造合同，落实监造责任人，审核确认监造大纲，审定监造报告，并及时向技术等部门通报。

（3）根据生产建设进度和采购物资特性等因素，选择合理的运输工具和运输方式，办理运输、投保等事宜。

（4）实行全过程的采购登记制度或信息化管理，确保采购过程的可追溯性。

8.2.7 验收

1. 环节介绍

验收是指企业对采购物资和劳务的检验接收，以确保其符合合同相关规定或产品质量要求。

2. 主要风险

验收标准不明确、验收程序不规范、对验收中存在的异常情况不做处理，可能造成品种、质量、规格差异，账实不符，采购物资损失。

3. 管控措施

（1）制定明确的采购验收标准，结合物资特性确定必检物资目录，规定此类物资出具质量检验报告后方可入库。

（2）验收机构或人员应当根据采购合同及质量检验部门出具的质量检验报告，重点关注采购合同、发票等原始单据与采购物资的数量、质量、规格型号等是否一致。对验收合格的物资，填制入库凭证，加盖物资"收讫章"，登记实物账，及时将入库凭证传递给财会部门。物资入库前，采购部门须检查质量保证书、商检证书或合格证等证明文件。验收时涉及技术性强的、大宗的和新的物资，还应进行专业测试，必要时可委托具有检验资质的机构或聘请外部专家协助验收。

（3）对于验收过程中发现的异常情况，比如无采购合同或大额超采购合同的物资、超采购预算采购的物资、毁损的物资等，验收机构或人员应当立即向企业有权管理的相关机构报告，相关机构应当查明原因并及时处理。对于不合格物资，采购部门应当依据检验结果办理让步接收、退货、索赔等事宜。对延迟交货造成生产建设损失的，采购部门要按照合同约定索赔。

8.3 付款内部控制

8.3.1 付款

1. 主要风险

付款审核不严格、付款方式不恰当、付款金额控制不严，可能导致企业资金损失或信用受损。

2. 管控措施

（1）企业应当加强采购付款的管理，完善付款流程，明确付款审核人的责任和权利。

（2）严格审核采购预算、合同、相关单据凭证（如销售发票等）、审批程序等内容的合理性与真实性。

（3）审核无误后按照合同规定，合理选择付款方式，及时办理付款。防范付款方式不当带来的法律风险，保证资金安全。

（4）加强预付账款和定金的管理。

（5）涉及大额或长期的预付款项，应当定期进行追踪核查，综合分析预付账款的期限、占用款项的合理性、不可收回风险等情况。发现有疑问的预付款项，应当及时采取措施，尽快收回款项。

8.3.2 会计控制

1. 环节介绍

会计控制主要是指采购业务会计系统控制。会计控制流程见图8.8。

2. 主要目标

（1）对于未能全面真实地记录和反映企业采购各环节的资金流和实物流情况：避免因采购付款错误，采购付款过早或过晚导致的企业经济受损和舞弊的发生，以及使企业遭受欺诈或法律诉讼。

（2）对于相关会计记录与相关采购记录、仓储记录不一致：财务付款审批把关严谨，审批把关落到实处。

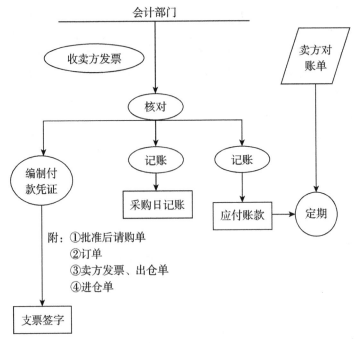

图 8.8 会计控制流程

（3）汇票支付和领取管理规范，避免票据被他人领用，导致公司经济损失和舞弊发生，公司遭受欺诈或法律诉讼。

3. 管控措施

（1）加强会计系统控制：建立规范的核算体系，确保及时正确地记录企业的各项业务。企业应当加强对购买、验收、付款业务的会计系统控制，详细记录供应商、采购申请、采购合同、采购通知、验收证明、入库凭证、退货、商业票据、款项支付等情况，做好采购业务各环节的记录。目标：确保会计记录、采购记录与仓储记录核对一致。

（2）核对往来款项：企业应定期不定期地对应付账款、预付账款、应收票据、应付票据进行函证，发现不符及时找出原因并解决。指定专人通过函证等方式，定期向供应商寄发对账函，核对应付账款、应付票据、预付账款等往来款项。对供应商提出的异议应及时查明原因，报有权管理的部门或人员批准后，做出相应调整。

8.4 采购业务后评估

1. 主要目标

由于采购业务对企业的生存与发展具有重要影响，企业应当定期对物资需求计划、采购计划、采购渠道、采购价格、采购质量、采购成本、协议或合同签约与履行情况等物资采购供应活动进行专项评估和综合分析，及时发现采购业务薄弱环节，优化采购流程，同时，将物资需求计划管理、供应商管理、储备管理等方面的关键指标纳入业绩考核体系，促进物资采购与生产、销售等环节的有效衔接，不断防范采购风险，全面提升采购效能。

2. 管控措施

（1）强化和提升采购人员的自评纠错能力：严格按照公司规章制度的规定，明确采购人员的职责范围，不断强化和提升采购人员的岗位责任意识。加强对采购人员专业技能的培养，并以三月滚动计划为依托，要求采购人员定期从时间、品质、价格等多方面对自己完成的采购项目进行绩效评估和打分，并能针对薄弱点提出改正方案并落实，不断提升采购人员的业务处理水平，保质保量完成采购任务。

（2）合同归档时评估：采购人员提交合同进行归档时，合同管理工程师应按照公司相关规章制度的规定，审核合同文件各要素的规范性、合理性，具体主要关注：采购渠道、采购价格、合同签订情况。接收人应发挥监督作用，严格按照公司相关规章制度的规定，对不规范、不合理的合同文件予以退回。

（3）有效实施供应商后评估：按照公司的供应商管理程序文件，结合合同履行情况，加强对供应商的绩效评估，确保更加全面地了解供应商的基本情况，认清供应商的核心竞争力所在，及时掌握供应商的动态信息并做出相应的采购策略调整。做好绩效评估，既是对之前谈判成果的衡量，也是后续供应商关系发展、调整的重要依据。定期对供应商进行绩效评估，严格按照质量、价格、交货及时性和准确性、服务水平这四个方面进行综合评价，并将得分评价表放入供应商档案中。在评价时，坚持质量因素是最重要、第一位的因素，加强对供应商的质量控制，提高项目质量和一次通过率，不断降低质量成本。及时根据市场竞争环境的变化以及公司的发展，以绩效评估结论为依据，对供应商进行量化的动态管理。一旦发现某个供应商出现问题，及时调整供应链战略。

（4）监察审计部门的经常性审计：通过问卷调查、抽样调研、自由会谈等多种方式，监察审计部门负责对采购业务的全流程进行监督审核。全面针对物资需求计划、采购计划、采购渠道、采购价格、采购质量、采购成本、合同签订与履约情况、供应商服务水平等多方面进行专项评估和综合分析，及时发现采购业务的薄弱环节，并结合物资需求计划管理、供应商管理等关键指标，持续优化采购流程，提升采购效能。

案例示范

×××公司采购与付款业务程序内部控制制度见二维码。

本章小结

采购业务是企业以支付货币资金或形成负债为代价，换取生产经营所需物资的活动，是企业生产经营的重要组成部分。采购业务往往表现为货币流与物资流、生产与流通、企业内与企业外的相互交织、相互影响。采购验收不规范，付款审核不严格，可能导致采购物资、资金损失或信用受损。采购业务的内部控制主要涉及九个基本点：编制需求计划和采购计划、请购、选择供应商、确定采购价格、订立框架协议或采购合同、管理供应过程、验收、退货、付款、会计控制。

复习思考题

1. 简述采购与付款业务流程。
2. 简述采购业务风险。
3. 简述供应过程的管控措施。
4. 简述采购控制有哪些关键控制点,应采取哪些具体的控制措施。
5. 简述采购业务完成后如何进行评估。

案例分析

1. 五彩公司是一家劳动密集型的大型服装设计、加工及销售企业,加工服装所需的原材料,包括布料、纽扣及装饰品等,主要来自国内外近百家纺织厂和其他相关厂家。该企业的材料采购程序如下:

（1）加工车间主管白杨根据加工需要填制一式三联的订购单,直接向供货方订购原材料,第一联交供货方,第二联车间留存,第三联送交验收部门。

（2）收到原材料后,直接由验收部门点验,在确认质量合格、数量正确,并与卖方发票核对无误后,由验收部门主管杨柳在订购单上签字,然后将已签字的订购单连同发票送交财务部门。

（3）财务部门指定财务人员黄丹负责登记原材料采购业务。黄丹根据验收部门送交的订购单和卖方发票,分别登记原材料明细账和应付账款明细账,并据以填制付款凭单,交现金出纳员付款。

（4）原材料经验收合格后,由验收部门通知加工车间主管白杨,将原材料转运到加工车间的原材料存放点,车间原材料管理员李明清点后在库存原材料账上登记所收的原材料的数量,并根据各加工人员的需要直接发出原材料。

要求:分析五彩公司原材料采购制度中存在的缺陷,指出这些缺陷可能导致的错报,并提出有针对性的改进建议。

2. B公司主要经营中小型机电类产品的生产和销售,目前主要采用手工会计系统。通过对B公司内部控制的了解,记录了所了解的采购与付款循环的内部控制程序,部分内容摘录如下:

（1）对需要购买的已经列入材料清单基础上的由仓库负责填写请购单,对未列入材料清单基础上的由相关需求部门填写请购单。每张请购单须由对该类采购支出预算负责的主管人员签字批准。

（2）采购部门收到经批准的请购单后,由其职员E进行询价并确定供应商,再由其职员F负责编制和发出预先连续编号的订购单。订购单一式四联,经被授权的采购人员签字后,分别送交供应商、负责验收的部门、提交请购单的部门和负责采购业务结算的应付凭单部门。

（3）采购人员F根据请购单向公司的长期供应商C公司发出订购单,采购人员F长年以来一直负责向C公司采购材料。

（4）根据仓库部门记录,C公司虽然经常出现交货不及时、数量不符等问题,但由于从

C公司采购的材料的价格相对较低,因此财务部门指定C公司为B公司材料的主要供应商。

（5）验收部门根据订购单上的要求对所采购的材料进行验收,完成验收后,将材料交由仓库人员存入库房,并编制预先未连续编号的验收单交仓库人员签字确认。验收单一式三联,其中两联分送应付凭单部门和仓库,一联留存验收部门。

（6）对于验收部门发现的存在质量问题的材料,B公司要求采购部门与C公司进行谈判并确定适当的折让金额,并授权财务经理审批折让金额,折让金额一经确定,财务部门即应编制贷项凭单,调整应付账款。

（7）应付凭单部门核对供应商发票、验收单和订购单,并编制预先连续编号的付款凭单。在付款凭单经被授权人员批准后,应付凭单部门将付款凭单连同供应商发票及时送交会计部门,并将未付款凭单副联保存在未付款凭单档案中。会计部门收到附供应商发票的付款凭单后即应及时编制有关的记账凭证,并登记原材料和应付账款账簿。

（8）应付凭单部门负责确定尚未付款凭单在到期日付款,并将留存的未付款凭单及其附件根据授权审批权限送交审批人审批。审批人审批后,将未付款凭单连同附件交复核人复核,然后交出纳人员J。出纳人员J据此办理支付手续,登记现金和银行存款日记账,并在每月末编制银行存款余额调节表,交会计主管审核。

要求：试逐一判断上述每一业务环节是否有内部控制缺陷。

3. 某厂是一个综合几个企业的一些情况的虚拟企业,在这个案例中,首先给出了与材料采购业务的内部控制制度相关的该企业的情况以及实施方法：

（1）首先由仓库根据库存,提出材料采购申请,填写一份请购单。请购单交供销科审批。

（2）供销科根据事前制订的采购计划,对请购单进行审批。若符合计划,便组织采购;若与计划不符,则要单独请厂长批准。

（3）决定采购的材料,由供销科填写一式二联的订购单,其中一联供销科留存,另一联由采购人员交供货单位。采购人员持订货单与供货单位协商采购并签订购货合同。

（4）购货合同的正本留供销科并与订货单核对；购货合同的副本分别转交仓库、财务科,以备它们将来查考。

（5）采购来的材料运抵仓库,由仓库保管员验收入库。验收时,将运抵的材料与采购合同副本、供货单位发来的发运单相互核对,然后填写一式三联的验收单。验收单一联仓库留存,作为登记材料台账的依据;一联转送供销科;一联转送财务科。

（6）供销科接到验收单后,将验收单与采购合同副本、供货单位发来的发运单,以及其他银行结算凭证相核对,以确定是否通知财务科付款。

（7）财务科接到付款通知和验收单后,由主管材料核算的会计,将验收单与采购合同副本、供货单位发来的发运单,以及其他银行结算凭证相核对。若相符,如数支付货款;若不符,则拒付货款。

（8）应支付货款的,由会计开出付款凭证,交出纳员办理付款手续。

（9）出纳员付款后,在进货发票上加盖"付讫"戳记,再转交会计记账。

（10）财务科的材料明细账,定期与仓库的材料台账相互核对。

该厂设有生产计划科,其职责是组织生产计划编制与调整,并负责与供销科进行协调,以保证生产的正常运行。

要求：请从内部控制角度分析其存在的问题,并帮助健全材料采购业务的内部控制制度。

第 9 章 销售与收款内部控制与核算系统设计

学习目标

1. 了解销售与收款业务的内控制度要求和内容。
2. 理解并掌握销售与收款业务的流程。
3. 理解并掌握销售与收款业务各流程的主要风险及管控措施。
4. 理解并掌握销售与收款业务核算程序的设计。

9.1 销售业务的内部控制要求与内容

销售业务是指企业出售商品(或提供劳务)及收取款项等相关活动。销售业务要涉及许多部门：销售部门进行日常的推销工作，财务部门负责记账和收款，仓库负责保管存货，信用部门负责资信调查和货款催收。企业生存、发展、壮大的过程，在相当程度上就是不断加大销售力度、拓宽销售渠道、扩大市场份额的过程。生产企业的产品或流通企业的商品如不能实现销售的稳定增长，售出的货款如不能足额收回或不能及时收回，必将导致企业持续经营受阻、难以为继。为了保证企业销售业务的顺利进行和企业货币资金的安全，应当实行严密的内部控制制度。

企业强化销售业务管理，应当对现行销售业务流程进行全面梳理，查找管理漏洞，及时采取切实措施加以改正；与此同时，还应当注重健全相关管理制度，明确以风险为导向的、符合成本效益原则的销售管控措施，实现与生产、资产、资金等方面管理的衔接，落实责任制，有效防范和化解经营风险。

9.1.1 销售业务的内部控制要求

(1) 保证营业收入的真实性、完整性、合理性。保证真实性是确认营业收入的相关业务真实发生，销售金额、日期和产品应与销售合同或者发货单、收据等原始凭证一致。保证完整性是确认营业收入的会计处理有头有尾，尤其是赊销业务，应确保应收账款和坏账准备的后续处理，另外，发生在不同的会计年度的销售业务也要保证其完整性。保证合法性是确认营业收入的业务合法合规，尤其是和关联方的密切交易。

(2) 保证商业折扣和现金折扣的真实性与适度性。商业折扣是指企业根据市场供需情况，或针对不同的客户，在商品标价上给予的扣除。这是企业最常用的促销方式之一,合适的商业折扣可以促进企业销售、占领市场,所以对于批发商往往给予商业折扣。现金折扣是为敦促客户尽早付清货款而提供的一种价格优惠,它发生在销货之后,是一种融资性质的理财费用。适度的现金折扣可以帮助企业收回欠款,减少坏账损失,因此保证商业折扣和现金折扣的真实性与适度性是销售业务内部控制的重要要求。

(3)保证销售折让与销售退回的合理处理与揭示。销售折让与销售退回是企业经常性的经营行为,其发生直接影响企业的销售收入,进而影响企业的利润,若不合理处理与揭示这些业务,将会在会计核算上带来很多不便。而且公司经理需要销售折让与销售退回的资料,以了解顾客的满意程度与产品的质量,这对进行相关产品决策、市场决策等影响深远。

(4)保证应收账款记录的真实性和可收回性。应收账款的内部控制制度是企业的一项重要会计控制制度,当应收账款大量存在时会导致企业大量流动资金被不合理的占用,从而可能影响整个生产过程。因此,我们首先要保证应收账款记录的真实性,保证客户真实存在、业务真实发生,会计部门按照有关规定,正确、及时地核算应收账款业务;其次要保证应收账款记录的可收回性,加强信用管理,加大催收力度,适时进行账龄分析,对超过账龄的应收账款及时反馈信息。

(5)杜绝销售与收款业务中可能出现的一切违法乱纪和侵吞企业利益的行为。企业应形成科学有效的制衡制度,监督检查制度化;办理销售与收款业务的人员应具备良好的业务素质和职业道德,保证各项业务流程循环。

9.1.2 销售业务的内部控制内容

销售业务的内部控制有七个基本控制措施:职务分离制度、订单控制制度、销售价格政策控制制度、销售发票控制制度、收款业务控制制度、退货业务控制制度、售后服务控制制度。

1. 职务分离制度

适当的职务分离有助于防止各种有意或无意的错误。财政部《企业内部控制应用指引第9号——销售业务》中指出,开单、发货、收款必须分工负责。在销售业务中,开单、发货、收款被看作不相容职务。如果对上述三个职务不进行分离,则会使得企业销售中的各个重要环节缺乏必要的监督,从而削弱企业的内部控制。销售与收款业务的内部控制中以下职务应当分离:

(1)接受客户订单的人员不能同时负责核准付款条件和调查客户信用的工作。
(2)填制销货通知的人员不能同时负责发出商品的工作。
(3)开具发票的人员不能同时负责审核发票的工作。
(4)办理各项业务的人员不能同时负责该项业务的审核批准工作。
(5)记录应收账款的人员不能同时负责货款的收取和退款工作。
(6)会计人员不能同时负责销售业务各环节的工作。

2. 订单控制制度

根据不同的客户和销售形式设计多种订单格式,以满足企业内部各部门协调工作的需要。相互制约的经营管理需要规定订单在企业内部各环节的流转程序,并规定相应的授权批准程序,实行订单顺序编号法,对已执行的订单和尚未执行的订单分别进行管理和控制,以便随时检查订单的执行情况和每一订单的处理过程。

3. 销售价格政策控制制度

企业应制定统一的产品销售价格目录,规定灵活的商业折扣、现金折扣标准,并建立相应的授权批准权限。要按规定价格销售,未经授权不得改变售价。企业应充分地了解市场行情,为本企业的商品制定合理的价格。销售价格一经确定,不得随意更改。销售价格的随意更改,不利于企业对销售货款的核查与控制,有可能出现管理漏洞,影响企业的销售甚至会损坏企业的形象。对废残料的出售则必须按一般销售处理。在对废残料进行销售时,同样要严格按照一般销售的程序,审查购销合同、发票以及发货单等重要凭证,登记其他业务收入明细账、现金或银行存款日记账等相关账户。

4. 销售发票控制制度

(1) 销售发票是确认收入和进行相关账务处理的根本依据。如果这些根本依据的合法性、合理性和可行性得不到保证,那么企业销售环节的其他相关处理将受到严重的影响。所以,首先就要对销售发票进行严格的审核,经批准以后才能生效。

(2) 企业应指定专人负责发票的保管和使用,明确发票管理制度。

(3) 发票使用人领用发票时应签字注明所领用发票的起讫号。

(4) 发票使用人所开具的发票必须以发货通知单等有关凭证上载明的客户名称、日期、数量、单价、金额等为依据,如实填列各项内容。

(5) 财会部门必须指定独立于发票使用人的专人,定期或不定期地对所有使用过的发票与会计记录和有关手续凭证进行核对检查。

5. 收款业务控制制度

收款时必须对品名、数量、单价、金额进行审核,有销售合同的必须与合同核对。这一要求既有利于企业的内部控制,同时也有利于企业树立良好的客户服务形象。

对于赊销业务,企业应做好以下几点:

(1) 企业应建立客户信用档案,实施客户信用审查制度。

(2) 现金折扣必须经过严格的审批。

(3) 对账制度。应收账款明细账应与总账核对相符。企业为了促销、减少存货等,常常会采取赊销方式。当企业采取的是赊销方式时,在确认收入时,应记入应收账款明细账中,因此,应收账款往往是企业流动资产中很重要的一部分,做到应收账款明细账与总账相符,就是要加强对这部分应收款项的管理和控制。

(4) 对应收账款进行账龄分析。

6. 退货业务控制制度

销售退回必须经授权批准后方可办理退款手续。企业的销售过程中经常会发生销售退回,对于销售退回的内部控制也应该有严密的制度体系。

(1) 建立退货损失惩罚制度。

(2) 设立独立于销售部门的销货争议处理机构。

(3) 建立销售折让优先制度,理顺销售折让和销售退回的凭证流转程序。

(4) 建立退货、索赔、销售折让审批制度。

（5）建立退货验收制度和退款审查制度。

7. 售后服务控制制度

要在规定的质量担保范围内为客户提供良好的服务,同时又必须将保修费用降到最低标准,企业必须根据自身商品的特点,对服务对象、服务的时间范围、服务标准、服务单位、服务业务的手续等建立相应的内部控制制度。

9.2 销售业务流程

以下综合不同类型企业形成的销售业务流程(见图 9.1),具有普适性。企业在实际操作中,应当充分结合自身业务特点和管理要求,构建和优化销售业务流程。

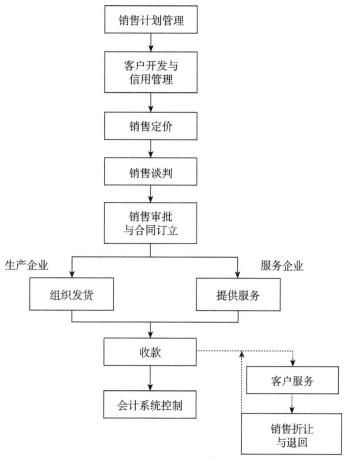

图 9.1 销售业务流程

9.2.1 销售计划管理

销售计划是指在进行销售预测的基础上,结合企业生产能力,设定总体目标额及不同产品的销售目标额,进而为能实现该目标设定具体的营销方案和实施计划,以支持未来一定期间内销售目标额的实现。

1. 主要风险

销售计划缺乏或不合理,或未经授权审批,可能导致产品结构和生产安排不合理,难以实现企业生产经营的良性循环。

2. 主要管控措施

(1)企业应当根据发展战略和年度生产经营计划,结合企业实际情况,制订年度销售计划,在此基础上,结合客户订单情况,制订月度销售计划,并按规定的权限和程序审批后下达执行。

(2)定期对各产品(商品)的区域销售额、进销差价、销售计划与实际销售情况等进行分析,结合生产现状,及时调整销售计划,调整后的销售计划需履行相应的审批程序。

9.2.2 客户开发与信用管理

企业应当积极开拓市场份额,加强现有客户维护,开发潜在目标客户,对有销售意向的客户进行资信评估,并根据企业自身风险接受程度确定具体的信用等级。

1. 主要风险

(1)现有客户管理不足、潜在市场需求开发不够,可能导致客户丢失或市场拓展不力。

(2)客户档案不健全,缺乏合理的资信评估,可能导致客户选择不当,销售款项不能收回或遭受欺诈,从而影响企业的资金流转和正常经营。

2. 主要管控措施

(1)企业应当在进行充分市场调查的基础上,合理细分市场并确定目标市场,根据不同目标群体的具体需求,确定定价机制和信用方式,灵活运用销售折扣、销售折让、信用销售、代销和广告宣传等多种策略和营销方式,促进销售目标的实现,不断提高市场占有率。

(2)建立和不断更新、维护客户信用动态档案,由与销售部门相对独立的信用管理部门对客户付款情况进行持续跟踪和监控,提出划分、调整客户信用等级的方案。根据客户信用等级和企业信用政策,拟定客户赊销限额和时限,经销售、财会等部门具有相关权限的人员审批。对于境外客户和新开发客户,应当建立严格的信用保证制度。

9.2.3 销售定价

销售定价是指商品价格的确定、调整及相应审批。美国科技市场研究公司 CB Insights 通过分析 101 家科技创业公司的失败案例,总结出了创业公司失败的 20 大主要原因,其中,18%的公司是由于没有找到正确的定价而失败,对于公司而言,产品定价不能过高,也不能过低,应当找到最适合的定价。

1. 主要风险

(1)定价或调价不符合价格政策,未能结合市场供需状况、盈利测算等进行适时调整,造成价格过高或过低,销售受损。

(2)产品销售价格未经恰当审批,或存在舞弊,可能损害企业经济利益或者企业形象。

2. 主要管控措施

（1）应根据有关价格政策，综合考虑企业财务目标、营销目标、产品成本、市场状况及竞争对手情况等多方面因素，确定产品基准价格。定期评价产品基准价格的合理性，定价或调价需经具有相应权限人员的审核批准。

（2）在执行基准价格的基础上，针对某些产品可以授予销售部门一定限度的价格浮动权限，销售部门可以结合产品市场特点，将价格浮动权向下实行逐级递减分配，同时明确权限执行人。价格浮动权限执行人必须严格遵守规定的价格浮动范围，不得擅自突破。

（3）销售折扣、销售折让等政策的制定应由具有相应权限的人员审核批准。销售折扣、销售折让授予的实际金额、数量、原因及对象应予以记录，并归档备查。

9.2.4 订立销售合同

企业与客户订立销售合同，明确双方的权利和义务，以此作为开展销售活动的基本依据。销售部门根据销售合同编制发货通知单，同时其他部门严格按照合同发运商品，结算货款。

1. 主要风险

（1）合同内容存在重大疏漏和欺诈，未经授权对外订立销售合同，可能导致企业合法权益受到侵害。

（2）销售价格、收款期限等违背企业销售政策，可能导致企业经济利益受损。例如信用期限较长，产生了大量的应收账款，增加了企业的经营风险。

2. 主要管控措施

（1）订立销售合同前，企业应当指定专门人员与客户进行业务洽谈、磋商或谈判，关注客户信用状况，明确销售定价、结算方式、权利与义务条款等相关内容。重大的销售业务谈判还应当吸收财会、法律等专业人员参加，并形成完整的书面记录。

（2）企业应当建立健全销售合同订立及审批管理制度，明确必须签订合同的范围，规范合同订立的程序，确定具体的审核、审批程序和所涉及的部门人员及相应权责。审核、审批应当重点关注销售合同草案中提出的销售价格、信用政策、发货及收款方式等。重要的销售合同，应当征询法律专业人员的意见。

（3）销售合同草案经审批同意后，企业应授权有关人员与客户签订正式的销售合同。

9.2.5 发货

发货是根据销售合同的约定向客户提供商品的环节。商品仓库在收到经过批准的销售单后发出商品，并编制连续编号的发货凭证，一般为一式多联的出库单，作为商品出库的依据，用于仓库和财会部门的存货记录，并可据此开具销货发票。

1. 主要风险

（1）未经授权发货，可能导致货物损失。

（2）发货不符合合同约定，可能导致客户与企业的销售争议及销售款项不能收回。

2. 主要管控措施

（1）销售部门应当按照经审核后的销售合同开具相关的销售通知交仓储部门和财会部门。

（2）仓储部门应当落实出库、计量、运输等环节的岗位责任，对销售通知进行审核，严格按照所列的发货品种和规格、发货数量、发货时间、发货方式、接货地点等，按规定时间组织发货，形成相应的发货单据，并连续编号。

（3）企业应当以运输合同或条款等形式明确运输方式，商品短缺、毁损或变质的责任，到货验收方式，运输费用承担，保险等内容，货物交接环节应做好装卸和检验工作，确保货物的安全发运，由客户验收确认。

（4）企业应当做好发货各环节的记录，填制相应的凭证，设置销售台账，实现全过程的销售登记制度。

9.2.6 收款

收款是指企业经授权发货后与客户结算的环节。按照发货时是否收到货款，可分为现销和赊销。

1. 主要风险

（1）企业信用管理不到位，结算方式选择不当，票据管理不善，账款回收不力，可能导致销售款项不能收回或遭受欺诈。

（2）收款过程中存在舞弊，可能导致企业经济利益受损。

2. 主要管控措施

（1）结合公司销售政策，选择恰当的结算方式，加快款项回收，提高资金的使用效率。对于商业票据，结合销售政策和信用政策，明确应收票据的受理范围和管理措施。

（2）建立票据管理制度，特别是加强商业汇票的管理：对票据的取得、贴现、背书、保管等活动予以明确规定；严格审查票据的真实性和合法性，防止票据欺诈；由专人保管应收票据，对即将到期的应收票据及时办理托收，定期核对盘点；票据贴现、背书应经恰当的审批。

（3）加强赊销管理。需要赊销的商品，应由信用管理部门按照客户信用等级审核，并经具有相应权限的人员审批。赊销商品一般应取得客户的书面确认，必要时，要求客户办理资产抵押、担保等收款保证手续。应完善应收款项管理制度，落实责任、严格考核、实行奖惩。销售部门负责应收款项的催收，催收记录（包括往来函电）应妥善保存。

（4）加强代销业务款项的管理，及时与代销商结算款项。

（5）收取的现金、银行本票、汇票等应及时缴存银行并登记入账。防止由销售人员直接收取款项，如必须由销售人员收取，则应由财会部门加强监控。

9.2.7 客户服务

客户服务是在企业与客户之间建立信息沟通机制，对客户提出的问题，企业应予以及时解答或反馈、处理，不断改进商品质量和服务水平，以提升客户满意度和忠诚度。客户服务包括产品维修、销售退回、维护升级等。

1. 主要风险

客户服务水平低,消费者满意度不足,影响公司品牌形象,造成客户流失。

2. 主要管控措施

(1) 结合竞争对手客户服务水平,建立和完善客户服务制度,包括客户服务内容、标准、方式等。

(2) 设专人或部门进行客户服务和跟踪。有条件的企业可以按产品线或地理区域建立客户服务中心。加强售前、售中和售后技术服务,实行客户服务人员的薪酬与客户满意度挂钩。

(3) 建立产品质量管理制度,加强销售、生产、研发、质量检验等相关部门之间的沟通协调。

(4) 做好客户回访工作,定期或不定期开展客户满意度调查;建立客户投诉制度,记录所有的客户投诉,并分析原因,提出解决措施。

(5) 加强销售退回控制。销售退回需经具有相应权限的人员审批后方可执行;销售退回的商品应当参照物资采购入库管理。

9.2.8 会计系统控制

会计系统控制是指利用记账、核对、岗位职责落实和相互分离、档案管理、工作交接程序等会计控制方法,确保企业会计信息真实、准确、完整。会计系统控制包括销售收入的确认、应收账款的管理、坏账准备的计提和冲销、销售退回的处理等内容。

1. 主要风险

缺乏有效的销售业务会计系统控制,可能导致企业账实不符、账证不符、账账不符或者账表不符,影响销售收入、销售成本、应收账款等会计核算的真实性和可靠性。

2. 主要管控措施

(1) 财会部门开具发票时,应当依据相关单据(计量单、出库单、货款结算单、销售通知单等)并经相关岗位审核。销售发票应遵循有关发票管理规定,严禁开具虚假发票。财会部门应对销售发票等原始凭证审核销售价格、数量等,并根据国家统一的会计准则、制度确认销售收入,登记入账。财会部门与相关部门月末应核对当月销售数量,保证各部门销售数量的一致性。

(2) 建立应收账款清收核查制度。销售部门应定期与客户对账,并取得书面对账凭证;财会部门负责办理资金结算,并监督款项回收。

(3) 及时收集应收账款相关凭证资料并妥善保管;及时要求客户提供担保;对未按时还款的客户,采取申请支付令、申请诉前保全和起诉等方式及时清收欠款。对收回的非货币性资产应经评估和恰当审批。

(4) 企业对于可能成为坏账的应收账款,应当按照国家统一的会计准则规定计提坏账准备,并按照权限范围和审批程序进行审批。对确定发生的各项坏账,应当查明原因,明确责任,并在履行规定的审批程序后做出会计处理。企业核销的坏账,应当进行备查登记,做到账销案存。已核销的坏账又收回时应当及时入账,防止形成账外资金。

9.3 销售与收款业务核算系统的设计

为了保证销售业务的各个环节都能够得到有效的控制,一方面要设计和制定完善的内部控制制度,另一方面要通过设计严密的会计核算体系,加强对各个环节的财务会计控制,使得企业的每一笔业务都做到有账可依、有账可查。销售业务核算系统的设计应保证销售业务环节的增减变动情况能够在账户上反映出来。

9.3.1 销售业务核算系统账户设置

1. "主营业务收入"账户

主营业务收入主要包括销售商品、自制半成品、代制品、代修品,提供工业性作业等所取得的收入。主营业务收入一般占企业营业收入的比重较大,对企业的经济效益有较大的影响。在会计核算中,对经常性、主要业务所产生的收入应单独设置"主营业务收入"科目核算。"主营业务收入"账户贷方反映销售商品等业务所确认的收入,借方反映发生销售退回或销售折让时应冲减的销售收入。期末余额一般在贷方,反映本期由经常性、主要业务所实现的收入。

2. "其他业务收入"账户

其他业务收入主要包括转让技术取得的收入、销售材料取得的收入、包装物出租取得的收入。对非经常性、兼营业务所产生的收入应单独设置"其他业务收入"科目核算。"其他业务收入"账户贷方反映非经常性、兼营业务所确认的收入。期末余额一般在贷方,反映本期由非经常性、兼营业务所实现的收入。

3. "应收账款"账户

应收账款是指企业因销售商品、产品或提供劳务等原因,应向购货客户收取的款项或代垫的运杂费等。应收账款通常应按实际发生额计价入账。计价时还需要考虑商业折扣和现金折扣等因素。"应收账款"账户借方反映应向购货客户或接受劳务的客户收取的应收款以及到期的应收票据转入的数额,贷方反映应收账款的收回数额。期末余额一般在借方,反映尚未收回的应收账款数额。

4. "应收票据"账户

在我国,除商业汇票外,大部分票据都是即期票据,可以即刻收款或存入银行成为货币资金,不需要作为应收票据核算。因此,我国的应收票据即指商业汇票。我国商业汇票的期限一般较短(6个月),用现值记账不但计算麻烦而且其折价还要逐期摊销,过于烦琐。因此,应收票据一般按其面值计价。即企业收到应收票据时,应按照票据的面值入账。但对于带息的应收票据,按照现行制度的规定,应于期末(指中期期末和年度终了)按应收票据的票面价值和确定的利率计提利息,计提的利息应增加应收票据的账面价值。"应收票据"账户借方反映收到的应收票据的金额,若为带息票据,期末应计提的利息也反映在该账户的借方,贷方反映票据到期时从该账户转出的金额以及应收票据到期时仍未收到款项而转入"应收账款"账户的数额。期末余额一般在借方,反映尚未到期的应收票据。

5. "库存商品"账户

库存商品是指企业存放在仓库、门市部和寄存在外库的商品,包括委托其他单位代管、代销的商品和陈列展览的商品等。"库存商品"账户借方反映存放在仓库、门市部和寄存在外库的商品以及发生销售退回时购货客户退回的商品,贷方反映销售过程中转出的商品。期末余额一般在借方,反映期末存放在仓库、门市部和寄存在外库的商品。

6. "主营业务成本"账户

"主营业务成本"账户主要用来反映企业在取得一定的主营业务收入时相对应的成本金额。"主营业务成本"账户借方反映期末结转的应由所取得的主营业务收入承担的成本,贷方反映发生销售退回时应转出的主营业务成本金额。期末余额一般在借方,反映本月应承担的主营业务成本。

此外,在销售业务核算系统中涉及的账户还包括"银行存款"账户、"现金"账户、"应交税金"账户等。

9.3.2 销售与收款业务的账务处理

销售与收款业务的账务处理见表9.1。

表 9.1 销售与收款业务的账务处理

		账务处理
商品销售收入	现销商品	借:银行存款 　贷:主营业务收入 　　　应交税金——应交增值税
	赊销商品——发出商品时	借:应收账款——××公司 　贷:主营业务收入 　　　应交税金——应交增值税
	赊销商品——收到款项时	借:银行存款 　贷:应收账款——××公司
	分期收款销售——发出商品时	借:长期应收款 　贷:主营业务收入 　　　应交税金——应交增值税 　　　未确认融资收益
	分期收款销售——分期收款时	借:银行存款 　贷:长期应收款 借:未确认融资收益 　贷:财务费用
商品销售退回	冲减已确定的销售收入	借:主营业务收入 　　应交税金——应交增值税 　贷:银行存款
	冲减已结转的商品销售成本	借:库存商品 　贷:主营业务成本

		(续表)
		账务处理
销售折让	发生时,冲减已确认的商品销售收入	借:主营业务收入 　　应交税金——应交增值税(销项税额) 贷:银行存款
现金折扣	发出货款时	借:应收账款 贷:主营业务收入 　　应交税金——应交增值税
	在折扣期限内享受到折扣优惠	借:银行存款 　　财务费用 贷:应收账款
	若超过了折扣优惠时,按原总价收款	借:银行存款 贷:应收账款
商业折扣	商业折扣	借:银行存款 贷:主营业务收入 　　应交税金——应交增值税

9.4 销售与收款业务核算程序的设计

9.4.1 现销业务和赊销业务核算程序设计

一般企业中,销售业务都可以分为现销和赊销两种情况。

1. 现销业务核算程序设计

现销业务是指企业在销售产品或商品的同时,收取货款,强调钱货两清。对现销业务实施内部控制的主要手段是开具"销货单",并确定其合理的传递程序。具体做法是:

(1) 客户购货时,由销售部门填制一式多联的"销货单",注明购货单位、货物名称、规格、数量、单价、金额等,经负责人审核签章后,留一联作为存根,进行业务核算,其余交客户办理货款结算和提货。

(2) 客户持"销货单"向财务部门交款。财务部门对"销货单"认真审核后,办理收取货款的手续,并加盖财务专用章和有关人员的签章,留一张编制记账凭证,其余退给客户。

(3) 客户持"销货单"中的提货联向仓库提货。仓库保管人员对"销货单"复核,确认已办妥交款手续后,予以发货,并将提货联留下登记仓库台账。

现销业物核算程序设计见图9.2。

2. 赊销业务核算程序设计

赊销业务是指企业先办理产品或商品发出,然后在规定时间内收取货款。一般情况下,赊销业务的内部控制制度除符合前述基本要求外,还应该采用下列程序和方式:

(1) 严格订货单制度,强化销售合同的作用。凡是赊销的业务,最好采用订货方式,

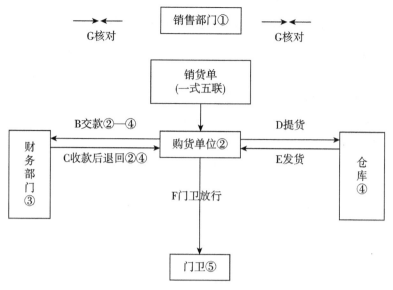

图 9.2 现销业务核算程序设计

订货单确定后列入销售计划,作为日后发货的依据,防止无计划的发出货物。

(2)建立赊销业务批准制度,赊销业务应经过财务负责人的批准,未经批准,销售部门不得指令仓库发货,以防止因不了解客户信用度而可能造成的损失。

(3)及时登记销售明细账和应收账款明细账。在发出货物后,会计部门应对销售部门开具的"销货单"以及相关的合同、订货单等进行审查核对,正确无误后编制记账凭证,并及时登记销售和应收账款明细账,以充分发挥账簿的控制作用。

(4)定期与赊销单位核对账目,并按有关规定及时收取货物。对账中发现的问题应及时查明原因处理,收回货款应及时登记应收账款明细账,确保双方账目相符。

赊销业务核算程序设计见图 9.3。

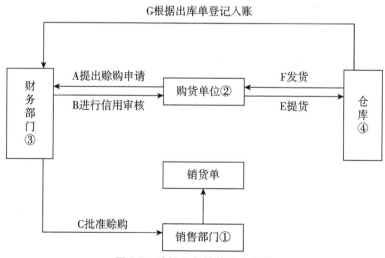

图 9.3 赊销业务核算程序设计

9.4.2 合同发货制与非合同发货制销售业务核算程序设计

销售部门根据合同规定开具发货单,一式五份:两份送成品库做好打包发货准备(发货后一份留存仓库记产成品卡,一份退回销售部门);一份送企业内部运输部门;一份送门卫部门,代替货物出厂通知;一份留存销售部门备查,待仓库发货后,根据仓库退回的一联开具发票,一并送会计部门核对后办理货款结算。

1. 合同发货制销售业务处理程序设计的要点

(1) 销售部门根据销售合同编制发货通知单,分别通知仓库备货和企业内部运输部门办理发货。

(2) 货物发出后,销售部门根据仓库签收的发货通知单开具销售发票,登记产成品明细账。

(3) 运输部门在办理托运手续后,将提货单和运单送交销售部门,销售部门将其与销售发票一并送交会计部门。

(4) 会计部门审核无误后,开具代垫运费清单,并通知出纳人员办理货款结算,同时进行销售账务处理。

2. 合同发货制销售业务流程控制点

(1) 销售开票、发货、收款和记账分管。
(2) 严格按合同发运商品,结算货款。
(3) 定期进行账账、账实核对。

合同发货制与非合同发货制销售业务核算程序设计见图9.4、图9.5。

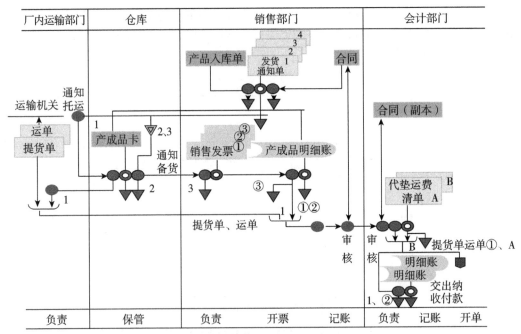

图9.4 合同发货制销售业务核算程序设计

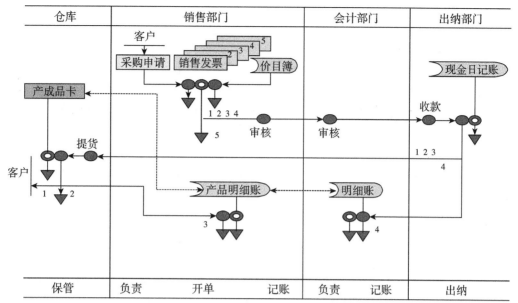

图 9.5 非合同发货制销售业务核算程序设计

案例示范

辉煌食品批发公司销售业务管理制度设计(部分摘录)见二维码。

本章小结

销售业务是指企业围绕推销产品、商品或劳务等所发生的经济业务。为了保证企业销售业务的顺利进行和企业货币资金的安全,应实行严密的内部控制制度:保证营业收入的真实性、完整性和合理性,保证商业折扣和现金折扣的真实性与适度性,杜绝销售业务中可能出现的一切违法乱纪和侵吞企业利益的行为。销售内部控制有七个基本控制措施:职务分离制度、订单控制制度、销售价格政策控制制度、销售发票控制制度、收款业务控制制度、退货业务控制制度、售后服务控制制度。为了保证销售业务的各个环节都能够得到有效的控制,一方面要设计和制定完善的内部控制制度,另一方面要通过设计严密的会计核算体系,加强对各个环节的财务会计控制,使得企业的每一笔业务都做到有账可依、有账可查。

复习思考题

1. 简述销售业务的内部控制要求与内容。
2. 简述销售业务的流程及各流程的风险与管控措施。
3. 请设计销售与收款业务的核算方法。
4. 请设计销售与收款业务的核算程序。

案例分析

1. 2016年7月9日,G公司发布"关于销售收到假票据的公告":公司销售业务接收银行承兑汇票,在回收货款过程中,发现一份银行承兑汇票是假票。2016年7月11日,公司为防范风险,对该票据及其他银行承兑汇票进行了鉴别,发现还有其他假票据,合计金额为6 896万元。公司称,该事项可能会对2016年半年报业绩产生一定影响,但具体数据仍无法确定。公司2017年一季度营业收入为4.85亿元,6 896万元票据占其营业收入的14%。公告还显示,经初步核查发现,涉及的假票据是由G公司某业务人员提供。7月10日,公司已向警方申请立案。同时也已启动核查程序,核查假票据涉及的业务及往来情况,以确定存在损失的可能性。

实际上,G公司2013年10月颁布的《企业内部财务管理制度》中规定:一是收到购货单位交来的银行承兑汇票后,公司市场部应认真审核,及时填制银行承兑汇票签收单,经往来核算岗位确认后移交银行,不能及时移交的交由公司财务部销售管理岗位保管,并建立暂保管台账;二是公司财务部与市场部共同认定可采用银行承兑汇票结算的客户名单;三是建立银行承兑汇票结算手续制度,收到票据后认真审核并通过开户银行及时查询。

可以看出,该公司对银行承兑汇票管理是有明确规定的,对银行承兑汇票结算设有两道关口,分别是市场部和财务部。但如今出现假票据,说明两道关口均已失控。对此,公司解释:"由于假票据仿真度较高,所以未能立即发现。"

要求:针对G公司发生的案件,分析其内部控制方面存在的风险及管理措施。

2. 注册会计师A在预备调查阶段,通过问卷形式对甲公司的销售与收款循环进行了了解,并将其记入"销售与收款循环备忘录"。

(1) 销售部门收到顾客的订单后,由经理张某就品种、规格、数量、价格、付款条件、结算方式等详加审核、签章。然后交仓库办理发货手续。

(2) 仓库发任何商品出库,均必须由管理员李某根据经批准的订单,填制一式四联的销货单。在各联上签章后,第一联代包装发运单,由工作人员依单配货、包装、随货交顾客;第二联送会计部;第三联送应收款专管员王某;第四联则由管理员李某按编号顺序连同订单一并归档,长期保存,作为盘存的依据。

(3) 会计科收到销货单后,根据单列的资料,开具一式两联的销售发票,其中第一联寄送顾客,第二联交应收款专管员王某,作为记账和收款的凭证。

(4) 应收账款专管员王某收到销售发票第二联后,将其与销货单第三联核对,如无错误,即据以登记销货客户明细账,然后将二者一并按顾客姓名顺序存档,长期保存。

要求:根据上述情况,指出甲公司内部控制可能存在的缺陷并提出改进措施。

3. 据媒体报道,33岁的何某2008年大学毕业应聘进了南京某公司当销售员。何某头脑灵活,工作成绩也还不错,但迷上了赌博,他就对货款打起了主意。每次收到货款他总要迟几天上报,从中扣除一些货款供自己使用。2013年3月初,何某收到了某公司的货款,他暗中将其中的7万余元挪到自己手里。第一次下手,何某也害怕了好几天。一个月后,他与南京某公司签订购销合同,这一次他只拿了4万多元。同年6月,他从两家客户的货款中挪用了12万元供自己开支,从此胆子越来越大。

为了方便自己挪用公款,何某自己登记注册成立了一家名叫"旭浩"的皮包公司。开始他以旭浩公司的名义与客户谈生意,并与客户签订合同,将自己任职公司提供给客户的各种项目,都挪到旭浩公司名下。为了拿钱更顺手,他还私刻了自己任职公司的发票专用章以及客户专用章。据检察院起诉书指控,2013—2016年三年间,何某利用职务之便共与十几家公司签订了购销合同,挪用新型建材公司货款共计234万元。

　　由于钱来得太容易,何某肆意挥霍浪费,光是赌博他就输掉了约40万元,他的生活也发生了巨大的变化,几乎天天都和朋友到饭店吃饭,他开着小轿车招摇过市,一身名牌服装俨然一副大款的派头。就在何某感到春风得意的时候,公司财务发现,何某签订的销售合同上的合同专用章,与客户提供给公司对账的合同专用章不一致,而且合同上的货款与何某上交的金额差别太大,财务经向客户核实后发现,公司和客户签订的合同专用章都是假的,金额也不一致,向领导报告后公司决定报警。2016年5月5日,公安机关在南京饭店将何某抓获归案,并从旭浩公司的几个办公地点搜出现金几万元、各种伪造的客户印章多达24枚。

　　要求:根据上述情况,指出该公司内部控制可能存在的缺陷并提出改进措施。

第10章 工程项目内部控制与核算系统设计

学习目标

1. 了解工程项目及其内部控制的含义。
2. 了解工程项目内部控制的意义。
3. 掌握工程项目的主要流程及其环节。
4. 掌握工程项目各环节的风险及管控措施。

10.1 工程项目内部控制概述

10.1.1 工程项目及其内部控制的含义

工程项目是以工程建设为载体的项目,是作为被管理对象的一次性工程建设任务。它以建筑物或构筑物为目标产出物,需要支付一定的费用、按照一定的程序、在一定的时间内完成,并应符合质量要求。重大工程项目往往体现企业发展战略和中长期发展规划,对于提高企业再生产能力和支撑保障能力、促进企业可持续发展具有关键作用。国有及国有控股大型企业的重大工程项目,在调整经济结构、转变经济发展方式、促进产业升级和技术进步中更是举足轻重。

工程项目内部控制是以事先制订的计划和标准为依据定期或不定期地对项目实施的所有环节全过程进行调查、分析、建议与咨询,发现项目活动与标准之间的偏离,提出切实可行的实施方案,供项目的管理层进行决策的过程。而工程项目内部控制目标就是要保证工程项目合法、安全、有效、可靠,从而有效控制可能发生的风险。一般来说,工程项目内部控制目标包括:

(1)保证工程项目立项的合法性。企业的工程项目应当符合国家政策,符合工程项目建设的有关法律法规的具体规定。

(2)保证工程项目立项的合理性。通过内部控制保证工程项目竣工交付使用后能够带来预期的经济效益和社会效益。

(3)保证工程项目的实施过程符合国家的各项规范。工程项目实施过程中的咨询、评估、招标、评标、定标、签订合同、工程施工、工程监理等,都必须符合国家有关工程项目的规范性要求。

(4)保证工程项目业务记录的真实性和完整性。通过内部会计控制保证工程项目业务记录的真实性和完整性,使会计资料能够真实、全面、准确地反映工程项目的情况。

(5) 保证工程项目的费用支出按预算进行控制。正确、及时地进行工程项目成本核算,按工程预算控制工程项目的费用支出,努力节约支出,降低成本。

(6) 确保工程项目按时竣工、验收,并发挥效益。当然,工程质量是很重要的,也应重点关注质量控制。

10.1.2 工程项目内部控制的意义

由于工程项目投入资源多、占用资金大、建设工期长、涉及环节多、多种利益关系错综复杂,是构成经济犯罪和腐败问题的"高危区"。现实中,工程资金高估冒算,招投标环节暗箱操作,曝光的"豆腐渣"工程,以及相关经济犯罪和腐败案例时有发生,引发了社会各界对工程领域的批评和关注。工程项目建设过程中存在的突出问题有以下几点:

1. 存在建设单位违规行为

首先,建设单位规避招标、虚假招标,迫使勘察、设计、施工、监理单位以低于成本的价格竞标的现象十分严重。有的工程项目建设单位为了自身利益,采取种种方式规避招标;有的将依法必须公开招标的工程,仅在较小的地域范围或者本系统内发布招标公告,甚至违法搞邀请招标;有的与投标人或者招标代理机构相互串通,掩人耳目,搞"明招暗定"。在一些工程项目上,还存在业主以不合理的条件限制或者排斥某些潜在投标人,对他们参加投标实行歧视性待遇的现象。许多工程项目的业主,凭借其发包工程的有利地位,迫使勘察、设计、施工、监理单位以低于成本的价格竞标,并拖欠施工企业的工程款和勘察、设计、监理单位的合同费用。

其次,建设单位不执行法定建设程序的问题相当突出。许多建设单位把项目的可行性研究视为走过场,有的不办理施工图设计审查就盲目开工,有的项目竣工后不验收备案。比如,某污水处理厂由于可行性研究不充分,直到建成运行后才发现实际收入不能达到预期收益,甚至连运行成本都保证不了,像这样的项目,不仅产生不了应有的经济效益,而且还给国家增加了负担。

2. 工程项目"三超"现象普遍存在

所谓"三超",即项目概算超投资估算,预算超概算,决算超预算。正常的造价约束顺序应该是投资估算、概算、预算、决算数额依次减少,而现实中却正相反。"三超"在相当程度上是"三边"(边设计、边施工、边调整投资)工程的诱因。在设计阶段,建设单位为了获取项目立项资格,指使设计单位压低设计概算,这类"钓鱼"项目由于先天不足(前期概算未打足),在建设过程中,通常一而再、再而三地增加投资,到项目竣工决算时才发现工程投资已远远超出批准概算。如某校图书馆项目,批准概算总投资 660 万元,经审定的竣工决算造价是 776 万元,超出概算总投资 116 万元,约增加投资 18%。

3. 工程项目质量低下,严重威胁人民生命财产安全

近几年来,全国各地连续发生了多起工程质量事故:沈阳至四平静阳湖大桥公路的桥面局部塌陷,造成车毁人亡;云南的昆禄高速公路建成仅 18 天,路段大范围路基沉陷坍塌,路面悬空,纵向开裂;长江发生特大洪水后,九江防洪大堤决口,在溃口断面的砼没有发现钢筋,完全是偷工减料所致;福建省浦城县隋北大桥在施工中,发生拱架坍塌,造

成7人死亡,18人受伤;重庆綦江大桥的塌垮更为惨痛,造成26人死亡,10多人失踪。上述事故发生的原因均为工程质量存在严重问题。

因此,加强对工程项目的内部控制,有着十分重大的现实意义。当前工程项目中暴露出来的许多突出问题,都与控制不严、不到位有关。

针对工程项目的特点和存在的问题,《企业内部控制应用指引第11号——工程项目》全面梳理了立项、设计、招标、建设和竣工验收等主要流程,找出了各流程环节的主要风险,并提出了相应的管控措施。

10.1.3 工程项目一般流程

工程项目一般流程见图10.1。

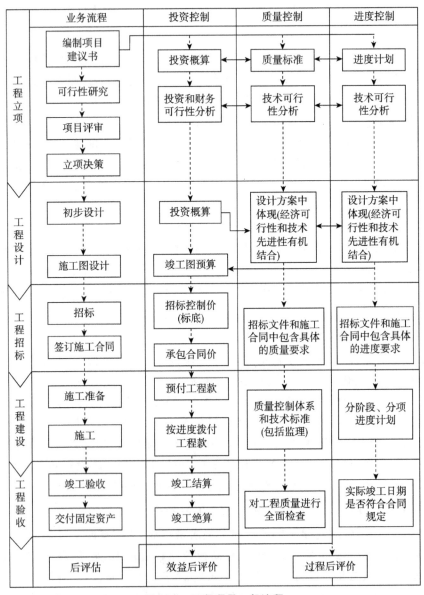

图10.1 工程项目一般流程

10.2　工程立项管理控制活动

工程立项属于项目决策过程,是对拟建项目的必要性和可行性进行技术经济论证,对不同建设方案进行技术经济比较并做出判断和决定的过程。立项决策正确与否,直接关系到项目建设的成败。

10.2.1　工程立项流程

工程立项阶段的主要工作包括编制项目建议书、可行性研究、项目评审与决策,具体流程见图 10.2。

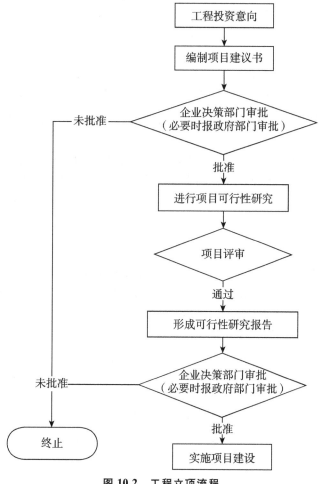

图 10.2　工程立项流程

10.2.2　工程立项环节的主要风险及管控措施

1. 编制项目建议书

项目建议书是企业(项目建设单位)根据工程投资意向,综合考虑产业政策、发展战略、经营计划等提出的建设某一工程项目的建议文件,是对拟建项目提出的框架性总体设想。对于非重大项目,也可以不编制项目建议书,但仍需开展可行性研究。项目建议书的内容一般包括:①项目的必要性和依据;②产品方案、拟建规模和建设地点的初步设想;③投资估算、资金筹措方案设想;④项目的进度安排;⑤经济效果和社会效益的初步估计;⑥环境影响的初步评价等。项目建议书编制完成后,应报企业决策机构审议批准,并视法规要求和具体情况报有关政府部门审批或备案。

该环节的主要风险是:①投资意向与国家产业政策和企业发展战略脱节;②项目建议书内容不合规、不完整,项目性质、用途模糊,拟建规模、标准不明确,项目投资估算和进度安排不协调。

主要的管控措施有以下几点:

(1) 企业应当明确投资分析、编制和评审项目建议书的职责分工。

(2) 企业应当全面了解所处行业和地区的相关政策规定,以法律法规和政策规定为依据,结合实际建设条件和经济环境变化趋势,客观分析投资机会,确定工程投资意向。

(3) 企业应当根据国家和行业有关要求,结合本企业实际,规定项目建议书的主要内容和格式,明确编制要求;在编制过程中,要对工程质量标准、投资规模和进度计划等进行分析论证,做到协调平衡。

(4) 对于专业性较强和较为复杂的工程项目,可以委托专业机构进行工程投资分析,编制项目建议书。

(5) 企业决策机构应当对项目建议书进行集体审议,必要时,可以成立专家组或委托专业机构进行评审;承担评审任务的专业机构不得参与项目建议书的编制。

(6) 根据国家规定应当报批的项目建议书必须及时报批并取得有效批文。

2. 可行性研究

企业应当根据经批准的项目建议书开展可行性研究、编制可行性研究报告。可行性研究报告的主要内容包括:①项目概况;②项目建设的必要性和市场预测;③项目建设选址及建设条件论证;④建设规模和建设内容;⑤项目外部配套建设;⑥环境保护、劳动保护与卫生防疫,消防、节能、节水;⑦总投资及资金来源;⑧经济、社会效益;⑨项目建设周期及进度安排;⑩招投标法规定的相关内容等。项目建议书和可行性研究报告中的投资估算,是项目立项的重要依据,也是研究、分析项目投资经济效果的重要条件。可行性研究报告一经批准,投资估算就是具体项目投资的最高限额,其误差一般应控制在10%以内。

该环节的主要风险是:①缺乏可行性研究,或可行性研究流于形式,导致决策不当,难以实现预期效益,甚至可能导致项目失败;②可行性研究的深度达不到质量标准和实际要求,无法为项目决策提供充分、可靠的依据。

主要的管控措施有以下几点:

(1) 企业应当根据国家和行业有关规定以及本企业实际,确定可行性研究报告的内容和格式,明确编制要求。

(2) 委托专业机构进行可行性研究的,应当制定专业机构的选择标准,确保可行性研究科学、准确、公正。在选择专业机构时,应当重点关注其专业资质、业绩和声誉,专业人员素质、相关业务经验等。

(3)切实做到投资、质量和进度控制的有机统一,即技术先进性和经济可行性要有机结合。建设标准要符合企业实际情况和财力、物力的承受能力,技术要先进适用,对于拟采用的工艺,既要考虑其对产品质量的提升作用,又要考虑企业的营销状况和走势,避免盲目追求技术先进而造成投资损失浪费。

3. 项目评审与决策

可行性研究报告形成后,企业应当组织有关部门或委托具有相应资质的专业机构,对可行性研究报告进行全面审核和评价,提出评审意见,作为项目决策的重要依据。

该环节的主要风险是:①项目评审流于形式,误导项目决策;②权限配置不合理,或者决策程序不规范,导致决策失误,给企业带来巨大的经济损失。

主要的管控措施有以下几点:

(1)企业应当组建项目评审组或委托具有相应资质的专业机构对可行性研究报告进行评审。项目评审组成员不得参与可行性研究,委托专业机构进行评审的,该专业机构不得参与项目可行性研究;项目评审组成员应当熟悉工程业务,并具有较广泛的代表性;项目评审组的决策机制不能简单地采用"少数服从多数"原则,而要充分兼顾项目投资、质量、进度各方面的不同意见;项目评审应实行问责制,项目评审组成员要对其出具的评审意见承担责任。

(2)在项目评审中,要重点关注项目投资方案、投资规模、资金筹措、生产规模、布局选址、技术、安全、环境保护等方面的情况,核实相关资料的来源和取得途径是否真实、可靠,特别要对经济技术可行性进行深入分析和全面论证。

(3)企业应当按照规定的权限和程序对工程项目进行决策,决策过程必须有完整的书面记录,并实行决策责任追究制度。重大工程项目,应当报经董事会或者类似决策机构集体审议批准,任何个人不得单独决策或者擅自改变集体决策意见,防止出现"一言堂""一支笔"。

工程项目立项后、工程项目决策正式施工前,建设单位(为同后文中出现的设计单位、监理单位、施工单位等区分,下文中将一律以"建设单位"替代"企业")还应当依法取得建设用地、城市规划、环境保护、安全、施工等方面的许可。例如通过"招标、拍卖、挂牌"等方式获得土地使用权,向人防主管部门报批人防规划设计,向园林主管部门报批绿化规划方案,在开工前向建设行政主管部门申请办理施工许可证等。

10.3 工程设计管理控制活动

10.3.1 工程设计流程

项目立项后,能否保证工程质量,加快建设进度,节省工程投资,设计工作十分重要。根据国家规定,一般工业项目设计可以按初步设计和施工图设计两个阶段进行,对于技术上复杂、在设计时有一定难度的工程,可以按初步设计、技术设计和施工图设计三个阶段进行。对于大型建设项目,如大型矿区、油田等的设计除按上述规定分为三个阶段外,还应进行总体规划设计或总体设计;对于小型工程项目,也可以简化为施工图设计一个阶段。本节主要介绍初步设计和施工图设计。

10.3.2 工程设计环节的主要风险及管控措施

1. 初步设计

合理确定投标人资格要求,尽量扩大潜在投标人的范围,建设单位可以自行完成初步设计或委托其他单位进行初步设计。初步设计是整个设计构思基本形成的阶段。通过初步设计可以明确拟建工程在指定地点和规定期限内建设的技术可行性和经济合理性,同时确定主要技术方案、工程总造价和主要技术经济指标。初步设计阶段的一项重要工作是编制设计概算。设计概算是在投资估算的控制下由设计单位根据初步设计的图纸及说明,利用国家或地区发布的概算指标、概算定额或综合指标预算定额、设备材料预算价格等资料,运用科学的方法计算和确定建筑安装工程全部建设费用的经济文件。设计概算是编制项目投资计划、确定和控制项目投资的依据,也是签订施工合同的基础依据。

该环节的主要风险是:①设计单位不符合项目资质要求;②初步设计未进行多方案比选;③设计人员对相关资料研究不透彻,初步设计出现较大疏漏;④设计深度不足,造成施工组织不周密、工程质量存在隐患、投资失控以及投产后运行成本过高等。

主要的管控措施有以下几点:

(1) 建设单位应当引入竞争机制,尽量采用招标方式确定设计单位,根据项目特点选择具有相应资质和经验的设计单位。

(2) 在工程设计合同中,要细化设计单位的权利和义务,特别是一个项目由几个单位共同设计时,要指定一个设计单位为主体设计单位,主体设计单位对建设项目设计的合理性和整体性负责。

(3) 建设单位应当向设计单位提供开展设计所需的详细的基础资料,并进行有效的技术经济交流,避免因资料不完整造成设计保守、投资失控等问题。

(4) 建立严格的初步设计审查和批准制度,通过严格的复核、专家评议等制度,层层把关,确保评审工作质量。在初步设计审查中,技术方案是审查的核心和重点,重大技术方案必须进行技术经济分析比较、多方案比选。

此外,还应关注初步设计规模是否与可行性研究报告、设计任务书一致,有无夹带项目、超规模、超面积和超标准的问题。

2. 施工图设计

施工图设计主要是通过图纸,把设计者的意图和全部设计结果表达出来,作为施工建造的依据。与施工图设计直接关联的是施工图预算。施工图预算是在施工图设计完成后、工程开工前,根据已批准的施工图纸、现行的预算定额、费用定额和所在地区人工、材料、设备与机械台班等资源价格,按照规定的计算程序确定工程造价的技术经济文件。对建设单位而言,施工图预算是确定工程招标控制价的依据,也是拨付工程款及办理工程结算的依据。对施工单位而言,施工图预算是施工单位投标报价的参考依据,也是安排调配施工力量,组织材料供应的依据。

该环节的主要风险是:①概预算严重脱离实际,导致项目投资失控;②工程设计与后续施工未有效衔接或过早衔接,导致技术方案未得到有效落实,影响工程质量,或造成工程变更,发生重大经济损失。

主要的管控措施有以下几点：

（1）建立严格的概预算编制与审核制度。概预算的编制要严格执行国家、行业和地方政府有关建设和造价管理的各项规定和标准，完整、准确地反映设计内容和当时当地的价格水平。建设单位应当组织工程、技术、财会等部门的相关专业人员或委托具有相应资质的中介机构对编制的概预算进行审核，重点审查编制依据、项目内容、工程量的计算、定额套用等是否真实、完整和准确。如发现施工图预算超过初步设计批复的投资概算规模，应对项目概算进行修正，并经审批。

（2）建立严格的施工图设计管理制度和交底制度。在对施工图设计进行审查时，应重点关注施工图设计深度能否满足全面施工及各类设备安装要求，施工图设计质量是否符合国家和行业规定，各专业工种之间是否做到了有效配合等。施工图设计基本完成后，应召开施工图会审会议，由建设单位、设计单位、施工单位、监理单位等共同审阅施工图文件，设计单位应进行技术交底，介绍设计意图和技术要求，及时沟通问题，修改不符合实际和有错误的图纸，会议应形成书面纪要。

（3）制定严格的设计变更管理制度。设计单位应当提供全面、及时的现场服务，避免设计与施工相脱节的现象发生，减少设计变更的发生。对确需进行的变更，应尽量控制在设计阶段，采用层层审批等方法，以使投资得到有效控制。因设计单位的过失造成设计变更的，应由设计单位承担相应责任。

（4）建设单位应当严格按照国家法律法规和本单位管理要求执行各项设计报批要求，上一环节尚未批准的，不得进入下一环节，杜绝出现边勘察、边设计、边施工的"三边"现象。

（5）可以引入设计监理，提高设计质量。

10.4　工程招标管理控制活动

工程招标是指建设单位在立项之后、项目发包之前，依照法定程序，以公开招标或邀请招标等方式，鼓励潜在的投标人依据招标文件参与竞争，通过评标择优选定中标人的一种经济活动。实行招投标是提高工程项目建设相关工作公开性、公平性、公正性和透明度的重要制度安排，是防范和遏制工程领域商业贿赂的有效举措。

10.4.1　工程招标流程

工程招标一般包括招标、投标、开标、评标和定标五个主要环节，具体流程见图10.3。

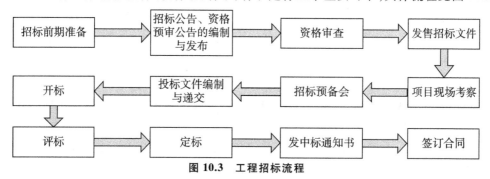

图 10.3　工程招标流程

10.4.2 工程招标环节的主要风险及管控措施

1. 招标

这一阶段的主要工作包括招标前期准备和招标公告、资格预审公告的编制与发布。在招标前期准备阶段,应确定招标组织方式(自行招标、委托招标)和招标方式(公开招标、邀请招标)等。招标公告、资格预审公告可以由招标人自行编制,也可以委托专业招标机构编制。投标资格的审查可以在投标前审查(资格预审),也可以在开标后审查(资格后审)。

该环节的主要风险是:①招标人肢解建设项目,致使招标项目不完整,或逃避公开招标;②投标资格条件因人而设,未做到公平、合理,可能导致中标人并非最优选择;③相关人员违法违纪泄露标底,存在舞弊行为。

主要的管控措施有以下几点:

(1) 建设单位应当按照《招标投标法》《工程建设项目施工招标投标办法》等相关法律法规,结合本单位实际情况,本着公开、公正、平等竞争的原则,建立健全本单位的招投标管理制度,明确应当进行招标的工程项目范围、招标方式、招标程序,以及投标、开标、评标、定标等各环节的管理要求。

(2) 工程立项后,对于是否采用招标,以及招标方式、标段划分等,应由建设单位工程管理部门牵头提出方案,报经建设单位招标决策机构集体审议通过后执行。

(3) 建设单位确需划分标段组织招标的,应当进行科学分析和评估,提出专业意见;划分标段时,应当考虑项目的专业要求、管理要求、对工程投资的影响以及各项工作的衔接,不得违背工程施工组织设计和招标设计方案,将应当由一个承包单位完成的工程项目肢解成若干部分发包给几个承包单位。

(4) 招标公告的编制要公开、透明,严格根据项目特点确定投标人的资格要求,不得根据"意向中标人"的实际情况确定投标人资格要求。建设单位不具备自行招标能力的,应当委托具有相应资质的招标机构代理招标。

(5) 建设单位应当根据项目特点决定是否编制标底;需要编制标底的,标底编制过程和标底应当严格保密。

2. 投标

投标主要包括项目现场考察、投标预备会、投标文件的编制和递交。招标人可以根据招标项目的具体情况,组织投标人考察项目现场,以便投标人更为深入地了解项目情况。招标人可以召开投标预备会,解答投标人对工程项目提出的具体问题。之后,投标人应当按照招标文件的要求编制投标文件,投标文件必须对招标文件提出的实质性要求和条件做出响应。

该环节的主要风险是:①招标人与投标人串通投标,存在舞弊行为;②投标人的资质条件不符合要求或挂靠、冒用他人名义投标,可能导致工程质量难以达到规定标准等。

主要的管控措施有以下几点:

(1) 对投标人的信息采取严格的保密措施,防止投标人之间串通舞弊。科学编制招标公告,合理确定投标人资格要求,尽量扩大潜在投标人的范围,增强市场竞争性。

（2）严格按照招标公告或资格预审文件中确定的投标人资格条件对投标人进行实质审查，通过查验资质原件、实地考察，或到工商和税务机关调查核实等方式，确定投标人的实际资质，预防假资质中标。

（3）建设单位应当履行完备的标书签收、登记和保管手续。签收人要记录投标文件签收日期、地点和密封状况，签收标书后应将投标文件存放在安全保密的地方，任何人不得在开标前开启投标文件。

3. 开标、评标和定标

投标工作结束后，建设单位应当组织开标、评标和定标。开标时间和地点应当在招标文件中预先确定。评标由招标人依法组建的评标委员会负责。评标委员会应当按照招标文件确定的评标标准和方法，对投标文件进行评审和比较，推荐合格的中标候选人。建设单位应当按照规定的权限和程序从中标候选人中确定中标人，向中标人发出中标通知书。

开标、评标和定标环节存在的主要风险是：①开标不公开、不透明，损害投标人利益；②评标委员会成员缺乏专业水平，或者建设单位向评标委员会施加影响，致使评标流于形式；③评标委员会成员与投标人串通作弊，损害招标人利益。

主要的管控措施有以下几点：

（1）开标过程应邀请所有投标人或其代表出席，并委托公证机构进行检查和公证。

（2）依法组建评标委员会，确保其成员具有较高的职业道德水平，并具备招标项目专业知识和丰富经验。评标委员会成员名单在中标结果确定前应当严格保密。评标委员会成员和参与评标的有关工作人员不得私下接触投标人，不得收受投标人任何形式的商业贿赂。

（3）建设单位应当为保证评标委员会独立、客观地进行评标工作创造良好的条件，不得向评标委员会成员施加影响，干扰其客观评判。评标委员会应当在评标报告中详细说明每位成员的评审意见以及集体评审结果，对于中标候选人和落标人要分别陈述具体理由。每位成员应对其出具的评审意见承担个人责任。

（4）中标候选人是1个以上时，招标人应当按照规定的程序和权限，由决策机构审议决定中标人。

4. 签订合同

中标人确定后，建设单位应当在规定的期限内同中标人订立书面合同，双方不得另行订立背离招标文件实质性内容的其他协议。在工程项目的合同管理方面，除应当遵循《企业内部控制应用指引第16号——合同管理》的统一要求外，还应特别注意以下几个方面：

（1）建设单位应当制定工程合同管理制度，明确各部门在工程合同管理和履行中的职责，严格按照合同行使权利和履行义务。

（2）建设工程施工合同、各类分包合同、工程项目施工内部承包合同应当按照国家或本建设单位制定的示范文本的内容填写，清楚列明质量、进度、资金、安全等各项具体标准，有施工图纸的，施工图纸是合同的重要附件，与合同具有同等法律效力。

（3）建设单位应当建立合同履行情况台账，记录合同的实际履约情况，并随时督促对方当事人及时履行其义务,建设单位的履约情况也应及时做好记录并经对方确认。

10.5 工程建设管理控制活动

10.5.1 工程建设流程

本书中的工程建设指的是工程建设实施,即施工阶段。建设成本、进度和质量的具体控制主要就在这一阶段,基本流程见图10.4。

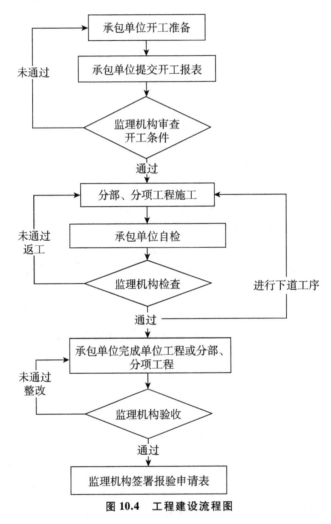

图10.4 工程建设流程图

在工程建设阶段,有几项重要工作穿插在施工过程中,包括工程监理、工程物资采购和工程价款结算等。工程监理是指具有相关资质的监理单位受建设单位的委托,依据国家批准的工程项目建设文件、有关工程建设的法律、法规和工程建设监理合同及其他工程建设合同,代替建设单位对承建单位的工程建设实施监控的一种专业化服务活动。监理单位接受委任后应组建现场监理机构,并在发布开工通知前进驻工地,及时开展监理工作。工程监理本身就是工程中一项重要的监控措施,它与建设期间的其他工作是紧密联系在一起的,相关风险及管控措施结合其他环节一并说明,不再单列。

10.5.2 工程建设环节的主要风险及管控措施

下面将侧重介绍工程施工质量、进度、安全控制和工程物资采购控制以及工程价款结算控制和工程变更控制等。

1. 施工质量、进度和安全的风险及主要管控措施

建设单位和承包单位(施工单位)应按设计和开工前签订的合同所确定的工期、进度计划等相关要求进行施工建设,并采用科学规范的管理方式保证施工质量、进度和安全。

该环节的主要风险是:盲目赶进度,牺牲质量、费用目标,导致质量低劣,费用超支;质量、安全监管不到位,存在质量隐患。

主要的管控措施有以下几点:

(1) 在工程进度管控方面:①监理单位应当建立监理进度控制体系,明确相关程序、要求和责任。②承包单位应按合同规定的工程进度编制详细的分阶段或分项进度计划,报送监理机构审批后,严格按照进度计划开展工作。制订的进度计划应当适合建设工程的实际条件和施工现场的实际情况,并与承包单位劳动力、材料、机械设备的供应计划协调一致。确需调整进度的,必须优先保证质量,并同建设单位、监理机构达成一致意见。③承包单位至少应按月对完成投资情况进行统计、分析和对比,工程的实际进度与批准的合同进度计划不符时,承包单位应提交修订合同进度计划的申请报告,并附原因分析和相关措施,报监理机构审批。

(2) 在工程质量管控方面:①承包单位应当建立全面的质量控制制度,按照国家相关法律法规和本单位质量控制体系进行建设,并在施工前列出重要的质量控制点,报经监理机构同意后,在此基础上实施质量预控。质量控制中的重点控制对象包括:人的行为,关键过程、关键操作,施工设备材料的性能和质量,施工技术参数,某些工序之间的作业顺序,有些作业之间的技术间歇时间,新工艺、新技术、新材料的应用,对工程质量产生重大影响的施工方法等。②承包单位应按合同约定对材料、工程设备以及工程的所有部位及其施工工艺进行全过程的质量检查和检验,定期编制工程质量报表,报送监理机构审查。关键工序作业人员必须持证上岗。③监理机构有权对工程的所有部位及其施工工艺进行检查验收,发现工程质量不符合要求的,应当要求承包单位立即返工修改,直至符合验收标准。对于主要工序作业,只有监理机构审验后,才能进行下道工序。

(3) 在工程安全管控方面:①建设单位应当加强对施工单位的安全检查,并授权监理单位按合同约定的安全工作内容监督、检查承包单位安全工作的实施。此外,建设单位不得对承包单位、监理机构等提出不符合建设工程安全生产法律、法规和强制性标准规定的要求,不得压缩合同约定的工期。建设单位在编制工程概算时,应当确定建设工程安全作业环境及安全施工措施所需费用。②工程监理单位和监理工程师应当按照法律、法规和建设工程强制性标准实施监理,并对建设工程安全生产承担监理责任。在实施监理过程中,发现存在安全事故隐患的,应当要求施工单位整改;情况严重的,应当要求施工单位暂时停止施工,并及时报告建设单位。③承包单位应当设立安全生产管理机构,配备专职安全生产管理人员,依法建立安全生产、文明施工管理制度,细化各项安全防范措施。承包单位应当对所承担的建设工程进行定期和专项安全检查,并做好安全检查记录。施工过程中的造价控制主要体现在编制资金使用计划和工程款结算方面,可参

见"工程价款结算"部分。

2. 工程物资采购的风险及主要管控措施

工程物资包括材料和设备。为了保证项目顺利进行,需要按照施工进度需要,及时购置材料和设备。材料和设备采购一般占到工程总造价的60%以上,对工程投资、进度、质量等具有重大影响。

该环节的主要风险是:工程物资采购过程控制不力,材料和设备质次价高,不符合设计标准和合同要求,影响工程质量和进度。

在工程物资采购管理方面,除应当遵循《企业内部控制应用指引第7号——采购业务》的统一要求外,还应当特别关注以下方面:

(1)对于重大设备和大宗材料,其采购应当采用招标方式。工程项目的招标形式分为公开招标和邀请招标。公开招标是指公司以招标公告的方式邀请不特定的法人或者其他组织投标。邀请招标是指招标人以投标邀请书的方式邀请特定的法人或者其他组织投标。

(2)对于由承包单位购买的工程物资,建设单位应当采取必要措施,确保工程物资符合设计标准和合同要求。①在施工合同中,建设单位应具体说明建筑材料和设备应达到的质量标准,明确责任追究方式。②对于承包单位提供的重要材料和设备,应由监理机构进行检验,查验材料合格证明和产品合格证书,一般材料要进行抽检。未经监理人员签字,工程物资不得在工程上使用或安装,不得进行下一道工序施工。③运入施工场地的材料、设备,包括备品、备件、安装专用工器具等,必须专用于合同工程,未经监理人员同意,承包单位不得运出施工场地或挪作他用。

3. 工程价款结算的风险及主要管控措施

建设单位与承包单位之间的工程价款结算是建设期间的一项重要内容。根据财政部、原建设部《建设工程价款结算暂行办法》的规定,工程价款结算是指对建设工程的发包承包合同价款进行约定和依据合同约定进行工程预付款、工程进度款、工程竣工价款结算的活动。施工合同签订后,建设单位一般先向承包单位支付一笔预付款,之后,按周期或项目目标拨付工程进度款。实际工作中,工程进度款大部分按月结算。年终或工程竣工后进行清算(工程进度款结算程序见图10.5)。

图10.5 工程进度款结算程序

该环节的主要风险是:建设资金使用管理混乱,项目资金不落实,导致工程进度延迟或中断。

主要的管控措施有以下几点:

(1)建设单位应当建立完善的工程价款结算制度,明确工作流程和职责权限划分,并切实遵照执行。财会部门应当安排专职的工程财会人员,认真开展工程项目核算与财务管理工作。

（2）资金筹集和使用应与工程进度协调一致,建设单位应当根据项目组成(分部、分项工程)结合时间进度编制资金使用计划,作为资产管控和工程价款结算的重要依据。这方面的管控措施同时可参照《企业内部控制应用指引第6号——资金活动》。

（3）建设单位财会部门应当加强与承包单位和监理机构的沟通,准确掌握工程进度,确保财务报表能够准确、全面地反映资产价值,并根据施工合同约定,按照规定的审批权限和程序办理工程价款结算。建设单位财会部门应认真审核相关凭证,严格按合同规定的付款方式付款,既不应违规预支,也不得无故拖欠。

（4）施工过程中,如果工程的实际成本突破了工程项目预算,建设单位应当及时分析原因,按照规定的程序予以处理。

4. 工程变更的风险及主要管控措施

工程建设周期通常较长。在建设过程中由于某些情况发生变化,如建设单位对工程提出新要求、出现设计错误、外部环境条件发生变化等,有时需要对工程进行必要的变更。工程变更包括工程量变更、项目内容变更、进度计划变更、施工条件变更等,但最终往往表现为设计变更(以设计变更为例,基本流程见图10.6)。

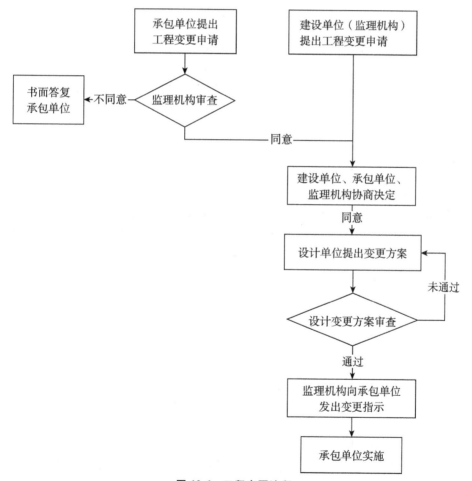

图10.6 工程变更流程

该环节的主要风险是：现场控制不当，工程变更频繁，导致费用超支、工期延误。

主要的管控措施有以下几点：

（1）建设单位要建立严格的工程变更审批制度，严格控制工程变更，确需变更的，要按照规定程序尽快办理变更手续，减少经济损失。对于重大的变更事项，必须经建设单位、监理机构和承包单位集体商议，同时严加审核文件，提高审批层级，依法需报有关政府部门审批的，必须取得同意变更的批复文件。

（2）工程变更获得批准后，应尽快落实变更设计和施工，承包单位应在规定期限内全面落实变更指令。

（3）如因人为原因引发工程变更，如设计失误、施工缺陷等，应当追究当事单位和人员的责任。

（4）对工程变更价款的支付实施更为严格的审批制度，变更文件必须齐备，变更工程量的计算必须经过监理机构复核并签字确认，防止承包单位虚列工程费用。

10.6 工程竣工验收管理控制活动

10.6.1 竣工验收流程

竣工验收是指工程项目竣工后，由建设单位会同设计、施工、监理单位以及工程质量监督部门等，对该项目是否符合规划设计要求以及建筑施工和设备安装质量进行全面检验的过程。竣工验收一般建立在分阶段验收的基础之上，前一阶段已经完成验收的工程项目在全部工程验收时原则上不再重新验收。竣工验收是全面检验工程项目质量和投资使用情况的重要环节，其基本流程见图10.7。

10.6.2 竣工验收环节的主要风险及管控措施

在竣工验收环节，除对工程质量进行验收外，还有竣工结算和竣工决算两项重要工作。工程竣工结算是指承包单位按照合同规定的内容全部完成所承包的工程，经验收质量合格并符合合同要求之后，与建设单位进行的最终工程价款结算。竣工结算书由承包单位编制，建设单位可以直接进行审查，也可以委托具有相应资质的工程造价咨询机构进行审查。竣工结算办理完毕，建设单位应根据确认的竣工结算书在合同约定的时间内向承包单位支付工程竣工结算价款。竣工决算是以实物数量和货币指标为计量单位，综合反映竣工项目从筹建开始到项目竣工交付使用为止的全部建设费用、财务情况和投资效果的总结性文件。建设单位应在收到工程竣工验收报告后，及时编制竣工决算，竣工决算是办理固定资产交付使用手续的依据。

该环节的主要风险是：①竣工验收不规范，质量检验把关不严，可能导致工程存在重大质量隐患；②虚报项目投资完成额、虚列建设成本，或者隐匿结余资金，导致竣工决算失真；③固定资产达到预定可使用状态后，未及时进行估价、结转。

主要的管控措施有以下几点：

（1）建设单位应当健全竣工验收各项管理制度，明确竣工验收的条件、标准、程序、组织管理和责任追究等。

（2）竣工验收必须履行规定的程序，至少应经过承包单位初检、监理单位审核、正式

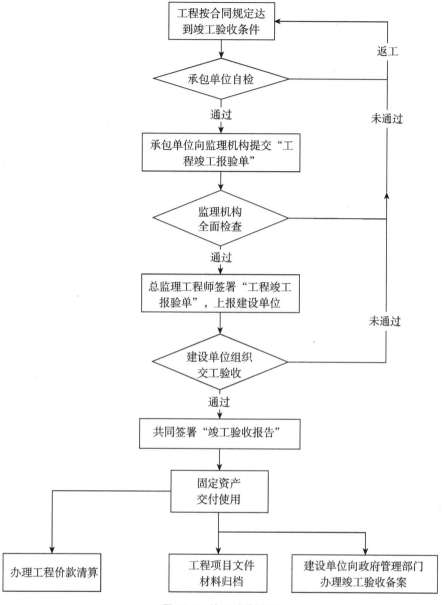

图 10.7 竣工验收流程

竣工验收三个程序。正式竣工验收前,根据合同规定应当进行试运行的,应当由建设单位、监理单位和承包单位共同参与试运行。试运行符合要求的,才能进行正式验收。正式验收时,应当组成由建设单位、设计单位、施工单位、监理单位等组成的验收组,共同审验。重大项目的验收,可吸收相关方面的专家组进行评审。

(3)初检后,确定固定资产达到预定可使用状态的,承包单位应及时通知建设单位,建设单位会同监理单位初验后应及时对项目价值进行暂估,转入固定资产核算。建设单位财会部门应定期根据所掌握的工程项目进度核对项目固定资产暂估记录。

(4)建设单位应当加强对工程竣工决算的审核,应先自行审核,再委托具有相应资质的中介机构实施审计;未经审计的,不得办理竣工验收手续。

(5) 建设单位要加强对完工后剩余物资的管理。工程竣工后,建设单位对各种节约的材料、设备、施工机械工具等,要清理核实,妥善处理。

(6) 建设单位应当按照国家有关档案管理的规定,及时收集、整理工程建设各环节的文件资料,建立工程项目档案。需报政府有关部门备案的,应当及时备案。

工程项目后评估是指在建设项目已经完成并运行一段时间后,对项目的目的、执行过程、效益、作用和影响进行系统的、客观的分析和总结的一种技术经济活动。工程项目后评估通常安排在工程项目竣工验收后 6 个月或 1 年后,多为效益后评价和过程后评价。工程项目后评估本身就是一项重要的管控措施,建设单位要予以重视并认真用好。首先,建设单位应当建立健全完工工程项目的后评估制度,对完工工程项目预期目标的实现情况和项目投资效益等进行综合分析与评价,总结经验教训,为未来项目的决策和提高投资决策管理水平提出建议。其次,建设单位应当采取切实有效的措施,保证工程项目后评估的公开、客观和公正。原则上,凡是承担项目可行性研究报告编制、立项决策、设计、监理、施工等业务的机构不得从事该项目的后评估工作,以保证后评估的独立性。最后,要严格落实工程项目决策及执行相关环节的责任追究制度,工程项目后评估结果应当作为绩效考核和责任追究的依据。

案例示范

万科股份有限公司工程项目管理制度(部分摘录)见二维码。

本章小结

工程项目是企业自行或者委托其他单位进行的建造、安装活动。重大工程项目往往体现企业发展战略和中长期发展规划,对于提高企业再生产能力和支撑保障能力、促进企业可持续发展具有关键作用。国有及国有控股大型企业的重大工程项目,在调整经济结构、转变经济发展方式、促进产业升级和技术进步中更是举足轻重。同时应当看到,由于工程项目投入资源多、占用资金大、建设工期长、涉及环节多、多种利益关系错综复杂,是构成经济犯罪和腐败问题的"高危区"。针对工程项目的特点和存在的问题,本章全面梳理了立项、设计、招标、建设和竣工验收等主要流程,找出了各流程环节的主要风险,并提出了相应的管控措施。

复习思考题

1. 简述工程项目内部控制的含义。
2. 简述工程项目的主要流程。
3. 简述工程项目各流程环节的主要风险。
4. 简述工程项目各流程环节的管控措施。

案例分析

1. 2009年2月,E公司与某国政府签订了轻轨承建项目合同。根据合同,轻轨项目采用"EPC + O&M"总承包模式,其中EPC指项目的设计、采购、施工服务,O&M指项目从2010年11月13日起三年的运营和维护,以上皆由E公司负责。在签订合同前,E公司进行过评估,认为按照当时的工程量,该轻轨项目能够获得盈利,"毛利率可以在8%—10%左右"。但工程项目最终却亏损达13.85亿元,巨额亏损是如何产生的呢?

据E公司自称,由于项目在某些方面和业主理解存在差别,导致许多工程需要提前进行或者需求临时变更,直接或间接造成各项成本费用难以控制。如在土建桥梁跨越道路形式、结构形式、车站面积、设备参数、功能需求等方面,业主提出众多变更要求,其中仅土石方开挖就由原来的200万立方米变更为520多万立方米,"多出部分可能增加成本约4亿—5亿元。"一位有着多年国际工程索赔经验的律师在被采访时指出。另外,在项目进入施工阶段时,实际工程量比签约时预计工程量大幅增加。如空调设计最初是按照室外温度38℃进行设计的,最后提高到按照46℃进行设计,标准提高带来了成本增加。

按照当初的协议,如果项目无法完工,对方没收履约保函,最多可能损失数十亿元。但E公司在工程项目内容变更索赔未获业主确认的情况下,不仅没有要求停工,还从公司全系统15家单位持续调集人员驰援现场,进行"不讲条件、不讲价钱、不讲客观"的会战。"但人手太多又造成'窝工',增加人力成本。"E公司一位内部人士坦言。

要求:针对E公司发生的案件,从内部控制角度分析其工程项目管理制度存在的问题。

2. H公司在承建非洲某公路项目时,由于风险管理不当,造成工程严重拖期,亏损严重,同时也影响了中国承包商的声誉。该项目业主是该非洲国家政府工程和能源部,出资方为非洲开发银行和该国政府,项目监理是英国监理公司。在项目实施的4年多的时间里,H公司遇到了极大的困难,尽管投入了大量的人力、物力,但由于种种原因,合同于2005年7月到期后,实物工程量只完成了35%。2005年8月,项目业主和监理工程师不顾中方的反对,单方面启动了延期罚款,金额每天高达5 000美元。2006年2月,项目业主致函H公司同意延长3年工期,不再进行工期罚款,条件是H公司必须出具由当地银行开具的约1 145万美元的无条件履约保函。由于保函金额过大,又无任何合同依据,且项目业主未对涉及工程实施的重大问题做出回复,为了保证公司资金安全,维护己方利益,H公司不同意出具该保函,而用中国银行出具的400万美元的保函来代替。但是,由于政府对该项目的干预未得到项目业主的认可,2006年3月,项目业主在监理工程师和律师的怂恿下,不顾政府高层的调解,无视H公司对继续实施本合同所做出的种种努力,以H公司不能提供所要求的1 145万美元履约保函的名义,致函终止了与H公司的合同。

要求:指出H公司在该工程项目管控过程中存在的问题,并提出改进建议。

第11章 研究与开发内部控制与核算系统设计

学习目标

1. 了解研究与开发内部控制的意义与要求。
2. 掌握我国现行研发费用处理方法。
3. 掌握研究与开发的主要风险及管控措施。

11.1 研究与开发内部控制的意义与要求

11.1.1 研究与开发内部控制的意义

企业在生产经营过程中往往面临竞争对手的挑战,这就需要企业加强自主创新,加大在新产品、新技术、新工艺方面的研发投入来增强核心竞争力,实现其发展战略。企业在研发活动中不但会涉及市场风险、技术风险,还会涉及财务风险、管理风险等,这些不确定的风险将对企业的发展战略产生重大影响。因此必须加强对研发活动的流程、内部控制和风险的管理,以保证企业研发活动的效率和效果。

11.1.2 研究与开发内部控制的要求

以战略为导向。企业应当重视研发工作,根据发展战略,综合市场开拓和技术进步的要求,科学制订研发计划,强化研发全过程管理,规范研发行为。

注重研发成果的转化。企业研发的目的,最终是研发成果转化成促进企业发展的动力。企业应促进研发成果的转化和有效利用。不断提升企业的自主创新能力。

11.2 研究与开发业务流程

研究与开发业务流程对研究与开发业务的全过程进行规范化管理,以及对研究与开发业务的全过程进行管控,旨在保证资产安全、财务报告及相关信息真实完整,提高经营效率和效果,提升企业核心竞争力。研发立项申请应根据企业实际需要,结合研发计划提出,企业开展研发活动可通过自主研发方式,也可委托外单位承担研发项目,还可与外单位合作进行研发;对于需要申请专利的研究成果,企业应及时办理有关专利申请手续。研发部从企业发展、技术先进性、转化成果可行性等方面对研究项目进行可行性研究,编制可行性研究报告。研发部启动实施具体的研发活动,跟踪检查项目进展情况,评估各阶段的研究成果,确保研发过程高效、可控,按期、按质完成。各相关部门通过试生产充分测试新产品性能,制定符合市场需求的营销策略并实施,新产品获得市场认可后生产,其研发成果应及时、有效转化,有效降低产品成本。各相关部门协同研发部对研发立项、研发过程管理、结题验收、成果转化与保护等过程进行全面评估。应客观、科学评估研发活动,认真总结经验,促进研发活动管理水平不断提升。

  企业应当着力梳理研究与开发业务流程,针对主要风险点和控制环节,制定切实有效的控制标准后措施,不断提高研发活动的风险管控效能。研究与开发业务流程见图11.1。

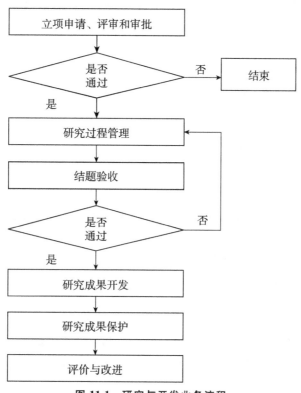

图 11.1 研究与开发业务流程

11.2.1 研发立项管理流程

  规范立项申请和审批程序、职责、权限,确保研发项目立项的可行性、科学性和规范性。必要时,企业应开展项目立项调研活动,为立项提供信息支持;评估机构应是独立于立项申请及审批之外的专业机构;企业可根据研发项目经费、专利成果保护、税收优惠等情况,决定是否将研发项目报请政府相关部门立项。研发部应明确项目背景、市场及行业情况、项目管理及人员计划、项目实施进度安排、财务预算、项目风险及对策等内容。工作标准以研发计划为依据,提供真实、准确、客观的信息,符合企业的实际需要。研发部应从市场竞争力、前景、创新性、先进性、预计经济效益、费用预算及公司财务状况等方面对研发项目进行可行性研究。工作标准应内容真实、分析严谨、论证严密、预测准确,研发部和财务部负责准备相关立项所需材料,按照规定的程序进行申报,申报时应资料齐全且及时。研发部应列明项目目标、主要研发内容、年度计划及目标、考核指标、人员及经费安排等。项目计划书应内容详尽、具体，目标明确，为项目考核提供操作依据。

11.2.2 研发过程控制流程

对研发项目实施过程进行控制，跟踪检查项目的进展情况，确保项目按期、按质完成。企业应严格落实研发项目岗位责任制，对专业人员的研发任务进行合理分配；发生影响项目按期完成的重大事件上报具有审批权限人员审批后，或根据项目中期评审意见，可对项目进行调整，但应以项目按期、按质完成为原则。研发部根据项目计划书，编制具体的项目实施方案，包括团队组建、任务分配、质量保证、事件进度安排以及成本控制等内容。编制的项目实施方案应具体、详尽、可行。研发部应确定和分派各成员的项目角色、职责及职权，设定各成员的项目任务目标，建立内部沟通机制。项目成员的能力应与职责相匹配，确保项目内部沟通流畅。研发部负责定期编制并提交项目进度报告，说明项目的实际进展情况、存在的问题，并提出相关建议。编制的报告应符合实际情况，定期、及时提交。研发部针对项目各阶段研究成果，提出中期评审申请。

11.2.3 研究成果验收流程

该流程旨在梳理研究成果，评审验收程序，确保研发项目达到研发标准。项目验收可采取检测鉴定、专家评审、专题会议等方式，如有需要可进行现场考察；必要时，企业应委托社会专业机构进行研发项目经费专项审计；项目评审验收可以由企业组织内部评审委员会实施，也可由外部专业机构或者政府相关机构实施，不管何种机构实施验收，均应保持评审验收的独立性。研发部根据项目计划书的要求提出验收申请，说明研究成果的完成情况。应在规定时间内提出，详细说明研究成果的完成情况。研发部按照相关规定准备并提交验收所需文件、材料等，包括项目计划书、各阶段研究成果评估报告等。材料应准备齐全，按时提交。审计部对项目经费的收支情况及其使用效益等进行监督和评价。应确保审计的客观性、公正性和独立性。研发部对需要申请专利的研究成果办理相关专利申请手续，对非专利技术和商业秘密实施严格保密措施。

11.2.4 研究成果转化流程

分步推进研究成果的转化，促进研究成果转化的及时性、有效性。企业研究成果转化应用时，可开展新产品开发的可行性研究；研究成果转化应坚持以市场为导向，未获得市场认可的，企业应考虑重新设计产品方案；企业根据实际需要，在产品批量生产前，可办理产品认证、商标注册等相关手续。研发部负责详细分析市场信息，调查相关产品，确定研发产品类型、规格参数、性能等信息，并进行可行性评估。市场信息应判断准确、评估客观、预测准确，能够有效利用研究成果。相关部门协同研发部根据产品设计方案进行产品设计，绘制相关图样，制定产品测试检验标准。图样绘制应精确，检测标准制定应科学。研发部按预先设定的检测标准对样品进行性能检测，填制测试报告，对不符合标准或设计不合理之处进行修正。市场部对产品进行市场推广，观察市场反应，收集产品改进建议，分析市场反馈信息，编制市场反馈报告。准确捕捉市场信息并进行客观分析，能够为产品推出的市场决策提供客观依据。

11.3 研究与开发业务的核算

11.3.1 研究与开发费用的定义及主要内容

国际审计准则中对研究与开发的具体含义规定为:研究活动指为预期获得新的科学技术知识和认识而进行的具有创造性和有计划的调查,其性质是"因特定研究支出而形成的未来经济效益将来能否实现,不具备足够的确定性";开发活动指"在开始商业生产或使用前,把研究成果或其他知识应用于新的或具有实质性改进的材料、装置、产品、工艺、系统或服务",其性质是"在某些情况下,企业能否确定获得未来经济利益的可能性"。

研究与开发费用主要包括五个方面的内容:在研究与开发过程中所耗费的各种材料;为研究与开发项目购置的固定资产和无形资产;在研究与开发过程中发生的人员工资以及其他类似的人工成本;委托其他单位或个人承担部分研究与开发工作所支付的费用;在研究与开发过程中发生的间接成本等。

11.3.2 关于研究与开发费用会计处理的国际比较

目前,会计界对于研究与开发费用是资本化处理还是费用化处理还存在较大的争议,当前国际上常用的做法主要有三种:

(1) 费用化。即将研究与开发费用在发生时全部作为期间费用处理,直接计入当期损益。其依据是研究与开发活动能否产生未来经济效益具有高度的不确定性,即使能够带来收益也存在无法计量性。费用化的做法符合谨慎性原则,核算简单,同时递延了企业的应交所得税,因而被广泛采用。但它不符合配比原则以及历史成本原则,不符合划分收益性支出与资本性支出的原则,并且还容易导致企业的短期行为。目前,采用这种方法的国家主要有美国、德国等。

(2) 资本化。即将研究与开发费用在发生期内归集起来,一直等到开发成功取得收益时予以摊销。资本化的做法符合权责发生制原则,在一定程度上可以消除企业的短期行为,但这种做法也有违稳健性原则,因为研究与开发活动虽与未来的收益有一定的关系,但这种收益能否取得,具有高度的不确定性,将其不加区别地全部资本化,企业所承受的风险太大。目前,采用这种方法的国家主要有荷兰、巴西、瑞士等。

(3) 有条件的资本化。即把符合某些特定"条件"的研究与开发费用予以资本化,其他研究与开发费用则在发生时计入当期损益的一种做法。比较有代表性的是《国际会计准则第38号——无形资产》中有关研究与开发费用的规定。该准则首先将研究开发活动分为研究与开发两个阶段。相应地,研究阶段发生的费用直接予以费用化,计入当期损益;开发阶段发生的费用只有在符合它所规定的五个"条件"时,才能予以资本化,否则,还是要费用化处理。这是一种比较折中、公允的做法,它既有效地避免了全部费用化和全部资本化的缺陷,又在一定程度上遵循了客观性原则和配比原则,也有利于消除企业的短期行为。但是,此方法在具体的实施过程中,用以衡量的"条件"的确定有相当的难度,毕竟这个"条件"带有很强的主观性。目前,采用这种方法的国家主要有日本、法国、英国等。

11.3.3 我国现行研究与开发费用会计处理的方法

我国对研究与开发费用所采用的会计处理方法属于费用化做法。对于企业自行进行的研究开发项目,企业会计准则要求区分研究阶段与开发阶段两部分分别核算。

在开发阶段,判断可以将有关支出资本化确认为无形资产的条件包括:

(1) 完成该无形资产以使其能够使用或出售在技术上具有可行性;

(2) 具有完成该无形资产并使用或出售的意图;

(3) 无形资产产生经济利益的方式,包括能够证明运用该无形资产生产的产品存在市场或无形资产自身存在市场;

(4) 有足够的技术、财务资源和其他资源支持,以完成该无形资产的开发,并有能力使用或出售该无形资产;

(5) 归属于该无形资产开发阶段的支出能够可靠计量。

只有同时满足上述条件的,才能确认为无形资产。如果确实无法区分研究阶段的支出和开发阶段的支出,应将其所发生的研发支出全部费用化,计入当期损益。

内部开发活动形成的无形资产,其成本由可直接归属于该资产的创造、生产并使该资产能够以管理层预定的方式运作的所有必要支出组成,包括开发该无形资产时耗费的材料、劳务成本、注册费、在开发该无形资产过程中使用的其他专利权和特许权的摊销、按照《企业会计准则第17号——借款费用》的规定资本化的利息支出,以及为使该无形资产达到预定用途前所发生的其他费用。在开发无形资产过程中发生的除上述可直接归属于无形资产开发活动的其他销售费用、管理费用等间接费用,无形资产达到预定用途前发生的可辨认的无效和初始运作损失,为运行该无形资产发生的培训支出等不构成无形资产的开发成本。

账务处理时注意划分是费用化支出还是资本化支出:

借:研发支出——费用化支出
　　研发支出——资本化支出
　贷:原材料
　　　银行存款
　　　应付职工薪酬

研究开发项目达到预定用途形成无形资产时:

借:无形资产
　贷:研发支出——资本化支出
　　　银行存款

企业购买正在进行中的研究开发项目,应先按确定的金额,借记"研发支出——资本化支出"科目,贷记"银行存款"等科目。以后发生的研发支出,区分资本化支出部分和费用化支出部分,比照上述规定进行处理。

11.4 研究与开发的主要风险及管控措施

企业研究与开发内部控制,应着重针对研发立项、研发过程、研究成果的验收、开发及保护等环节,制定切实有效的管控措施,控制研发风险,不断提升企业自主创新能力。

11.4.1 研究立项的风险和管控

研究立项主要包括立项申请、评审和审批。

该环节的主要风险是:研发立项申请未展开可行性研究;研发计划与国家(或企业)科技发展战略不匹配;研发承办单位或专题负责人不具有相应资质;研发项目未经科学论证或论证不充分,评审和审批环节把关不严,可能导致创新不足或资源浪费。

主要的管控措施:

第一,建立完善的立项、审批制度,确定研发计划制订原则和审批人,审查承办单位或专题负责人的资质条件和评估、审批流程等。

第二,结合企业发展战略、市场及技术现状,制订研发计划。

第三,企业应当根据实际需要,结合研发计划,提出研发立项申请,开展可行性研究,编制可行性研究报告。企业可以组织独立于申请及立项审批之外的专业机构和人员进行评估论证,出具评估意见。

第四,研发项目应当按照规定的权限和程序进行审批,重大研发项目应当报经董事会或类似权力机构集体审议决策。

第五,审批过程中,应当重点关注研发项目促进企业发展的必要性、技术的先进性以及成果转化的可行性。

第六,制订开题计划和报告,开题计划经科研管理部门负责人审批,开题报告应对市场需求与效益、国内外在该方向的研究现状、主要技术路线、研发目标与进度、已有条件与基础、经费等进行充分论证、分析,保证项目符合企业需求。

11.4.2 研发过程的风险和管控

研发过程是研发的核心环节。实务中,研发通常分为自主研发、委托研发和合作研发。

1. 自主研发

自主研发是指企业依靠自身的科研力量,独立完成项目,包括原始创新、集成创新和在引进消化基础上的再创新三种类型。

该环节的主要风险是:研究人员配备不合理,导致研发成本过高、舞弊或研发失败;研发过程管理不善,费用失控或科技收入形成账外资产,不对研发进展情况跟踪检查,影响研发效率,提高研发成本甚至造成资产流失;多个项目同时进行时,相互争夺资源,出现资源的短期局部缺乏,可能造成研发效率下降;研究过程中未能及时发现错误,导致修正成本提高;科研合同管理不善,导致权属不清,知识产权存在争议。

主要的管控措施:

第一,严格落实岗位责任制;建立研发项目管理制度和技术标准,以及信息反馈制度和研发项目重大事项报告制度。

第二,合理设计项目实施进度计划和组织结构,跟踪项目进展,建立良好的工作机制,保证项目顺利实施。

第三,精确预计工作量和所需资源,提高资源使用效率。

第四，建立科技开发费用报销制度，明确费用支付标准及审批权限，遵循不相容岗位牵制原则，完善科技经费入账管理程序，按项目正确划分资本性支出和费用性支出，准确开展会计核算，建立科技收入管理制度。

第五，开展项目中期评审，及时纠偏调整；优化研发项目管理的任务分配方式。

2.委托（合作）研发

委托研发是指企业委托具有资质的外部承办单位进行研究和开发。合作研发是指合作双方基于研发协议，就共同的科研项目，以某种合作形式进行研究或开发。

委托（合作）研发的主要风险是：委托（合作）单位选择不当，知识产权界定不清；合作研发还包括与合作单位沟通障碍；合作方案设计不合理；权责利不能合理分配；资源整合不当等。

主要的管控措施：

第一，加强委托（合作）研发单位资信、专业能力等方面的管理。

第二，委托研发应采用招标、议标等方式确定受托单位，制定规范详尽的委托研发合同，明确产权归属、研究进度和质量标准等相关内容。

第三，合作研发应对合作研发单位进行尽职调查，签订书面合作研发合同，明确双方的投资、分工、权利义务、研究成果产权归属等。

第四，加强项目的管理监督，严格控制项目费用，防止挪用、侵占等。

第五，根据项目进展情况、国内外技术最新发展趋势和市场需求变化情况，对项目的目标、内容、进度、资金进行适当调整。

11.4.3 结题验收的风险和管控

结题验收是对研发过程形成的交付物进行质量验收。结题验收分检测鉴定、专家评审、专题会议等三种方式。

该环节的主要风险是：由于验收人员的技术、能力、独立性等，造成验收成果与事实不符；测试与鉴定投入不足，导致测试与鉴定的不充分，不能有效地降低技术失败的风险。

主要的管控措施：

第一，建立健全技术验收制度，严格执行测试程序。

第二，对验收过程中发现的异常情况应重新进行验收申请或进行补充研发，直至研发项目达到研发标准。

第三，落实技术主管部门验收责任，由独立的、具备专业胜任能力的测试人员进行鉴定试验，并按计划进行正式的、系统的、严格的评审。

第四，加大企业在测试和鉴定阶段的投入，对重要的研发项目可以组织外部专家参加鉴定。

11.4.4 研究成果开发的风险和管控

成果开发是指企业将研究成果经过开发过程转换为企业的产品。

该环节的主要风险是：研究成果转化应用不足，导致资源闲置；新产品未经充分测试，导致大批量生产不成熟或成本过高；营销策略与市场需求不符，导致营销失败。

主要的管控措施：

第一，建立健全研究成果开发制度，促进成果及时有效转化。

第二，科学鉴定大批量生产的技术成熟度，力求降低产品成本。

第三，坚持开展以市场为导向的新产品开发消费者测试。

第四，建立研发项目档案，推进有关信息资源的共享和应用。

11.4.5 研究成果保护的风险和管控

成果保护是企业研发管理工作的有机组成部分。有效的研究成果保护，可以保护研发企业的合法权益。

该环节的主要风险是：未能有效识别和保护知识产权，权属未能得到明确规范，开发出的新技术或新产品被限制使用；核心研究人员缺乏管理激励制度，导致形成新的竞争对手或技术秘密外泄。

主要的管控措施：

第一，进行知识产权评审，及时取得权属。

第二，研发完成后确定采取专利或技术秘密等不同保护方式。

第三，利用专利文献选择较好的工艺路线。

第四，建立研究成果保护制度，加强对专利权、非专利技术、商业秘密及研发过程中形成的各类涉密图纸、程序、资料的管理，严格按照制度规定借阅和使用。禁止无关人员接触研究成果。

第五，建立严格的核心研究人员管理制度，明确界定核心研究人员的范围和名册清单并与之签署保密协议。

第六，企业与核心研究人员签订劳动合同时，应当特别约定研究成果归属、离职条件、离职移交程序、离职后保密义务、离职后竞业限制年限及违约责任等内容。

第七，实施合理有效的研发绩效管理，制定科学的核心研发人员激励体系，注重长效激励。

研究与开发是企业持久发展的不竭动力，始终坚持把研究与开发作为企业发展的重要战略，紧密跟踪科技发展趋势，是切实提升企业核心竞争力、增强企业国际竞争力的重要保证。

案例示范

H 电子设备制造公司研究与开发内部控制示例见二维码。

本章小结

企业在研发活动中，不但会涉及市场风险、技术风险，还会涉及财务风险、管理风险等，这些不确定的风险将对企业的发展战略产生重大影响。因此必须加强对研发活动的流程、内部控制和风险的管理，以保证企业研发活动的效率和效果。研发活动的流程包括：研发项目立项；办理专利申请手续；研发项目可行性研究，编制可行性研究报告；启动实施后,跟踪检查项目进展情况,评估各阶段的研究成果。面临各个阶段可能出现的风险点,企业应针对主要风险点和控制环节,制定切实有效的控制标准后措施,不断提高研发活动的风险管控效能。

复习思考题

1. 简述研究与开发内部控制的意义。
2. 简述制定研究与开发管理流程。
3. 简述企业研发立项环节应对风险的主要管控措施有哪些。
4. 简述研究与开发内部控制的主要风险是什么。
5. 简述研究与开发的控制点与措施有哪些。

案例分析

1. 亚细亚商场于1989年5月开业,之后仅用7个月的时间就实现销售额9 000万元,1990年达1.86亿元,实现税后净利润1 315万元,一年就跨入50家大型商场的行列。到1995年,其销售额一直呈增长趋势,1995年达4.8亿元。该商场当年以其在经营和管理上的创新创造了一个平凡而奇特的现象。来自全国30多个省市的党政领导和商界要员去参观学习。然而,1998年8月15日,亚细亚商场悄然关闭,导致商场倒闭的原因是多方面的,而其内部控制薄弱是其倒闭的主要原因之一。

就无形资产内部控制来讲,该商场的冠名权属于无形资产,其转让都是由总经理一个人说了算,只要总经理签字同意,别人就可以建一个亚细亚商场。在经营管理上,亚细亚商场有派驻人员,但由于并不掌握管理,所起的作用并不大。这种冠名权的转让,能够迅速带来规模的扩张,却给亚细亚商场的管理控制带来了风险。在对这些企业的管理上,亚细亚商场并不严格,导致了某些企业在管理、服务质量或者产品质量等诸多方面给客户留下了极坏的印象,商场的社会声誉一落千丈。

要求:分析亚细亚商场无形资产内部控制的问题。

2. 王老吉红绿之争,俗称中国商标第一案——价值1 080亿元的"王老吉"商标合同争议案。随着王老吉商标仲裁结果公布,历经十余年将王老吉做成价值千亿品牌的加多宝集团被裁定不能继续使用王老吉商标。在这次的事件中,加多宝蒙受了巨大的损失。

1997年广州药业集团(以下简称"广药集团")无力经营旗下品牌王老吉,将其内地的商标使用权租赁给了香港鸿道集团,授权鸿道集团子公司加多宝在内地生产红罐装王老吉,广药集团则自主生产绿盒装王老吉。2000年,双方续约至2010年5月。2002年之后,加多宝成功的品牌营销使王老吉迅速在内地蹿红,其销售额从2002年的1.8亿元飙升至2007年的90亿元。鸿道集团看到了凉茶行业的广阔前景,2003年,鸿道集团通过贿赂原广药集团副董事长、总经理李益民,再次将合同续至2020年5月。2004年,李益民受贿案东窗事发,2005年,李益民被判处无期徒刑,行贿人陈鸿道弃保潜逃。

要求:分析加多宝无形资产内部控制的问题。

第12章　业务外包内部控制与核算系统设计

学习目标

1. 了解业务外包与业务外包的内部控制。
2. 理解并掌握业务外包的流程。
3. 理解并掌握业务外包各环节的主要风险及管控措施。

12.1　业务外包与业务外包的内部控制

12.1.1　业务外包

社会分工的专业化和精细化使得业务外包的经营模式得以实施,越来越多的企业开始考虑将有限的资源集中于核心业务,而将那些不经常发生的,或是非核心业务委托给外部企业去完成,以降低成本,提高效率。业务外包的运营管理模式已经在我国的企业管理中被广泛认同和接受,我国颁布的《企业内部控制应用指引第13号——业务外包》将业务外包定义为企业利用专业化分工优势,将日常经营中的部分业务委托给本企业以外的专业服务机构或经济组织完成的经营行为。特别需要指出的是工程项目的外包不在此列。

业务外包通常包括研发、资信调查、可行性研究、委托加工、物业管理、客户服务、IT服务等。企业业务外包的作用有:

1. 业务外包能够使企业专注核心业务

企业实施业务外包,可以将非核心业务转移出去,借助外部资源的优势来弥补和改善自己的弱势,从而把主要精力放在企业的核心业务上。根据自身特点,专门从事某一领域、某一专门业务,从而形成自己的核心竞争力。

2. 业务外包能够使企业提高资源利用率

实施业务外包,企业将集中资源到核心业务上,而外包专业公司拥有比本企业更有效、更经济地完成某项业务的技术和知识。业务外包最大限度地发挥了企业有限资源的作用,加速了企业对外部环境的反应能力,强化了组织的柔性和敏捷性,有效地增强了企业的竞争优势,提高了企业的竞争水平。业务外包因能促进企业集中有限的资源和能力,专注于自身的核心业务,创建和保持长期竞争优势,并能达到降低成本、保证质量的目的,所以在市场经济竞争中日益受到企业瞩目。

3. 业务外包可以降低企业风险

有效的业务外包可以节省资金和风险,将风险转接到生产企业,所以,业务外包是做品牌公司的必经之路。

12.1.2 业务外包的内部控制

企业业务外包的内部控制,就是企业为了更好地发挥业务外包的作用,实现业务外包的目标,通过采取一系列与业务外包相关的措施和方法对企业自身实施的内部控制。内部控制对于规范业务外包行为,防范业务外包风险,具有重要的意义:

1. 有利于规范会计工作秩序

外包工作涉及各方利益,必须依法进行。会计人员之所以能够贪污巨款,都与单位会计机构内部管理制度不健全有着直接关系。所以,外包企业必须加强内部会计管理制度建设,这样才能保证会计管理工作有据可依、规范有序,才能保证会计工作在经济管理中发挥应有的作用。

2. 有利于完善会计管理制度体系

会计管理制度体系通常由四个层次构成:第一层次是会计法律;第二层次是会计行政法规;第三层次是会计规章;第四层次是单位根据会计法规、制度要求制定的内部会计管理制度。显然,外包企业内部控制是会计管理制度体系的重要组成部分,有利于完善会计管理制度体系。

3. 有利于降低外包企业业务外包风险

任何企业都不可避免地面临各种各样的风险。外包企业也不例外。这就要求外包企业合理地权衡风险和收益,尽可能地降低风险。建立完善的内部控制制度有利于外包企业自身最大限度地降低业务外包的风险,从而实现企业业绩的稳定增长,保证企业平稳健康和可持续发展。

12.2 业务外包各环节的主要风险及管控措施

12.2.1 业务外包流程

业务外包在给企业带来收益的同时也产生了风险。从业务外包活动的流程来看,主要包括制定业务外包实施方案、审核批准、选择承包方、签订业务外包合同、组织实施业务外包、业务外包过程管理、验收、会计控制等环节,如图12.1所示,本图列示的业务外包流程适用于各类企业的一般业务外包,具有通用性。企业在实际开展业务外包时,可以参照此流程,并结合自身情况予以扩充和具体化。每一个环节组织不当都会给企业带来风险进而直接关系到其能否为企业带来预期的利润提升和战略目标的实现。

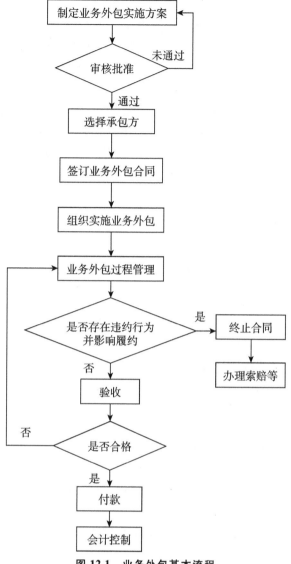

图 12.1　业务外包基本流程

12.2.2　制定业务外包实施方案管理

制定业务外包实施方案是指企业根据年度生产经营计划和业务外包管理制度,结合确定的业务外包范围,制定实施方案。

该环节的风险主要是:

(1) 企业缺乏业务外包管理制度,导致制定实施方案时无据可依。

(2) 业务外包管理制度未明确业务外包范围,可能导致有关部门在制定实施方案时,将不宜外包的核心业务进行外包。

(3) 实施方案不合理、不符合企业生产经营特点或内容不完整,可能导致业务外包失败。

主要的管控措施有：

第一，建立和完善业务外包管理制度，根据各类业务与核心主业的关联度、对外包业务的控制程度以及外部市场成熟度等标准，合理确定业务外包的范围，并根据是否对企业生产经营有重大影响对外包业务实施分类管理，以突出管控重点，同时明确规定业务外包的方式、条件、程序和实施等相关内容。

第二，严格按照业务外包管理制度规定的业务外包范围、方式、条件、程序和实施等内容制定实施方案，避免将核心业务外包，同时确保方案的完整性。

第三，根据企业年度预算以及生产经营计划，对实施方案的重要方面进行深入评估以及复核，包括承包方的选择方案、外包业务的成本效益及风险、外包合同期限、外包方式、员工培训计划等，确保实施方案的可行性。

第四，认真听取外部专业人员对业务外包的意见，并根据其合理化建议完善实施方案。

12.2.3 业务外包审核批准管理

审核批准是指企业应当按照规定的权限和程序审核批准业务外包实施方案。

该环节的主要风险是：

（1）审批制度不健全，导致对业务外包的审批不规范；审批不严格或者越权审批，导致业务外包决策出现重大疏漏，可能引发严重后果。

（2）未能对业务外包实施方案是否符合成本效益原则进行合理审核以及做出恰当判断，导致业务外包不经济。

主要的管控措施有：

第一，建立和完善业务外包的审批制度。明确授权批准的方式、权限、程序、责任和相关控制措施，规定各层级人员应当在授权范围内进行审批，不得超越权限审批。同时加大对分公司重大业务外包的管控力度，避免因分公司越权进行业务外包给企业带来不利后果。

第二，在对业务外包实施方案进行审核和评价时，应当着重对比分析该业务项目在自营与外包情况下的风险和收益，确定外包的合理性和可行性。

第三，总会计师或企业分管会计工作的负责人应当参与重大业务外包的决策，对业务外包的经济效益做出合理评价。

第四，对于重大业务外包方案，应当提交董事会或类似权力机构审批。

12.2.4 业务外包承包方选择管理

选择承包方是指企业应当按照批准的业务外包实施方案选择承包方。

该环节的主要风险是：

（1）承包方不是合法设立的法人主体，缺乏应有的专业资质，从业人员也不具备应有的专业技术资格，缺乏从事相关项目的经验，导致企业遭受损失甚至陷入法律纠纷。

（2）外包价格不合理，业务外包成本过高导致难以发挥业务外包的优势；存在接受商业贿赂的舞弊行为，导致相关人员涉案。

主要的管控措施有：

第一，充分调查候选承包方的合法性，即是否为依法成立、合法经营的专业服务机构或经济组织，是否具有相应的经营范围和固定的办公场所。

第二，调查候选承包方的专业资质、技术实力及其从业人员的履历和专业技能。

第三，考察候选承包方从事类似项目的成功案例、业界评价和口碑。

第四，综合考虑企业内外部因素，对业务外包的人工成本、营销成本、业务收入、人力资源等指标进行测算分析，合理确定业务外包价格，严格控制业务外包成本。

第五，引入竞争机制，按照有关法律法规，遵循公开、公平、公正的原则，采用招标方式等适当方式，择优选择承包方。

第六，按照规定的程序和权限从候选承包方中做出选择，并建立严格的回避制度和监督处罚制度，避免相关人员在选择承包方过程中出现受贿和舞弊行为。

12.2.5 业务外包合同签订管理

确定承包方后，企业应当及时与选定的承包方签订业务外包合同，约定业务外包的内容和范围、双方的权利和义务、服务和质量标准、保密事项、费用结算标准以及违约责任等事项。

该环节的主要风险是：

（1）合同条款未能针对业务外包风险做出明确的约定，对承办方的违约责任界定不够清晰，导致企业陷入合同纠纷和诉讼。

（2）合同约定的业务外包价格不合理或成本费用过高，导致企业遭受损失。

主要的管控措施有：

第一，在签订业务外包合同前，充分考虑业务外包方案中识别出的重要风险因素，并通过合同条款予以有效规避或降低。

第二，在合同的内容和范围方面，明确承包方提供的服务类型、数量、成本，以及明确界定服务的环节、作业方式、作业时间、服务费用等细节。

第三，在合同的权利和义务方面，明确企业有权督促承包方改进服务流程和方法，承包方有责任按照合同协议规定的方式和频率，将外包实施的进度和现状告知企业，并对存在的问题进行有效沟通。

第四，在合同的服务和质量标准方面，应当规定承包方最低的服务水平要求以及如果未能满足标准实施的补救措施。

第五，在合同的保密事项方面，应具体约定对于涉及本企业机密的业务和事项，承包方有责任履行保密义务。

第六，在费用结算标准方面，综合考虑内外部因素，合理确定业务外包价格，严格控制业务外包成本。

第七，在违约责任方面，制定既具原则性又体现一定灵活性的合同条款，以适应环境、技术和企业自身业务的变化。

12.2.6 业务外包组织实施管理

组织实施业务外包是指企业严格按照业务外包制度、工作流程和相关要求，组织业务外包过程中人、财、物等方面的资源分配,建立与承包方的合作机制,为下一环节的业务外包过程管理做好准备,确保承包方严格履行业务外包合同。企业在组织实施业务外包时,应当根据业务外包合同条款,落实双方应投入的人力资源、资金、硬件及专有资产等,明确承包方提供服务或产品的工作流程、模式、职能架构、项目实施计划等内容。

该环节的主要风险是:

组织实施业务外包的工作不充分或未落实到位,影响下一环节业务外包过程管理的有效实施,导致难以实现业务外包的目标。

主要的管控措施有:

第一,按照业务外包制度、工作流程和相关要求,制定业务外包实施全过程的管控措施,包括落实与承包方之间的资产管理、信息资料管理、人力资源管理、安全保密管理等机制,确保承包方在履行业务外包合同时有章可循。

第二,做好与承包方的对接工作,通过培训等方式确保承包方充分了解企业的工作流程和质量要求,从价值链的起点开始控制业务质量。

第三,与承包方建立并保持畅通的沟通协调机制,以便及时发现并有效解决业务外包过程中存在的问题。

第四,梳理有关工作流程,提出每个环节上的岗位职责分工、运营模式、管理机制、质量水平等方面的要求,并建立对应的即时监控机制,及时检查、收集和反馈业务外包实施过程中的相关信息。

12.2.7 业务外包过程管理

根据业务外包合同的约定,承包方会采取在特定时点向企业一次性交付产品或在一定期间内持续提供服务的方式交付业务外包成果。由于承包方交付业务外包成果的方式不同,业务外包过程也有所不同,前者的业务外包过程是指承包方对产品的设计制造过程,后者的业务外包过程是指承包方持续提供服务的整个过程。

该环节的主要风险是:

(1)承包方在合同期内因市场变化等原因不能保持履约能力,无法继续按照合同约定履行义务,导致业务外包失败和本企业生产经营活动中断。

(2)承包方出现未按照业务外包合同约定的质量要求持续提供合格的产品或服务等违约行为,导致企业难以发挥业务外包优势,甚至遭受重大损失。

(3)管控不力,导致商业秘密泄漏。

主要的管控措施有:

第一,在承包方提供服务或制造产品的过程中,密切关注重大业务外包承包方的履约能力,采取承包方动态管理方式,对承包方开展日常绩效评价和定期考核。

第二,对承包方的履约能力进行持续评估,包括承包方对该项目的投入是否能够支持其产品或服务质量达到企业预期目标,承包方自身的财务状况、生产能力、技术创新能力等综合能力是否满足该项目的要求。

第三,建立即时监控机制,一旦发现偏离合同目标等情况,及时要求承包方调整改进。

第四,对重大业务外包的各种意外情况做出充分预计,建立相应的应急机制,制定临时替代方案,避免业务外包失败造成企业生产经营活动中断。

第五,有确凿证据表明承包方存在重大违约行为,并导致业务外包合同无法履行的,应当及时终止合同,并指定有关部门按照法律程序向承包方索赔。

第六,切实加强对业务外包过程中形成的商业信息资料的管理。

12.2.8　业务外包验收管理

在业务外包合同执行完成后需要验收的,企业应当组织相关部门或人员对完成的业务外包成果进行验收。

该环节的主要风险是:

验收方式与业务外包成果交付方式不匹配,验收标准不明确,验收程序不规范,使验收工作流于形式,不能及时发现业务外包质量低劣等情况,可能导致企业遭受损失。

主要的管控措施有:

第一,根据承包方业务外包成果交付方式的特点,制定不同的验收方式。一般而言,既可以对最终产品或服务进行一次性验收,也可以在整个外包过程中分阶段验收。

第二,根据业务外包合同的约定,结合在日常绩效评价基础上对外包业务质量是否达到预期目标的基本评价,确定验收标准。

第三,组织有关职能部门、财会部门、质量控制部门等的相关人员,严格按照验收标准对承包方交付的产品或服务进行审查和全面测试,确保产品或服务符合需求,并出具验收证明。

第四,验收过程中发现异常情况的,应当立即报告,查明原因,视问题的严重性与承包方协商采取恰当的补救措施,并依法索赔。

第五,根据验收结果对业务外包是否达到预期目标做出总体评价,据此对业务外包管理制度和流程进行改进和优化。

12.2.9　业务外包会计控制

会计控制是指企业应当根据国家统一的会计准则制度,加强对业务外包的核算与监督,并做好业务外包费用结算工作。

该环节的主要风险是:

(1)缺乏有效的业务外包会计系统控制,未能全面真实地记录和反映企业业务外包各环节的资金流和实物流情况,可能导致企业资产流失或贬损。

(2)业务外包相关会计处理不当,可能导致财务报告信息失真。

(3)结算审核不严格、支付方式不恰当、金额控制不严,可能导致企业资金损失或信用受损。

主要的管控措施有:

第一,企业财会部门应当根据国家统一的会计准则制度,加强对业务外包过程中交由承包方使用的资产、涉及资产负债变动的事项以及业务外包合同诉讼等的核算与监督。

第二,根据企业会计准则制度的规定,结合外包业务特点和企业管理机制,建立完善的业务外包成本的会计核算方法,进行有关会计处理,并在财务报告中进行必要、充分的披露。

第三,在向承包方结算费用时,应当依据验收证明,严格按照合同约定的结算条件、方式和标准办理支付。

12.3 业务外包核算系统的设计

业务外包通常包括研发、资信调查、可行性研究、委托加工、物业管理、客户服务、IT服务等。本节将业务外包分为委外加工及服务外包两部分,进行核算系统的设计,其中,服务外包包括信息技术外包服务(ITO)、技术性业务流程外包服务(BPO)、技术性知识流程外包(KPO)等。

12.3.1 委外加工业务的核算系统设计

委外加工业务是指"委托方提供原料及主要材料,受托方按照委托方的要求制造货物并收取加工费的业务";税法中所称"委外加工"仅为业务外包中的一部分,而判断是否属于委外加工业务的关键在于:确定构成产品实体成分的"原料及主要材料"是否由委托方提供。只有"原料及主要材料"均由委托方提供,受托方仅添加一些辅料进行加工的,才可界定为税法中规定的委外加工业务;否则,如果"原料及主要材料"由受托方提供,那么对委托方而言,此种业务外包只能作为外购业务,应按物资采购业务进行处理,相应地,受托方也只能作为商品销售业务处理。

1. 委外加工业务核算程序

委外加工业务核算程序如图12.2所示。

2. 委外加工业务的会计处理

委外加工业务相关税务问题的处理:

(1)关于增值税的计缴。《增值税暂行条例》规定,对于业务外包中的委外加工业务,由受托方按加工费计算应向委托方收取的增值税税额。作为一种价外税,增值税的计税加工费中不应包括应收取的增值税税额,同时也应不包括受托加工应税消费品所代收代缴的消费税,即:

① 含税加工费 = 不含税的加工费 + 增值税税额;
② 增值税税额 = 不含税的加工费 × 增值税税率或征税率;将 ② 代入 ① 得:
③ 含税加工费 = 不含税加工费 × (1 + 增值税税率或征税率),故有:
④ 不含税加工费 = 含税加工费 / (1 + 增值税税率或征税率)。

委托方向受托方支付的增值税税额,符合抵扣条件的也可计入"进项税额",从销售货物收取的销项税税额中抵扣;不符合抵扣条件按规定不能抵扣的,应直接计入委外加工物资成本。具体抵扣条件与外购货物并无二致。

(2)关于消费税的计缴。委外加工的应税消费品,由受托方在向委托方交货时代收代缴税款,并由受托方向所在地主管税务机关解缴税款。除从量定额应税消费品外,"委托加工的应税消费品,按照受托方的同类消费品的销售价格计算纳税;没有同类消费品销售价格的,按照组成计税价格计算纳税"。由于消费税为价内税,故相关的

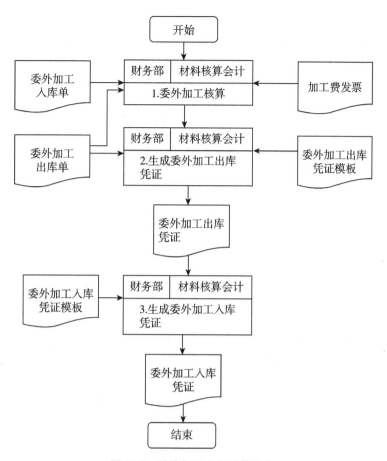

图 12.2 委外加工业务核算程序

计算公式为:
① 组成计税价格 = 材料成本 + 加工费 + 消费税税额;
② 消费税税额 = 组成计税价格 × 消费税税率;将 ② 代入 ①,得:
③ 组成计税价格 = 材料成本 + 加工费 + 组成计税价格 × 消费税税率,故有:
④ 组成计税价格 × (1 - 消费税税率) = 材料成本 + 加工费,即:
组成计税价格 = (材料成本 + 加工费)/(1 - 消费税税率);相应地,
⑤ 发出材料采用计划成本时的组成计税价格 = [发出材料的计划成本 × (1 + 差异率) + 不含增值税的加工费]/(1 - 消费税税率)。

式中,实际大于计划的超支(借方)差异率为"+"号,实际小于计划的节约(贷方)差异为"-"号;

⑥ 发出材料为零售价时的组成计税价格 = [发出材料的零售价 × (1 - 差价率) + 不含增值税的加工费]/(1 - 消费税税率)。

根据《消费税暂行条例实施细则》的规定,"同类消费品的销售价格"是指纳税人或代收代缴人当月销售的同类消费品的销售价格;在当月同类消费品各期销售价格高低不同时,按照销售数量加权平均计算的售价计算(但销售的应税消费品的销售价格明显偏低又无正当理由或无销售价格的,不得列入加权平均计算);当月无销售或者当月未完结的按照同类消费品上月或最近月份的销售价格计算。"材料成本"是指"委托方所提供加工材料的实际成本"。委托加工应税消费品的纳税人，必须在委外加工合同上如实注明材料成本，凡未提供材料成本的，受托方所在主管税务机关有权核定其材料成本。"加工费"是指受托方加工应税消费品而向委托方收取的全部费用（包括代垫辅助材料的实际成本）。消费税税率由国家税务总局分税目做了相应规定。委外加工的应税消费品，委托方收回后用于连续生产应税消费品的，所纳税款准予按规定抵扣；委外加工的应税消费品直接出售的，所纳税款计入加工物资成本，不再征收消费税。

（3）特别事项说明。一般而言，在正常的商品销售活动中，如果所销售的货物属于应交纳增值税和消费税的应税消费品，增值税与消费税的计税依据应当是相同的，都为"不含增值税的销售额"；但委外加工业务是一个例外。委外加工业务的增值税税额一般只以受托方收取的不含税加工费为计税依据计算，而由受托方代收代缴的消费税的计税依据则是受托方同类货物的加权平均销售价格或组成计税价格③，显然，在委外加工业务中，二者的计税依据是不同的，后者总是大于前者。

委外加工业务会计问题的处理：

（1）关于委托方的会计处理、成本计量与报表列示问题。根据企业会计制度的规定，企业所发生的委外加工业务应通过设置"委托加工物资"账户加以核算。委托方应将此账户的期末余额并入资产负债表的"存货"项目中，作为企业的流动资产加以列示。企业委外加工物资的实际成本包括：

① 委托方发出加工物资的实际成本。如果企业对所发出的物资采用计划成本或售价计价核算，应通过结转发出物资应负担的成本差异，将计划成本或零售价还原为实际成本。

② 支付的加工费用。

③ 支付的税金，包括委外加工物资应负担的增值税和消费税（指属于消费税应税范围的加工物资）。对于委外加工物资应负担的增值税和消费税应区别不同情况处理：加工物资应负担的增值税，凡属于加工物资用于应交增值税项目并取得增值税专用发票的一般纳税人，可将这部分增值税作为"进项税额"，不计入加工物资的成本；凡属于加工物资用于非应交增值税项目或免征增值税项目，以及未取得增值税专用发票的一般纳税人和小规模纳税人，应将这部分增值税计入加工物资的成本。加工物资应负担的消费税，凡属于加工物资收回后直接用于销售的，应将由受托方代收代交的消费税计入委外加工物资的成本；凡属于加工物资收回后用于连续生产应税消费品，按规定准予抵扣的，应将由受托方代收代交的消费税记入"应交税金——应交消费税"账户的借方，待应交消费税的加工物资连续生产完工销售后，抵交其应交纳的消费税。

④ 支付加工物资的往返包装运杂费、保险费，其中的运费如能取得税务机关认可的抵扣凭证，则可以计列进项税额，其余的各项杂费则不允许。

（2）关于受托方的会计处理与报表列示问题。委外加工业务对于受托方而言，属于代制业务。受托方对于收到的委托方发来的用于加工的物资，只应在按表外科目专设的"代管商品物资"或"受托加工物资"备查簿中加以登记。众所周知，备查簿的登记一般采用单式记账法，收到代管物资时仅借记"代管商品物资"，退回时贷记该账户即可，无须考虑对应账户问题。备查簿只作为日后存查的备考，实际领用受托加工物资进行加工时，并不考虑所领用物资的金额，其中的账户记录既不计入生产成本，也不列入资产负债表的"存货"项目中。受托方对于加工中实际耗用的由受托方提供的工、料、费(即所耗用的辅料、生产工人的工资福利费、分配的制造费用等)的处理,仍和正常的自制产品相同,也应通过"生产成本"账户核算,只不过其中的成本仅考虑受托方自身的实际发生额而已。受托加工物资制造完成,如无须入库保管,可不通过"库存商品"账户核算,直接在结转发出成本时,自"生产成本"账户的贷方转入"主营业务成本"账户的借方。

12.3.2 服务外包业务的核算系统设计

1. 服务外包企业收入的核算

服务外包企业取得的外包业务收入,包括离岸外包收入和境内(在岸)外包收入,应按照提供劳务的收入予以确认。目前服务外包企业一般按照外包项目确认收入、结转成本,但在年度决算日时出现了不同的做法,且服务外包企业内部管理上一般按照完工百分比法确认收入。考虑到及时性、内部管理及所得税预缴等需求,在政策上明确服务外包企业对外包业务以完工百分比法作为收入确认的方法。在资产负债表中提供劳务交易的结果如果能够可靠估计,则应当采用完工百分比法确认劳务收入。提供劳务交易的结果能够可靠估计,是指同时满足下列条件:收入的金额能够可靠地计量;相关的经济利益很可能流入企业;交易的完工进度能够可靠地确定;交易中已发生和将发生的成本能够可靠地计量。实际工作中必须严格按照会计准则的规定确定服务外包企业的收入。

$$本期确认的收入 = 劳务总收入 \times 本期末止劳务的完工量 - 以前期间已确认的收入$$

如果资产负债表中不能对提供劳务交易的结果做出可靠估计,应分别按照以下情况进行处理:

(1)已经发生的劳务成本预计全部能够得到补偿的,应按已收或预计能够收回的金额确认劳务收入,并结转已经发生的劳务成本。

(2)已经发生的劳务成本预计部分能够得到补偿的,应按能够得到补偿的金额确认劳务收入,并结转已经发生的劳务成本。

(3)已经发生的劳务成本预计全部不能得到补偿的,应将已经发生的劳务成本计入当期损益,不确认劳务收入。

对取得的离岸外包收入应按照合同约定的币种进行计价,同时按照外币会计准则的要求将其折算为记账本位币。此外,关于服务外包企业发生的商品销售收入的确认,应按照会计准则的规定进行处理,在此不再赘述。

2. 服务外包企业成本的核算

(1)明确服务外包企业成本核算的基本原则。基本原则包括:

① 按照部门和项目设置成本费用明细账,并按各部门、项目直接发生的成本费用进行直接归集。各部门发生的直接服务于特定项目的员工工资及领用的办公用品等支出直接计入部门、项目成本。

② 对于各部门共同发生的费用按照一定的标准在各受益部门之间进行分配,如应由各部门共同承担的水电费按照工时标准在各部门之间进行分配,房屋租金按照各部门所使用的面积进行分配。

③ 企业固定资产折旧费用,如果能够确认该项固定资产所属的使用部门,则该项固定资产的折旧费用直接归集到相应的部门;如果某项固定资产为有关部门共同使用,则该项固定资产的折旧费用应按使用部门的工时比例进行分配。

④ 企业发生的软件购置支出,如果能够确认使用部门,则其购置应直接计入该部门的成本费用;如果为几个部门共同使用,则应在部门之间按照一定的标准进行分配。

⑤ 服务外包发生的无形资产摊销,应在其法定摊销期内计入有关成本费用;企业归集的外包项目成本,应在确认收入时同时予以结转。对于在不同会计期间完工的外包项目成本应按照完工百分比法进行结转。

(2) 统一规范服务外包成本账户的设置。首先,设置"开发成本"账户。服务外包企业为核算发生的外包项目的开发服务成本,应设置"开发成本"账户。根据业务需要,"开发成本"账户一般按外包项目或合同设置明细账户,企业发生的直接人工费用、耗材支出及其他直接费用计入本科目的借方;发生的其他间接费用,月终按照一定的分配标准分配计入本科目的借方;企业已经完成全部外包服务过程所归集的成本计入本科目的贷方;本科目的借方期末余额反映尚未完成外包服务过程的成本。其次,规范外包成本项目设置。建议"开发成本"账户应按照人工费用、耗材支出、其他费用等设置成本项目。共同发生的应计入劳务成本的间接费用,一般以项目结合承担该项目的企业的内部机构为单位进行归集,并在部门所承担的所有项目中进行分配。分配的标准包括部门发生的劳务工时、使用的时间及所占用的面积等。在实际工作中,部分服务外包企业发生的外协费用数额较大,为了考核外协费用占外包项目的成本比例,也可以将外协费用作为独立的成本项目进行核算。

(3) 服务外包项目的成本归集及存货管理。为适应服务外包企业经济业务的特点,必须采用相应的措施加强对服务外包企业存货的管理,其管理的过程应贯穿外包项目实施的始终,建立适合服务外包企业存货核算和管理要求的外包项目明细账,记录企业承接的外包项目的实施及成本费用发生情况。以 BPO 业务为例,企业承接的 BPO 项目一般服务周期较长,所以应健全外包项目的成本明细核算,在实际的会计核算中,要改变传统的成本账簿记录形式,强化外包项目的实际支出内容和时间划分的记录,以正确计算外包项目的实际成本。

服务外包企业存货的列示方式。服务外包企业单独列示其"存货"项目,即要进行细分,制定相应的制度,明确服务外包企业的存货核算及资产负债表中的列示方法。属于具有实务形态的存货要反映在资产负债表中的存货项目,属于外包项目结存的成本应在存货项目下单独进行列示。通过在存货项目中的细分以明确服务外包企业的存货项目构成,同时,资产负债表的附注项目应对影响外包项目结存成本的完工进度进行反映。

(4) 规范服务外包企业无形资产的管理。服务外包企业应建立专门的无形资产管理机构,建立对所承接业务的保密制度,负责制定企业内部的无形资产开发策略、对发包方无形资产的管理保护制度、员工的无形资产保护培训方案等,以及无形资产管理的业务流程。负责服务外包企业自身无形资产的研制、投资、开发、申请、注册、维护、考核与评价等,加强开发性保护,进而制定一系列行之有效的无形资产开发策略,最终取得无形资产开发的优势。负责对发包方无形资产的保护,对发包方无形资产实行严格的管理。企业应高度重视对无形资产的价值评估,注重积累与无形资产价值形成相关的原始资料和法律、制度依据。充分披露无形资产的会计信息,除应披露无形资产的期初、期末数以及无形资产减值准备计提,还应充分披露企业无形资产的构成情况、研发情况、后续计量情况等。对服务外包企业拥有的人力资源信息要在报表附注中予以披露,对其他重要的无形资产信息也应予以披露。在制定对发包方无形资产的管理保护制度及建立对所承接业务的保密制度的基础上,服务外包企业应认真分析外包业务服务过程中所涉及的发包方无形资产的种类和其基本背景,建立备查账簿,用以记录在承接发包方外包业务中所涉及的全部无形资产的维护情况。具体包括工作的承接人员,服务的内容、时间及其他有关应说明的情况,为以后进行检查保留必要的资料。

案例示范

以业务外包"形式"取代"劳务派遣"用工模式的法律风险评估及操作管理内控指引(部分摘录)见二维码。

本章小结

业务外包是指企业利用专业化分工优势,将日常经营中的部分业务委托给本企业以外的专业服务机构或经济组织完成的经营行为,使企业能够集中于核心业务等。加强内部控制对于规范业务外包行为,防范业务外包风险,具有重要意义。从业务外包活动的流程来看,主要包括制定业务外包实施方案、审核批准、选择承包方、签订业务外包合同、组织实施业务外包活动、业务外包过程管理、验收、会计控制等环节,每一个环节组织不当都会给企业带来风险进而直接关系到其能否为企业带来预期的利润提升和战略目标的实现。同时,企业应当建立外包业务的会计控制流程和会计控制制度及实施细则,明确相关职能部门在外包业务活动中的权限和职责。

复习思考题

1. 简述业务外包各环节内部控制的主要风险点。
2. 简述业务外包内部控制措施。

案例分析

1. 甲公司和乙公司同时实施了一个公司网页设计的外包项目,目标是为本公司的在线系统设计一个首页和整体页面框架。在签订合同时,甲、乙公司在合同上详细地列示了项目的交付内容,提出了清晰的需求,以避免后期双方对此发生争议。A 网站设计公司(以下简称"A 公司")分别与甲公司和乙公司签订了网页设计外包合同,安排人员进行页面设计,并计划在一周内提交初稿。但在设计过程中却出现了问题,首先是 A 公司临时更换了技术人员,这样在前期阶段确定的相关细节又要重新沟通,而且技术人员水平也不符合要求。此外,甲、乙公司发现,A 公司该项目的组织结构也不合理,公司的两个合伙人分别负责技术部和业务部两个部门,这两个部门相互独立、相互牵制。A 公司没有专门的项目经理负责这个项目,只是由业务人员负责协调。这样的项目组织结构造成项目的执行和沟通很困难。

因此,甲、乙公司的项目都不得不暂停,陷入僵局。面对上述情况,甲、乙公司做出了不同的反应:甲公司及时制定了相应的沟通策略。当出现问题的时候,甲公司外包业务归口管理部门负责人直接与 A 公司的两个部门经理召开联席会议,协调共同解决问题,并对承包方工作人员进行了必要的关于行业特点和经营需求方面的指导和培训,从而使其充分了解甲公司的外包目标。最后,经过双方一段时间的努力,A 公司提交了合同上所有的交付内容,项目按期收尾。乙公司按照原定沟通机制,向业务人员提出网页设计修改要求,并督促业务部门尽快实施。然而,业务人员甚至业务部经理对技术细节的理解有限,而且无法跨部门地安排技术人员的工作,导致该外包业务失败。

要求:运用业务外包内部控制的有关知识,指出甲、乙公司这一案例违背了哪些关键风险点,应运用何种管控措施加以预防?

2. 某制造业企业(以下简称"B 公司")为冶金行业的专业技术服务商,2011 年 10 月与从事特殊钢制造的客户(以下简称为"A 公司")签订了一项为期 10 年的连铸机外包合同,为 A 公司提供一条高效连铸机的设计、制造、安装和调试以及日常维护保养工作。B 公司将按照 A 公司的生产要求,为其提供相应的生产服务。按照合同要求,第一,该条连铸机设备由 B 公司出资筹建,在 A 公司完成相应的土建基础工作后,A 公司负责连铸机设备的工艺设计、生产制造、安装调试和具体生产工作,该套设备预计投资 2 000 万元;第二,在生产过程中,由 A 公司按照约定价格提供原材料,B 公司具体负责生产,并将产成品按照约定价格向 A 公司销售,并根据市场状况适时调整;第三,B 公司负责该项目的日常经营管理工作,所需场地租金、水电费等由 B 公司自行承担。场地租金由 A、B 公司协商,水电费按照单独装置的计量仪表逐月核定并按市场价格结算;第四,设备所有权属于 B 公司,运营期约定为 10 年。双方表示,通过业务外包合同的签订,标志着战略合作的实现,今后将针对该条生产线共同研发生产新工艺并促进生产成本的不断降低,实现双赢。

从两家公司的立场来看待该业务外包合同:A 公司作为钢铁企业,为了集中精力关注生产质量的提高,提高盈利水平,将部分制造环节外包给从事专业技术服务的 B 公司。同时,通过业务外包,降低了其投资力度,减少了现金支出的压力。但是,B 公司能否全力配合其生产计划的实现,有可能成为影响其生产经营的重要因素。即便在合同中约定了违约成本,但 A 公司对自己客户的违约产生的信誉和品牌风险还是客观存在的。而 B 公司则可以发挥其连铸机工艺技术专家的特长,有效提高生产效率和降低生产成本,既能增强和客户的合作力度,又能巩固其市场份额。但是,巨额的投资也加大了其资金压力,加之周期长达 10 年,如果 A 公司在执行合同过程中产生违约风险,或者发生外部不可抗力,则 B 公司有可能承担较大的经济损失。故此,基于 A、B 公司双方的信任和了解,签订此业务外包合同有助于加强双方的合作力度并产生协同效应,从而进一步增强双方的市场竞争力。另外一个关键的成功因素在于业务外包合同的执行以及执行过程中双方的争议能否友好解决。

要求:运用业务外包内部控制的有关知识,就该制造业企业业务外包的具体案例进行分析,指出该企业业务外包的主要风险点及应采取的管控措施。

第13章 担保业务内部控制与核算系统设计

学习目标

1. 了解担保的含义、原则及担保的业务流程。
2. 掌握对外担保的总体要求。
3. 理解担保业务的主要风险及管理措施。

13.1 担保业务内部控制与核算系统设计的意义

企业可能会出于多种原因为其他企业提供担保。如母公司为子公司担保、企业对长期稳定的客户担保。如果被担保方在债务到期时不能偿还,则实施担保企业需要履行偿还债务的连带责任。因此,债务担保有可能成为企业的一项或有负债,企业承担着履行担保责任的潜在风险。基于此,为了保护企业的投资者和债权人的利益,企业应当加强对担保业务的内部控制,建立担保决策程序和责任制度,明确担保原则、标准、条件、责任等相关内容,加强对担保合同订立的管理,及时了解和掌握被担保人的经营和财务状况,防范潜在的担保风险,避免或减少可能发生的损失。

13.2 担保业务的一般流程

企业办理担保业务,一般包括受理申请、调查和评估、审批、签订担保合同、进行日常监控等流程。具体而言,一是担保申请人提出担保申请;二是担保人对担保项目和被担保人资信状况进行调查,对担保业务进行风险评估;三是担保人根据调查评估结果,结合本企业担保政策和授权审批制度,对担保业务进行审批,重大担保业务应提交董事会或类似权力机构批准;四是担保人依据既定权限和程序,与被担保人签订担保合同;五是担保人切实加强对担保合同的日常管理,对被担保人经营情况、财务状况和担保项目执行情况等进行跟踪监控;六是如果被担保人不能如期偿债,担保人应履行代为清偿义务并向被担保人追偿债务,同时,应当按照本企业担保业务责任追究制度,严格追究有关人员的责任。具体流程如图13.1所示,该图列示的担保流程适用于各类企业的一般担保业务,具有通用性。企业在开展担保业务时,可以参照此流程并结合自身情况予以扩充和细化。

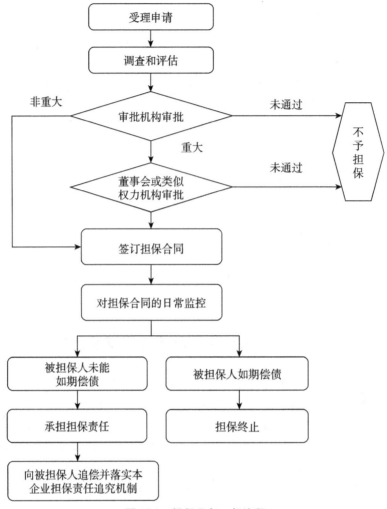

图 13.1 担保业务一般流程

13.3 对外担保业务的总体要求

13.3.1 担保业务环节

1. 担保项目受理

担保项目受理，一般情况是在银企之间有了借款意向，由于企业本身信用不足造成借贷行为中断后，寻求担保公司弥补信用缺失。这种情况是企业主动寻上门来，担保公司有较大的主动性。但同时也存在企业整体资产质量不高，甚至根本不具备担保基本条件的情况。如何提升担保公司整体担保质量取得高收益？主动出击，寻找项目是其中一种手段，根据公司经营特点，结合政府的发展规则，从行业或区域选择入手，在某一范围内选择适合公司自己特点的企业，虽然操作难度较大，但对于这样筛选后的企业，担保公司知根知底，容易决策，对其监督也容易落实到实处。即使出现问题，担保公司也可以提前操作保全措施，将代偿风险降至最低。

2. 担保项目监管

担保项目监管是对已保项目的动态考察,是担保业务流程中最为薄弱的环节。借款企业尤其是一把手在寻求担保时,其大多数是具备还款意愿的,但往往是在借款到位后,由于各种突发因素,造成企业现金流出现问题不能还贷。因此对于在保项目,预防和防止影响企业还款的重大事项的发生,项目经理责任重大。

3. 追偿回收

担保放大比例或倍数是衡量担保公司经营能力高低的主要指标。该指标的大小,由其计算公式可以看出,代偿未回收余额既影响担保成功率的大小,同时也在最大担保能力的计算中,对其分子也有影响,因此在发生代偿后,及时追偿回收是担保公司的主要工作。充分调动项目经理的积极性,由风险管理人员协助促收,可以最大限度地降低代偿风险。

13.3.2 担保业务的职业分工

1. 财务部

(1)受理担保申请,审核其真实性、必要性和合规性;(2)对被担保人进行资信调查和风险评估,形成调查评估报告;(3)具体办理相关合同文本的签署,抵押、质押及反担保手续;(4)及时向董事会秘书、审计机构如实提供公司对外担保事项;(5)按照要求对担保业务进行会计处理;(6)负责对被担保单位的跟踪、检查、监督工作;(7)审核担保代偿申请,并开展对被担保单位的追偿;(8)负责担保文件的归档管理工作。

2. 法律事务部

(1)协同财务部做好对被担保人的资信调查和风险评估工作;(2)审核担保合同内容与条款,确保合同内容的完整、真实、有效,发现合同条款可能存在的法律风险;(3)组织相关人员参与签订担保合同;(4)按规定使用和保管公司合同专用章;(5)负责处理与担保有关的法律纠纷、诉讼;(6)企业承担担保责任后,负责协助财务部处理对被担保单位的追偿事宜;(7)协助内部审计部建立和完善企业担保业务的内部控制制度。

3. 董事会办公室

(1)起草对外担保的董事会或股东大会议案,提交董事会或股东会审议;(2)办理对外担保事项的披露公告事宜。

4. 内部审计部

(1)建立与完善企业担保业务的内部控制制度;(2)对担保业务管理和控制的健全性和有效性进行评价和监督。

13.4 担保业务各环节的主要风险及管控措施

13.4.1 受理申请

1. 主要风险

受理申请是企业办理担保业务的第一道关口。该环节的主要风险是:企业担保政策和相关管理制度不健全,导致难以对担保申请人提出的担保申请进行初步评价和审核;或者虽然建立了担保政策和相关管理制度,但对担保申请人提出的担保申请审查把关不严,导致申请受理流于形式。

2. 受理申请担保条件

(1) 个人担保业务:借款人申请担保,应提交如下资料:

填写完整的担保申请书;申请人及配偶本市常住户口及身份证件;本人或家庭经济收入证明(要求加盖单位公章或单位劳资部门印章的原件);婚姻关系证明;若申请人是私营业主或个体工商户,则还需要提供其经营企业的工商已年检的营业执照、已年检的税务登记证(国税、地税)、企业代码证、公司章程、法人身份证、最近三月的纳税证明或银行对账单、单位详细地址和联系电话;与经销商签订的购车、购房合同或协议;具有不低于所购车辆、住房价格的20%(适用于一手汽车、购置新房)、30%(适用于工程车辆及机械设备)、40%(适用于二手汽车、二手房)的存款作为首付款,或提供有效的相应首付款发票或收据;现居住房的《房屋所有权证》《国有土地使用权证》;如申请工程车辆、机械设备贷款,应提供与建设单位签订的工程施工承包合同;如购买二手汽车、二手房,应提供由担保人认可的评估机构出具的评估报告;反担保资料;贷款人要求提供的其他资料。

(2) 公司担保业务:担保对象、条件及相关资料具体如下:

① 担保对象:企业、事业单位。优先支持中小型生产企业。

② 申请担保的企业必须具备以下基本条件:持有有效的营业执照、税务登记证、贷款卡;项目符合国家的产业政策和环保政策;正常连续生产一年以上,产品有市场,有效益,销售回款有保证;企业资信状况良好,没有重大被诉案件,无欠税、逾期贷款等不良信用记录;银行已有贷款意向。

(3) 申请担保的企业一般需提供以下资料:

营业执照、法人代码证、税务登记证、贷款卡、法定代表人身份证(以上资料提供复印件并加盖公章);公司章程;公司简介;公司注册验资报告;上两个年度财务报表及当期财务报表(提供财务报表的内容包括审计报告,资产负债表、损益表、现金流量表、会计报表附注);大额固定资产的产权证及评估报告(或购置发票);企业与主要购买客户的销售合同及纳税发票;企业与主要往来银行的银企对账单;根据业务需要的其他文件资料。

3. 主要管控措施

第一,依法制定和完善本企业的担保政策和相关管理制度,明确担保的对象、范围、方式、条件、程序、限额和禁止担保的事项;第二,严格按照担保政策和相关管理制度对担保申请人提出的担保申请进行审核。比如,担保申请人是否属于可以提供担保的对象。一般而言,对于与本企业存在密切业务关系从而需要互保的企业、与本企业有潜在重要业务关系的企业、本企业的子公司及具有控制关系的其他企业等,可以考虑提供担保,反之,则必须十分慎重。又如,对担保申请人整体实力、经营状况、信用水平的了解情况。如果担保申请人实力较强、经营良好、恪守信用,可以考虑接受申请,反之不应受理。再如,担保申请人申请资料的完备情况。如果资料完备、情况翔实,可受理,反之不应受理。

13.4.2 调查和评估

1. 主要风险

企业在受理担保申请后对担保申请人进行资信调查和风险评估,是办理担保业务中不可或缺的重要环节,在相当程度上影响甚至决定着担保业务的未来走向。该环节的主要风险是:对担保申请人的资信调查不深入、不透彻,对担保项目的风险评估不全面、不科学,导致企业担保决策失误或遭受欺诈,为担保业务埋下巨大隐患。

2. 主要管控措施

第一,项目初审过程。部门负责人、项目负责人与协办人(至少双人下户)应到借款人和反担保人及有关部门进行实地调查,实地调查至少要进行一次。公司负责人根据具体情况参与调查。

(1) 按"清单"要求提供的材料是否齐全、有效,要求提供的原件是否为原件,复印件是否和原件一致,复印材料是否加盖公章;各种文件是否在有效期内,应年检的是否已办理手续。

(2) 有关各文件的相关内容要核对一致,逻辑关系要正确,通过对企业成立批文、合同、章程、董事会决议、验资报告、立项批文、可行性研究报告、资信等级、环保及市场准入等具体文件的审核,了解借款人(担保申请人)和反担保人是否具备资格、合法合规。

(3) 财务报表是否由会计师事务所出具了审计报告,是否是无保留意见报告,初步分析财务状况,记录疑点,以便实地调查核实。

(4) 对反担保人提供的文件资料的审核与以上三项基本相同,重点是审核反担保人提供的反担保措施是否符合《担保法》和有关法律法规(如房地产、土地、海商)及有关抵押登记管理办法的规定,抵押物、质物的权属(权力凭证)是否明晰。

第二,进行实地调查。要列出调查提纲,明确调查目标,以保证调查的质量和效率。实地调查的要点具体如下:

(1) 访问企业、会见有关当事人,了解企业和项目背景、市场竞争范围、销售和利润、资源的供应等情况;弄清借款用途和还款来源;考察企业管理团队的整体素质(文化程度、主要经历、技术专长、经营决策、市场开拓、遵纪守法等方面),了解主要领导人的信用状况和能力。

(2) 对需进一步核实的材料,要求企业提供原件核对。

(3) 考察主要生产、经营场所,通过走、看、问,判断企业实际生产、经营情况,印证有关资料记载和有关当事人介绍的情况。

(4) 对财务报表的调查审核,应根据企业的实际情况,主要调查核实以下内容:了解企业的主要会计政策,是否按会计准则记账;企业的财务内部控制制度是否完备并有效执行;通过采用抽查大项的方式,审核企业是否做到了账表、账账、账证、账实四相符,核实资产、负债、权益是否有虚假;有保留意见的审计报告的保留意见部分;企业的或有损失和或有负债情况。

(5) 查看抵押物、质物。以房地产抵押的,要查看、了解抵押物的面积、用途、结构、竣工时间、原价和净值、周边环境等;以动产抵押、质押的,要查看、了解抵押物、质物的规格、型号、质量、原价和净值、用途等;以汇票、本票、债券、存款单、仓单、提单等出质的,要查看权益凭证原件,辨别真伪,必要时请有关部门鉴定。

第三,在核实资料和实地调查的基础上,对已经获取的信息进行综合判断、分析、比较和评价,主要有以下几个方面:

(1) 分析、判断借款人(担保申请人)的主体资格、清偿债务的意愿及是否能够严格履行合同条款。

(2) 分析经济环境对担保项目和项目承担企业的影响,主要包括:项目产品在行业中的地位,产品经济寿命期,技术、工艺先进程度,市场结构和市场竞争能力,市场风险程度及政府的管制程度等。

(3) 分析借款人的还款能力。通过财务分析和现金流量分析,掌握借款人的财务状况和偿债能力,预测借款人的未来发展趋势。财务分析的主要内容有:偿债能力(财务杠杆比率、流动比率);盈利能力(盈利比率);营运能力(效率比率);资产质量;资金结构;预测近三年的发展趋势。新近流量分析是预计在未来的还款期间内,是否能够产生足够的现金流量偿还银行借款。

(4) 分析反担保人的担保资格和担保能力。重点分析担保方式的可操作性,抵押、质押是否合法合规,与抵押物、质物的流动性相关的预期变现难易程度,交易成本及价格的稳定性和可预见性。

(5) 基本风险度分析。

13.4.3 审批

1. 主要风险

审批环节在担保业务中具有承上启下的作用,它既是对调查评估结果的判断和认定,也是担保业务能否进入实际执行阶段的必经之路。该环节的主要风险是:授权审批制度不健全,导致对担保业务的审批不规范;审批不严格或者越权审批,导致担保决策出现重大疏漏,可能引发严重后果;审批过程存在舞弊行为,可能导致经办审批等相关人员涉案或企业利益受损。

2. 主要管控措施

第一,建立和完善担保授权审批制度,明确授权批准的方式、权限、程序、责任和相关控制措施,规定各层级人员应当在授权范围内进行审批,不得越权审批。企业内设机构不得以企业名义对外提供担保。企业应当加大对分公司对外提供担保的管控力度,严格限制分公司的担保行为,避免因分公司违规担保为本企业带来不利后果。第二,建立和完善重大担保业务的集体决策审批制度。企业应当根据《公司法》等国家法律法规,结合企业章程和有关管理制度,明确重大担保业务的判断标准、审批权限和程序。上市公司的重大对外担保,应取得董事会全体成员 2/3 以上签署同意或者经股东大会批准,未经董事会或者类似权力机构批准,不得对外提供重大担保。第三,认真审查对担保申请人的调查评估报告,在充分了解掌握有关情况的基础上,权衡比较本企业净资产状况、担保限额与担保申请人提出的担保金额,确保将担保金额控制在企业设定的担保限额之内。第四,从严办理担保变更审批。被担保人要求变更担保事项的,企业应当重新履行调查评估程序,根据新的调查评估报告重新履行审批手续。

3. 审批流程

部门经理对业务人员提交的调查报告进行审核,然后提交公司投资(担保)委员会审批。然后将审批结果以《贷款担保申请答复书》的形式通知申请人。对审批同意担保并经贷款银行同意发放的贷款,一次性收取担保费。担保费＝担保金额×贷款年数×年费率。收费后,公司才能与申请人签订担保协议,约定双方的权利与义务。

企业担保业务审批表样式见表13.1。

表 13.1　企业担保业务审批表

××××担保有限公司担保业务审批表				
被担保企业情况	公司名称		公司地址	
	营业执照号码		法人代表	
	联系人		联系电话	
	业务种类		担保金额	
反担保情况	反担保人名称		法定代表人	
	反担保人名称		法定代表人	
	其他担保人			
	反担保方式			
业务部意见				
风险部意见				
贷审会意见				
董事会意见				

13.4.4　签订担保合同

1. 主要风险

担保合同是审批机构同意办理担保业务的直接体现,也是约定担保双方权利、义务的基础载体。该环节的主要风险是:未经授权对外订立担保合同,或者担保合同内容存在重大疏漏和欺诈,可能导致企业诉讼失败、权利追索被动、经济利益和形象信誉受损。

2. 主要控制措施

第一,严格按照经审核批准的担保业务订立担保合同。合同订立经办人员应当在职责范围内,按照审批人员的批准意见拟定合同条款。第二,认真审核合同条款,确保担保合同条款内容完整、表述严谨准确、相关手续齐备。在担保合同中应明确被担保人的权利、义务、违约责任等相关内容,并要求被担保人定期提供财务报告和有关资料,及时通报担保事项的实施情况。如果担保申请人同时向多方申请担保,则企业应当在担保合同中明确约定本企业的担保份额和相应的责任。第三,实行担保合同会审联签。除担保业务经办部门之外,鼓励和倡导企业法律部门、财会部门、内部审计部门等参与担保合同会审联签,增强担保合同的合法性、规范性、完备性,有效避免权利义务约定、合同文本表述等方面的疏漏。第四,加强对有关身份证明和印章的管理。比如,在担保合同签订过程中,依照法律规定和企业内部管理制度,往往需要提供、使用企业法定代表人的身份证明、个人印章和担保合同专用章等。从近年来暴露出来的一些担保典型案例来看,一些企业在有关人员身份证明、印章管理中存在薄弱环节,导致身份证明和印章被盗用,造成了难以挽回的严重后果。因此,必须加强对身份证明和印章的管理,保证担保合同用章用印符合当事人的真实意愿。第五,规范担保合同记录、传递和保管,确保担保合同运转轨迹清晰完整、有案可查。办理完签约手续的项目资料移交综合管理部档案管理员统一管理。重要合同和证件,包括借款合同、保证合同、反担保合同等须单独管理。相关重要文件融资担保部复印留存一份。

担保合同签约程序见图13.2。

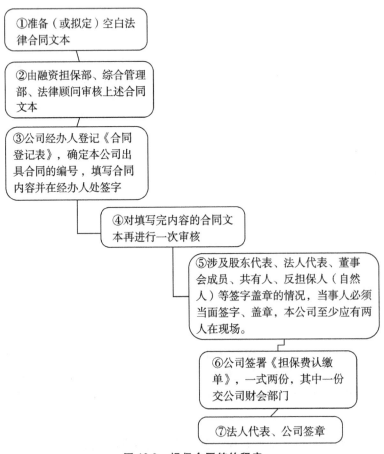

图 13.2　担保合同签约程序

13.4.5　日常监控

担保合同的签订,标志着企业的担保权利和担保责任进入法律意义上的实际履行阶段。切实加强对担保合同执行情况的日常监控,通过及时、准确、全面地掌握被担保人的经营状况、财务状况和担保项目运行情况,最大限度地实现企业担保权益,最大限度地降低企业担保责任,是一项艰巨而重要的任务。

1. 主要风险

该环节的主要风险是:重合同签订,轻后续管理,对担保合同履行情况疏于监控或监控不当,导致企业不能及时发现和妥善应对被担保人的异常情况,可能延误处置时机,加剧担保风险,加重经济损失。

担保合同签订之后,接下来就是担保合同的履行。为了及时地对担保所涉及的各方责任与义务的履行情况进行了解,公司应加强对担保合同实施的日常监控。针对被担保人的实际经营状况、财务状况和担保项目的运行情况组织定期或不定期的检查,要以时效性、精确性和全面性为原则,最大限度地保证公司的合法权益,降低公司所要面临的风险,减少公司可能要负担的负面责任。不得不说,这是一项任重而道远的任务,但是如果进行到位,势必可以帮助公司及时发现问题、及时采取措施、及时控制风险,从而避免财务危机。该环节最大的风险在于整个合同管理的流程缺乏连贯性,签合同的时候风风火火,后续的管理形同虚设,发现的问题不了了之。合同管控是一项长效性的工作,如果不加以重视极有可能错过风险防控的最佳时机,增加风险防控的成本,随之也会造成公司经济利益的当然损失。

2. 主要管控措施

第一,定期对被担保人的财务状况进行监控,及时跟踪被担保人的还贷情况、担保项目的资金使用和项目效益情况,以保证担保合同处于有效履行状态。

具体措施为指定专人定期监测被担保人的经营情况和财务状况,对被担保人进行跟踪和监督,了解担保项目的执行、资金的使用、贷款的归还、财务运行及风险等情况,促进担保合同有效履行。企业财会部门要及时,最好是按月或者按季收集、分析被担保人担保期内的财务报告等相关资料,持续关注被担保人的财务状况、经营成果、现金流量以及担保合同的履行情况,积极配合担保经办部门防范担保业务风险。

第二,建立合理的应急机制,及时报告被担保人异常情况和重要信息。企业有关部门和人员在实施日常监控过程中应当按照《企业内部控制应用指引第17号——内部信息传递》的要求,在第一时间向企业有关管理人员做出报告,以便及时采取有针对性的应对措施。具体措施为一旦发现被担保方存在异常情况,及时调整监控频率;一旦发现被担保方存在经营困难、资不抵债或者破产危机,立即成立风险应急小组,了解具体情况,提出解决方案,并及时向企业汇报,采取相应的应急措施,以最大限度地减少企业的损失。

例如,财务部门派人对被担保人的经营与财务状况、担保项目的执行情况进行定期的监控,督促被担保人及时还款。发现担保人有违约风险的,应及时上报公司的高层管理者和董事会,然后根据公司的要求和指示,采取必要的风险控制措施。同时,也可以建立风险预警机制,动态监控风险。由于市场经济瞬息万变,被担保方的经营情况、财务状况也在不断变化。为最大限度地降低担保风险,应在担保有效期内,对被担保方的财务风险及担保事项实施情况进行动态的跟踪监测,动态分为定期和不定期,即既要有每隔一个特定时间的定期检查,还要有对所有担保项目进行的随机抽样检查,并根据每个担保项目不同的情况来判断相应的风险等级,从而制定不同的应对措施,及时处置风险。上市公司应对每个担保项目指定一个专门的财务人员进行定期的保后跟踪检查,检查频率一般为每季度一次,根据项目的风险和重大程度可以视情况做出调整;除此之外就是不定期的保后跟踪,不定期在于增加检查的随机性以更好地发现担保项目的真实情况,避免被担保方人为地准备虚假资料来应付定期检查。保后跟踪检查的主要内容包括了解被担保人的经营与财务状况、担保项目的运营情况、贷款资金的流向等方面的信息。然后,根据被担保人的不同状况将其划分进不同的风险等级,采取相应的应对机制。表13.2为针对公司不同情况为公司设定的一个风险级别特征。

表13.2 担保业务风险级别明细表

类别	基本特征
正常类	担保对象经营持续良好,一直能正常等额还款,反担保措施充足,没有任何理由怀疑担保会遭受损失
关注类	担保对象经营正常,但宏观经济、市场、行业等外部环境的变化对担保对象的经营产生了不利影响;担保对象的一些关键财务指标出现较大幅度下降,或者反担保措施较弱
预警类	担保对象经营出现大幅下滑,等额还款出现逾期;担保对象支付出现困难,并且难以获得新的资金;担保对象经营亏损,净现金流量为负值
风险类	担保对象依法宣告破产或处于停产、半停产状态;担保对象已资不抵债;担保对象的借款已经发生逾期,但尚未进行代偿的项目

对于上述四个不同的风险等级,公司应分别采取不同的应对措施。正常类的担保项目,公司仍应采取每隔一个季度的定期保后检查和随机的不定期抽查;可以加强对关注类的担保项目的检查力度,采取一个月定期检查同时分配更高的随机抽查的概率;担保项目一旦出现预警情况,就不仅仅是加大检查力度就可以控制风险的了,而是必须采取及时的风险应对措施来处置风险,比如应及时启动风险管理应急介入机制,成立专门的应急团队来评估担保企业现时的风险状况,了解风险的成因和风险发生的可能性,制定及时的制度风险处理预案,并上报高层领导进行批准,其中应急团队应由财务部担保业务组、法律事务部和风险控制部的成员组成,风险处理预案获批后,风险控制部再指派专门人员跟踪执行;风险类的担保项目一经发现,应采取和预警类的担保项目差不多的前期应急介入机制,当对公司风险状况做出完整的评估和判断之后,应提前和贷款银行进行联系和磋商,然后以此制定代偿和追偿方案报批高层管理者,方案报批后公司的财务部门、法律部门再指派专门人员去执行代偿和追偿流程。每一次监督检查应及时记录档案,包括检查时间、检查人员、检查地址、检查方式、检查结果等,然后认真完成担保项目检查表的填写,附上检查报告和被担保公司提供的相关资料,签字确认之后报批总经理审批,最后再归档备案动态监控的文件。

13.4.6 会计控制

担保业务直接涉及担保财产、费用收取、财务分析、债务承担、会计处理和相关信息披露等,决定了会计控制在担保业务经办中具有举足轻重的重要作用。

1. 主要风险

会计系统控制不力,可能导致担保业务记录残缺不全,日常监控难以奏效,或者担保会计处理和信息披露不符合有关监管要求,可能引发行政处罚。

2. 主要管控措施

第一,健全担保业务经办部门与财务部门的信息沟通机制,促进担保信息及时有效沟通。第二,建立担保事项台账,详细记录担保对象、金额、期限、用于抵押和质押的物品或权利以及其他有关事项;同时,及时足额收取担保费用,维护企业担保权益。第三,严格按照国家统一的会计准则制度进行担保会计处理,发现被担保人出现财务状况恶化、资不抵债、破产清算等情形的,应当合理确认预计负债和损失;属于上市公司的,还应当区别不同情况依法予以公告。第四,切实加强对反担保财产的管理,妥善保管被担保人用于反担保的权利凭证,定期核实财产的存续状况和价值,发现问题及时处理,确保反担保财产安全完整。第五,夯实担保合同基础管理,妥善保管担保合同、与担保合同相关的主合同、反担保函或反担保合同,以及抵押、质押的权利凭证和有关原始资料,做到担保业务档案完整无缺。当担保合同到期时,企业要全面清查用于担保的财产、权利凭证,按照合同约定及时终止担保关系。

3. 基本内部会计控制制度

第一,适当的职责分离。适当的职责分离是现代企业内部会计控制的重要方式之一,对于不相容职务应分别由不同的职员担任,这些职员之间就形成了内部牵制。舞弊行为只有在几个职员相互勾结的前提下才可能得逞,如果职员各尽其职,舞弊的可能性将会很小。担保业务应适当分离的职责主要包括:①受理担保业务申请的人员不能同时是负责最后核准担保业务的人员。担保标准和条件必须同时获得业务管理部门以及专门追踪和分析被担保企业信用情况的部门(如会计部门下的担保业务小组)的批准。②负责调查了解被担保企业经营与财务状况的人员必须同审批担保业务的人员分离。③拟定担保合同的人员不能同时担任担保合同的复核工作。④担保责任的记账人员不能同时成为担保合同的核实人员。⑤担保合同的订立人员不能同时负责履行担保责任垫付款项的支付工作。⑥审核履行担保责任垫付款项的人员应同付款的人员分离。⑧记录垫付款项的人员不能同时担任付款业务。⑨审核履行担保责任、支付垫付款项的人员必须同负责从被担保企业收回垫付款项的人员分离。

第二,正确的授权审批。授权审批是指每一项经济业务的执行必须经过一定形式的授权或批准。有效的授权审批应明确授权的责任和建立经济业务授权审批的程序。对于担保业务而言,主要存在以下四个关键的审批要点:①在担保业务发生之前,担保业务经过审批。②非经正当审批,不得签订担保合同。③担保责任、担保标准、担保条件等必须经过审核批准。④为被担保企业履行债务支付垫付款项必须经过审批。前两项控制的目的在于防止企业因向虚构的或者无力支付货款的企业提供担保而蒙受损失,第三项控制的目的则在于保证担保业务按照政策规定的标准、条件等进行。

第三,担保原则、担保标准和担保条件等制度。为防范风险,避免和减少因担保可能发生的损失,企业应制定有关担保的原则、标准和条件等,用来规范担保业务。如被担企业应生产经营正常、经济效益较好、财务制度健全、营运资金合理等。

第四,充分的凭证和记录。充分的凭证和记录是现代企业内部会计控制的重要因素,是记录和反映经济业务的载体,也是其他控制形式的有效保证。凭证和记录需连续编号,并检查全部有编号凭证和记录是否按规定处理,这是保证完整性的重要控制措施,可以有效地防止经济业务的遗漏和重复,并可以根据完整性检查发现是否存在舞弊现象。例如,企业在收到担保申请之后,立即编制一份预先编号的担保业务受理书,分别用于调查了解被担保企业经营与财务状况、批准担保签订合同、记录担保责任的控制制度,会比企业仅仅在审批担保以后才草拟、签订担保合同的效果好,可以避免漏登担保合同的情况。企业可以通过检查预先编号的担保业务受理书检查已审批担保业务是否全部登记入账或在报表附注中揭示。

第五,定期了解被担保企业的经营与财务状况。这样做有助于了解企业承担的潜在风险。企业应由独立于担保合同核准、垫付担保责任款项的人员定期对被担保企业的经营与财务状况进行全面的了解,对经营与财务状况恶化的被担保企业及时做出说明,企业可以据此检查账簿记录,对担保合同条款等进行恰当的处理,尽可能避免或减少可能发生的损失。

第六,反担保制度。在可能的情况下,企业可以要求被担保企业为自己提供适当的担保—反担保。当债权人实施担保权利,企业支付垫付款项造成自己的损失时,企业的损失可以从反担保中获得优先受偿。

第七,内部核查制度。由内部审计人员或其他独立人员核查担保业务的处理和记录,是实现内部会计控制目标所不可缺少的一项控制措施。

担保业务内部控制关键控制点见图 13.3。

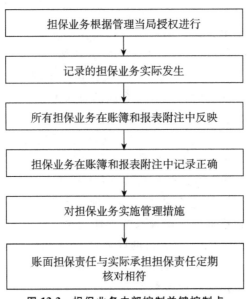

图 13.3 担保业务内部控制关键控制点

13.4.7 代为清偿和权利追索

被担保人在担保期间如果顺利履行了对银行等债权人的偿债义务,且向担保企业及时、足额地支付了担保费用,担保合同一般应予终止,担保双方可以解除担保权利和责任。但在实践中,由于各方面因素的影响,部分被担保人无法偿还到期债务,"连累"担保企业不得不按照担保合同约定承担清偿债务的责任。因此,在代为清偿后依法主张对被担保人的追索权,成为担保企业降低担保损失的最后一道屏障。

1. 主要风险

在理想情况下,如若债务人按照借款合同的要求如期履行了还款义务,而且也按照合同的约定付给了担保方足够的担保费用,则担保合同将顺利终止。但实务中,总会存在担保人到期无法偿还相关债务的情况,在此之下担保企业就不得不依照合同条款要求,代为履行偿还债务的义务。这一过程中会出现两方面的风险,一方面是违背担保合同约定不履行代为清偿义务,可能被银行等债权人诉诸法律成为连带被告,影响企业形象和声誉;另一方面是承担代为清偿义务后向被担保人追索权利不力,可能造成较大的经济损失。

2. 主要管控措施

代为清偿和权利追索的控制,主要宗旨是尽可能减少担保业务的损失,避免公司因此遭受较大的财务风险。因为既然已经面临这一流程就说明被担保人存在经营危机甚至破产的状况。

第一,强化法制意识和责任观念,在被担保人确实无力偿付债务或履行相关合同义务时,自觉按照担保合同承担代偿义务,维护企业诚实守信的市场形象;第二,运用法律武器向被担保人追索赔偿权利,在此过程中,企业担保业务经办部门、财会部门、法律部门等应当通力合作,做到在司法程序中举证有力,同时,依法处置被担保人的反担保财产,尽量减少企业的经济损失;第三,启动担保业务后评估工作,严格落实担保业务责任追究制度,对在担保中出现重大决策失误、未履行集体审批程序或不按规定管理担保业务的部门及人员,严格追究其行政责任和经济责任,并深入开展总结分析,举一反三,不断完善担保业务内部控制制度,严控担保风险,促进企业健康稳健发展。

3. 具体管控措施

第一,在履行追偿责任前先对被担保人情况进行诊断,分析其不能正常还款的原因是出于国家政策导向、特殊困难,还是出于主观恶意等,尽可能多地掌握其最新信息,然后根据不同情况采取不同的追偿方式和追偿力度。第二,与被担保人进行良好的沟通和积极的磋商,以争取反担保财产或者优先追偿权;如果沟通磋商均无法达到追索的目的,那么应该及时地采取法律手段强制行使追偿权。风险处置的这个过程中,上市公司财务部分管担保事项的部门、法律事务部以及风险控制部等应积极配合,相互合作,为企业争取最大的利益来弥补代偿的损失。

在代偿前,应及时了解被担保方的经营状况,了解其无法偿还贷款的原因,如果发现企业确实无力履行担保合同的义务,则按照合同的规定履行自身代为清偿的义务以维护企业的信誉;在代偿后,应立即行使担保合同中约定的追偿权利,包括及时参与被担保方的破产清算、依法处置被担保方的反担保财产等方式,以减少企业的损失;在代偿和追索结束后,应落实责任追究和担保业务总结工作,以完善担保业务的风险控制制度,促进企业的健康稳定发展。例如,出现债务人对借款合同违约或出现公司破产等无法偿还债务的情况,需要代偿的,财务部应及时上报高层管理者和董事会,会同法律事务部,按照公司的要求和指示,启动反担保追偿程序或者诉讼程序,合法争取自身的利益。当因为各种原因导致被担保方不能履约而使得债权人要求公司代为清偿时,公司会在第一时间启用反担保追偿措施,同时财务部会及时将追偿情况通报董事会。当债务人破产进入司法程序之后,公司财务部会在第一时间行使预先追偿权,提请参加破产财产分配。另外,当担保方式为多方担保而发生债务人违约时,公司会严格按照担保合同约定的份额承担责任,拒绝承担超额范围的责任。公司应根据具体的情况采取相对应的追偿方法和追偿力度,从而做到有的放矢,最大限度地保障自身的权益。

担保业务全流程的风险控制见图 13.4。

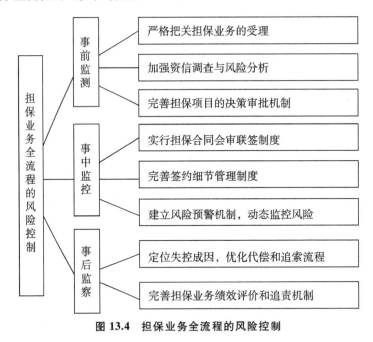

图 13.4 担保业务全流程的风险控制

案例示范

美盈森对外担保管理办法见二维码。

本章小结

企业办理担保业务,一般包括受理申请、调查评估、审批、签订担保合同、进行日常监控等流程。担保业务环节包括担保项目受理、担保项目监管、追偿回收三个环节。担保项目受理,一般情况是在银企之间有了借款意向,由于企业本身信用不足造成借贷行为中断后,寻求担保公司弥补信用缺失;担保项目监管是对已保项目的动态考察,是担保业务流程中最为薄弱的环节;充分调动项目经理的积极性,由风险管理人员协助促收,可以最大限度地降低代偿风险。担保业务涉及财务部、法务事务部、董事会办公室和内部审计部,负责担保业务的不同分工。在担保合同签订以后,应切实加强对担保合同执行情况的日常监控,及时、准确、全面地掌握被担保人的经营状况。从会计控制角度,担保业务内部控制制度要注重适当的职责分离;正确的授权审批;为防范风险,避免和减少因担保可能发生的损失,企业应制定有关担保的原则、标准和条件等;保证充分的凭证和记录;定期了解被担保企业的经营与财务状况;在可能的情况下,企业可以要求被担保企业为自己提供适当的担保——反担保;同时也要建立完善的内部核查制度。

复习思考题

1. 描述担保业务的一般流程,并说明担保业务内部控制的关键控制点有哪些。
2. 担保业务不相容岗位主要包括哪些?
3. 简述签订担保合同的主要管控措施。
4. 简述担保业务中,会计控制环节的主要风险以及管控措施。

案例分析

1. 某公司为强化担保业务内部控制,制定了担保业务内部控制制度,要点如下:

（1）该公司担保业务范围包括:引进国外设备信用证结算担保;工程招标投标担保;借款担保;租赁担保;分期付款担保。

（2）该公司担保业务内部分工主要情况如下:

① 风险控制部负责担保业务的评估与审批,风险控制部收到申请人的担保申请后,将根据申请担保的种类,审查申请人提交的材料,调查了解申请人的资信情况、履约能力等问题,然后进行评估,评估既可由风险控制部人员完成,也可由风险控制部聘请独立中介机构进行。经评估后认为可以提供担保的,由风险控制部的风险控制委员会予以集体批准,信贷部具体承办有关业务。

② 信贷部负责与担保申请人签订担保协议。申请担保的单位应向公司交存保证金或提供其他反担保。对于与反担保有关的资产不再进行评估。

③ 为适应公司业务发展的需要,在特殊情况下,公司总经理可以对风险控制委员会的担保业务审批意见进行再审批。

④ 被担保人要求变更担保事项的,公司重新履行评估与审批程序。

⑤ 该公司有一外地成员单位(分公司),具有较大的经营自主权,允许其自行决定是否对外提供担保。

（3）有关担保业务的管理与后续控制措施主要有:

① 对担保项目进行跟踪分析,密切关注担保项目的进展状况以及盈利状况;密切关注反担保人的财务状况以及盈利状况;密切关注抵押物市场价格的波动。必要情况下,可以要求被担保人提供财务报表。

② 对于有关抵押物,适当情况下,在担保有效期间可以由资产管理部进行投资管理,使其保值、增值。

③ 公司建立对担保业务的监督检查制度,明确监督检查机构或人员的职责权限,定期或不定期地进行检查。

要求：从内部会计控制角度对该公司担保业务内部控制制度要点进行分析，找出弱点并说明理由。

2. 据 2016 年 11 月媒体报道，为上市公司兴业房产（600603）提供担保的同济科技（600846）由于兴业房产未能按期归还贷款，而连带为其偿还部分贷款。为此，同济科技要求兴业房产还债并将其诉诸法庭，法院裁定并执行查封了兴业房产部分资产。据悉，2013 年 9 月 18 日，同济科技未履行审批和决策有关程序为兴业房产在浦发银行借款 3 000 万元提供 3 年期担保，截至 2016 年 8 月 21 日，兴业房产尚欠 1 900 万元本金和相应利息。同济科技因履行担保义务，代兴业房产归还浦发银行 1 100 万元，其余未还款项如兴业房产在 11 月 15 日前未能归还，同济科技还将承担连带责任。

同济科技为兴业房产贷款提供担保发生的代还情况还有：2016 年 6 月 18 日兴业房产在工商银行借款的 400 万元担保，同济科技已经代为归还了 190 万元。同济科技还有部分必须代为归还的担保情况存在。据悉，同济科技已经于 2016 年 9 月 18 日向上海市第二中级人民法院提出诉讼，要求判兴业房产清偿还债 1 100 万元和相应利息，同时提出保全申请；11 月 16 日，又提出追加其他还贷和相应利息的诉讼。同济科技还提出了相应的资产保全申请。法院已经裁定并执行查封了兴业房产的部分资产。以上问题从根本上讲是由于同济科技内部对担保业务缺乏相应的内部控制。

要求：请对以上担保案例进行分析。

第 14 章 内部信息传递制度设计

学习目标

1. 了解内部信息传递的总体要求。
2. 理解内部信息传递的流程。
3. 掌握内部信息传递各流程的风险及管控措施。
4. 掌握反舞弊的风险及管控措施。

14.1 内部信息传递的含义及意义

内部信息传递是企业内部各管理层级之间通过内部报告形式传递生产经营管理信息的过程。

企业所需的信息主要是指能够反映企业生产运营状况,并为企业的决策与控制以及日常运营管理提供支持的资源。信息资源是企业赖以生存的重要因素之一,企业在制定决策和日常运作中需要各种形式的信息,此外,企业的内部控制活动也离不开信息的沟通和传递。信息在企业内部进行有目的的传递,对贯彻落实企业发展战略、执行企业全面预算管理、识别企业生产经营活动中的内外部风险具有重要作用。

14.2 内部信息传递的总体要求

为服务于企业的生产经营管理决策,做好各项内部报告工作,企业管理人员需要从各种渠道获取相应的信息。企业内部信息有来自业务第一线人员根据市场或业务工作整理的信息,也有来自管理人员根据相关内部信息对所负责部门形成的指示或情况通报。尽管有关信息的来源、内容、提供者、传递方式和渠道等各不相同,但收集和传递相关信息一般应遵循以下原则:

1. 真实准确性原则

虚假或不准确的信息将严重误导信息使用者,甚至导致决策失误,造成巨大的经济损失。内部报告的信息应当与所要表达的现象和状况保持一致,若不能真实反映所计量的经济事项,就不具有可靠性。

2. 及时有效性原则

如果信息未能及时提供,或者及时提供的信息不具有相关性,或者提供的相关信息未被有效利用,都有可能导致企业决策延误,经营风险增加,甚至可能使企业较高层次的管理陷入困境,不利于对实际情况进行及时有效的控制和矫正,同时也将大大降低内部报告的决策相关性。只有那些切合具体任务和实际工作,并且能够符合信息使用单位需求的信息才是具有使用价值的。

3. 保密原则

企业内部的运营情况、技术水平、财务状况以及有关重大事项等通常涉及商业秘密,内幕信息知情者(包括董事会成员、监事、高级管理人员及其他涉及信息披露有关部门的涉密人员)都负有保密义务。这些内部信息一旦泄露,极有可能导致企业的商业秘密被竞争对手获知,使企业处于被动境地,甚至造成重大损失。

14.3 内部信息传递的流程

企业应当加强内部报告管理,全面梳理内部信息传递过程中的薄弱环节,建立科学的内部信息传递机制,明确内部信息传递的具体要求,关注内部报告的有效性、及时性和安全性,促进内部报告的有效利用,充分发挥内部报告的作用。

图 14.1 列示的内部信息传递流程具有普适性。企业在实际操作中,应当充分结合自身业务特点和管理要求,构建和优化内部信息传递流程。

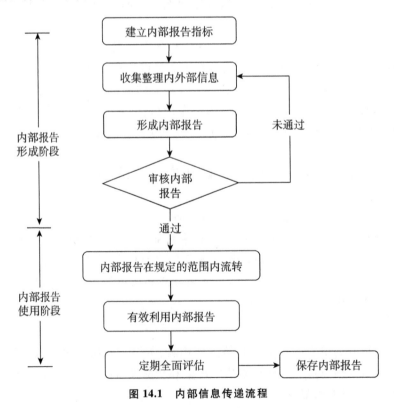

图 14.1　内部信息传递流程

14.4 内部信息传递流程的风险及管控措施

14.4.1 建立内部报告指标体系的风险及管控措施

内部报告指标体系是否科学直接关系到内部报告反映的信息是否完整和有用,这就要求企业应当根据自身的发展战略、风险控制和业绩考核特点,系统、科学地规范不同级次内部报告的指标体系,合理设置关键信息指标和辅助信息指标,并与全面预算管理等相结合,同时应随着环境和业务的变化不断进行修订和完善。在设计内部报告指标体系时,企业应当根据内部各"信息用户"的需求选择信息指标,以满足其经营决策、业绩考核、企业价值与风险评估的需要。

该环节的主要风险是:指标体系的设计未能结合企业的发展战略,指标体系级次混乱,与全面预算管理要求相脱节,并且设定后未能根据环境和业务变化有所调整。

针对以上风险,企业应当实施以下管控措施:

第一,企业应认真研究其发展战略、风险控制要求和业绩考核标准,根据各管理层级对信息的需求和详略程度,建立一套级次分明的内部报告指标体系。企业明确的战略目标和具体的战略规划为内部报告控制目标的确定提供了依据。

第二,企业内部报告指标确定后,应进行细化,层层分解,使企业中各责任中心及其各相关职能部门都有自己明确的目标,以利于控制风险并进行业绩考核。

第三,内部报告需要依据全面预算的标准进行信息反馈,将预算控制的过程和结果向企业内部管理层报告,以有效控制预算执行情况、明确相关责任、科学考核业绩,并根据新的环境和业务,调整决策部署,更好地规划和控制企业的资产和收益,实现资源的最有效配置和管理的协同效应。

14.4.2 收集内外部信息的风险及管控措施

收集内外部信息为了随时掌握有关市场状况、竞争情况、政策及环境变化,保证企业发展战略和经营目标的实现,企业应当完善内外部重要相关信息的收集机制和传递机制,使重要信息能够及时获得并向上级呈报。企业可以通过行业协会组织、社会中介机构、业务往来单位、市场调查、来信来访、网络媒体以及有关监管部门等渠道,获取外部信息;通过财务会计资料、经营管理资料、调研报告、专项信息、内部刊物、办公网络等渠道,获取内部信息。企业应当广泛收集、分析、整理内外部信息,并通过内部报告传递到企业内部相关管理层级,以便及时采取应对策略。

该环节的主要风险是:收集的内外部信息过于散乱,不能突出重点;内容准确性差,据此信息进行的决策容易误导经营活动;获取内外部信息的成本过高,违反了成本效益原则。

针对以上风险,企业应当实施以下管控措施:

第一,根据特定服务对象的需求,选择信息收集过程中重点关注的信息类型和内容,根据信息需求者的要求按照一定的标准对信息进行分类汇总。

第二,对信息进行审核和鉴别,对已经筛选的资料做进一步的检查,确定其真实性和合理性。企业应当检查信息在事实与时间上有无差错,是否合乎逻辑,其来源单位、资料份数、指标等是否完整。

第三,企业应当在收集信息的过程中考虑获取信息的便利性及其获取成本高低,如果需要较大代价获取信息,则应当权衡其成本与信息的使用价值,确保所获取信息符合成本效益原则。

14.4.3 编制及审核内部报告的风险及管控措施

企业各职能部门应将收集的有关资料进行筛选、抽取,然后根据各管理层级对内部报告的信息需求和先前制定的内部报告指标,建立各种分析模型,提取有效数据并进行反馈汇总,在此基础上,对分析模型进一步改造,进行资料分析,起草内部报告,形成总结性结论,并提出相应的建议,从而对发展趋势、策略规划、前景预测等提供重要的分析指导,为企业的效益分析、业务拓展提供有力的保障。企业内部报告因报告类型不同、反映的信息特点不同,内部报告的格式不尽一致。一般情况下,企业内部报告应当包括报告名、文件号、执行范围、内容、起草或制定部门、报送和抄送部门及时效要求等。

该环节的主要风险是:内部报告未能根据各内部使用单位的需求进行编制,内容不完整,编制不及时,未经审核即向有关部门传递。

针对以上风险,企业应当实施以下管控措施:

第一,企业内部报告的编制单位应紧紧围绕内部报告使用者的信息需求,以内部报告指标体系为基础,编制内容全面、简洁明了、通俗易懂的内部报告,以便于企业各管理层级和全体员工掌握相关信息,正确履行职责。

第二,企业应合理设计内部报告编制程序,提高编制效率,保证内部报告能够在第一时间提供给相关管理部门。对于重大突发事件应以速度优先,尽可能快地编制出内部报告,向董事会报告。

第三,企业应当建立内部报告审核制度,设定审核权限,确保内部报告信息质量。企业必须对岗位与职责分工进行控制,内部报告的起草与审核岗位分离,内部报告在传递前必须经签发部门负责人审核。

需要注意的是,对于重要信息,企业应当委派专门人员对其传递过程进行复核,确保信息正确地传递给使用者。

14.4.4 构建内部报告流转体系及渠道的风险及管控措施

企业应当制定严密的内部报告传递流程,充分利用信息技术,强化内部报告信息集成和共享,将内部报告纳入企业统一信息平台,构建科学的内部报告网络体系。企业内部各管理层级均应当指定专人负责内部报告工作。正常而言,内部报告应当按照职责分工和权限指引中规定的报告关系传递信息。但为保证信息传递的及时性,重要信息应当及时传递给董事会、监事会和经理层。企业应当拓宽内部报告渠道,通过落实奖励措施等多种有效方式,广泛收集合理化建议。

该环节的主要风险是:缺乏内部报告传递流程,内部报告未按传递流程进行传递流转,内部报告流转不及时。

针对以上风险,企业应当实施以下管控措施:

第一,企业应当制定内部报告流转制度。企业可以根据信息的重要性、内容等特征,确定不同的流转环节。

第二,企业应严格按设定的传递流程进行流转。企业各管理层级对内部报告的流转应做好记录,对于未按照流转制度进行操作的事件,应当调查原因,并做相应处理。

第三,企业应及时更新信息系统,确保内部报告有效安全的传递。

需要注意的是,企业应在实际工作中尝试精简信息系统的处理程序,使信息在企业内部更快地传递。对于重要紧急的信息,可以越级向董事会、监事会或经理层直接报告,以便于相关负责人迅速做出决策。

14.4.5 内部报告有效使用及保密的风险及管控措施

内部报告有效使用及保密要求企业各级管理人员应当充分利用内部报告进行有效决策,管理和指导企业的日常生产经营活动,及时反映全面预算执行情况,协调企业内部相关部门和各单位的运营进度,严格绩效考核和责任追究,确保企业实现发展战略和经营目标。

企业应当有效利用内部报告进行风险评估,准确识别和系统分析企业生产经营活动中的内外部风险,确定风险应对策略,实现对风险的有效控制。企业对于内部报告反映出的问题应当及时解决。企业应当制定严格的内部报告保密制度,明确保密内容、保密措施、密级程度和传递范围,防止泄露商业秘密。

该环节的主要风险是:企业管理层在决策时并没有使用内部报告提供的信息,内部报告未能用于风险识别和控制,商业秘密通过企业内部报告被泄露。

针对以上风险,企业应当实施以下管控措施:

第一,企业应在预算控制、生产经营管理决策和业绩考核时充分使用内部报告提供的信息。企业应当将预算控制和内部报告接轨,通过内部报告及时反映全面预算的执行情况;尽可能利用内部报告的信息对生产、购售、投资、筹资等业务进行因素分析、对比分析和趋势分析等,发现存在的问题,及时查明原因并加以改进;将绩效考评和责任追究制度与内部报告联系起来,依据及时、准确、按规范流程提供的信息进行透明、客观的定期业绩考核,并对相关责任人进行追究惩罚。

第二,企业管理层应通过内部报告提供的信息对企业生产经营管理中存在的风险进行评估,准确识别和系统分析企业生产经营活动中的内外部风险,涉及突出问题和重大风险的,应当启动应急预案。

第三,企业应从内部信息传递的时间、空间、节点、流程等方面建立控制,通过职责分离、授权接触、监督和检查等手段防止商业秘密泄露。

14.4.6 内部报告保管的风险及管控措施

在企业的生产经营管理活动中,会产生大量的数据信息,管理好这些资料,对于分析和解决企业管理中的问题至关重要。但是,有些企业对这些管理中产生的大量数据记录采取粗放经营的态度,甚至使一些重要数据丢失,造成了不可挽回的损失。例如,在原材料采购和商品销售过程中,市场价格的调查资料、对供应商和销售商做出选择的依据、对方企业的资金信用状况等数据资料,不仅是企业以后购销工作的重要参考依据,同时也是实行财务监督的重要依据,但是许多企业对以上资料不做长期保留,致使发生了原材料质量问题,或者是应收账款变成坏账等问题以后,都找不到企业内部的责任者,分析不出失误的原因,更找不到解决问题的方法。

该环节的主要风险是:企业缺少内部报告的保管制度,内部报告的保管存放杂乱无序,对重要资料的保管期限过短,保密措施不严。

针对以上风险,企业应当实施以下管控措施:

第一,企业应当建立内部报告保管制度,各部门应当指定专人按类别保管相应的内部报告。

第二,为了便于内部报告的查阅、对比分析,改善内部报告的格式,提高内部报告的有用性,企业应按类别保管内部报告,对影响较大的、金额较高的一般要严格保管,如企业重大重组方案、企业债券发行方案等。

第三,企业对不同类别的内部报告应按其影响程度规定其保管年限,只有超过保管年限的内部报告方可予以销毁。对影响重大的内部报告,应当永久保管,如公司章程及相应的修改、公司股东登记表等。有条件的企业应当建立电子内部报告保管库,分性质,按照类别、时间、保管年限、影响程度及保密要求等分门别类地储存电子内部报告。

第四,企业应当制定严格的内部报告保密制度,明确保密内容、保密措施、密级程度和传递范围,防止泄露商业秘密。有关公司商业秘密的重要文件要由企业较高级别的管理人员负责,具体至少由两人共同管理,放置在专用保险箱内。查阅保密文件,必须经该高层管理人员同意,由两人分别开启相应的锁具方可打开。

14.4.7 内部报告评估的风险及管控措施

由于内部报告传递对企业具有重要影响,《企业内部控制应用指引第17号——内部信息传递》强调企业应当建立内部报告评价制度。企业应当对内部报告是否全面、完整,内部信息传递是否及时、有效,对内部报告的利用是否符合预期数做到心中有数,这就要求企业建立内部报告评估制度,通过对一段时间内部报告的编制和利用情况进行全面的回顾和评价,掌握内部信息的真实状况。企业对内部报告的评估应当定期进行,具体由企业根据自身管理要求做出规定,至少每年度对内部报告进行一次评估。企业应当重点关注内部报告的及时性,内部信息传递的有效性和安全性。经过评估发现内部报告存在缺陷的,企业应当及时进行修订和完善,确保内部报告提供的信息及时、有效。

该环节的主要风险是:企业缺乏完善的内部报告评估体系,对各信息传递环节和传递方式控制不严,针对传递不及时、信息不准确的内部报告缺乏相应的惩戒机制。

针对以上风险,企业应当实施以下管控措施:

第一,企业应建立并完善企业对内部报告的评估制度,严格按照评估制度对内部报告进行合理评估,考核内部报告在企业生产经营活动中所起的真实作用。

第二,为保证信息传递的及时准确,企业必须执行奖惩机制。对经常不能及时或准确传递信息的相关人员应当进行批评和教育,并与绩效考核体系挂钩。

14.5 反舞弊

14.5.1 舞弊的含义和种类

舞弊是指被审计单位的管理层、治理层、员工或第三方使用欺骗手段获取不当或非法利益的故意行为。舞弊是现代经济社会中的一个毒瘤,其发生比较普遍。主要存在以下领域:虚假财务报告、资产的不适当处置、不恰当的收入和支出、故意的不当关联方交易、税务欺诈、贪污以及收受贿赂和回扣等。

舞弊是一个宽泛的法律概念,但在财务报表的审计中,注册会计师关注的是导致财务报表发生重大错报的舞弊。与财务报表审计相关的故意错报,包括编制虚假财务报表导致的错报和侵占资产导致的错报。

1. 编制虚假财务报表的错报

编制虚假财务报表包括为欺骗财务报表使用者而做出的故意错报(包括对财务报表金额或披露的遗漏),这可能是管理层通过操纵利润来影响财务报表使用者对被审计单位业绩和盈利能力的看法而造成的。此类利润操纵可能从一些小的行为,或对假设的不恰当调整和对管理层判断的不恰当改变开始。压力和动机可能使这些行为上升到编制虚假财务报表的程度。美国的安然、世通以及我国的银广夏等舞弊案件都属于这一类。在某些被审计单位,管理层可能有动机大力降低利润以降低税负,或虚增利润以向银行融资。

管理层可能通过以下方式编制虚假财务报表:

(1) 对管理层编制报表所依据的会计记录或支持性文件进行操纵,弄虚作假(包括伪造)或篡改。

(2) 在财务报表中错误表达或故意漏记事项、交易或其他重要信息。

(3) 故意错误使用与金额、分类、列报或纰漏相关的会计准则。

2. 侵占资产导致的错报

侵占资产包括盗窃被审计单位的资产,通常的做法是员工盗窃金额相对较小且不重要的资产。侵占资产也可能涉及管理层,他们通常更能够通过难以发现的行为掩饰或隐瞒侵占资产的行为。侵占资产可以通过以下几种方式实现:

(1) 贪污收到的款项。例如,侵占收到的应收账款或将已注销账户相关的款项转移至个人账户。

(2) 盗窃实物资产或无形资产。例如,盗窃存货以自用或出售,盗窃废料再销售,通过向被审计单位竞争者泄露技术资料与其串通以获取回报。

(3) 使被审计单位对未收到的商品或未接受的劳务付款。例如,向虚构的供应商支付款项,供应商向采购人员提供回扣以作为其提高采购价格的回报,向虚构的员工支付工资。

(4) 将被审计单位资产挪为私用。例如,将被审计单位资产作为个人或关联方贷款的抵押。

侵占资产通常伴随着虚假或误导性的文件和记录,其目的是隐瞒资产丢失或未经正当授权而被抵押的事实。

14.5.2 反舞弊的意义

有效的反舞弊机制,是企业防范、发现和处理舞弊行为,优化内部环境的重要制度安排。有效的信息沟通是反舞弊程序和控制成功的关键。如果信息交流机制不畅通,就会产生信息不对称问题,舞弊行为产生的机会就会增大。企业应当建立反舞弊机制,坚持惩防并举、重在预防的原则,明确反舞弊工作的重点领域、关键环节和有关机构在反舞弊工作中的职责权限,规范舞弊案件的举报、调查、处理、报告和补救程序。

14.5.3 反舞弊的风险及管控措施

该环节的主要风险是:忽视了对员工道德准则的培训,内部审计监察不严,内部人员未经授权或者采取其他不法方式侵占、挪用企业资产,在财务会计报告和信息披露等方面存在虚假记录、误导性陈述或者重大遗漏等,董事、监事、经理及其他高管人员滥用职权,相关机构或人员串通舞弊,企业对举报人的保护力度小,信访事务处理不及时,缺乏相应的舞弊风险评估机制。

针对以上风险,企业应当实施以下管控措施:

第一,企业应当重视和加强反舞弊机制建设,对员工进行道德准则培训,通过设立员工信箱、投诉热线等方式,鼓励员工及企业利益相关方举报和投诉企业内部的违法违规、舞弊和其他有损企业形象的行为。

第二,企业应当通过审计委员会对信访、内部审计、监察、接受举报过程中收集的信息进行复查,监督管理层对财务报告施加不当影响的行为、管理层进行的重大不寻常交易,以及企业各管理层级的批准、授权、认证等,防止企业资产侵占、资金挪用、虚假财务报告、滥用职权等现象的发生。

第三,企业应当建立反舞弊情况通报制度。企业应定期召开反舞弊情况通报会,由审计部门通报反舞弊工作情况,分析反舞弊形势,评价现有的反舞弊控制措施和程序。

第四,企业应当建立举报人保护制度,设立举报责任主体、举报程序,明确举报投诉处理程序,并做好投诉记录的保存。切实落实举报人保护制度是举报投诉制度有效运行的关键。结合企业的实际情况,企业应明确举报人应向谁举报,以何种方式进行举报,举报内容的界定等;确定举报责任主体接到投诉报告后进行调查的程序、办理时限、办结要求及将调查结论提交董事会处理的程序等。

案例示范

南京海辰药业股份有限公司内部信息传递管理制度见二维码。

本章小结

内部信息传递是指企业内部各管理层级之间通过内部报告形式传递生产经营管理信息的过程。为服务于企业的生产经营管理决策,做好各项内部报告工作,企业管理人员需要从各种渠道获取相应的信息,在收集和传递相关信息过程中需要遵循以下原则:真实准确性原则、及时有效性原则、保密原则。内部信息传递流程的内容包括:建立内部报告指标体系、收集内外部信息、编制及审核内部报告、构建内部报告流转体系及渠道、内部报告有效使用及保密、内部报告保管、内部报告评估,企业必须明确上述七个环节中的风险并且采取相应的管控措施。此外有效的反舞弊机制,是企业防范、发现和处理舞弊行为,优化内部环境的重要制度安排。因此,企业应当建立反舞弊机制,坚持惩防并举、重在预防的原则,明确反舞弊工作的重点领域、关键环节和有关机构在反舞弊工作中的职责权限,规范舞弊案件的举报、调查、处理、报告和补救程序。

复习思考题

1. 内部信息传递的总体要求是什么?
2. 内部信息传递有哪些流程?
3. 简述内部信息传递各环节的主要风险及其相应的管控措施。
4. 简述反舞弊过程中的主要风险及其相应的控制措施。

案例分析

1. A公司是一家以产品生产和销售为主业的上市公司。2012年,该公司根据财政部等五部委联合发布的《企业内部控制基本规范》及其配套指引,在自身经营管理实际的基础上,制定了《企业内部控制手册》,在手册制定前相关人员进行了如下讨论:

(1) 内部报告指标体系的设计应当与全面预算管理相结合,设计一套基本固定不变的体系。设计内部报告指标体系时,应当关注企业成本费用预算的执行情况。

(2) 企业对于内部报告反映出的问题应当启动应急预案。

(3) 企业应当建立内部报告的评估制度,不定期地对内部报告的形成和使用进行全面评估。

(4) 企业应从内部信息传递的时间、空间、节点、流程等方面建立控制,通过职责分离、授权接触、监督和检查等手段防止商业秘密泄露。

(5) 内部信息传递流程是根据企业生产经营管理的特点来确定的,虽然形式千差万别,但总有一个最优方案。

(6) 企业应当拓宽内部报告渠道,通过加大处罚措施等多种有效方式,广泛收集合理化建议。

(7) 根据信息提供的预测性原则,提供给使用者的信息一定是真实的未来信息,这样才能做出与未来相关的确定的决策。

(8) 企业内部各管理层级均应当指定专人负责内部报告工作,重要信息应及时上报,并可以直接报告高级管理人员。

要求:请你根据所学知识,判断以上说法是否正确,并说明理由。

2. 华夏证券公司于1992年10月成立,注册资本为27亿余元,与中国工行、农行、中行、建行、人保五家金融机构作为主要发起人,联合其他41家大型企业共同组建。成立之后公司迅速发展，曾一度拥有91家营业部和24家证券服务部，并成为第一家全国交易联网券商。但与此同时，公司尚未健全的内部控制制度却屡遭人破坏。这一方面加大了内部风险，导致挪用客户保证金、违规回购国债、账外经营和投资、违规自营和坐庄、账目作假和不清等事件频繁发生；另一方面使公司丧失了应对银行提前收贷、融资成本高涨、实业投资损失、证券市场低迷等外部风险的抵御能力。主管部门在对其拯救中未能对症施治，在内乱外患之下，公司逐渐走向衰亡。

诸多原因导致了华夏证券的破产，比较典型的有以下几点：一是封锁经营消息，如封锁负责自营业务的"四人领导小组"成员林某的电脑信息，封锁正常交易数据和情况；二是编制假账，如2002年公司通过将21家上市公司法人股东转让给下属公司虚增利润5.15亿元，2003年通过计提应收债权项目的利息和罚息虚增利润4.5亿元；三是证券资料缺失，如有8只三板上市法人股投资和2笔长期投资项目既无权属资料，也无账户信息或其他证明材料；四是违规修改电脑数据，如下属三家营业部违规，以经纪人提成为名，异户返佣2 214.7万元，少交大量营业税。

要求：从信息传递内部控制的角度对资料进行分析并提出建议。

第 15 章 全面预算制度设计

学习目标

1. 理解全面预算系统设计概述。
2. 了解全面预算管理组织系统设计。
3. 掌握全面预算编制方法设计。

15.1 全面预算系统设计概述

企业通过预测和决策,确定了长期战略目标和短期经营目标,为了保证决策所确定的最优方案得以贯彻执行,并实现既定目标,就要编制预算。预算是决策的具体化和系统化,而预测和决策则是预算编制的前提。

预算是指用货币形式表现出来的财务计划,它以货币表示未来期间企业生产经济活动的详细计划和目标,并用以调整各业务部门的活动。它也可视为行为计划的量化,这种量化有助于管理者协调、贯彻计划,是一种重要的管理工具。

预算不仅仅是几张预算表的简单编制工作,它是涵盖预测、试算、平衡、执行、调整、分析、评价、奖惩等环节的完整管理过程,也是会计将企业内部的管理灵活运用于预算管理的全过程,是实现企业发展目标的重要管理控制制度。

全面预算是指企业对一定期间的经营活动、投资活动、财务活动等做出的预算安排。全面预算作为一种全方位、全过程、全员参与编制与实施的预算管理模式,凭借其计划、协调、控制、激励、评价等综合管理功能,通过将企业的资金流与实物流、业务流、信息流、人力流相整合,将企业内部责、权、利关系全面规范,优化企业资源配置,提升企业运行效率,从而成为促进实现企业发展战略的重要抓手。

预算管理是利用预算对企业内部各部门、各单位的各种财务及非财务资源进行分配、考核、控制,以便有效地组织和协调企业的生产经营活动,完成既定的经济目标,是管理控制系统的重要组成部分。

预算管理是一种权力控制管理,是企业最高管理当局将部分权力分解并下放至企业各责任单位的一种管理方式,或者说是企业契约关系的贯彻和推行机制。

15.1.1 全面预算编制的原则

为了使全面预算正确地体现国家的方针政策,如实地反映客观实际,适应市场经济的要求,充分发挥其应有的作用,就应坚持如下原则。

1. 政策性原则

政策性原则要求遵纪守法。编制全面预算必须首先树立法制观点和政策观点,严格执行国家有关法律、政策、制度和财经纪律,坚持企业生产经营活动的正确方向。各项指标的确定和措施的考虑,都必须以政策为依据,以法律为准绳,这就要划清合法和非法的界限。凡是合法的,就要积极去办;凡是非法的,就要坚决抵制。要做到一切支出有正当去向,一切收入有正当来源,决不能弄虚作假,搞歪门邪道。短期利益服从长远利益,坚决反对只顾本身利益,损害整体利益的倾向。

2. 一致性原则

一致性原则包括目标一致性和计划一致性。全面预算目标必须与公司目标相一致,各级预算必须服从于公司的战略目标和年度经营目标。年度预算是公司年度行动计划的数字化和价值化,部门预算是部门行动计划的数字化和价值化。先有计划后有预算,预算应与计划对应一致;有预算未发生,无预算而发生均是预算不准确的反映,应列入预算准确性的考核。

3. 伸缩性原则(也称弹性原则)

伸缩性原则要求积极可靠、留有余地。编制全面预算必须树立唯物观点、辩证观点,要坚持实事求是,具体情况具体分析。这就要把革命热情和科学态度结合起来,把需要和可能结合起来,使计划指标既积极先进,又稳妥可靠,留有充分余地。既不能思想保守,把计划指标订得过低,也不能把计划指标订得过高。同时,为了防止意外情况的发生,还要留一定的后备财力。

4. 协调性原则

协调性原则要求统筹兼顾、综合平衡。编制全面预算必须树立兼顾观点、平衡观点,要兼顾企业各个部门、各个层次,兼顾国家、企业、职工三者的利益,使各项计划指标取得平衡。这就要处理好重点和一般的关系,国家、企业和个人的关系。做到统筹兼顾、全面安排、保证重点、综合平衡,使上下左右协力同心,围绕企业的共同目标努力,而不能各行其是、互相脱节。

5. 民主性原则

民主性原则要求群策群力、集思广益。编制全面预算必须要有群众观点、民主观点,这就要正确处理干部和群众的关系,民主和集中的关系。要充分激发群众的积极性和创造性,充分发挥他们的聪明才智。这样编制的计划才有群众基础,从而计划的实现才有可靠的保证。

6. 适度性原则(新增)

遵循实事求是的原则,防止低估或高估预算目标,保证全面预算在执行过程中切实可行。对战略计划的分解和年度目标的确定应立足于企业经营分析和市场环境分析,预算启动阶段的资源盘点和经营分析、经营预算会议不能少,"两上两下"的预算平衡程序不能少。企业预算管理可以建立适度的弹性预算机制,当预算假设和企业的经营环境发生重大变化时,在集团公司的统一规划下,可在年中对预算进行一次调整。

15.1.2 全面预算编制的要点

1. 全面预算的依据是目标

这里涉及全面预算的长期目标和短期目标。全面预算必须以目标为依据,同时兼顾长期目标和短期目标。以目标为方向,以目标为归宿。

2. 全面预算的基础是信息

这里涉及相关的财务信息和非财务信息。没有全面准确的信息,就无法编制科学的预算。但信息是有成本的,获取是需要时间的,因此既要重视信息,又要善于捕捉相关信息。

3. 全面预算的前提是预测

这里涉及长期预测和短期预测,只有对未来市场的走向、前景有一个全面的把握,才能制订切实可行的行动方案。

4. 全面预算的核心是体制

这里涉及宏观经济管理体制和企业管理体制。体制要不断创新,要以是否促进生产力的发展、充分调动人的积极性为标准。什么该集权、什么该分权,应设立什么机构、应撤销什么机构,必须审慎决定。

5. 全面预算的保证是责任中心

全面预算的编制过程,就是目标的分解过程,也是指标的落实过程。如何分解、如何落实、分解给谁、落实给谁,这就涉及责任中心,应将不同的指标落实给不同的责任中心。如成本指标落实给成本中心,利润指标落实给利润中心等。

6. 全面预算的关键是控制

全面预算的制定不是目的,目的是按预定的目标、方向实施。这里控制是必不可少的,没有严密的控制,再完美的预算也只能是一纸空文。

15.1.3 全面预算的分类

企业预算可以按不同的标准进行多种分类:(1)根据预算内容不同,可以分为业务预算(即经营预算)、专门决策预算、财务预算。(2)从预算指标覆盖的时间长短划分,可以分为长期预算和短期预算。各种预算是一个有机联系的整体。一般将由业务预算、专门决策预算和财务预算组成的预算体系,称为全面预算体系。业务预算是指与企业日常经营活动直接相关的经营业务的各种预算,包括销售预算、生产预算、材料采购预算、直接材料消耗预算、直接人工预算、制造费用预算、产品生产成本预算、经营费用和管理费用预算等。专门决策预算是指企业不经常发生的、一次性的重要决策预算,如资本支出预算。财务预算是指企业在计划期内反映有关预计现金收支、财务状况和经营成果的预算,包括现金预算、预计利润表和预计资产负债表等。

15.2　全面预算管理组织系统设计

15.2.1　全面预算管理组织系统概述

全面预算管理组织系统由预算管理决策机构、预算管理工作机构和预算管理执行机构三个层次构成。它是全面预算管理有序开展的基础环境,企业全面预算管理能否正常运行并发挥作用,全面预算管理的组织系统将起到关键性的主导作用。

预算管理决策机构是指组织领导企业全面预算管理的最高权力组织;预算管理工作机构是指负责预算的编制、审查、协调、控制、调整、核算、分析、反馈、考评与奖惩的组织机构;预算管理执行机构是指负责预算执行的各个责任预算执行主体。

预算管理决策机构和工作机构不仅承担着相应的预算管理责任,而且,预算管理决策机构和工作机构中的某些成员就在预算管理执行机构中担任负责人的职务。因此,对于企业的绝大多数职能管理部门而言,它们都具有预算管理工作机构和预算管理执行机构的双重身份。所以,预算管理决策机构、工作机构和执行机构并非绝对相互分离的三个层面。

15.2.2　全面预算管理组织系统设置原则

由于各企业的经营规模、组织结构、行业特点、内外环境等因素各不相同,在全面预算管理组织系统的具体设置上可以采取不同的方式,并遵循如下基本原则:

1. 科学、规范原则

科学、规范是指设置的全面预算管理组织系统既要符合全面预算管理的内在规律,又要符合《公司法》和本企业的《公司章程》中有关公司法人治理结构的有关规定。例如,《公司法》明确规定:预算的制定责任由公司董事会承担,预算的审定权力由公司股东会享有,这些条款都是各企业在设置全面预算管理组织系统、划分有关机构责任与权利时不能与法律、法规相抵触的。

2. 高效、有力原则

高效、有力是指全面预算管理机制的运行要反应敏捷、作用有力、执行坚决、反馈及时,这是现代经济社会对组织管理的基本要求。设置预算管理组织系统的目的在于充分、有效地实施预算管理职能,确保全面预算管理活动的顺利运行。显然,只有高效、有力的组织机构才能保证此目的的实现。

3. 繁简适度、经济适用原则

全面预算管理组织系统的建立一定要结合本企业的实际,既不能搞烦琐哲学、摆花架子,又不能过于简单。因为,繁简适度的组织机构是全面预算管理机制高效运行的基础。庞大、臃肿的预算管理组织机构,不仅会增加预算管理的成本,而且会降低管理效率、造成管理混乱,甚至危及全面预算管理机制的运行。提高经济效益是全面预算管理的根本目的,如果因为开展全面预算管理导致费用上升、效益下滑,那将得不偿失。相反,过于简单的组织机构,又难以担当全面预算管理的重任,造成顾此失彼、疲于应付,最终导致全面预算管理的失败。因此,繁简适度、因企制宜地设置全面预算管理的组织系统,并配备数量适中的工作人员,对于每一个实施全面预算管理的企业而言,都是非常重要的。

4. 全面、系统原则

全面预算管理是以预算为标准,对企业的经营活动、投资活动、筹资活动进行控制、调整和考评的一系列管理活动。它既涉及企业人财物各个方面,又涉及企业供产销各个环节,是一个全员参与、全过程控制的系统工程。因此,企业应本着全面、系统的原则,从以下两个方面建立健全全面预算管理组织系统:

一是明确企业全面预算管理决策机构、工作机构和执行机构的设置及组成人员,落实各机构在预算管理中的责任和权利。

二是全面预算管理组织系统的建设要与企业组织机构相适应,在由多级法人组成的集团公司、母子公司,应相应地建立多级预算管理决策机构、工作机构和执行机构,避免出现全面预算管理活动相互脱节,甚至出现管理空白的现象。

5. 权责明确、权责相当原则

全面预算管理是以人为本的管理活动,全面预算管理的各个组织机构必须要有明确、清晰的管理权限和责任。只有做到权责明确、权责相当,才能在实施全面预算管理中减少或杜绝"扯皮"现象。

权责明确是指应根据全面预算管理组织机构所从事的具体活动,明确规定其应承担的经济责任,同时赋予其履行职责所必需的权利。

权责相当是指有多大的权利,就应该承担多大的责任;反之,承担多大的责任,就应该拥有多大的权利。有责无权、责大权小,责任就无法落实;有权无责、权大责小,就会造成权利滥用。只有权责匹配,将责权利有机结合起来,才能使全面预算管理活动充满生机和活力。

15.2.3 全面预算管理的主要风险与控制要求

全面预算管理是涉及"全方位、全过程、全员"的一项庞大、复杂的系统工程,任何一个环节出现问题都有可能影响到整个预算管理的有效性,因此建立健全全面预算管理组织系统和运行机制,是有效开展全面预算管理最为重要的基础和保障。

1. 主要风险

全面预算管理方面的主要风险是:全面预算管理组织领导与运行体制不健全,致使预算管理松散、随意,预算编制、执行考核等各环节流于形式,预算管理的作用得不到有效发挥。具体又表现在:缺乏专门的预算管理组织,或职责界定不清,致使预算权威性不高;预算管理部门与业务、职能部门之间协作不畅,互相推诿,致使预算责任不清;财务部门包揽了所有的预算编制工作,业务、职能等部门参与配合较少,致使预算编制不全面、执行无力度;没有建立规范的预算管理制度,预算操作无章可循,致使预算管理随意;等等。

2. 控制要求

全面预算指引针对全面预算管理方面的风险,提出了明确的控制要求,即企业应当加强对全面预算工作的组织领导,明确预算管理体制以及各预算执行单位的职责权限、授权批准程序和工作协调机制。

15.2.4　全面预算管控措施

企业应当按照全面预算指引提出的控制要求,结合自己的实际情况,采取以下主要管控措施:

1. 健全全面预算管理体制

企业设置全面预算管理体制,应遵循合法科学、高效有力、经济适度、全面系统、权责明确等基本原则,一般具备全面预算管理决策机构、工作机构和执行机构三个层次的基本架构。

(1) 全面预算管理决策机构——预算管理委员会。企业应当设立预算管理委员会,作为专门履行全面预算管理职责的决策机构。预算管理委员会成员由企业负责人及内部相关部门负责人组成,总会计师或分管会计工作的负责人应当协助企业负责人负责企业全面预算管理工作的组织领导。具体而言,预算管理委员会一般由企业负责人(董事长或总经理)任主任;总会计师(或财务总监、分管会计工作的副总经理)任副主任;其成员一般还包括各副总经理,主要职能部门(财务、战略发展、生产、销售、投资、人力资源等部门)、分(子)公司负责人等。

(2) 全面预算管理工作机构。由于预算管理委员会一般为非常设机构,企业应当在该委员会下设立全面预算管理工作机构,由其履行预算管理委员会的日常管理职责。全面预算管理工作机构一般设在财务部门,其主任一般由总会计师(或财务总监、分管会计工作的副总经理)兼任,工作人员除财务部门人员外,还应有计划、人力资源、生产、销售、研发等业务部门人员参加。

(3) 全面预算管理执行机构。全面预算管理执行机构是指根据其在企业预算总目标实现过程中的作用和职责划分的,承担一定经济责任,并享有相应权利和利益的企业内部单位,包括企业内部各职能部门、所属分(子)公司等。企业内部预算责任单位的划分应当遵循分级分层、权责利相结合、责任可控、目标一致的原则,并与企业的组织机构设置相适应。根据权责范围,企业内部预算责任单位可以分为投资中心、利润中心、成本中心、费用中心和收入中心。全面预算管理执行机构在预算管理部门(指预算管理委员会及其工作机构,下同)的指导下,组织开展本部门或本企业全面预算的编制工作,严格执行批准下达的预算。

各预算管理执行机构负责人应当对本单位预算的执行结果负责。

企业全面预算管理组织系统的基本架构如图15.1所示:

2. 明确各环节授权批准程序和工作协调机制

在建立健全全面预算管理体系的基础上,企业应当进一步梳理、制定预算管理工作流程,按照不相容职务相互分离的原则细化各部门、各岗位在预算管理体系中的职责、分工与权限,明确预算编制、执行、分析、调整、考核各环节的授权批准制度与程序。预算管理工作各环节的不相容岗位一般包括:预算编制与预算审批、预算审批与预算执行、预算执行与预算考核。

在全面预算管理各环节中,预算管理部门主要起决策、组织、领导、协调、平衡的作

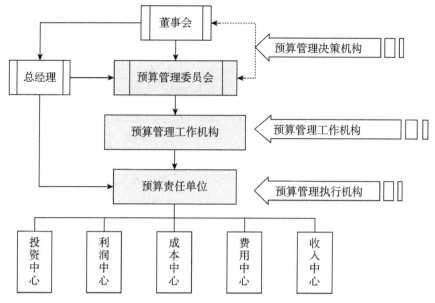

图 15.1 企业全面预算管理组织系统的基本架构

用。企业可以根据自身的组织结构、业务特点和管理需要,责成内部生产、市场、投资、技术、人力资源等各预算归口管理部门负责所归口管理预算的编制、执行、监控、分析等工作,并配合预算管理部门做好企业总预算综合、平衡、执行、监控、分析、考核等工作。

15.3 全面预算编制方法设计

全面预算的编制工作是一项全员参与、各职能部门配合的系统工程,各部门应各司其职,努力做好此项工作。具体说来,财务部门在公司法定代表人的领导下,具体负责企业财务预算的编制、审查、汇总、上报等工作,跟踪预算的执行情况,寻找预算与实际执行的差异并分析原因,提出改进的措施及建议,促进企业预算目标的实现。企业办公室、营销部门、生产部门等职能部门负责本部门业务涉及的预算编制。

由于全面预算目标的激励、约束作用必然在一定程度上导致预算执行者和目标下达者之间的利益冲突,从而决定了责任预算编制是一个复杂而烦琐的过程,从预算的制定过程分析,有三种模式。

15.3.1 自上而下的模式

自上而下法,是根据总部的计划大纲,层层下达指标,并根据企业利润目标编制整体预算,再根据整体预算编制部门预算。这种模式建立在总部将下属各子公司或分部(包括各级职能部门)视为预算管理的被动主体,预算目标完全来自二层管理者,下层只是被动的执行单位,没有独立的决策权。其优点在于能够防止本位主义泛滥,保证预算目标最大化的实现;但其缺点在于基层人员的参与程度低。既可能使预算偏离实际,还可能影响预算的顺畅贯彻执行。这种模式与集权制的管理思想与风格一脉相承,它适用于集权制企业。

15.3.2 自下而上的模式

自下而上法,是由最基层的成本中心开始编起,然后由各部门分别按产品类别、市场类别提出利润目标,再根据此利润目标编制部门预算,最后企业汇总、适当调整,编成整体预算。这一模式强调预算来自下属预算主体的预测,来自下级,总部只设定目标,只监督目标的执行结果,而不过多地介入过程的控制,自下而上模式最大的优点在于能够发挥二级单位的积极性,强化其参与意识,并具有管理的认同感;而其最大的缺点在于难以避免下级预算单位在预算编制上的"宽打窄用",可能导致严重的本位主义,使预算留有较大的余地,从而影响到最优化预算目标的实现。它更多地适用于分权制企业。

15.3.3 上下结合的模式

上下结合法,首先由企业总管提出计划大纲或预算编制方针,然后各部门据以确定产品类别、市场类别等部门类别的利润目标,并编制部门预算,然后企业总体平衡,如果认为目标较低,就应调整目标,这样几上几下,当上下目标一致时,批准部门预算,再编出整体预算。

上述三种类型中,上下结合法既符合企业总体目标,又考虑了各部门的具体条件,具有突出的优点,但上下的协调需要时间和精力。因而,如何设计预算编制方法仍是一个重要问题。

案例示范

某集团公司预算制度设计示例见二维码。

本章小结

全面预算是指企业对一定期间的经营活动、投资活动、财务活动等做出的预算安排。全面预算作为一种全方位、全过程、全员参与编制与实施的预算管理模式,凭借其计划、协调、控制、激励、评价等综合管理功能,通过将企业的资金流与实物流、业务流、信息流、人力流相整合,将企业内部责、权、利关系全面规范,优化企业资源配置,提升企业运行效率,从而成为促进实现企业发展战略的重要抓手。全面预算的编制要遵循政策性原则、一致性原则、伸缩性原则、协调性原则、民主性原则、适度性原则。全面预算管理组织系统由全面预算管理的决策机构、工作机构和执行机构三个层次构成。它是全面预算管理有序开展的基础环境,企业全面预算管理能否正常运行并发挥作用,全面预算管理的组织系统将起到关键性的主导作用。企业应当按照全面预算指引提出的控制要求,结合自己的实际情况,健全预算管理体制和明确各环节授权批准程序和工作协调机制。

复习思考题

1. 简述全面预算编制的要点。

2. 简述全面预算管控措施。
3. 简述全面预算编制方法设计的三种模式。

案例分析

一丁集团创立于 2000 年,从一间 20 平方米的小店面做起,历经 15 年,发展成为资产超 10 亿元、年销售额超 56 亿元、员工逾 2 000 人的集团公司……在一系列令人惊艳的数字面前,IT 巨无霸一丁集团 2015 年 7 月曾发公告称,2016 年起 3 年内 O2O 年销售收入至少达到 100 亿元人民币。然而,仅仅 4 个月后,一丁集团忽然一夜猝死,倒在了盲目扩张的道路上。一丁集团是 2008 年以来民营企业的典型生存样本,在四万亿经济刺激政策下,无数家民营企业走上了"借贷—投资—扩张—资金链中断—跑路"的绝路,这是过去 7 年我国民营企业之痛,更是我国民营企业生态之痛。全面预算管理信息化专家、东华软件副总裁陈龙章先生发表观点,对于一个庞大的集团机构而言,大片蓝海、敢做就能赢的经营时代已经过去了,若没有全面的精细化管理、没有预算管控意识,最终难逃"金玉其外,败絮其中"的悲惨命运,一丁集团若能早些意识到加强预算管理、内部管控的重要性,也许就不会落得如此结局。

陈龙章先生认为,实施精细化管理的核心就是实行全面预算管理。全面预算管理是对企业内部各部门、各单位的财务和非财务资源进行分配、考核和控制,以现金流为核心,按照实现企业价值最大化等财务目标的要求,对资金筹集、资产营运、成本控制、收益分配、重组清算等管理活动,建立全面具体的管理制度,精细地组织预算编制、报告、执行、调整与控制工作,建立相应的机构,配备工作人员,细化职责权限,加强内部协调,强化执行监督,实现企业的既定经营发展目标。因此实行全面预算管理必然能够提升精细化管理水平。

要求:从全面预算管理制度设计的角度,发表自己的观点。

参考文献

1. 财政部.企业会计准则.北京:经济科学出版社,2017年。
2. 财政部、证监会、审计署、银监会、保监会.企业内部控制配套指引,2010年。
3. 财政部会计司.企业会计制度讲解.北京:中国财政经济出版社,2001年。
4. 曹士兵.中国担保制度与担保方法.北京:中国法制出版社,2008年。
5. 董惠良.企业会计制度设计.上海:立信会计出版社,2010年。
6. 冯巧根.全面预算管理.北京:中国人民大学出版社,2015年。
7. 葛家澍.市场经济下会计基本理论与方法研究.北京:中国财政经济出版社,1996年。
8. 郭慧.上市公司内部审计治理效应研究.北京:中国社会科学出版社,2011年。
9. 国务院.融资担保公司监督管理条例,2017年。
10. 敬辉蓉.前沿采购管理理论.北京:经济管理出版社,2010年。
11. 李定安、孟祥霞.成本会计研究.北京:经济科学出版社,2002年。
12. 李端生、王玉兰.会计制度设计.大连:东北财经大学出版社,2016年。
13. 李凤鸣.会计制度设计.北京:北京大学出版社,2002年。
14. 李三喜.基于风险管理的内部控制评价流程·评价实务·评价模板.北京:中国市场出版社,2013年。
15. 林清新.会计法实务与案例评析.北京:工商出版社,2003年。
16. 刘胜强.企业内部控制.北京:清华大学出版社.2014年。
17. 卢锋.服务外包经济学分析.北京:北京大学出版社,2007年。
18. 孟凡利.内部会计控制与全面预算管理.北京:经济科学出版社,2004年。
19. 企业会计准则编审委员会.企业会计准则案例讲解.上海:立信会计出版社,2017年。
20. 企业内部控制编审委员会.企业内部控制基本规范及配套指引案例讲解.上海:立信会计出版社,2017年。
21. 时现、毛晔、许长青.企业内部控制与风险管理工具箱:工程项目控制——理论·实务·案例.大连:大连出版社,2013年。
22. 宋京津.内部控制缺陷披露的动机与经济后果研究.北京:经济科学出版社,2015年。
23. 孙文娟.内部控制报告披露效果的实证研究.大连:东北财经大学出版社,2014年。
24. 覃伟.内部会计控制规范及监控技术与具体会计准则实用范例.长春:吉林电子出版社,2003年。
25. 王宝庆.内部审计管理.上海:立信会计出版社,2012年。
26. 王玉荣.流程管理.北京:北京大学出版社,2008年。
27. 魏振雄.公司会计管理制度设计.北京:经济科学出版社,1995年。
28. 吴国萍.会计制度设计.长春:吉林教育出版社,1998年。
29. 吴晓求.中国证券市场典型案例.北京:中国人民大学出版社,2001年。

30. 颉茂华.企业财务会计制度设计.北京:北京大学出版社,2011年。
31. 徐姝.企业业务外包战略运作体系与方法研究.湖南:中南大学出版社,2006年。
32. 徐政旦等.审计研究前沿.上海:上海财经大学出版社,2002年。
33. 许江波.企业内部控制与风险管理工具箱:销售与收款内部控制——理论实务与案例.大连:大连出版社,2011年。
34. 于长春.会计制度设计.北京:首都经济贸易大学出版社,2003年。
35. 余秉坚.企业会计制度详解及实务指南.北京:经济科学出版社,2001年。
36. 曾萍.管理沟通.北京:高等教育出版社,2012年。
37. 张亚东、吴革、周亚力.财务报告陷阱防范.北京:北京出版社出版集团、文津出版社,2004年。
38. 张远景.企业内部控制与制度设计.北京:中国人民大学出版社,2013年。
39. 张远堂.企业合同审查管理操作指南.上海:立信会计出版社,2015年。
40. 张跃进.企业内部会计制度设计.北京:经济科学出版社,2002年。
41. 赵爱玲.中国中小企业信用担保体系研究.北京:中国社会科学出版社,2012年。
42. 中国注册会计师协会.税法.北京:经济科学出版社,2017年。
43. 中华人民共和国财政部.企业会计制度.北京:经济科学出版社,2001年。
44. 周常发.企业内部控制实施细则手册.北京:人民邮电出版社,2012年。

后 记

当我完成本书的编著工作时,正值塞外的冬天。极目远眺,绵延起伏的群山,宛如一袭黛色裙裾,环绕乡村四周,静谧安然。热闹了一季的田野,五谷丰登,颗粒归仓。那一垄垄,一畦畦,孕育生命的土地,散发着泥土的芳香,沁入心脾,醉了乡间。于是,老屋、藤树、乡野都沉醉在这广袤憨实的寂静之中……

自1989年以来,我每年都要给本科生讲授"财务会计制度设计"课程,虽然随着时间的流逝、知识的积累,可讲解的东西越来越多,但是,我的困惑却像一个青藤,一圈又一圈紧紧地缠绕着我。"财务会计制度设计"只能是对国家财务制度的解释吗?除了国家的财务会计制度,企业真正需要的是什么样的制度?如何设计这些制度?等等,一系列的问题缠绕着我,使我陷入了思考的"深渊"。

我痛苦着,但不悲观。在此期间我深入内蒙古蒙草生态股份有限公司、内蒙古开盛生物公司、内蒙古伊泰集团、内蒙古北方联合电力有限公司进行了大量的研究调查,就这一话题与企业管理人员进行了无数次面谈。通过一次次的思想上的"交锋",我的思路渐渐展开,思维逐渐明朗……

我思考的第一层次是,目前财务会计制度设计的立足点是什么?显然随着企业逐步走向市场,企业财会人员的素质不断提高,他们需要的不仅仅是对国家财会法规制度的解释,而恰恰是站在企业的角度,如何在遵守国家财会法规制度的基础上,设计出符合企业自身情况的财务管理、会计核算制度与内部控制制度。因此,我把本书定位为"企业",就是要站在企业的角度,如何在遵循国家财会法规制度的基础上,制定出更适合企业发展和管理的财务会计与内部控制制度。由此,我的思维及视角得到了全新的转换。

我思考的第二层次是,随着我国市场经济的逐步确立,企业规模越来越大,这样,传统的"记账型"会计已远远不能满足企业发展的需要,企业在筹资、投资等方面都需要企业财务人员的积极参与。换言之,企业的财务工作越来越重要,重视核算、轻视管理的局面将得到根本的转变,财务与会计的"分家"成为必然。同时,内部控制也必将贯穿企业整个经营过程,因此,我把本书的写作分成三大块,其一是"财务",其二是"会计",其三是"内部控制":也就是说从"财务制度设计""会计核算制度设计"与"内部控制制度设计"三个视角分别进行撰写。因此,对传统的"财务会计制度设计"从内容上进行了创新,最后将本书定名为《企业财务会计与内控制度设计(理论·实务·案例)》。

本书就是在这样痛并快乐着的思考中完成的。虽然,她步履蹒跚,但她却活泼、天真。我知道,她还不成熟,但我却坚信,只要我认真用心培养,她肯定能够茁壮成长,长大成材。更何况,即使是这么一个不成熟的"产品",也是集体智慧的结晶。我真诚地感谢给我提供调研基地的有关公司、企业的管理人员,同时,也感谢我的研究生赵圆圆、乌哲、张婧鑫为我提供了大量的资料;也感谢北京大学出版社任京雪编辑对本书的精心呵护。真的谢谢你们,是你们启发着我的思考,使我一步一步地走向自信,走向成熟,使我在无奈之后却也潇洒了几分,然后,自己也就真的沸腾着……

颉茂华

2018 年 1 月 6 日于呼和浩特

北京大学出版社教师反馈及教辅申请表

　　北京大学出版社本着"教材优先、学术为本"的出版宗旨,竭诚为广大高等院校师生服务。为更有针对性地提供服务,请您按照以下步骤在微信后台提交教辅申请,我们会在1~2个工作日内将配套教辅资料,发送到您的邮箱。

◎ 手机扫描下方二维码,或直接微信搜索公众号"北京大学经管书苑",进行关注;

◎ 点击菜单栏"在线申请"—"教辅申请",出现如右下界面:

◎ 将表格上的信息填写准确、完整后,点击提交;

◎ 信息核对无误后,教辅资源会及时发送给您;如果填写有问题,工作人员会同您联系。

温馨提示:如果您不使用微信,您可以通过下方的联系方式(任选其一),将您的姓名、院校、邮箱及教材使用信息反馈给我们,工作人员会同您进一步联系。

我们的联系方式:

通信地址:北京大学出版社经济与管理图书事业部北京市海淀区成府路205号,100871
联 系 人:周莹
电　　话:010-62767312 / 62757146
电子邮件:em@pup.cn
Q　　Q:5520 63295(推荐使用)
微　　信:北京大学经管书苑(pupembook)
网　　址:www.pup.cn